채명신 회고록

베트남전쟁과 나

팔복원

■ 저자와 부인 문정인 여사

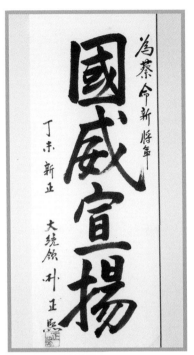

■ 파월 기간 중 정미년(丁未年 · 1967년) 새해를 맞이
하여 박정희 대통령이 저자에게 써 준 친필 휘호.

■ 맹호사단 파월 직전인 을사년(乙巳年) · 1965년) 개천절에 박정희 대통령이 맹호
도에 '맹호비월(猛虎飛越)' 이라는 휘호를 써서 한국군의 장도를 축원해 주었다.

■ 파월 한국군 환송 행사에 참가한 박정희 대통령은 열병 분열식을 통해 국군의
위상을 점검하였다. 박 대통령 옆은 김용배 육군참모총장, 앞쪽이 저자.

蔣中正贈　　蔡命新將軍紀念

■ 자유중국 장개석 총통(좌)의 초청으로 대만 방문시 기념 촬영. 장 총통이 친필
로 사진에 휘호를 썼다. 이때의 방문으로 월남전에서의 한국군의 독자적 전투
교리를 자유중국에 강의하는 계기가 이루어졌다.

■ 타놈 수상 초청으로 태국을 방문한 저자가 푸미폰 태국 왕(우)을 알현함. (1967. 5)

■ 태국을 방문한 저자와 타놈 수상(중앙)과의 만찬 석상. 좌측은 태국 외무장관. (1967. 5)

■ 퀴논 환영 행사 후 사단 시범 행사에 초청 받아 참관한 월남 국가원수 티우 중장(우)이 저자와 굳은 악수를 하고 있다.

■ 필리핀 마르코스 대통령(좌) 초청으로 마닐라를 방문한 저자에게 최고 훈장인 '메달 오브 아너'를 수여하고, 사진에 마르코스 대통령이 친필로 사인하였다.

■ 맥나마라 미 국방장관(중앙)이 월남을 방문하여 전화로 완전 폐허가 된 푸디엠 촌의
복구 현장을 시찰하였다. 맹호사단이 52일 간의 짧은 기간에 주택 100동을 비롯하여
공공시설 13동을 지어 주었다. 좌측이 저자, 우측은 맹호사단장 유병현 소장.

■ 주월 한국군 창설 기념식에 참석한 월남군사령관 비엔 대장(중앙)과 주월미군
사령관 웨스트모얼랜드 대장(뒷줄 중앙)을 안내하는 저자. (1967. 9)

■ 한 · 미 · 월 3군 사령관은 수시로 작전회의를 갖는다. (좌로부터) 저자, 월남군 사령관 비엔 장군, 미군사령관 윌리엄 웨스트모얼랜드 장군.

■ 원남전의 모든 전역계획은 한 · 미 · 월 3국이 합의하여 결정한다. 1969년도 전역 계획 서명식전. (좌로부터) 주월한국군사령관인 저자, 월남군사령관 비엔 대장, 주월미군사령관 에이브람스 대장.

■ 미 태평양지구 총사령관 샤프 제독(좌)의 월남 방문시 전황을 설명하는 저자(우)
와 주월미군사령관 웨스트모얼랜드 대장.

■ 월남전에 참전한 미국 최대 항공모함 엔터프라이스호의 함장 홀로웨이 제독(우)
초청을 받은 저자.

■ 주월 한국군을 방문한 미 육군참모총장 존슨 대장(좌)에게 노획 무기를 증정하는 저자.

■ 주한 미 8군사령관 비치 대장(중앙) 및 주월미군사령관 웨스트모얼랜드 장군과 환담하는 저자.

■ 일시 귀국하여 박정희 대통령(좌)을 방문한 저자.(1966. 7)

■ 제2차세계대전의 전쟁영웅 오마 브래들리 미 육군원수(우) 부부가 월남을 방문,
나트랑 야전사를 찾아 저자로부터 월남전에 대한 설명을 듣고 있다.

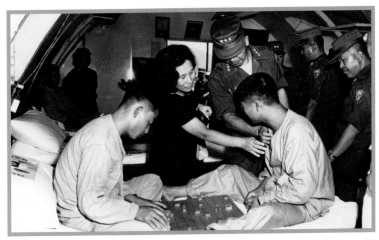

■ 저자의 아내(문정인)가 월남 방문시 저자와 함께 106후송병원을 찾아 부상 장병
들을 위로함.

■ 파월 복무 중 월남을 방문한 가족들. 아내(문정인) 앞이
아들 경덕, 저자 오른쪽이 큰딸 은화와 둘째딸 경화.

■ 66년 7월 일시 귀국한 저자가 국립묘지를 참배, 월남전에서 순국한 장병들의 명복을 빌었다.

■ 2006년 5월 1일 육군사관학교 개교 60주년 기념행사에서 '자랑스러운 육사인상'을 받는 저자(우).

■ 2005년 1월 18일 고려대학교 개교 100주년을 맞아 고려대학교 정책대학원 주관의 '제3회 정책인 대상(大賞)' 시상식에서 '베트남전쟁에서의 한국군의 독자적인 군사전략 수립으로 국방분야 수상자로 결정된 저자(우)가 인사말을 하고 있다.

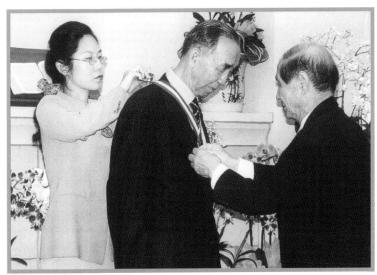

■ 저자의 모교인 세종대학교로부터, 주월사령관으로서 평화 유지에 기여하고 외교관으로서 우방과 유대를 돈독히 함으로써 모교의 명예를 빛낸 공로로 '자랑스러운 세종인상'을 수상하는 저자(중앙). 시상자는 세종대학교 김철수 총장.

베트남전쟁 당시 한국군 주둔지

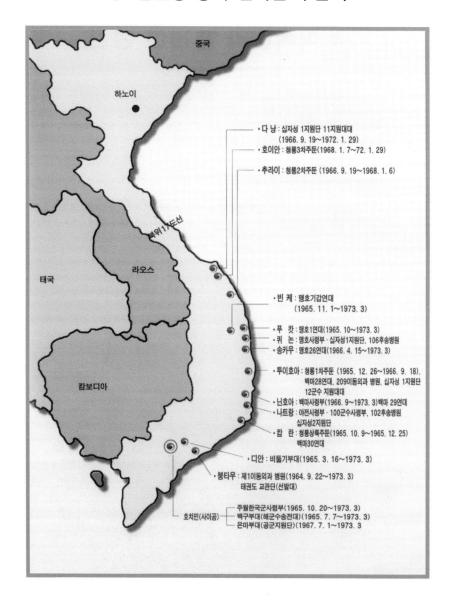

중국

하노이

태국

라오스

캄보디아

• 다 낭 : 십자성 1지원단 11지원대대
  (1966. 9. 19~1972. 1. 29)
• 호이안 : 청룡3차주둔(1968. 1. 7~72. 1. 29)

• 추라이 : 청룡2차주둔 (1966. 9. 19~1968. 1. 6)

북위17도선

• 빈 케 : 맹호기갑연대
  (1965. 11. 1~1973. 3)

• 푸 캇 : 맹호1연대(1965. 10~1973. 3)
• 뀌 논 : 맹호사령부·십자성1지원단, 106후송병원
• 송카우 : 맹호26연대(1966. 4. 15~1973. 3)

• 투이호아 : 청룡1차주둔 (1965. 12. 26~1966. 9. 18),
  백마28연대, 2090이동외과 병원, 십자성 1지원단
  12군수 지원대대
• 닌호아 : 백마사령부(1966. 9~1973. 3)백마 29연대
• 나트랑 : 야전사령부·100군수사령부, 102후송병원
  십자성2지원단
• 캄 란 : 청룡상륙주둔(1965. 10. 9~1965. 12. 25)
  백마30연대

• 디안 : 비둘기부대(1965. 3. 16~1973. 3)

• 붕타우 : 제1이동외과 병원(1964. 9. 22~1973. 3)
  태권도 교관단(선발대)

호치민(사이공)

주월한국군사령부(1965. 10. 20~1973. 3)
백구부대(해군수송전대)(1965. 7. 7~1973. 3)
은마부대(공군지원단)(1967. 7. 1~1973. 3

채명신 회고록

베트남전쟁과 나

팔복원

조국과 군 그리고 베트남

얼마 전 나는 부산을 가기 위해 서울역을 찾았다. 현대식으로 말끔히 새 단장한 역사(驛舍)를 보면서 개찰구를 지나 플랫폼에 다다르니 날렵한 고속열차가 기다리고 있었다.

순간, 6 · 25전쟁 당시의 참상이 내 머리 속을 스쳤다.

당시의 부산행 열차와 오늘의 KTX 고속열차가 오버랩되면서 지난 세월이 주마등처럼 지나갔다.

6 · 25전쟁과 베트남전쟁의 장면 장면이 되살아나면서 숨져 간 전우들을 상기했다.

나만 호사하는 것 같은 송구스러운 마음을 가지며 숨져 간 전우들 덕택에 오늘의 번창한 조국이 있음을 깨달았다.

열차에 승차한 지 얼마 되지 않아 정시가 되었다. 순간 미끄러지듯 조용히 열차가 발차하자 이어서 쏜살같이 달리기 시작하였다.

나는 차창 밖을 바라보면서 변화무쌍한 발전된 새 모습에 절로 감탄사가 튀어 나왔다.

스쳐 지나가는 현대식 도시 빌딩은 말할 것도 없고 중소도시와 농촌까지도 옛모습과 달리, 새롭고 현대 감각의 한 폭 그림처럼 정겹게 보였다. 정말 자랑스러웠다.

내가 베트남 전선에서 돌아온 다음해인 1970년만 하더라도 가난이 찌든 흉한 모습이 곳곳에 도사리고 있었는데, 지금은 완연히 다른 새로운 조국의 모습으로 변해 있었다. 감동적인 전경에 나는 센티멘털에 젖어 갔다.

열차가 목적지를 향해 힘차게 달리듯 나 또한 조국과 군을 위해 열심히 달려왔다고 생각했다. 그러자 그 목적지 마지막 정거장 가까이 와 있음을 자각하기에 이르렀다.

사랑하는 아내 문정인과 결혼 50주년을 기념하는 금혼(金婚)도 작년에 지났고, 이제 팔순(八旬)에 도달했으니 무언가 허전한 생각이 들었다. 순간 베트남전쟁에 대한 역사적 사명감이 남아 있음을 깨닫고는 긴장했다.

작년, 그러니까 2005년 11월 17일 국방부 군사편찬연구소 주관으로 실시된 베트남전쟁에 대한 학술회의에서 김진선, 한홍구 등의 주제 발표를 듣던 그때 그 장면이 되살아났다.

분명한 역사의 왜곡이며 참전 전우에 대한 모독이었다. "강대국 미국이 약소국 베트남을 침략하기 위한 전쟁에 왜 한국군이 말려들어야 되는가?"라는 대목에서는 피가 거꾸로 솟는 분노가 치밀었다. 계속 이어지는 주제 발표자의 뜻밖의 발언은 이곳이 대한민국의 국방부 산하기관인가 하는 의문을 갖게 할 정도로 궤변과 이적 발언으로 이어졌다.

이래서 나는 회고록 집필을 결심하였다. 글을 쓰다가 목숨이 끊어지는 한이 있어도 한국군의 베트남 참전이 대한민국 역사에 한 점 부끄러움이 없었다는 정당성과 당위성을 국민과 후대에 알려야 되겠다고 마음을 굳힌 것이다.

　나는 하늘을 우러러 한 점 부끄럼 없이 조국과 군을 위해 젊음을 바쳤고, 베트남전쟁 참전을 통해 오늘의 대한민국으로 성장 발전할 수 있었음을 고해하는 심정으로 증거하고 싶다.

　베트남전쟁에서 험준한 정글을 헤치며 젊음을 불태운 사랑하는 전우들과 지금까지도 고엽제 후유증으로 신음하는 전우들을 떠올리면 가슴이 미어지는 것과 같은 아픔이 있다. 더구나 정글에서 전사한 전우들 생각이 미칠 때면 눈물이 앞을 가려 함께 죽지 못했음을 부끄러워 자책한다.

　전우들이여!

　전우들이 겪은 이역 땅 베트남의 정글에서의 피맺힌 과거가 조국을 위해 자랑스러웠다는 새 인식이 역사에 각인될 때까지 나는 모든 것을 바칠 것이다. 내 명예와 생명까지도.

2006년 5월에

한강변에서

蔡 命 新

차 례

제 1 장
파병, 어려운 선택

1. 박정희 대통령과의 인연

나는 박정희 대통령으로부터 베트남전쟁에 파견될 주월한국군 사령관 직책과 함께 전투부대 주력인 맹호사단장 직책을 부여받았다.

국군 창설 이래, 아니 우리나라 역사 이래 이처럼 대부대가 해외에 파견된 경우는 없었기에 첫 파병 부대원으로 선발된 장병들은 막중한 책임을 느끼고 영예롭게 생각하였다.

베트남전쟁에서의 3년 9개월은 내 생애 전반에 걸쳐 가장 긴 보직에서의 근무기록인 동시에 영광스러운 기간이었다.

박정희 대통령과 나와의 관계는 1947년부터 시작되었다. 육군사관학교 사관후보생과 박정희 중대장과의 만남이 그것이었다.

단신 월남한 나는 북한 공산집단에 대한 철저한 적대감을 가지고 있을 때여서, 내 성격과 이상에 맞는 곳은 오직 육군사관학교라고 판단한 것이었다.

당시 워낙 실업자가 많을 때여서 4백명을 선발하는 육군사관학교(당시는 국방경비사관학교) 시험은 경쟁률이 무척 높았다. 그러나 월남하기 전 평남 용강군의 덕해국민학교에서 교편을 잡고 있었으므로 늘 책과는 가까이 접할 수 있었다. 그 탓인지 무난히 합격했다.

노란 개나리 꽃이 마음껏 뽐내고 벚꽃이 막 피기 시작하는 4월. 나는 이리행 열차에 몸을 실었다. 당시 이리, 지금의 익산에 주둔해 있던 보병제3연대 교육대로 사관후보생 기초훈련을 받기 위해서였다. 육사5기 이전에는 군사경력자들 위주로 선발했으나, 내가 들어간 5기부터는 순수 민간인이 주류를 이루었기 때문에 기초군사훈련이 필요했다. 3개월의 기초훈련을 마치고 무덥디 무더운 8월 초 다시 서울로 돌아와 화랑대 육군사관학교에 정식 입교하여 사관후보생이 되었다. 육사의 훈련과 교육은 매우 엄격했으며, 비교적 교육기간이 짧을 때여서 이른바 스파르타식 교육훈련이 계속되었다.

박정희 대위는 작달막한 키지만 곧은 자세 그리고 근엄한 표정으로 후보생들 모두를 위엄으로 압도하고 있었다. 후보생중대장과 사관후보생은 가까이 할 수 없는 상하관계였으므로 나는 늘 먼 발치에서 박정희 대위를 바라볼 뿐이었다.

육군소위 임관시 부여받은 군번 10826이면 4백여 명 가운데 26번째니 성적이 좋은 편이었다. 당시 군번은 15번까지는 학교성적과 관계없이 일본군, 만주군, 광복군 등 군사경력자에게 배당되었으므로 사실상 학교성적으로 셈하면 11번째에 해당되었다.

1948년 3월 말 임관 졸업식을 며칠 앞두고 임관 후 최초 보직을 받고 나는 놀라지 않을 수 없었다. 모두가 가장 가기 싫어하는 제주도로 발령되었기 때문이었다. 성적이 좋으면 모두가 좋아하는 보직처로 갈 것으로 알았던 나에게 불안과 실망이 안겨졌다.

육사 졸업식은 4·3 사건으로 제주도에 첫 총성이 울린 뒤 불과 사흘 후인 4월 6일에 있었다. 바로 육사5기생이 4·3 사태와 뗄 수 없는 운명임을 암시하는 결과가 되었다.

어쨌든 나는 동기생 8명과 함께 제주도에 주둔하고 있는 제9연대에 배치되었다. 8명 모두가 제주도에 배속된 것을 몹시 불만스러워 했다.

육사에서 훈련이나 교육 중 교관들이 말 안 듣는 후보생들을 향해 "넌 제주도행이야"라며 위협했는데, 우리들 9명 모두 시말서 한 장 쓴 적도 없고 학업성적 또한 상위권에 속했는데, 제주도에 유배 아닌 유배가 되었으므로 화를 낸 것은 당연한 일이었다.

나는 9연대 소대장으로 부임했다. 소대원은 42명. 나는 지금도 소대원의 84개 눈초리를 잊을 수 없다. 그 눈초리는 소대장에 대한 애정이나 호기심의 눈빛이 아닌, 증오에 찬 살기 등등한 눈초리였다. 저주의 눈빛 그것은 공산주의자에 세뇌당한 눈초리였다.

그날 나는 숙소로 돌아와 두려움에 잠을 이룰 수 없었다. 결국 나는 위기 때마다 나를 구해 주신 것으로 확신하는 하나님께 무릎을 꿇고 기도하였다.

나는 그 위기 속에서 성서 구절이 생각났다. '믿음 소망 사랑 그 가운데 제일은 사랑'이었다. 42명의 부하들에게 사랑을 베풀자. 그렇게 결심한 나는 죽음을 무릅쓰고 부하들 마음 속을 파고 들어

갔다. 거기에서 얻은 교훈이 **골육지정(骨肉之情)의 리더십이었다**. 제주도에서의 많은 이야기와 4·3 사태에서의 위기 극복에 대한 부분은 이미 채명신 회고록 「死線을 넘어」(1994년 3월 15일 발행, 매일경제신문사)에 상세히 기술되어 있으므로 여기서는 되풀이하지 않겠다.

다만 맺는 말로 요약한다면, **골육지정의 통솔로 이데올로기까지 극복할 수 있다는 신념을 제주도에서 터득했다**는 사실이다.

제주도 근무에 이어 운명적 부대 근무는 대위로 진급하여 38°선 방어임무를 거쳐 태백산 공비토벌로 이어진다. 그리고 6·25 발발 이후 몇 번 죽을 고비를 넘긴 뒤 백골병단을 지휘, 사선을 돌파하는 유격전으로 다시 교훈을 쌓아 갔다. 이 이야기 또한 회고록 「死線을 넘어」에 있으므로 생략하기로 한다.

이 과정에서 나 채명신과 박정희 대령과의 만남이 극적으로 이루어진다.

유격전으로 백골병단을 지휘하며 대담한 기습으로 승리를 이끈 뒤 남하하여 강릉에 도착했다. 당시 강릉에는 제9사단 사령부가 주둔하고 있었다. 그곳에서 육사 시절 중대장이었던 박정희 대령을 만났다. 사단 참모장으로 있었다. 얼마나 반갑든지 나는 그를 보자 눈물을 글썽이었다. 박정희 대령은 여전히 까무잡잡한 얼굴이었지만 눈빛은 예리했다. 눈물을 글썽이는 나를 보자, 그는 다가와 반가워하며 나를 가볍게 안았다. 그는 두 손을 맞잡으며,

"채명신 중령 얘기 많이 들었네. 내가 지도한 제자 가운데 인민군으로 가장하고 적 후방에 들어가 많은 전공을 세운 군인이 있다니 대견스럽고 기쁘네. 게다가 적 2군단 사령부와 69여단의

위치를 알려 준 덕택에 우리 9사단 작전이 아주 쉬웠지. 자네는 임무를 100% 완수했네. 아무튼 반가워."

근엄하기로 소문난 그였지만 그날 따라 만면에 웃음까지 지으며 나를 반겼다.

"채명신. 오늘같이 기쁜 날 술 한잔 해야지."

박정희 대령은 뜻밖에 강릉 시내의 불고기집으로 초대했다. 나는 원래 모태신앙의 기독교인인 데다 술을 좋아하지 않으므로 평소에는 안 마시지만, 그날만은 어쩔 수 없이 불고기와 함께 소주를 마셨다. 유격전을 전개하는 과정에서 여러 일들이 있었고 승전보 또한 많았으므로 오랜 시간 보고 겸 자랑을 늘어 놓았다.

박정희 대령은 대견스럽고 신기하다는 표정으로 열심히 내 이야기를 듣고는 입을 열었다.

"그것 참. 인민군한테 경례도 받고 그들 소굴을 헤집고 다니다니 장하네…. 용케 살아 나온 게 기적이야 기적."

과묵한 그였지만 그날만은 만면에 웃음까지 지어가며 말을 계속 이어 갔다.

"채 중령. 그 잠바에 웬 피인가."

내가 입고 있던 꼬질꼬질하게 때가 낀 잠바를 가리키며 의아해했다. 나는 게릴라전을 하면서 인민군의 피까지 묻은 것을 그대로 입고 다녔다. 유격전을 하면서 세탁까지 할 여유가 없었기 때문이었다. 박정희 대령은 인민군의 피라는 것을 확인하고는 그 자리에서 자기 잠바를 벗었다.

"자, 채 중령. 내 것하고 바꿔 입자."

"아니… 이렇게 더러운 것을…."

"그게 기념 아닌가. 역사적인 잠바인데…."

그날 불고기집에서 잠바까지 바꿔 입은 것을 계기로 박정희 대령과는 더욱 가까운 사이가 되었다. 그 후 박정희 대령은 장군이 된 뒤에도 채명신 이야기만 나오면 '영웅'이라며 치켜세웠다.

지금 생각해 보니, 초대 주월한국군사령관 겸 첫 맹호사단장으로 점찍은 사연이 백골병단 시절 유격전을 전개한 것과 피 묻은 잠바를 바꿔 입은 때문이 아닌가 여겨진다.

여하간 나는 창군 이래 가장 중요한 직책을 부여받고 무거운 책임을 느끼면서 각오를 단단히 다졌다.

2. 미 육군지휘참모대학으로 유학

박정희 소장이 주도하는 혁명정부가 수립되었다. 박정희 장군을 따르는 김종필 중령을 비롯하여 이남 출신의 육사8기생들이 주축이 된 반면, 이북 출신이 대부분인 육사5기생 사이에는 눈에 보이지 않는 암투가 시작되고 있었다.

결국 주도권 싸움에서 육사5기생은 육사8기생으로부터 완패당하는 처지가 되었다. 아무튼 김종필 계열의 세력은 육사5기생과 이북 출신의 영향 있는 장군들을 제거하는 데 성공하였다.

이런 와중에서 이북 출신인 내가 살아남은 건 순전히 내가 정치적 야심이 없었기 때문이며, 게다가 서울에는 얼굴조차 내밀지 않고 있었던 탓이라고 생각되었다. 나는 제5사단장으로 전방 근무에만 신경을 쓰고 있었다. 그러나 나의 이러한 초연한 태도가 김종필

계열의 혁명세력에게는 여러모로 껄끄러웠던 모양이었다.

때로는 박정희 장군의 부름으로 마지못해 서울에 나오는 경우가 있었는데, 그때마다

"아무래도 나는 정치에 소질이 없는 것 같으니 나 좀 도와 주시오. 특히 내 주위에는 젊은 군인들이 많은데, 채 장군 같은 야심 없는 군인이 필요하오."

"싫습니다. 정치를 하라면 차라리 군복을 벗고 민간인으로 돌아가겠습니다."

그런데 이날 따라 이상했다. 전에는 내가 그 정도로 고사하면 그도 내 성격을 아는지라 웬만하면 포기하기 마련이었다. 그러나 이번만은 달랐다.

"사실은…. 젊은 혁명세력들이 채 장군이 전방에 들어가 있으니 불안한 모양이야. 그래서 나 좀 도와 주는 셈치고 서울에 잠깐 나왔다 가지."

그가 그토록 나를 서울로 불러들이려는 건 김종필과 그를 따르는 혁명주체들이 서울 근처에 포진하고 있는 막강한 내 제5사단이 마음에 걸렸던 것이다.

결국 그 실토에 나도 꺾이고 말았다.

"그럼, 뭘 맡게 됩니까?"

"지금 시급한 것은 부정부패를 일소하는 것이니 감찰위원장을 맡아 주시오."

"좋습니다. 하지만 조건이 있습니다. 전 서울로 나오지만 대신 군복은 벗지 않겠습니다. 그러다 부정부패가 어느 정도 일소되었다고 생각되면 원대복귀시켜 주십시오."

이렇게 하여 나는 군복을 벗지 않고 혁명정부의 감찰위원장으로 부임하였다.

당시 감찰위원회는 대한민국의 입법, 사법, 행정 등 3부를 모두 감사할 수 있는 권한이 주어졌다.

나는 신중히 일을 처리했다. 2년 간 감찰위원장직에서 겪은 여러 이야기는 회고록 「死線을 넘어」에 있으므로 중복을 피하겠다.

감찰위원장에 취임한 다음해 초에 후일 내 인생을 바뀌게 하는 '베트남 파병' 얘기가 나오기 시작했다. 어쩌면 이때 이미 미래의 내 인생이 베트남 전선에 가야 할 운명이었는지 모른다.

이 해 봄, 김종오 육군참모총장으로부터 연락이 왔다. 잠깐 만나자기에 총장실에 갔다.

"자유당 시절 고 딘 디엠 월남 대통령이 한국군을 고문단 형식으로라도 보내 달라는 요청을 이승만 대통령에게 했었소. 한국군이 이미 공산군과 싸운 경험이 있으니 꼭 도와 달라는 거였소. 그래서 우리는 긍정적으로 검토만 하고 있었는데, 이번에 다시 그쪽에서 한국군 파병 요청이 왔소. 내 생각으로는 채 장군이 6 · 25전쟁 때 게릴라전 경험도 있고 여러모로 적임자 같은데, 어떻게 생각하오?"

불과 그로부터 몇 년 뒤 월남으로 가야 할 운명을 지니고 있던 나에게 월남, 즉 '베트남'이란 단어가 내 귀에 처음 들어온 것이다.

"기꺼이 가겠습니다."

나는 단숨에 말해 버렸다. 군인이 전쟁터로 가는 것 말고 또 다른 무엇이 있단 말인가. 그러나 그 계획은 무산되고 말았다. 당시 미국은 케네디 대통령이 집권하고 있을 때라 미국 내에서 베트남전

개입에 비판적이었다. 그런 판에 한국군이 단독으로 참전한다면 국제적으로도 이해가 될 수 없는 시기였다. 결국 베트남 파병은 몇 년을 더 미뤄야 했다.

감찰위원장직은 공정하게 수행했다. 1963년 초 김종필이 이끄는 중앙정보부 감사 결과를 공식 발표하였다. 그리고 관련자는 모두 법에 의해 엄하게 처벌되었다.

그 전에 김종필은 물러나야 했고, 그 후임으로 김재춘이 중앙정보부장으로 부임했다.

나는 권력형 부정의 척결을 마무리하고 박정희 최고회의 의장에게 사의를 표했다.

"이제는 개혁도 점진적으로 본궤도에 진입하고 있으니 원대복귀시켜 주십시오."

심사숙고 끝에 박 의장은 내 원대복귀를 허락했다. 나는 미련없이 육군으로 원대복귀했다. 때마침 미국 육군지휘참모대학으로 갈 기회가 있었다. 나는 시험에 통과하여 미국 유학길에 올랐다.

1953년에 이어 10여 년 만에 다시 미국 유학을 떠난 나는 이번에 중부 캔자스주 포트 레븐위스로 갔다. 레븐위스는 미 육군지휘참모대학을 위한 도시였다. 그곳에서 유학생활하는 가운데 트루먼 전 미국 대통령을 만나는 행운이 있었다.

나를 만난 트루먼 전 대통령은 매우 반가워하며 손수 커피까지 끓여 주면서 나를 진심으로 맞아 주었다.

"저는 한국 국민의 한 사람으로 또한 한국군의 한 사람으로서 각하께 고마움을 느끼고 있습니다. 각하는 당시 미국의 역사상 가장 짧은 시간 내에 1만 킬로미터나 떨어진 한국에 미군을 보내

주어 한국을 공산화로부터 구해 주셨습니다. 때문에 저는 각하
를 뵙는 걸 무한한 영광으로 생각합니다."

당시 트루먼 전 대통령은 은퇴 후 캔자스시티에 설립한 자신의
도서관에서 노후를 보내고 있었다.

"그때 정말 어려운 결정을 했지요. 나는 공산군의 전력이나 규
모도 모른 채 그냥 파병하는 모험을 감행했습니다. 사실 나는 처
음에 보낸 미군 선발대가 한국에 도착한 지 얼마 되지 않아 전멸
되었다는 보고를 받고 무척 당황했지요. 그러나 결국 우리 미국
은 해냈습니다. 나는 그걸 지금도 자랑스럽게 생각하지요."

대담은 계속 이어졌다. 그는 진지하게 당시의 일기장까지 보여
주며 그때 상황을 소상히 설명해 주었다.

유학시절 또 하나 잊을 수 없는 사건에 접했다. 케네디 미국 대통
령이 암살되었다는 뉴스였다. 내가 '대부대 전략'에 관한 토의를
하고 있을 때 난데없이 학교 방송에서 대통령의 암살 소식을 전하
는 것이었다.

나와 함께 토의에 참가한 미군 장교들은 눈물을 글썽이며 경악
했다.

유학을 마치고 귀국하여 3관구사령관으로 1년을 재직한 뒤 육군
본부 작전참모부장의 요직을 맡게 되었다. 그때는 이미 비전투부
대인 비둘기부대가 베트남에 파견되었고, 베트남의 정세는 점점
확전의 기미가 곳곳에 도사리고 있었다.

나는 작전참모부장 근무 이전부터 베트남의 역사를 비롯하여 정
치, 종교, 사회 문제 등 여러 국면의 정보를 수집하고 있었고, 정세
분석을 내 나름대로 계속하고 있었다. 이제 작전참모부장으로 부

임한 이상 직접 기본 업무와 연관될 것이므로 더욱 심층분석에 착수하기 시작하였다.

3. 대통령과 나의 고민과 우려

육군본부 작전참모부장으로 부임할 무렵, 베트남은 이미 확전을 향해 치닫고 있는 징후가 여러 곳에서 포착되고 있었다.

미국의 대외정책은 유럽 중심주의에서 태평양시대로 전환하고 있었고, 공산국가 또한 미국정책의 행보에 신경을 곤두세우고 있었다.

우리나라는 작년, 그러니까 1964년 7월 15일 구엔 칸 장군 집권 시 월남 정부의 요청에 의하여 최초로 9월에 1개 이동외과 병원과 태권도 교관단을 파견한 바 있었다. 따라서 한국군도 베트남전쟁과 연관을 갖지 않으면 안 될 운명의 첫 단추를 누른 결과가 되었다. 병원에 이어서 비둘기부대를 정식으로 베트남에 파견함으로써 미국의 확전에 보조를 함께하는 양상을 보여 주어 자유민주주의 국가는 물론 공산권 국가까지 한국의 향후 전투부대 파병 여부에 관심을 쏟기 시작하였다.

나는 처음부터 베트남전쟁에의 전투부대 파병을 부정적으로 보고 있었다. 왜냐하면, 베트남전쟁은 게릴라전이기 때문에 정규군이 파견된다 하여도 목표나 표적 찾기가 매우 불확실하고, 월맹의 지도자 호치민이 월맹 뿐만 아니라 월남공화국 국민까지도 추앙하고 있었기 때문이었다.

나는 6 · 25전쟁 당시 북한지역에서 백골병단을 지휘, 게릴라전을 폈었기 때문에 게릴라전에 대응하는 정규군의 어려움이 얼마나 크다는 것을 경험을 통해서 알고 있었다.

내가 작전참모부장으로 고민한 것은 바로 한국군 전투부대 파병이 예측되기 때문이었다. 미국의 움직임이 분명한 이상 확전시 동반 확전의 군대로 미국은 한국군을 지목할 것이라고 판단, 한국 방어를 위해 미 제2 사단과 미 제7 사단을 한국에 주둔시키고 있는 미국이 미군 현역사단이 한정되어 있는 그들의 상황에서 한국군에 대한 파병 요청은 불가피하다는 생각이었다.

나는 한국군이 본격적 확전의 주체로서 베트남전에서 전투에 개입한다면 비록 패퇴하지는 않더라도 많은 피해를 우려했던 것이다.

따라서 비둘기부대와 같은 비전투부대를 파견하여 미군과 월남군을 돕는 것이 최선책이라고 생각했다. 그러나 작전참모부장으로서 우리에게 유리한 방책만 세울 것이 아니라, 불가피하게 전투부대 파병이 있을 경우를 대비한 대책도 필요하다고 판단하여 그 계획을 은밀히 추진하고 있을 때였다.

이 무렵 육군참모총장 김용배 장군이 나를 불렀다.

"채 장군, 청와대에서 각하께 보고사항이 있는데 함께 가세."

나는 급변하는 내외 정세의 변천 과정을 주시하고 있을 때여서, 그러잖아도 내심 박 대통령이 나를 언젠가는 부를 것이라고 생각하고 있었다.

"예, 가겠습니다."

더 이상 긴 말이 없어도 그와 나의 의중은 베트남전쟁에 관한 사항임을 머리 속에 떠올리고 있었다.

1965년 3월, 작전참모부장으로 부임한 지 며칠 지나지 않던 그날, 나는 총장을 따라 청와대로 향했다.

총장과 내가 대통령 집무실에 들어서자 박 대통령은 반갑게 맞아 주었다. 그러나 얼굴빛이 평소와 다르게 무거운 기운이 감돌며 밝은 빛이 아니었다.

"자, 앉게."

먼저 박 대통령이 자리에 앉았다. 앉기가 무섭게 담배를 꺼내더니 불을 붙여 담배를 피우기 시작했다. 깊게 빨아들인 담배 연기를 한숨처럼 긴 호흡으로 뱉아내고 있었다.

분위기를 알아차린 총장은 몹시 긴장하는 모습이었다. 나 또한 무거운 분위기 속에서 그 분위기에 젖어 들어갈 수밖에 없었다.

긴장된 가운데 총장의 보고는 끝났다. 총장과 내가 막 일어서서 집무실에서 나갈 채비를 하자 박 대통령이 총장과 나를 번갈아 보면서,

"총장은 먼저 가고, 채 장군은 잠깐 나하고 이야기 좀 할 게 있어."

하며 나를 다시 자리에 앉게 했다. 총장은 거수경례를 하고 밖으로 나갔다.

박 대통령의 얼굴이 더 무거워진다는 것을 느끼고 있을 때 대통령은 약간 억양을 높이며,

"채 장군, 월남에 전투부대 보내면 한국군 잘 싸우겠지. 곧 해결될 거야."

자신있는 그다운 억양이었다.

"각하, 무슨 근거로 그렇게 낙관하십니까. 저는 **전투부대 파병을 반대합니다.**"

박 대통령 얼굴빛이 벌개지면서 놀라는 기색으로 변했다.

"무엇이? 한국군이 해결 못한다고."

"네, 어렵습니다. 게릴라전에 정규군이 승리하려면 많은 희생이 따릅니다."

박 대통령이 다시 담배를 피워 물었다. 담배를 낀 손가락이 떨리는 것이 보였다. 매우 흥분한 것 같았다. 나는 당황하였다. 평소 그가 그렇게 흥분한 적이 없었기 때문이었다.

"왜 그래! 채 장군 생각이 틀렸어."

"아닙니다. 베트남의 게릴라들 베트콩은 다릅니다."

"무엇이 달라?"

나를 향해 대드는 것과 같은 자세로 억양을 더 높였다. 그리고 내 얼굴을 뚫어지게 쳐다보면서 말을 이었다.

"채 장군. 지난날의 6·25 전투경험에다 교육훈련도 잘 되어 있고 반공정신도 강하고 사기도 높잖아!"

나는 박 대통령의 항변에 지지 않고 억양을 높였다.

"각하의 말씀은 다 옳습니다. 그러나 월남전에 대한 낙관적인 견해에는 정반대의 생각을 가지고 있습니다."

"아니, 채 장군의 그런 대답은 뜻밖이군. 어째서 그래."

대통령은 몹시 불쾌한 표정이었다. 한편 당황하는 기색도 보였다. 평소 그가 그렇게 흥분한 적은 볼 수 없었기 때문에 나 또한 내심 당황하였다. 그러나 할 말은 해야 되겠다고 생각이 미치자 나는 당황하는 빛을 가라앉히고 차분히 설명을 이어 갔다.

"각하. 2차대전이 끝나자 5년여 동안 인도차이나를 점령했던 일본군이 물러갈 때 그들 무기의 일부를 취득한 공산월맹이 독립투쟁을 시작했습니다. 공산월맹은 일본군 점령하에도 비밀조직을 통해 세력을 확대하며 소극적인 투쟁을 해 왔지만, 일본군 철수 후 대규모 무장세력으로 조직되기 시작했습니다. 그리고 프랑스군의 대부대가 지난날의 식민지였던 인도차이나반도에 진주하자 인도차이나반도 전역에서 본격적인 무장투쟁이 시작되지 않았습니까. 공산월맹은 전 국토 모든 도시와 촌락을 무장투쟁을 위한 전투기지로 만들면서 주민들을 조직하고 훈련시키며 격렬한 게릴라전을 전국적으로 확대해 나갔습니다.

이에 따라 8년 동안 치열한 전쟁이 계속되었으며, 프랑스군이 마지막 거점인 디엔 비엔 푸(Dien Bien Phu)에서 항복함으로써 전쟁은 월맹의 승리로 끝나고, 1954년 제네바 협정에서 17도선을 경계로 하여 북쪽은 공산월맹으로, 남쪽은 자유월남공화국으로 양분되지 않았습니까."

대통령의 흥분은 좀 가라앉는 것 같았다. 담배를 낀 두 손가락의 떨림도 보이지 않았다. 내 말을 진지하게 경청하는 모습이 역력했다. 나는 안도하며 다음 이야기로 이어 갔다.

"각하. 이때 월맹의 지도자 호치민(Ho Chi Minh)은 17도선 이북으로 철수하면서 많은 무기와 탄약 그리고 정예 병력 상당수를 남쪽에 남겨 두고 통일을 위한 계속 투쟁을 지시하였습니다. 그 후 17도선 이남에는 미국이 후원하는 고 딘 디엠(Ngo Dinh Diem) 대통령 정권이 들어서서 철저한 반공정책으로 공산조직을 탄압하자, 공산세력은 일시적으로 지하에 숨어들었던 것입니다. 그러나 고 딘 디엠 정권의 족벌정치와 부패에 대해 국민들의 불만과 반항이 싹트기 시작하였습니다. 더욱이 가톨릭 신자인 대통령과 소수 권력층에 대해 국민의 대다수를 점하고 있는 불교신자들은 종교적인 불만과 반항을 격화시키자, 이 투쟁이 도화선이 되어 혼란이 퍼져 **1963년 11월 두옹 반 민 (Duong Van Minh) 장군을 지도자로 하는 군사 쿠데타에 의해 디엠 정권이 무너지고** 디엠 대통령 형제는 암살당하였습니다.

미국은 디엠 정권 수립시부터 막대한 원조를 제공하였으나, 미국과 디엠 정권 간의 마찰과 갈등이 심화된 가운데 군사 쿠데타를 맞았는데, 미국은 새로운 군사정권에 대해 군사 및 경제원조를 더욱 강화했습니다. 그러나 군사정권 지도자들 간에 **권력 싸움이 시작되어 군사 쿠데타가 반복되면서 정치, 경제, 사회 불안이 지속**되는 가운데 세력 확장을 위해 지하에서 꾸준히 조직을 강화하여 본격적인 게릴라전에 의한 투쟁을 시작하게 된 것입니다. 그리고 1964년 8월 2일과 4일 공해상에서 공산월맹의 함정이 미 해군 함정을 공격한 데 이어, 지상에서는 베트콩들이 미군 고문관의 숙소와 기지 등을 습격하여 많은 미국인들을 살해하고 시설들을 파괴하는 격렬한 투쟁 국면에 접어들었습니다."

대통령은 줄담배를 피우면서도 열심히 내 설명을 듣고 있었다. 초기에 분노의 빛까지도 보였던 것이, 내 충정에 의한 한마디 한마디에 진지한 얼굴빛으로 변하면서, 때로는 고개까지 끄덕이며 공감을 표시했다.

"각하. 지금까지 보고드린 월남정세는 더 위기에 직면할 것이라는 것이 저의 판단입니다. 왜냐하면, 20년 가까운 게릴라전의 실전경험을 통해 세계 최강의 게릴라로 성장되었기 때문입니다. 또한 그 긴 세월 월남의 많은 촌락과 산야에다 게릴라전을 위한 전투기지를 완성해 놓았다는 점이 정규군에게는 커다란 장애가 될 것입니다. 베트콩들의 또 다른 강점은 월맹 대통령 **호치민이 반프랑스 독립투쟁의 국민적 영웅이며 애국자라는 인식**이 남·북 월남의 거의 모든 사람들의 뇌리에 깊이 새겨져 있는 점입니다. 또한 자신들의 투쟁이 **반식민지 독립투쟁의 숭고한 목적 달성**에 있다는 신념에 불타고 있는 점입니다.

  아울러 베트콩은 캄보디아, 라오스 등의 성역지대를 통해 월맹의 지원을 계속 받을 수 있는 지원 루트 등 절대적으로 유리한 지리적 조건을 갖추고 있습니다. 쉽게 승패를 가릴 수 없는 형태의 전쟁이 월남전쟁입니다."

대통령은 또 고개를 끄덕이며 입을 열었다.

  "그럼, 미군도 힘들겠구먼."

  "그렇습니다, 각하. 미국은 남·북 월남 전 국토를 쑥대밭으로 만들 수 있고 남·북의 모든 월남인들을 몰살시킬 수 있는 엄청난 군사력을 가지고 있습니다. 그러나 국제적인 여론을 감안할 때 그렇게 할 수는 없는 일이고, 또 그와 같은 협박으로 쉽게 항복하리라 생각할 수 없습니다."

  "그렇다면 채 장군. 한국군이 월남에서 잘 싸울 자신이 있다는 내 생각이 과욕일까?"

  "각하. 상황의 진전을 좀 지켜보시는 것이 좋겠습니다. 비둘기부대 파견까지는 무난하며, 명분도 뚜렷하고 성공할 자신도 있지 않겠습니까? 문제는 앞으로 미군 전투부대가 월남전에 투입되고 전쟁이 더욱 확대되어 한국에 주둔 중인 2개 미군 사단을 월남전선으로 빼돌린다면 이는 우리나라 안보에 결정적인 치명타가 될 것이며 제2의 6·25는 너무나 자명한 것이 아니겠습니까? 그때 가서 판단하셔도 늦지 않습니다."

나는 마음 속에 간직하고 있던 모든 것을 털어놓았다. 대통령은 조용히 입을 열었다.

"나도 바로 그 점을 우려하고 있었는데 걱정이야. 김일성이가 자신만만하고 의기 양양하게 '우리가 밀고 내려가면 잃는 것은 휴전선이요, 얻는 것은 조국통일이다' 라고 떠들어 대고 있는데 말이야."

박 대통령과 나의 고민과 우려는 바로 그 점에 있었다.

4. 주월한국군사령관에 임명

이 무렵 월남사태는 갈수록 악화되어 미군 전투부대가 계속 월남전선에 투입되고 있었다. 공산월맹도 그들의 병력을 계속 남으로 남으로 이동시키고 있어, 그대로 방치한다면 자유월남은 빠른 속도로 공산화될 수밖에 없는 위험이 가일층 높아지고 있었다.

자유월남은 위기가 확대되어 가자 자유우방들에게 간곡한 지원을 호소하게 되었다.

이미 밝혔듯이, 1차로 1개 이동외과병원과 태권도 교관단을 월남에 보냈고 2차로 비둘기부대를 보낸 우리나라는, 전투부대 파병이라는 커다란 이슈가 수면 위로 떠올라 정치계에서 여와 야, 그리고 사회 곳곳에서 찬성, 반대 등의 목소리가 높아가고 있었다.

박정희 대통령은 1965년 1월 26일 담화문에서 월남 파병 의의를 다음과 같이 제시하였다.

첫째, 정치적 의의로서, **대공투쟁과 집단안보체제의 강화, 국민의 단결과 해외진출**, 반공의식 고양과 국토통일의 실력배양을 포함한 국제적 지위향상에 크게 기여하게 된다.

둘째, 군사적 의의로서, **미군의 한반도 계속 주둔과 한국 방위보장 확보, 군의 전투력 향상을 통한 국방력 강화** 등 국가안보를 확고하게 다지게 된다. 그 외에 한ㆍ미ㆍ베트남 3국 간의 협조로 3각 무역체제를 유기적으로 구축, **외화획득의 좋은 기회**가 되고 국내 생산이 가능한 군수품 수출은 **경제적 이익**을 가져다 줄 것이다."

1965년 3월 나와 단독대담 이전에 이미 박 대통령은 전투부대 파견을 기정사실화하고 있었던 것이다. 그러나 그 단독대담 이후 박 대통령은 전투부대 파병을 사실로 받아들이면서 함께 신중론에도 귀를 기울이고 있었던 것이다.

나는 사태 진전을 분석하면서 전투부대 파병은 어쩔 수 없는 일로 보되, 보다 신중히 사전준비를 착실하게 대비해야겠다는 생각으로 주야를 가리지 않고 정보분석과 대비책 강구에 몰두했다.

1965년 2월, 미 해군기에 의한 북부 월남에 대한 폭격에 이어, 3월에는 미 지상군 6만여 명이 월남에 도착하는 등 계속 지상군이 증가되어 갔다. 우리나라 비둘기부대에 이어 오스트레일리아 보병대대를 비롯 자유우방의 지원 움직임도 가시화되고 있었다.

미국은 줄기차게 물밑에서 한국군 전투부대 파병을 촉구하기 시작했지만 박정희 대통령은 신중한 태도를 지속하고 있었다. 이러한 시기인 1965년 6월 14일에 자유월남 정부는 월남공화국 수상 판 후이 콰트(Phan Hoy Quat) 이름으로 우리나라 국무총리 앞으로 **1개 전투사단 파병을 정식 요청**하기에 이르렀다.

우리나라의 모든 신문은 일제히 이 사실을 대서특필하여 보도했으며, 온 국민은 찬반 양론의 활발한 토론이 일기 시작했다. 이 와중에 자유월남에서는 정변이 일어나 새 수상에 구엔 카오 키(Nguen Cao Ky) 공군사령관이 취임하면서 6월 20일부로 먼저 수상이 보낸 1개 사단 전투부대 파견 요청을 재확인하는 요식의 공문을 보내 왔다.

국방부와 주한미군사령부 간에 1개 전투사단과 이에 필요한 지원부대를 파월하기 위한 여러 준비 절차들이 착착 진행되고 있었다. 이제 전투부대 파병을 위한 법적 절차만이 남아 있는 상태였다.

국방부는 전투부대 파월안을 7월 2일에 열린 국무회의에서 의결하고 국회에 상정할 준비를 서둘렀다.

이에 따라 국회에서는 물론 국민 사이에서도 전투부대 파병안을 놓고 찬성, 신중론, 반대 등 세 갈래 의견으로 갈라져 활발한 토론이 다시 시작되었다.

찬성론의 내용은 아래와 같다.

첫째, 전투부대 파월은 국군의 현대화를 촉진할 수 있고 전투경험을 얻게 됨으로써 국방력 증강에 기여한다.

둘째, 한국군의 실전역량(實戰力量)을 내외에 과시할 수 있고 국위를 선양할 수 있다.

셋째, 월남전선은 한국의 휴전선과 직결된 제2의 대공전선이며,

이념을 같이 하는 우방을 도와 국제신의를 고양한다.

넷째, 6 · 25전쟁 때 우리를 도와 적화를 방지케 한 미국을 위시한 자유우방의 은혜에 보답한다.

다섯째, 반만년 역사를 통해서 **'우물안 개구리'처럼 보수적이고 폐쇄적 민족의 기상을 진취적으로 발전**시킬 수 있다.

끝으로, **경제발전의 돌파구가 열릴 것이며 해외 인력 송출이 활발해질 것**이다.

신중론과 반대론은 대개 연로층 보수성향에 편중되어 있었고 찬성론보다 그 세가 약했다.

그들은,

첫째, 우리나라가 월남전에 깊이 관여한다면 중립국은 물론이요 대 유엔 외교에 있어서 호전적인 국가로 인정되어 국제정치사회에서 불리한 처지에 놓이게 된다.

둘째, 한국과 월남은 미국과 한국 관계와는 달리, 상호 방위조약이나 집단안전보장조약을 맺은 것도 아니고 또한 한국전쟁 때와 같이 유엔의 결의가 있는 것도 아니다.

셋째, 북한 공산집단과 대치하고 있는 현상황하에서 전투사단을 파월하는 것은 국토방위를 약화시킨다.

또한 반대론은 정치적인 이해관계에 따라 여당의 정책에 무조건 반대한다는 정치적 의도가 작용한 것으로 보였으며, 그들의 주장은 신중론에 더하여 미국의 용병(傭兵)이니, 청부전쟁(請負戰爭)이니 하는 원색적 비난이 따랐다.

그러나 도도하게 흐르는 겨레의 진실은 국가를 위하고 군을 위해 그리고 국제신의를 위해 파병해야 한다는 찬성 쪽으로 기울어

가고 있었다. 특히 파병 당사자격인 육군과 해병대의 여론은 압도적으로 찬성하고 있었다.

나는 박 대통령과의 대담에서 전투부대 파병에 대해 부정적인 시각에서 언급했지만, 상황의 추이에 따라 전투부대 파병이 불가피하다고 결론을 맺었다.

만일 우리가 전투부대를 파병하지 않는다면 **미 제2사단과 제7사단이 빠져 나갈 것**이고, 그렇게 되면 우리보다 절대 우세한 북한군의 침략을 막을 길이 없다고 판단했다.

파병을 전제로 할 때, 그렇다면 승리하기 위한 대비책이 필요하다고 생각하며, 전투부대 편성, 지휘기능, 전략전술 등 여러 국면에 걸쳐 세부계획을 짜기 시작했다. 이 작업은 밤낮없이 이루어졌으며, 특히 작전참모부에서 차장직을 수행하고 있는 이병형 장군에게 많은 일을 맡겼다.

전투부대 파병 준비가 한참 이루어지고 있을 때 김용배 참모총장이 급히 나를 불렀다. 나는 총장실을 찾자마자 그가 무엇을 이야기하기 위해 나를 오라고 했는지 대충 눈치를 챌 수 있었다. 그는 만면에 웃음지으며 내 손을 잡고,

"파월 전투부대를 채 장군이 맡아 줘야 되겠어요."

하고 말하고는 의자에 앉으며 나를 의자에 앉게 했다. 나는 순간 한없는 영예임을 의식하면서도 어려운 전장에 가야 할 무거운 책임을 느꼈다. 그렇다고 당장 가겠다고 할 수 없어 나는 입을 열었다.

"총장님, 감사합니다. 그 막중한 중책을 저에게 맡기시겠다니 영광입니다. 그러나 그 동안 저는 전투부대 편성을 준비하면서 적임자를 건의할까 했는데…. 이병형 장군 어떻습니까. 6·25전

쟁 영웅이고 전략 전술에 능한 장군입니다.”

총장은 내 말을 받자마자 손을 흔들며,

“아니야, 채 장군이 잘 할거야. 대통령 각하 의중도 아마 채 장군이 틀림없을 거요. 사양 말고 맡아 주오.”

하고 확정적으로 말하는 것이었다. 나는 더 이상 사양하는 것이 상관에 대한 예의가 아니라고 생각하고 받아들이기로 마음을 굳혔다.

“네, 알겠습니다. 최선을 다해 한국군의 명예를 고양하겠습니다.”

이렇게 하여 그날 나는 주월한국군사령관 겸 맹호사단장에 내정되었다.

이제 새 인생의 항로에 서게 되었다고 다짐을 하면서 총장실을 나왔다. 밖에 나와 보니 이미 내가 주월한국군사령관으로 결정되었다는 소문이 확 퍼져 있었다.

5. 한국군 작전지휘권 문제

전투부대 월남 파병이 결정되자 국방부는 합동참모본부 안에 월남에 대한 군사지원을 전담하는 잠정기구로 기획단을 설치하였다.

한편, 전투부대 월남 파병에 따른 현지조사와 아울러 미군 및 월남군의 협조관계를 사전에 협의하기 위해 1965년 8월 19일에 연락장교단을 월남에 파견하였다. 이세호, 김용휴, 이훈섭, 김연상 장군들이 그들이다. 8월 19일 도착한 이들은 다음날 월남군 합동참모본부 참모장 비엔(Vien) 장군을 만나고, 이어서 오후에 미군사령관 웨스트모얼랜드 장군과 참모장 라슨 장군 그리고 관계 참모들을 만났다.

이어 미군측으로부터 전반적인 현황설명을 들었는데, 마지막 순서에서 파월 한국군이 미군사령관 휘하의 예속부대로 되어 있는 기구도를 보이며 설명하는 것이었다. 연락장교단은 그 문제를 지적하고 이의를 제기하자, 미군은 확정된 것이 아니라는 것과 시안에 불과하다는 해답을 했다.

그때까지 한국군에 대한 작전지휘권 문제가 완전히 해결이 안된 상태였다. 심지어 한국의 합참 작전국장인 손희선 소장은, 미군과의 회의에서 "한국군이 미군사령관 지휘를 받는 것은 영광"이라는 발언을 한 사실이 있어, 그것을 빌미로 미군사령부 일각에서는 한국군이 마치 자기들의 예하부대로 간주하기까지 할 정도였다. 한국군 전투부대가 도착도 하기 전에 이런 일이 있었지만, 연락장교단은 지휘권 문제를 해결하지 못하고 미결로 남긴 채 계속 절충만 하고 있었다.

한편, 박정희 대통령은 **작전지휘권 문제에 대해 이미 브라운 미국 대사에게 한국에서처럼 미군사령관의 작전지휘하에 두는 것을 당연한 것으로 말해 버렸기 때문에,** 미군 고위층에서 월남에서의 한국군 작전지휘권이 미군에 있는 것으로 이해되고 있는 실정이었다.

나는 이런 정황을 파악하고 이 문제만은 꼭 해결해야 되겠다고 마음을 굳혔다. 왜냐하면, 파병 반대의 목소리 가운데 미국의 청부전쟁 또는 용병이라는 비난이 빗발치고 있었기 때문이었다. 더욱이 우리 한국군은 미군을 위해 파병하는 것이 아니고 자유월남을 위해 파병하는 것이고, 한국에서는 한국 방위를 미국에 의지하고 있기 때문에 미군 작전통제하에 있지만, 월남에서는 **미군 지휘하에 있어야 할 명분이 없다**고 판단했다. 만일 월남에서 미군 작전지휘하에 한국군이 작전에 임한다면 일각에서 청부전쟁 또는 미군의 용병이라는 비난을 면할 길이 없다고 생각했다.

이 문제는 매우 심각했다. 나는 어떠한 일이 있어도 **작전지휘권은 우리가 가져야 한다는 확고한 목표를 세우고**, 먼저 박정희 대통령의 생각부터 바꿔야 된다고 마음을 굳혔다.

주월한국군사령관과 맹호사단장으로 보직이 정해진 다음 청와대 박정희 대통령과 다시 단독 대담할 기회가 있었다. 나는 굳게 다짐하며 이번에야말로 대통령의 생각을 바꿔야 되겠다고 별렀다.

대통령은 반갑게 나를 맞아 주었다.

"오, 채명신 주월군사령관 어서 오시오."

나는 절도 있는 거수경례로 답했다.

"각하의 기대에 어긋나지 않게 잘 싸워 이기고 돌아오겠습니다."

"그래 그래, 잘 싸워야지."

대통령과 나는 자리에 앉았다. 앉기가 무섭게 나는 먼저 입을 열었다.

"각하, 제가 듣기에는 브라운 미국 대사에게 이번에 파견되는 주월 한국군의 작전지휘를 미군 사령관에게 일임한다고 말했다는데 사실입니까?"

대통령은 당연하다는 표정으로,

"그래. 한국에서처럼 미군과 협조도 잘 될 것이고 미군의 적절한 지원 받기에도 원활할 것이고, 그게 어째서?"

오히려 의아하다는듯이 나를 바라보았다.

"안 됩니다, 각하. 작전지휘권은 반드시 우리가 가져야 합니다."

"안 된다니…. 왜?"

대통령은 긴장한 빛을 띠며 내 말에 수긍이 안 간다는듯 다시 말을 이었다.

"한미 동맹관계를 더욱 돈독히 하며 한국의 안보와 우의를 위해서도 미군 지휘하에 있는 편이 유익하다는 것을 알아야 해."

나는 대통령을 똑바로 보면서 더 강력한 어조로 말했다.

"각하, 이번 파병은 월남공화국 요청에 의해 대한민국 국군이 파견되는 형식이 아닙니까?"

"그렇지, 그게 뭐."

"주권국가의 군대로 파견되는데 왜 미군의 지휘를 받습니까. 지금 야당을 비롯하여 반대론자들의 목소리를 듣지 못했습니까. 미국의 청부전쟁이니, 미국의 용병이니 하며 떠들어대고 있잖습니까. 왜 우리가 외국에 나가 피 흘려 싸우며 용병이라는 누명을 써야 합니까."

대통령은 얼굴빛을 달리하며 담배를 피워 물었다. 그러고는 화난 목소리로,

"불평분자들의 말을 귀 담아 들을 필요가 있겠는가?"

탁자까지 치면서 화를 냈다. 손가락에 끼었던 담배가 심하게 떨리고 있었다. 내심 뜻밖이라고 생각되었지만, 여기서 물러날 수 없다는 생각으로 다시 마음을 다졌다.

"각하, 만약 한국군이 미군 지휘하에서 작전을 한다면 미군들

이 힘든 곳, 어려운 국면에 한국군을 투입할 것은 뻔한 일입니다. 매우 어려운 전쟁, 불확실한 전장에서 계속되는 패전으로 많은 희생자가 생긴다면 어떻게 하시겠습니까? 국민에게 뭐라고 하시겠습니까? 아마 비판자들은 미국의 청부전쟁에 말려들어 저 꼴이 되었다고 정치공세로 나오지 않겠습니까?"

대통령은 화난 얼굴을 풀지는 않았지만, 처음 보다는 누그러지는 것을 느낄 수 있었다.

"그럼, 나더러 어쩌란 말이야."

"브라운 대사에게 말한 것은 그저 사적 대담이고 곰곰이 생각하니 월남에서는 독자 지휘권을 갖되 상호 긴밀한 협조체제를 유지하면 잘 될 것이라고만 말씀하시면 됩니다. 미국과 정식 조약을 맺은 것도 아니고, 지금부터라도 미국 당국자들에게 그리고 국방장관이나 참모총장에게 내 의중이 그렇다는 것만 밝히면 될 것입니다. 나머지는 저에게 맡기십시오."

"알았어."

결론은 결정되었다. 대통령이 한국군 독자 작전지휘권을 결심한 이상 이제 공은 내게로 넘어 왔다고 생각했다.

대통령은 그날로 국방장관에게 그리고 비서진에게 한국군 작전지휘권에 대한 생각을 알림으로써 그 문제는 새 국면을 맞았다.

국방부는 월남에 파견된 연락장교단에 대통령의 의중을 통보하였고, 연락장교단은 더욱 강력히 한국군의 작전지휘권 확보를 위해 교섭을 시작하였다.

그러나 미군측의 생각은 우리와는 거리가 멀었다. 미군사령관 웨스트모얼랜드 장군과 특히 참모장 라슨 장군은 '한국군의 통제권은 마땅히 미군에 예속시켜야 된다' 라고 집요하게 양보의 기색을 보이지 않았다. 그리하여 개략적인 약정에 '한국군에 대한 지휘통제는 파월 한국군사령관에게 있다' 라는 외교적 수사로써만 합의를 이루었을 뿐이었다. 엄밀히 분석한다면 한국군이라는 큰 덩치는 미군 지휘하에 두고 그 소속부대는 한국군사령관이 지휘통제한다는 것이었다. 그렇다면 한국에서의 한국군과 미군과의 관계와 사실상 다름이 없는 약정이었다.

따라서 확실한 지휘권 문제의 해결은 한국군과 미군 야전사령관에게 일임되는 것으로 암시함으로써 미봉책에 지나지 않았다.

나는 대통령이 한국군 작전지휘권을 독자적으로 갖겠다는 의지로 굳혔기 때문에 이 문제는 주월한국군사령관인 내가 풀어야 할 과제로 월남까지 짊어지고 가야겠다고 결심했다.

제 2 장
멀고도 험난한 길

1. 기후와 지세에서 얻는 전략

주월한국군사령관으로서, 또한 주력 전투부대인 맹호사단을 지휘함에 있어서, 솔직히 그때 심정을 표현하자면, 영예롭고 보람스럽다기 보다 한편 암담했다고 표현하는 편이 옳은 것 같다.

왜냐하면, 육군본부 작전참모부장 이전부터 연구 분석을 통해 베트남의 역사와 군사동향을 연구한 결과, 어느 군대도 그 세력을 완전히 제압하는 데는 한계가 있다고 보았기 때문이다. 그렇다면 나는 주월한국군사령관으로 최종 승리까지 목표달성이 불가능하다는 전제하에 전장에 뛰어드는 지휘관이 되는 셈이니, 밝은 심정으로 받아들일 수 있을리 없었던 것이다.

참으로 난감한 일이었다. 그러나 나에게는 한 가지 대안이 있었다. 내가 지휘하는 부대를 내 마음대로 지휘할 수 있는 권한이 주어진다면, 최후의 승리는 못할망정 절대로 적에게 패배하지 않을 수 있다는 묘책을 가지고 있었다. 그 묘책은 앞으로 작전과정에서 밝혀지겠지만, 분명한 것은 6·25전쟁을 통한 백골병단을 지휘하여 게릴라전의 경험에서 체득한 전술이었다.

그 전술은 미군 지휘하에서는 사용할 수 없는 것이기에, 나에게 있어서 독자적 작전지휘권은 한국군의 명예를 위해 필수적 조건인 것이다.

그렇다면 패배하지 않기 위해 전술행동에 들어가기 전에 우리는 베트남의 기후와 지세(地勢)를 알아야 했다.

베트남은 상하의 나라이다. 그러므로 우리나라의 삼복 더위를 연상하면서 후덥지근한 그런 곳에서 어떻게 견뎌내야 하는가 하며 답답한 생각이 떠오를 것이다.

그러나 그 생각은 잘못이다. 베트남의 기후가 여름 더위인 것은 분명하지만, 우리나라처럼 습도가 높지 않기 때문에 찌는 듯한 더위 속에서도 나무 그늘에 들어가게 되면 한결 더위가 덜 느껴진다. 또한 저녁 해질 무렵부터는 시원한 바람이 불기 시작하면서 우리나라의 늦봄을 생각할 만한 알맞은 온도로 내려간다. 거기에다 낮 한때 소나기가 퍼붓기라도 한다면, 그 시원함이란 무엇으로 표현해야 할지 모를 정도로 쾌적하다.

특히 우기에 들어서면 아침 저녁엔 제법 우리나라의 늦가을 날씨처럼 온도가 내려가 털 스웨터를 걸치고 싶을 만큼 서늘해진다.

일년 내내 언제나 푸른 나무와 푸른 잔디로 뒤덮인 숲은 한 폭의 그림마냥 아름답기 그지없다. 그러니 일년 열두 달 삼라만상이 시들고 죽고 새로 움트는 일이 되풀이되니 언제나 성장의 은혜 속에 혜택을 받을 수 있다. 그래서 가난한 사람, 게으른 사람들의 천국이다.

베트남 전 지역은 남부 아시아의 계절풍인 몬순의 영향을 많이 받는다. 그래서 5월부터 시작하여 10월까지를 우기라고 한다. 비가 내릴 때면 어찌나 줄기찬지 소란스럽다. 울창한 원시림이 대부분이기에 우리나라처럼 물난리가 거의 없다.

11월부터 이듬해 4월까지는 건기(乾期)이다. 건기에는 말라리아 등 전염병과 신선한 음료수 공급이 부담스럽다.

특히 우기에는 작전시 항공지원을 받을 수 없는 데다 기동로가 막히거나 습지가 늘어나 부대 이동에 지장을 준다. 이래서 미군처럼 항공기나 차량 등 기동장비 사용이 제한을 받으므로 작전시 지장이 매우 크다. 이런 취약점을 노리는 베트콩들은 동에 번쩍 서에 번쩍하면서 기습을 가해대니 좋은 장비를 갖고도 미군은 항상 전전긍긍한다.

한국군이 터득해야 할 조건 중 하나가 기후라는 것은 지금까지의 설명으로 이해가 될 것이다. 우리는 우기가 되었건 건기가 되었건, 이를 극복하지 않는 한 미군처럼 많은 피해를 낸다는 것이 내 생각이었다. 따라서 나는 기후를 극복하기 위한 대비책 강구에 몰두하지 않을 수 없었다.

다음은 지세(地勢), 즉 지리적 조건에 대해 터득해야 한다.

베트남 사람들은 흔히 그들의 나라를 가리켜 '두 개의 쌀 바구니가 목도 양 끝에 달린 꼴'이라고 한다.

그 말의 뜻은 안남산맥을 따라 가늘고 길게 내리뻗은 국토를 목도로 비유하고, 그 양 끝인 남쪽의 메콩 삼각주와 북쪽 홍하 삼각주의 두 곡창지대를 설명한 것이다. 그만큼 두 지역은 농사가 잘

되고 살기가 좋으므로 인구와 문화가 몰려 있는 것이 특징이다.

베트남 전 지역은 남과 북의 곡창지대를 포함하여 크게 다섯 지역으로 분류한다.

첫째 지역은 역시 메콩 삼각주이다. 메콩강 하류에 전개되는 이 삼각주는 남부 베트남의 요부이지만 일반적으로 중요성이 홍하 삼각주보다 우선한다. 곡창지대의 비중도 그렇지만 인구나 문화면에서도 앞선다. 또한 바다와의 직접 관문 구실을 하기 때문에 군사적으로 매우 중요하다. 특히 프랑스를 위시한 서방 침략자들의 침략 경로로서도 편리한 위치에 있다.

두 번째 지역은 안남산맥이다. 이 산맥은 라오스에서 발달하여 송코이(Songcoi)강의 상류인 라오스 국경으로부터 평행선을 이루면서 남쪽으로 뻗어 표고 1,300m~1,700m의 연봉을 형성하고 있다. 또한 동쪽으로는 협소한 해양평야에 급경사를 이루고, 서쪽으로는 라오스와 캄보디아 양국의 메콩강 유역으로 완경사를 이룬다. 여기에는 열대 관엽수림이 무성한 정글을 형성한다.

세 번째 지역은 중부평야이다. 이 평야는 메콩 삼각주로부터 해안선을 따라 북쪽으로 홍하 삼각주까지 이른다. 일반적으로 토지가 비옥하여 쌀 재배가 잘 된다.

해안선에는 좋은 항구가 많은데, 특히 캄란(Cam Ranh)만은 천혜의 자연항구로 베트남 제일의 전략기지로도 유명하다. 또한 **퀴논(Qui Nhon)항은 19번도로의 시발점과 1번도로의 교차지점으로 지상작전의 요충지**이다.

네 번째 지역은 홍하 삼각주이다. 이 지역은 북위 17도선 이북지역으로 연합군의 공중폭격 표적 이외의 지상작전과 무관하므로 여기서는 설명을 생략하겠다.

다섯 번째 지역은 북부 산악지대이다. 이 지역 역시 우리의 군사작전과 무관하므로 설명을 하지 않겠다.

이상 베트남의 지세 설명에서 확인한 것같이 베트남은 라오스, 캄보디아와 지정학적으로 밀접한 연관성이 있다. 월남전 수행에 있어서 월맹군과 베트콩이 이러한 천연 지형을 활용하면서 작전을 수행, 기도를 비닉하고 인원, 장비, 보급품 등을 운반함으로써 게릴라전을 유리하게 전개하고 있었다.

미군이 아무리 현대적 무기로 장비했다 하여도 천혜의 지형조건 때문에 때로는 효용성이 떨어지고 때로는 무용지물이 되기 일쑤이고, 심지어 그 커다란 장비가 오히려 게릴라의 표적이 되어 막대한 피해를 입고 있었다.

나는 거기에 착안하였다. 지형의 숙지는 필수적이고, 그 악조건을 역이용하는 배치와 전술개발이 내가 터득해야 할 첫째 과제였다.

나는 여러 병서(兵書)와 싸우면서 때로는 6·25전쟁시의 전투 경험을 접목시켜 가며 연구에 연구를 거듭하였다.

그 과정에서 내 관심이 집중된 것은 모택동의 전략 전술이었다. 그 가운데 **'물과 고기'의 상생관계**에 눈이 번쩍이었다.

고기는 물이 없으면 죽는다. 고기가 게릴라라면 물은 인민이다. '고기와 물' 그러니까 베트남에 도착하면 내가 할 첫 번째 과제가 주어진 것이다. 그렇다. **베트콩과 양민을 분리시켜야 된다는 결론**에 도달했다.

이제 첫 단계 문제는 풀었다고 생각하였다. 다음 두 번째 단계는 방법론이다. 어떻게 분리시켜야 되느냐가 내게 주어진 가장 중요한 과제였다.

'**고기와 물**' 낮이나 밤이나 나는 그 문제 해결에 내 모든 것을 바쳤다.

참으로 멀고도 험난한 길이었다.

2. 적의 정체와 그 배후

소련과 중공은 다같이 월맹을 지원해 주는 처지에 있으며 같은 공산국가로서 이데올로기면에서 공동전선임에도 불구하고, 어느 면에서는 대미관계 이상으로 냉랭한 대립관계에 있었음은 참으로 국제정치의 비정스러움을 보는 국면이 아닐 수 없다.

월맹의 대 월남 침략계획과 추진방법에 따라 그 원조와 지원의 폭이 각각 달랐으며, 또 상호 이해관계의 농도에 따라 여러 가지 기류가 교차되어 갔다. 당시 소련과 미국은 핵전쟁을 회피한다는 상호묵시 아래 적대관계가 아니라 대결관계에서 월맹을 지원하였으나, 중공은 소련과는 달리 오로지 인도지나전쟁을 통하여 그들이 말하는 소위 **인민전쟁 전략의 실현**을 꾀하고 있었다.

중공은 아시아에서 미국의 영향력을 약화시키고 **세계 개발도상국에 대한 그들의 영향력을 강화**시킬 수 있는 방법으로 모든 역량을 지향하려고 시도하였다. 그 이유는 당시 중공이 미국과 대등한 대결관계에 있지 못하였으므로, 이 기회를 통하여 아시아에서의 그들의 세력을 확장시킬 것을 간절히 바라고 있었기 때문이었다.

한편, **월맹은 오로지 대 월남 적화전략을 수단과 방법을 가리지 않고 계속 추진**해 나가려는 의지와 이의 조속한 실현만을 목표에 두고 있었으므로, 소련이나 중공이나 간에 군사원조를 얻어내는 데만 혈안이 되어 그 양국에 다같이 추파를 던지며 접근해 갔다.

중공의 대 월맹군 군사원조는 한국전쟁에서 정전협정이 성립된 1953년 7월부터 본격적으로 시작되었다.

여기에 힘입은 월맹은 프랑스군에 대한 압력을 증대하여 군사적 승리를 얻을 수 있었으며, 1954년 7월에 체결된 휴전협정에서 유리한 입장에 올라서게 되었다.

그러나 초기의 적극적인 중공의 군사원조에도 불구하고 월남전이 다시 시작되었을 때는 중공은 월맹에 군사원조를 주춤하기 시작하였다. 물론 그 기간에도 60mm 박격포를 위시한 경기관총과 같은 하찮은 병기를 지원해 가면서 겨우 군사원조의 명맥은 유지하였다.

그런데 중공은 물질적 원조 이상으로 중시하고 있는 것은 소위 '미제국주의의 침략에 대한 **월맹 인민의 정의의 전쟁**'에 대한 **정신적 지원**이라고 떠벌리고 있었다.

'무기는 중요한 전쟁요건이기는 하지만, 인민전쟁에서 결정적 의의를 갖는 것은 무기가 아니라 **인민의 투쟁**이다'라는 이론을 뒷받침하면서 중공이 소련보다 더 많은 군사원조를 할 수 없음을 변명하는 듯한 입장을 취했다.

이때 중공 지도자는 미국이 본격적으로 군사 개입을 하는 한 장기전이 될 것이고, 그렇게 되면 중공 자신이 경제적, 군사적으로 막강한 미국과 더불어 한국전쟁에서와 같은 싸움판에 말려 들어가는 것이니, 한국전쟁에서 따끔한 맛을 본 중공으로서는 그러한 위험스러운 모험을 원하지 않았던 것이다. 이러한 중공의 태도 변화에 따라 월맹과의 초기 밀월관계에서 약간은 서먹서먹한 관계로 한 발 물러서는 처지가 되었다.

이러한 정세 변화에 대응하는 소련은 1963년 쿠바 사건 이후 월남전에 대한 관심을 조금씩 바꿔 갔다.

월남에서 당면한 소련의 처지를 고려할 때 중공보다는 한 수 위의 '주도권' 을 잡아야 되겠다는 문제가 대두되기 시작한 것이다.

그리고 한국전쟁을 끝맺은 중공이 점점 콧대가 높아지고 비대해져 가는 것을 견제해야겠다는 판단이 소련 지도층 간에 퍼졌다. 그러던 중 1964년 10월에 흐루시초프가 실각한 뒤부터 약소국가를 지원한다는 명분을 내걸고 월맹에 대한 적극적인 원조태도를 표명하기 시작하였다.

여기에는 정치 및 경제적인 것과 군사적인 무기원조의 형식으로 구분되었다. 그 예로서 1965년 1월에는 월남민족해방전선(베트콩)의 대표부를 소련에 설치할 것을 인정하였으며, 2월에는 코시킨 수상이 하노이를 방문한 데 이어 4월에는 레 두안(Le Duan) 월맹노동당 제1서기가 모스크바를 방문하여 경제적, 군사적 원조의 약속을 내용으로 하는 공동성명이 발표되는 등 적극적인 소련의 월남전 개입이 공개되기에 이르렀다.

그리하여 1955년 이후 1965년까지 도입한 3억 7천만 달러의 경제원조 이외에 90기를 헤아리는 지대공(地對空-SAM) 유도탄을 설치하는 한편, 미그 17, 19형 전투기 50대와 21형 15대 및 IL-28형 폭격기 5대를 비롯하여 각종 전차와 야포 등 중무기를 지원하기 시작하였다.

그런데 이는 모두 소련이 1965년 2월 미국의 북폭 시작 이후에 제공한 까닭으로 세계 여론의 관심을 끌지 않을 수 없었다. 이렇게 하여 월남전쟁은 프랑스, 중공 등 2류 군사국이 물러나고 미국, 소련 등 일류 군사국이 개입하기 시작함으로써 글자 그대로 확전의 길을 치닫게 되었다.

월맹은 1960년 이후 전체 월남의 적화통일을 달성하기 위하여, 제1단계로 정치 및 군사기지를 설정하여 소위 그들의 해방구역을 확고히 한 다음, 제2단계로 무력으로 월남 정부군을 공격하여 수세에 몰아 넣고, 최종단계에서 월남 정부군 및 이를 지원하는 연합군을 타격하여 월남 전역을 장악하고자 기도하였다. 과거 북부월남에 진주한 일본군의 지배를 받던 시기에 북부월남에서 좌익지하단체로서 발족한 월맹인민해방군을 모체로 성장한 이들은, 제2차 세계대전이 끝난 다음해인 1946년에는 병력규모 5만명에 불과하던 것이 1960년에 이르러서는 정규군을 비롯한 지방군과 민병 등 도합 25만 병력으로 급팽창하여 보병 40개 연대로 증강하고, 전차를 비롯한 장갑차 1천대 이상을 보유하고 고사포도 천 5백문에 달하였다.

해군 또한 총병력 2만 7천 5백명으로서 각종 함정 38척을 보유하고 있었으며, 공군은 병력 3천 5백명에 전투기 90대 외에 폭격기, 수송기 등 도합 2백대의 항공기를 보유하게 되었다.

이와 같이 병력 및 장비의 증강 추세에 있던 월맹군은 그들의 특별훈련소에서 월남 침투공작에 필요한 정치교육과 군사훈련을 받은 비밀공작원을 라오스를 거쳐 월남 내로 계속 잠입시키는 한편,

해상 침투로를 통해서도 공작원과 무기를 비롯한 각종 보급물자를 월남에 수송, 지하조직을 적극 지원하여 세력 확장에 전력을 기울였다.

이렇게 남부월남에 침투시킨 비밀공작원은 1959년~1960년 두 해에는 매월 1천 8백명 내지 2천 8백명 정도를 남하시켰으나, 연합군의 참전이 본격화된 1965년에는 매월 4천 8백명 수준을 호치민 통로와 비무장지대를 넘어 남부에 침투시켜 그들의 전진기지를 구축하는 등 적화 야욕을 불태웠다. 이때부터 비무장지대는 유명무실한 존재가 되었으며, 월남 정부군과 연합군만이 휴전협정을 지켰을 뿐, 이들 월맹은 완전히 무시하는 작태를 연출하기 시작하였다.

1960년 9월에 하노이에서 열린 제3차 노동당대회에서 그들의 당원에게 부과된 두 가지 임무는 '북부월남의 사회주의 혁명의 달성과 남부월남의 해방'이라고 규정하고, 이에 따라 남부월남 정부를 전복하기 위하여 다음과 같은 결의문을 채택하였다.

'남부월남에 있어서의 혁명은 낮은 수준으로부터 높은 수준에 이르는 모든 형태를 가지며, 극히 활동적이면서도 유연성 있는 투쟁을 통합하고, 이것을 기반으로 하여 대중의 혁명적인 힘을 육성, 강화, 확대해야 하는 장기간에 걸친 곤란하고 복잡한 투쟁과정이다.'

이 결의문과 같이 월맹의 적화야욕은 분명한 것이었으며, 사태를 낙관하지도 않고 비관하지도 않으며 장기간의 고난을 스스로 자인하면서 곤혹스럽고 고된 길을 결의하고 있었다.

이 대회에서 월맹 공산주의자들은 광범한 민족통일전선의 결성을 요구하고, 이 요구가 있은 지 3개월 뒤인 12월 20일에 월남민족 해방전선의 결성을 선언하기에 이르렀다.

그런데 월맹의 지령에 의하여 월남민족해방전선, 즉 베트콩을 만들어 월남에서의 반정부 활동을 범국민적인 운동인 것처럼 가장 하였는데, 사실상 **남부월남에 있어서의 공산군의 모든 활동은 월맹 노동당 중앙위원회의 지령에 따라** 움직인 것이다. 그러므로 **월남민 족해방전선은 남부월남에서 자연발생한 것이 아니라,** 어디까지나 월 맹의 지령하에 적화통일의 도구로 이용된 것임은 분명한 사실이 다.

이들의 전략은 다음과 같이 요약할 수 있다.

- 월남에서 그들의 정치 및 군사기지를 확고히 하기 위하여 지 하조직을 결성한다.
- 이 조직을 핵심으로 하여 광범위한 반정부적 정치공작과 더불 어 무력역량을 준비한다.
- 무력으로 정부를 전복하고 외세를 물리친 다음, 베트콩의 통 일전선에 입각한 **연합정부를 구성하고 공산통일을 달성**한다.

이상과 같이 베트콩의 전략이 명백한 데도 불구하고, 많은 선량 한 월남 국민은 '베트콩은 월남 내에서 자연발생적으로 일어난 해 방운동이다' 라고 알고 있는가 하면, 흔히 '호치민은 공산주의자가 아니다' 라고 말하고 있었으니 참으로 안타까운 일이 아닐 수 없었 다.

북부월남에서의 공산주의자들은 하노이에서 그들의 침략 준비 를 계획하는 과정에서 남부월남에서의 베트콩에게 반정부 활동을 지령하는 명령을 하달하였다.

첫째, 많은 주민을 포섭하여 반정부 폭동을 일으킬 것

둘째, 대중생활의 혼란을 조성하여 정부의 시책을 무조건 비난할 것

셋째, 병사들을 농부로 가장시켜 요소에 분산하여 배치하고, 필요한 무기를 은닉 저장할 것

넷째, 명령이 언제 내리더라도 즉각 출동할 수 있는 준비를 갖추고 있을 것

월남에 있어서의 **베트콩의 정치적인 조직은 하노이의 노동당 중앙위원회에서 방책을 수립 결정**하여 재통일부(再統一部)를 통하여 대남공작본부에 지령을 내리고, 대남공작본부는 이를 구체적인 명령으로 작성하여 하부기구에 전달한다. 대남공작본부 밑에는 6개의 지역구와 사이공, 초론(Cholon) 및 지아딘(Gia Dinh) 특별지구가 있다.

이들 각 지구위원회는 사무국과 연락, 선전, 훈련, 활동, 인사부 등의 부서를 가지고 있으며, 그 예하에 있는 성(省, 道)에도 동일한 기구가 편성되어 있다. 이러한 피라미드 체제의 저변에 개개의 당세포가 지리적인 조건에 의하여 사회적 및 직업적인 두 개 집단으로 구분 조직되어 있다.

베트콩의 군사문제는 월맹 국방성과 인민군총사령부 소관 사항이며, 노동당의 엄중한 감독을 받는 것이 특징이다.

따라서 **베트콩의 군사조직은 하노이의 전면적인 지령에 의하여 군사활동의 여러 분야를 지배**하고 있는 정치기구와 밀접한 관계가 있다.

위로는 대남공작본부로부터 아래로는 말단 부락에 이르기까지

각급 정치본부에서는 모든 군사활동을 감독하는 군사요원이 배치되어 있는 것이다. 이와 같이 **정치활동과 군사활동을 서로 결합**시킨 것은 공산주의자들의 전반적인 임무수행에 있어서 협력관계를 확보하는 데 그 목적이 있는 것이며, 또한 이는 군에 대한 정치적 지배를 확고히 하려는 공산당 기본의 조직 개념에 의한 것이다.

따라서 월남에서의 분명한 적의 정체는 베트콩이고 그 뒤에는 베트민이, 그 뒤에는 소련과 중공이 있음이 분명해진 것이다.

3. 베트콩의 실체와 전술

벌써 몇 년이 흘렀지만 명동 은행연합회 강당에서 군사평론가협회가 주최하는 심포지엄이 열렸다. 동아일보 김학준 사장의 사회로 시작한 이 학술회의에서 박경석 군사평론가협회 회장의 기조연설에 이어 군사평론가 이선호 박사, 지만원 박사, 언론인 여영무 박사 그리고 강정구 교수, 한홍구 교수가 각각 주제를 발표하였다.

베트남전쟁을 재조명하는 이 회의에서, 베트남전쟁에 직접 참전 경험이 있는 군사평론가들은 베트남전쟁에 대한 군사적, 경제적 여러 면에 걸친 긍정적 효과에 대해 집중 조명했다. 내가 평소 확신하고 있는 사실 그대로 역사를 바르게 정립하려는 군사평론가들의 시각에 공감하는 바가 매우 컸다.

이어서 강정구, 한홍구 두 교수가 주제를 차례로 발표하기 시작했다.

첫 머리부터 베트남에 파병된 한국군이 미국의 용병이고 주월한국군이 너무나 엄청나게 양민을 학살하여 베트남전은 다시는 생각하기 싫은 전쟁이라고 악담을 늘어 놓기 시작하였다.

나는 그 두 교수의 발표 내용을 들으며 여기 명동이 대한민국 땅인가 하는 의구심이 솟구치면서 진실을 외면하고 현 공산주의 정권인 베트남 당국을 대변하는 듯한 논조에 어이가 없어 대꾸할 기력조차 잃었다. 또한 그들이 너무나 무식한 데 또 놀랐다.

나는 맨 끝 맺는말 차례가 와서 약 30분간 두 교수들에게 신랄한 어조로 반론을 제기하며 그들의 몰지각성에 경종을 울렸다.

양민학살이란 글자 그대로 전쟁과 아무런 관계가 없는 순수 민간인을 계획적으로 살해하는 것으로, 대표적인 예로 독일군의 유태인 학살, 일본군의 남경대학살을 들 수 있는 것이다.

베트남전쟁에서 만간인 희생이 있었음은 부인하지 않는다. 때로는 순수 민간인이 살해될 수 있다. 그것이 전쟁이다. 세계대전을 비롯하여 6·25전쟁 등 이어지는 모든 전쟁에서 직접 전투에 임하는 군인의 사망자수보다 민간인 사망자수가 많은 것은 어쩔 수 없는 전쟁의 비극이다. 전장에서 포탄이나 탄환이 민간인을 피해 군인 쪽으로만 향하는 것이 아니기 때문이다.

베트남전쟁에서 민간인 희생에 대한 이해를 구하기 위해서는 우선 베트콩의 실체를 알아야 한다. 또한 베트남전쟁에 투입되는 장병들은 먼저 적을 알아야 되므로 베트콩에 대한 실체와 전술을 파악하고 떠나야 한다.

나는 그래서 작전참모부장직에 있을 때부터 여러 루트를 통해 베트콩의 실체와 전술 그리고 베트남전의 성격 파악에 몰두하였다. 적을 모르고 전쟁터에 가면 프랑스군이나 미군의 전철을 밟을 수 있기 때문이다.

베트콩의 특징은 무력하게 보이고 무능한 사람처럼 행동하는 것이다. 그러므로 베트콩을 진정한 군사요원이라고 말하기에는 상당히 깊은 생각을 한 연후에야 가능하다.

우선 외모부터가 키가 작고 말라빠져 왜소하다. 항상 숨어 다녀야 하고 무더위에 시달리는 데다 제대로 먹지 못하고 굶주림을 예사로 알고 지내는 그들이므로 건강한 체구를 가질 리가 없는 것이다. 마치 고무풍선과 같이 누르면 눌리고 손을 떼면 다시 일어난다. **또한 베트콩은 어디서나 나타나는 반면에, 찾아나서면 언제나 없어진다.** 그러므로 월남인 속에 베트콩이 반드시 끼어 있다고 보면 무난하다. 특히 지방 베트콩들은 남녀노소 할 것 없이 각양각색으로 구성되어 있다.

한마디로 요약하여 베트콩은 병균으로 이해하면 쉽사리 해답이 나온다. 강하고 싱싱한 육체에는 감히 달라붙지 못하다가 약한 틈만 있으면 달라붙는 병균의 원리, 즉 한번 달라붙은 병균은 별도의 치유로 손을 쓰지 않는 한 빠른 속도로 퍼져 나가면서 병세를 악화시키는 원리 그대로이다.

그러므로 경계가 허술한 병영이라든가 잠자고 있는 보초의 초소에는 언제나 베트콩이 침투할 수 있는 조건이 되는 것이다.

이들 베트콩은 세 종류로 분류할 수 있다.

첫째는 **주력군**(主力軍)으로서, 비교적 훈련수준이 높은 직업군인으로 편성되어 있다. 주요 간부급은 북에서 내려온 정규군 장교들이며, 중대, 대대, 연대로 편성되어 있다.

둘째는 **지방군**(地方軍)으로서, 이는 향토 출신의 베트콩으로 구성되어 있다. 그러나 주요 지휘관과 참모들은 역시 월맹군의 장교들이다.

이들은 독립된 지방단위부대로 운용되고 때에 따라 주력군을 증원하는 것이 특징인데, 한국군이 참전하기 직전인 1965년 초에 주력군과 지방군은 도합 9개 연대, 30개 대대 및 189개 중대 및 110개 독립소대로서 병력수는 약 4만 5천명으로 추산된다.

셋째는 **민병대**(民兵隊)인데, 이들은 흔히 **지방 게릴라**라고 불리워진다. 이들의 특징은 표면상 민간인으로 가장하고 있으면서 필요에 따라 나타난다.

그리고 주력군과 지방군의 작전을 돕기 위하여 안내, 보급운반 등 잡역을 맡게 되는데, 월남 전지역에 안 깔려 있는 데가 없을 정도로 많이 퍼져 있다.

어린아이도 있고 소녀도 있고 늙은이도 있다. 따라서 이들은 행상을 하다가도 아군의 약점이 노출된 틈을 발견하면 감추어 두었던 수류탄을 던져 테러범으로 변해 버린다. 매춘부가 되어 미군에게 접근한 후 그들에게 해를 끼치기도 하며 미소작전으로 군사기밀을 탐지한다.

주력군은 지구위원회의 지휘를 받는다.

일반적으로 각 성에는 지구위원회가 있다. 위원회의 간부들은 물론 북쪽에서 내려온 월맹군의 정치장교들이다. 이들의 지휘계통은 일사불란한 명령체계하에 있지 못하고 매우 복잡한데, 그 이유는 기밀유지도 기도비닉을 위해서이다. 조직이 점단위로 되어 있는 경우도 있고, 횡적인 연락망을 통하여 상부의 지시를 전해 받는 등 특수한 조직으로 되어 있다. 그러므로 변절자가 가끔 생겨도 그

조직이 크게 와해되지는 않는다.

주력군 베트콩이라 해도 장비는 매우 다양하다. 월맹으로부터 보급받은 장비도 있고, 프랑스, 미군과의 전투에서 노획한 장비가 있는가 하면, 중국 본토에서 쫓겨온 국부군 장비나 심지어 일본군 장비도 있다.

연대병력은 대략 1천 2백명으로부터 2천명 정도로 구성되어 있고, 통상 3백명 내지 6백명 정도의 보병대대가 3개 정도씩 편성되어 있다. 그리고 몇 개의 지원중대로써 보강된다. 이들의 중화기래야 81mm 박격포, 75mm 무반동총과 기관총들이 고작이다. 소총중대도 역시 전투의 기본단위로서 1백명 정도가 통상이다. 3개의 소총소대와 1개의 화기소대로 편성되어 있는 것까지 월남군 편성과 비슷하다.

다만, 다른 것은 여러 가지 장비로 복잡하게 구성되어 있는 점이다.

그리고 복장이 다양하다. 외모로 보면 군대라고 하기에는 무리가 있다.

베트콩은 주로 밤에만 활동하고 약한 곳만 기습하므로 미군이나 월남군들은 가끔 피해를 입는다. 따라서 노획품인 월남군 장비는 물론 미군 장비로 무장되어 있을 때도 있다.

베트콩의 전술은 전형적인 공산군의 유격전술의 일반원칙을 따른다. 때에 따라 독특한 유격전을 개발하여 사용하는데, 그것은 월맹군 국방상 **보 구엔 지압**(Vo Nguyen Giap)의 '인민전쟁'에 관한 3단계 방식 등을 골자로, 이를 현실에 맞도록 발전시켜 적용하고 있다.

그들은 호치민과 보 구엔 지압, 그리고 월남 인민을 위하여 싸우고 그들을 위하여 죽어도 좋다는 식으로 세뇌교육을 받는다.

보 구엔 지압의 전술특징은 모택동 전술과 흡사하다. '유리한 상황에서는 강력하게 공격을 감행하고 불리할 때는 퇴각한다' 라는 것이다. 그러나 기본적인 차이는 보 구엔 지압의 전술에 있어서는 그대로 퇴각하는 것이 아니고 **'완전히 분산하여 사라진다'** 는 것이다.

그것은 월남의 지형상 특수성을 감안한 점도 있지만, 미국의 무서운 공격력, 즉 헬리콥터로 쫓아오는 기동력과 항공기의 근접지원과 포병화력 등 막강한 화력으로부터 살아남으려면 건제(建制) 따위를 유지하면서 퇴각하다가는 모조리 폭탄세례를 받을 뿐이니 무조건 분산하여 줄행랑을 치라는 전법이다. 그래서 제1, 제2, 안 되면 제3의 집합장소를 만들어 모이게 한다.

그리고 야간작전에 주안을 두고 기습을 공격방법의 으뜸으로 친다. 베트콩에 있어서 주간의 정면공격 따위는 거의 금기사항이다. 어두운 곳에서 벼룩이 뛰듯 한밤중에 약한 곳을 치고 신속하게 달아나는 전법, 그것이 보 구엔 지압의 유격전술의 기본인 것이다.

베트콩은 매복을 통한 공격을 관용전술(慣用戰術)로 삼는다. 일반적인 군사작전에서는 매복은 방어의 한 보조수단이다. 그러나 베트콩은 **'매복은 곧 공격이다'** 라고 가르치고 있다.

왜냐하면, 매복을 하기 전에는 그들의 장비나 조직의 힘으로 상대방을 공격할 수 있는 능력이 없기 때문이다. 숨어 있다가 멍청하게 지나가는 부대의 뒷통수를 치는 전술, 그것이 곧 그들의 공격이다.

다음 공격방법은 지뢰나 장애물을 이용하여 이동하는 차량, 인명에게 피해를 입히고 그 혼란한 틈을 이용하여 기습을 감행하는 방법이다.

끝으로 그들은 상대를 유인하여 목표를 만든 다음 공격한다. 상대방에게 고의적으로 작은 병력을 노출시키고 일부러 도망하게 하여 그들이 쫓아올 때, 적당한 지역에 살상지대를 만들어 놓고 기다리고 있다가 그 지역 안에 들어오면 기습 강타하는 방법이다.

동물 사냥에나 쓰이는 원시적인 방법이지만, 월남전에서 미군이나 월남군은 이 전술에 말려들어 상당한 피해를 입었다.

특히 명예욕에 불타 전과를 올리려는 지휘관이, 도망하는 적을 쫓다가 역공격을 당하여 실패한 경우가 있었던 것이다.

베트콩의 방어 역시 일반적인 방어 개념과 다른 점이 많다. 일반적인 방어는 상대방의 공격을 막아내어 적을 무력화시키는 데 있지만, 베트콩의 방어는 상대방의 공격으로부터 피하는 데 주목적이 있다.

그러므로 공격부대가 목표를 공격하면 방어를 하던 베트콩이 방어사격으로 응전해 오는 것이 아니라, 주력은 오히려 감쪽같이 숨어 버리고 주민 속에 뒤섞인 정체 불명의 베트콩이 공격부대에 돌발사격을 가해 혼란을 주는 등의 방법으로 공격속도를 늦추게 하든가 방향을 바꾸도록 유도한다.

베트콩의 방어는 오직 자기 자신을 숨기는 데 전념한다.

바위 틈이라든가 바위와 바위 사이에 동굴을 판다든가, 심지어 하천 물 속에 빨대만을 내밀고 오랫동안 숨는 경우도 흔하다.

주로 지하동굴을 파는 경우가 많다. 땅굴은 이층, 삼층으로 파고 굴곡을 두어 수류탄이 날아와도 근처만 피해를 입도록 방책을 강구하는 등 땅굴 파는 기술이 상당히 숙달되어 있다.

뭐니뭐니 해도 베트콩이 자랑하는 그들의 대표적인 전술은 야간 기습작전이다. 베트콩은 야간행동에 앞서 작전지역에 대한 세밀한 첩보를 지방세포조직을 통하여 입수하며, 얻어진 첩보는 세밀하게 분석 평가한다.

특히 이들은 접근로, 철수로, 배치상태를 기록하고 도상 평가하며, 필요하다고 인정할 때는 모형대로 실제 지형에 상대측의 배치 상황을 만들어 놓고 야간기습 예행연습으로 훈련을 한 다음 완전히 숙달되었다고 판단될 때 공격에 임한다.

이때 중요하게 고려되는 것은 철수로와 도피수단이다.

도피는 피해를 감소시킨다는 목적도 있지만, 만약에 포로가 되었을 때 상대방에게 중요한 정보가 누설되는 것을 막기 위해서 실행된다.

그러므로 도피 도중 전우가 부상당하거나, **상관이라 할지라도 부상당하여 같이 탈출할 수가 없다고 판단할 때는, 먼저 문서 등을 챙기고 소총이나 권총 등 화기를 빼앗은 다음 그를 살해하고 탈출하도록 훈련되어 있다.** 이러한 경우 모든 살인은 '혁명과업 완수를 위하여' 로 합리화된다.

끝으로 그들의 전술 중에서 특이한 것은 이해타산이 명백하다는 것이다. 만약에 자기들이 목표물을 공격하였을 때 그곳에 있는 상대측이 강하여 자기들이 예상한 것보다 몇 배 더 심한 보복을 당하였다고 판단하면, 다음부터 그 상대방에 대한 공격은 아예 포기하고 다른 연약한 목표를 찾아 떠나 간다.

지금까지 열거한 것이 베트콩의 실체이며 그들의 전술이다. 특히 베트콩은 정규군인 신분이 아니기 때문에 민간인에 속할 수 있다. 그래서 오늘날의 베트남 정부 당국자나 베트남 사람들은 지난날의 베트콩을 통틀어 민간인, 즉 인민으로 총칭한다. 강정구나 한홍구는 바로 그들의 시각으로 베트콩을 보았고 그들의 선전에 놀아난 것이다. 딱한 노릇이다.

4. 혼돈과 확전의 굴레

내가 주월한국군사령관으로 명령을 받고 영예롭게 느끼면서도 한편 앞이 캄캄했다고 먼저 밝혔지만, 그 이유를 여기에서 밝혀야 되겠다.

베트남전과 적의 정체와 그들의 전략 전술 그리고 베트콩을 지원하고 있는 배후에 대해 분석하고, 지난날 프랑스군의 참패 원인과 월남인들의 항쟁의지를 알면 알수록 암담하였다. 그렇다고 자유월남이 정치적으로나 사회적으로 정의롭게 나아가고 있다면 모르되, 군부를 비롯한 지도층의 부패는 말할 것도 없고, 걸핏하면 군사 쿠데타로 인한 권력 싸움이 이어지고 있어 월남이 미국을 위시한 자유우방의 지원이 있어도 버텨 나갈 수 있을지 매우 의심스러웠다. 의심스럽다기 보다 패배할 것이라는 생각이 내 뇌리에 강력하게 압박해 오는 것이었다.

결과적으로 최종 승리가 불확실한 전장에 뛰어드는 장수의 심정이 어떻겠는가. 나는 내 나름대로 그 경우를 위해 대비, 전략 전술의 대강이 정해져 있었지만, 마음은 편한 것이 아니었다.

출발 전에 내가 파악한 인도지나반도에서의 국제정세와 월맹의 움직임에 더욱 긴장되었다.

그러나 죽음의 소굴인들 뛰어들지 않을 수 있겠는가. 지엄한 명령을.

인도지나반도에서의 프랑스의 패배는 프랑스는 물론 다른 서방 세계에도 커다란 충격을 안겨 주었다.

강력한 군사력과 우세한 지지세력을 포용하고 있던 프랑스군이, 일개 반란 게릴라 집단으로밖에 생각지 않았던 월맹군에게 많은 요구조건을 들어 주었다는 것은 도저히 그들의 자존심이 허락할 수 없었는지도 모른다.

그러므로 인도지나반도를 원상 회복해야겠다는 욕망은 굴욕을 당한 프랑스 뿐만 아니라 서방 강대국들도 다같이 생각하고 있었던 것이다.

특히 미국은 인도지나반도에서의 실패에 의하여 무너졌던 지반을 다시 세우기 위하여 1954년 9월, 필리핀의 마닐라에서 동남아시아조약기구(SEATO)를 만들었다. 그리고 이 조약의 보호하에 인도지나를 두고 월남의 육성에 적극적으로 나서게 되었다.

그에 따라 월남을 지지하는 미국에 대한 친월맹 좌경분자들의 반대가 심해지자, 1961년에는 끝내 월남전쟁이 다시 시작되고 만 것이다.

지나간 일이기는 하지만, 1954년 4월부터 제네바에서 인도지나 전쟁을 종식시키기 위한 회담을 진행시키는 동안 호치민 정권은 프랑스의 통치하에 있는 월남의 전 지역을 적화할 음모를 꾸미고 있었다.

이러한 음모는 이 해 7월 21일 제네바 협정이 체결됨에 따라 북위 17°선을 경계로 하여 프랑스군은 이남으로, 월맹군은 그 이북으로 각각 철수할 때부터 치밀한 계획을 세우고 은밀하게 실천하고 있었다.

즉 월맹군은 북부로 철수할 때, 공산정예분자 5천여 명을 철저한 세뇌교육을 시킨 다음, 개별적인 임무를 주어 비밀공작원으로 남부에 잔류시켰다. 이는 호치민 정권이 장차 실시하게 될 남북총선거에 대비하는 한편, 혼란을 조성하고 유언비어를 퍼뜨려 민심을 혁명대열에 끌어들이기 위한 사전포석이었던 것이다.

그뿐만 아니라 호치민 정권은 월맹군을 따라 북부로 이동하는 남부월남인들에게 눈을 돌려, 이들에게 세뇌교육과 아울러 철저한 훈련을 시킨 다음 **계속 남부에 침투케 하는 동시에, 잔류했던 비밀공작원들과 합류시켜 지하조직을 형성하도록 조치하였다.** 그리고 이들을 정치선전에 이용하는 등 계획적인 음모를 이미 초기단계부터 적극적이고도 광범위하게 펼쳐가고 있었다.

월맹은 1959년까지 지방조직망을 활용하여 반미·반정부 세력을 포섭한 다음, 이들과 통일전선을 형성하여 무력투쟁을 전개한 끝에 공산통일을 달성할 계획이었다. 그러나 그들의 최초 계획대로 적화혁명이 그렇게 쉽게는 이루어지지 않자, 그들은 장기적인 계획을 세워 보다 신중히 투쟁할 것을 결의하였다.

월남의 행정조직은 우리나라의 경우와 비슷하다. 즉 중앙집권적인 권력구조에다, 지방은 우리의 도(道)에 해당하는 성(省)이 있고 그 밑에는 군(郡)이 있다.

월맹군들은 그들이 훈련한 정수분자를 이미 군단위에서부터 리

(里)에 해당하는 촌락단위로까지 배치하여, 월남 당국의 행정사항
은 물론 군사활동까지 샅샅이 그들의 조직선을 통하여 지방책임자
에게 보고하고, 지방책임자는 월맹군에게 보고하도록 되어 있었던
것이다.

또한 이들 정수분자를 시켜 반미운동이나 반정부운동을 일삼는
과격한 세력과 밀접한 관계를 맺은 다음, 이들을 점차적으로 포섭
하면서 점진적으로 세력을 확장시켜 갔다.

이 무렵 호치민은 성명을 발표하여 전체 월남인에게 관심을 표
명하였다.

이 발표는 즉각 월남 전역에 퍼져 나갔다. 그렇잖아도 평소 호치
민을 존경하던 국민들이 그를 공산주의자라고 부르는 것에 대해
떨떠름하던 때여서 "…**나는 사회주의자도 아니요 공산당원도 아니
다**"라고 분명히 밝히자, 순박한 국민은 그대로 속았고 호치민을 애
국자로 추앙하는 사람들이 늘어 갔다.

이때 호치민의 정치전략은 '월남 정부의 타도는 남부월남인의
손으로'라는 원칙이 굳혀져 있었다. 그러므로 남부에 있어서의 반
미, 반정부 활동은 마치 월맹과는 관계없이 월남인이 자발적으로
내부에서 일으킨 정당한 운동으로 보이게 하는 한편, 이들은 공산
당이 아닌 각계 각층의 인사들로 연합구성된 듯한 인상을 주는 데
온갖 선전수단을 동원하였다.

그리하여 마침내 1960년 12월 20일에는 소위 '남부월남민족해
방전선'을 결성하고 그들의 선전매체를 총동원하여 다음과 같이
선언했다.

'남부월남의 각계 인민, 각계층, 각민족, 각당파, 각단체, 종교

가, 저명 인사들은 그 정치적인 경향 여하에도 불구하고 서로 단결하여 미 제국주의자와 그들의 앞잡이 집단의 통치를 타도하며 독립 · 민주 · 평화 · 중립을 실현하고 조국의 평화통일을 도모한다.'

그러나, 이때 결성한 남부월남민족해방전선은 실제 **남부월남에서 자생한 것이 아니고 호치민 정권에 의하여 치밀한 계획하에 만들어졌음은 분명한 사실이다.** 그 근거는 이보다 3개월 전인 9월 중에 하노이에서 열린 제3차 노동당대회에서 제기된 2개의 당면과제 속에 월맹의 사회주의 혁명 달성과 아울러 해방전선이 명시되어 있었다는 사실이다.

이와 같이 월맹, 즉 베트민과 남부월남 공산주의를 일컫는 베트콩이 점차적으로 적극적인 지방조직망을 통하여 세력을 확장하고 있을 때, 이들보다도 먼저 민주정부를 수립한 고 딘 디엠이 반공을 통한 국가안보 유지에 전력을 쏟으며 이들과 맞서 나갔다.

고 딘 디엠 정권의 반공활동이 활발해지면서 어느 정도 실효를 거둔 것도 사실이지만, 시간이 흐를수록 독재적 족벌정치로 변하면서 무모한 탄압을 가하게 되자, 민주세력 가운데에도 반정부 세력이 점차 늘어나기 시작하였다.

그리하여 고 딘 디엠 정권은 월맹, 베트콩과 함께 반정부 세력과도 맞서게 되어 3면에서 적의 위협을 받는 형태가 되어 갔다.

이렇게 됨으로써 남부월남에는 월맹이 남부에 잔류시킨 베트콩과 북부월남에서 남파된 정수분자를 주축으로 이에 야합한 민족세력과 불평분자들이, 점차 연합세력으로 조직화되어 반정부 무장봉기를 통한 저항운동을 전개하기에 이르렀다. 이러한 저항운동이 전국적으로 파급되어 마침내 경찰과 민중 간에 무력충돌하는 비상

사태에 이르렀을 때, 두옹 반 민(Duong Van Minh) 소장이 주도한 군사 쿠데타가 1963년 11월 1일에 일어남으로써 고 딘 디엠 정권은 무너지고 말았다.

그러나, 이때부터 3개월을 넘기지 못한 채 제2차 군사 쿠데타가 일어난 데 이어, 군사 쿠데타가 연발됨으로써 월남의 정국은 걷잡을 수 없는 혼미 속에 빠져들어 갔다.

이에 호치민 정권은 이때를 남부 적화의 호기로 간파하고, 본격적인 무장집단을 남파시키며 지속적인 무력침공을 기본정책으로 결정하였다.

월맹은 조직적으로 대량의 병력과 무기 및 탄약, 그리고 각종 군수물자를 남으로 밀송하기 시작하였는데, 이들의 수송통로는 **'호치민 통로'**로 불리워졌다. 이 루트는 월맹의 무지아(Mu Gia)로부터 시작하여 라오스 영역으로 일단 들어갔다가 메콩강을 타고 캄보디아 국경에 이르러, 여기서 다시 캄보디아와 라오스 국경을 따라 월남 내로 통하게 되어 있었다. 참으로 미로와 같은 경로였으므로 월남당국은 감쪽같이 속을 수밖에 없었다.

이렇듯 밖으로는 공산주의 세력이 물밀듯 들이닥치고 안으로는 반정부 세력이 정부 타도를 외치고 있는 가운데, 1964년 5월 2일 사이공항에 정박 중인 미 수송선이 베트콩에 의해 격침된 데 이어, 동년 8월 2일과 4일 두 차례에 걸쳐 통킹만 사건이 일어남으로써 월남전은 드디어 본격적인 확전단계로 접어들게 되었다.

'통킹만 사건'이란 미국 제7함대의 구축함 메독스호가 월맹 해군 어뢰정 3척에 의해 2회에 걸쳐 공격을 받자 미군 항공기 54대가 북폭에 나선 사건을 말한다. 이때 미국은 최초의 북폭을 한 결과가 되었는데, 이를 계기로 미국 의회가 **존슨 대통령에게 침략 저지에 필요한 조치를 취하는 것을 인정하는 '통킹만 결의안'을 가결하여 확전의 열쇠를 쥐어 주었던 것이다.**

월맹은 이때 미군의 군사 개입을 불러들인 결과가 되었지만, 사실은 월맹도 오판을 한 것이다.

프랑스군을 패퇴케 했던 군사력과 저항력이 있음을 믿고 미군에 강력한 타격을 가하면 그들이 스스로 물러날 줄 알았던 것이다. 막강한 군사력을 자랑하는 프랑스를 이땅에서 몰아내고, 그 군대로부터 부분적이나마 항복을 받아 세계를 놀라게 한 자신들의 힘을 너무나 과신한 탓이다.

그러나 미국이 개입하기로 결정한 이상 월맹도 여기에 대응할 수밖에 없었다. 어차피 일이 벌어진 이상 미국이라고 겁을 먹고 후퇴할 수 없다는 확고한 저항결의가 충만하기 시작하였다.

베트콩과 월맹은 그 후에도 주저없이 미군이나 월남군에게 강력한 조치를 취하게 되었다. 따라서 이때 이미 월남전은 서로 빼도 박지도 못할 국면에 접어들므로써 확전할 조짐이 명확해졌다.

이리하여 세계의 이목은 다시 인도차이나반도에 집중되기 시작한 것이다.

통킹만 사건 직후, 세계의 관심이 고조되는 가운데 월남 정부는 또 다른 수렁에 빠져 들어가고 있었다.

군사 쿠데타로 정권을 잡은 칸 장군이 계속적인 실책으로 정치적 혼란이 가중되기 시작한 것이다. 사이공은 물론 남부월남 중요 도시에서는 연일 폭동과 시위가 일어났다.

"지금의 정부는 과도적인 성격이므로 가까운 시일 내에 민간인 정부로 통치권을 이양한다."

라는 칸 장군의 발표가 있자, 일단 소동은 가라앉는 기미를 보이기 시작하였다.

그리하여 같은 해 11월 4일에는 칸 장군이 사임하고 민간인 트란 반 후엉이 수상이 되었다.

얼마 동안 민간인이 정국을 이끌어 가는 듯했지만 겨우 한 달이 지날 무렵, 군사 쿠데타가 또 일어나 군사위원회를 설치한 후 민간인 수상을 명목상의 통치자로 올려 세우더니, 또 한 달 후 그나마 허수아비로 앉혔던 민간인 수상을 몰아내고 칸 장군이 정부 수반으로 재집권하기에 이르렀다. 이러한 상황 속에서 지식인들과 종교인, 대학생들은 군부에 대한 분개가 폭발하면서 또다시 거리에 쏟아져 나와 군부독재 타도를 외쳐대기 시작하였다.

월맹과 베트콩은 이 절호의 찬스를 놓치지 않았다. 비밀공작을 활발히 전개하여 동조자를 포섭하는 한편, 월남군의 사령부, 탄약창 등을 공격하여 파괴활동을 보다 강화하기 시작하였다. 그리고 비엔호아에 있는 미군 지원기지를 공격하여 미국인들을 살상하고 항공기를 파괴하였다.

이어서 베트콩은 19번도로의 중부 내륙지역의 군사요충 프레이쿠 공군기지 주변에 있는 미군 군수지원 시설을 공격하여 막대한 손해를 입혔다. 미국의 존슨 대통령은 이 사건을 보고받고 격분하면서 베트콩과 베트민에게 살인 행위와 테러 행위를 중단하라고 경고하였다. 그러나 호치민 정권은 다만 '미국이 손을 떼는 길만이 사태 해결의 열쇠' 라는 간단한 대꾸만을 남겨 둘 뿐 이렇다 할 양보나 협상 제의를 해 오지 않았다.

이때는 이미 상당한 공산주의 정수분자들이 월남 정부의 행정조직은 물론 각 기관에 서서히 침투하면서 지하공작의 기반을 닦아가고 있었다.

이상이 한국에서 출발하기 직전 내가 입수한 정보에 따른 정세분석이었다. 어찌 이런 정세와 상황을 미 CIA는 위기에 더하여 불가능하다는 판단을 못내렸을까. 나는 지금도 미국 대통령의 결단에 의문이 있다.

존슨 대통령의 이 의문의 실책에 따라 얼마나 많은 사람들이 희생되었나. 베트남전의 실패에 따른 역사의 심판은 준엄하다. 왜냐하면, 그 심판이 2006년 초에 벌써 내려졌기 때문이다.

2006년, 즉 이 글을 쓰는 동안 2월 18일자 미국 AP통신은 미국 역사학자들이 뽑은 역대 대통령의 10대 실책을 발표하였다.

실책 1위는 남북전쟁을 방조했다는 15대 제임스 뷰캐넌 대통령이고, 2위는 흑인 인권 개선을 소홀히 했다는 17대 앤드루 존슨 대통령이며, **3위가 36대 린든 존슨 대통령이다.**

린든 존슨 대통령은 1964년 8월 통킹만 사건을 계기로 베트남전을 전면전으로 확대하는 데 결정적인 역할을 했으며, 이후 지상군을 무려 54만명까지 증원했다.

결국 1975년 전쟁이 끝날 때까지 미군 5만 8천명과 월남 민간인 2백만명이 사망했다.

〈뉴욕 타임스〉는 2005년 말 베트남전 확전의 결정적 계기가 된 통킹만 사건의 정보가 고의로 왜곡됐던 것이 드러났다고 보도한 바 있다.

여하간 미국은 실패했더라도 **한국과 한국군은 실패하지 않았다는**

것이 많은 역사학자나 군사평론가의 공통된 견해이다.

나 또한 그 평가에 동의한다. 왜냐하면, 베트남전을 통해 대한민국과 국군은 더 융성의 길로 들어섰기 때문이다.

베트남전을 통한 경제적 효과는 참으로 엄청났다. 아마 **오늘날의 경제대국의 모태 역할이 되었다고 나는 지금도 확신하고 있다.**

또한 우리 국군은 세계 만방에 그 우수성을 떨쳐 **세계가 인정하는 일류 군대로 도약했다.**

5. 베트남전쟁의 배경과 원인

육군본부 작전참모부장 재직시 후암동 집 거실 한쪽 벽에 걸어놓은 세계지도를 보면서 유심히 아시아 지역을 보았다. 물론 베트남이 불타기 시작한 그 무렵이었다.

한국과 베트남은 거대한 중국과 맞대고 있는 반도국가란 점에서 지리적으로 공통점이 있다고 생각했다. 어디 그뿐이랴. 역사적으로도 중국의 군사적 위협과 문화적 영향을 많이 받은 것 또한 같았으며, 열강의 침략으로 식민지배를 받았던 점, 특히 제2차세계대전 이후에는 타의에 의해 남북 분단과 함께 동족간의 전쟁을 겪은 비극 또한 같다고 생각하며 착잡한 심정을 가눌 길 없었다.

더욱 찡하게 내 가슴을 울린 것은 **침략으로부터 벗어나고자 하는 저항정신으로부터 시작하여 한자 문화권임에도 불구하고 과감하게 한자를 버린 것까지 공통의 운명**이었음을 알아내면서 베트남에 대한 연민의 정이 솟아나는 것이었다.

며칠 후 주월한국군사령관 겸 맹호사단장으로 임명되면서 더 곤혹스럽게 생각한 것은 동족상잔에 뛰어들게 되는 얄궂은 운명 때문이었다.

공산주의와 싸웠고 또 공산주의를 막아내기 위해 젊음을 불태운 내가 베트남전쟁에 뛰어들어 동족상잔의 어느 한쪽을 위한 싸움판에 끼게 되는 기구한 운명에 착잡한 심정이었다.

원래 베트남전쟁의 시작은 인도차이나반도에서 식민지를 찾던 프랑스가 1884년 종교 탄압을 이유로 베트남 중부의 후에(Hue)로 진격하여 구엔(Nguyen) 왕조를 멸망시킨 때부터 시작된다.

이후 태평양전쟁을 일으켰던 일본제국주의자들은 1940년 당시 프랑스의 비시(Vicy) 정부의 묵인하에 인도차이나반도에 진주하였다. 일본은 여기에 만족하지 않고 한 발 더 나아가 1945년 3월 9일 프랑스군을 무장해제시킨 후 인도차이나를 점령함으로써 베트남은 일본의 지배를 받게 되었다.

그러나 일본이 1945년, 즉 이 해 8월 15일 연합군에게 무조건 항복하자 베트남 주둔 일본군의 무장해제를 위해 북위 16도선을 기준으로 북쪽은 중국군이, 남쪽은 영국군이 각각 점령함으로써 베트남은 한국, 독일과 함께 타의에 의해 분단국가가 되었다.

한편, 제2차세계대전 종전을 전후하여 베트남에는 새로운 사상이 유입되기 시작하였다. 수만명의 베트남인들이 프랑스에 강제 징집되어 유럽 전선에서 싸운 후 되돌아왔는데, 이들 가운데 상당수가 자유민주주의와 공산주의 사상에 물들어 있었다. 또한 부유층의 젊은이들은 프랑스에 유학하여 당시에 유행하던 사회주의 사상에 심취하였는데, 호치민도 이들 중 한 사람이었다.

이후 호치민은 베트남 공산당의 핵심 인물로 성장하게 되었으며, 호치민이 이끄는 베트남 공산당은 '모든 계층의 혁명세력을 결집하여 프랑스 식민 당국 및 일본군에 대항하여 독립을 위한 투쟁을 전개한다'는 목표를 내걸고 베트남독립동맹, 약칭 베트민(Viet Mihn), 즉 '월맹'을 결성하였다.

월맹은 중국과 베트남 국경선 산악지대인 카오 방(Cao Bang)과 랑 손(Lang Son) 일대를 장악하여 해방구를 설치하였으며, 1944년 12월에 베트남해방군을 창설하여 북베트남군, 즉 월맹군의 모체로 삼았다.

호치민은 해방군의 조직과 해방구의 확대를 위하여 노력하였는데, 그 결과 일본이 항복하기 직전인 1945년 8월 초에는 중국과 베트남 국경지대의 6개 성을 장악하는 데 성공하였던 것이다.

이어서 일본의 항복이 임박했다는 사실을 알아차린 호치민은 1945년 8월 3일부터 공산당 중앙위원회와 월맹 총회를 열어 월맹 산하로 총력을 결집하여 즉각 행동에 나설 것을 결의했다. 또한 각계 대표 60명으로 인민의회를 구성한 후 하노이를 점령하도록 하였다.

일본의 항복과 연합군이 진주하기 직전인 권력 공백기를 이용하여 하노이를 접수한 월맹은 8월 18일까지 모든 공공기관을 장악하는 데 성공하였다. 이어서 호치민은 8월 29일 독립내각을 구성하였으며, 마침내 9월 2일에는 하노이에서 수십만명의 군중이 참석한 가운데 베트남민주공화국 수립을 선포하였다. 이에 따라 월맹은 북부지역에서 비교적 용이하게 정국의 주도권을 장악할 수 있었다.

월맹은 남부지역에서 활동하고 있는 기존의 종교단체와 독립단체 등의 연합전선에 대해 실력행사로 물러나게 하고 모든 행정기구를 장악하였다. 이로써 월맹은 북베트남은 물론 남베트남 지역에서도 정국의 주도권을 장악하게 되었다.

제2차세계대전에서 승리한 연합국은 1945년 7월 포츠담 회담에서, 베트남 주둔 일본군의 무장해제를 위하여 프랑스를 배제하고, 북위 16도선을 경계로 하여 북부는 중국군이, 남부는 영국군이 점령하도록 결정하였다. 이에 따라 북부지역에는 1945년 9월 9일 중국군이 진주하였다. 당시의 중국군은 월맹에 대하여 대체로 동정적인 생각을 가지고 있었는데, 그 이유는 월맹을 제외하고는 별다른 대체세력이 없었기 때문이었다.

한편, 일본군이 물러간 베트남에는 프랑스가 또다시 주권을 주장하고 나섰다. 프랑스는 8월 22일 케들을 판무관으로 임명하여 베트남에 파견한 데 이어, 9월 12일 일본군의 무장해제를 위해 남베트남에 진주하는 영국군 대대에 프랑스군 1개 중대를 포함시켰다. 이후 프랑스는 베트남에서의 식민체제를 재구축하기 위하여, 점령국인 중국 및 영국과 협상을 통해 1946년 양국 군대와 교대한 후 베트남 전지역을 다시 점령함으로써 베트남은 또다시 프랑스의 지배를 받게 되었다. 이에 프랑스군은 독립을 주장하면서 행정기관을 장악한 월맹과 충돌하게 되었으며, 두 세력은 마침내 전쟁으로 치닫게 되었다. 베트남은 이때의 전쟁을 항불인민해방전쟁(抗佛人民解放戰爭)이라고 부르는데, 이것이 이른바 제1차 베트남전쟁이었다.

한편, 미국은 1949년 10월 중국대륙이 공산화된 데 이어 1950

년 6월 한국마저도 공산군의 침략을 받게 되자, 공산주의 팽창의 도미노(Domino-골패짝이 줄지어 넘어지듯 공산화가 줄지어 번져 가는) 현상을 우려하여 한국전쟁에 참전하는 한편, 월맹과 전투 중인 프랑스에 36억 달러의 군사원조를 제공하여 인도지나반도에서 공산주의 팽창을 저지하도록 하였다. 그러나 프랑스는 1954년 5월 7일 디엔 비엔 푸(Dien Bien Phu) 요새에서 월맹군에게 치욕의 패배를 당하였다. 이에 따라 프랑스는 소련 및 중공의 지원을 받고 있는 호치민 정부와 1954년 7월 20일 제네바에서 휴전회담을 가졌다. 이 회담에서 양측은 북위 17도선을 경계로 하여 이북은 호치민의 월맹이 점령하고 이남은 프랑스군이 점령하며, 2년 후인 1956년 7월 중에 남북 총선거를 실시하여 통일정부를 구성하기로 합의하였다.

제네바 협정에 의해 북위 17도선으로 분단된 북쪽의 월맹은 호치민의 강력한 통제로 정치가 안정되어 갔다.

한편, 남부 베트남에서는 미국의 지원을 받는 자유공화국을 수립하는 국민투표에서 고 딘 디엠이 대통령에 당선되어 1955년 10월 26일 취임함으로써 남베트남의 운명을 책임지게 되었다. 또한 이때부터 철수한 프랑스를 대신하여 미국이 후원국이 되었으며 베트남전쟁에 개입하는 도화선이 되었다.

이때 우리나라 정부는 고 딘 디엠이 대통령에 취임한 다음날인 10월 27일 베트남공화국을 승인하고, 1957년에는 대사급 외교관계를 수립하여 공산침략에 대응하는 자유우방으로서 친선관계를 맺었다.

이어서 1957년 9월 28일에는 남베트남의 고 딘 디엠 대통령이 한국을 공식방문하고, 1958년 11월 5일에는 이승만 대통령이 남베트남, 즉 월남을 답방하여 두 나라의 유대관계를 굳건히 하였다.

남베트남에서 권력의 기반을 구축한 고 딘 디엠 대통령은 1956년으로 예정된 남북 총선거를 거부하고 남쪽만의 독자세력을 강화하였다. 이에 따라 북베트남, 즉 월맹은 남베트남 정부를 비난하며 남부의 공산주의자들에게 테러 및 게릴라 활동을 지시하면서 국민들의 궐기를 선동하였다. 이때 조직된 것이 바로 V·C로 일컫는 베트콩이다.

1960년 12월 20일 남베트남 민족해방전선(National Front for the Liberation of South Vietnam)이 결성되면서 미국 제국주의 및 고 딘 디엠 정권 타도 그리고 민족의 통일 등을 내세우고 본격적인 저항 및 투쟁이 시작되었다.

민족해방전선의 결성으로 베트콩들의 활동은 급격히 신장되었으며, 그들의 군사조직은 대폭 강화되어 당시 남베트남 국토의 약 58%를 지배하였다. 반면에 고 딘 디엠 정권은 도시와 일부 평화지대를 장악하는 데 그쳤다.

고 딘 디엠 정부의 무능과 부패로 국민의 불만이 높아지게 되자, 1963년 11월 1일 두옹 반 민(Duong Van Minh) 장군이 주도하는 쿠데타가 발생하여 디엠 정부는 전복되고, 디엠 일족들은 피살되었다. 쿠데타에 성공한 민 장군은 내정개혁에 착수하였으나, 1964년 1월 30일 구엔 칸(Nguyen Khanh) 장군이 주도하는 쿠데타에 의해 다시 붕괴되었다.

쿠데타의 악순환은 계속 이어졌다. 1964년은 1년 동안에 무려 7번의 정권 교체가 있었으니 그 혼란상은 짐작하기 어렵지 않을 것이다.

미국은 1962년 2월 8일 군사고문단을 대신하여 주월 미 군사원조사령부, 약칭 맥뷔(MAC-V)를 설치하고 하킨스(Paul D. Harkins) 대장을 사령관으로 임명하면서 보다 더 적극적으로 월남 문제에 개입하기 시작하였다.

이런 정세 속에서 1964년 8월 2일과 4일 월맹 어뢰정이 공해상에 정박 중인 미국의 함정을 공격하여 '통킹만 사건'이 발생하였다. 이에 린든 존슨 대통령은 분노하여 베트남전쟁의 시궁창 속으로 빠져 들어가게 됨으로써 이른바 제2차 베트남전쟁이 시작된 것이다.

한편, 미국은 베트남의 공산화 저지를 위해 적극 개입한다는 방침을 세우고, 린든 존슨 대통령은 1964년 5월 9일 대한민국을 포함한 자유우방 25개국에 대하여 베트남을 적극 지원해 줄 것을 요청하기에 이르렀다.

이에 대해 자유진영 국가 일각에서는 남베트남의 공산화 방지에는 동의하지만 직접 개입은 신중히 대처한다는 입장을 취했다. 그러나 대한민국을 포함한 영국, 서독, 오스트레일리아, 타일랜드 등 14개국은 미국의 요청에 호응함으로써 베트남전쟁에 개입하게 된 것이다.

이상과 같은 베트남전쟁의 배경을 살필 때, 주월한국군사령관과 그리고 주력 전투부대인 맹호사단장으로 베트남전쟁에 참전하는 내 심정이 밝지만은 않았다는 사실에 이해가 갈 줄 안다.

그러나 일단 명령을 받은 이상 한국과 한국군의 명예를 손상시키지 않고 부여된 임무를 완수하기 위해 어떤 고뇌와 어떤 각오가 있었겠는가 하는 것 또한 독자들이 충분히 이해할 것으로 믿는다.

밤을 새워 가며 나는 그 대비책 전략 전술연구에 몰두하지 않을 수 없었다. 그때는 젊은 시절이었지만 체력이 떨어지는 것과 같은 고통이 따랐다. 나는 어려울 때마다 하나님께 기도하면서 한국과 한민족의 불행과 같은 불행을 겪고 있는 베트남인이게도 축복을 내려 주실 것을 간구했다.

제 3 장
부대편성과 적응훈련

1. 맹호사단 · 청룡여단 파병 결정

국방부는 합동참모부 내에 전투부대 파병을 위한 잠정기구로 기획단을 설치하였다. 그 구성인원 가운데 주요 멤버는 합참 작전국장 손희선 소장, 육군본부 작전참모부 차장 이병형 소장, 육군본부 군수참모부 차장 현석주 소장, 합참 작전국 차장 이세규 준장, 육군본부 인사참모부 인력관리처장 이범준 준장 등이다.

기획단은 6월 26일에 1차 회의를 소집하고 각군에 시달할 파월부대 편성지침 초안을 토의하고, 6월 28일에는 2차 회의에서 편성지침을 확정하여 국방부 지령 8호로 하달하였다.

- 전투부대 파병 병력은 1개 보병사단으로 한다.
- 전투부대는 기존부대에서 차출함을 원칙으로 하고, 기타 지원부대는 인가된 병력 범위내에서 개편 및 창설한다.

- 부대편성은 평시 T/O의 100%를 기준으로 한다.
- 장비는 한국군의 평균수준을 유지하되 사용효과가 큰 것으로 대체한다.

이상 지침을 기간으로 육군본부는 각각 해당 부대의 선정과 편성에 착수했다.

육군본부는 참모총장 김용배 대장과 작전참모부장인 나 그리고 차장 이병형 소장과 함께 본격적으로 편성 문제를 논의하기 시작했다.

이때 합의된 사항은, 첫째, 6·25전쟁을 통하여 명성을 떨친 바 있고 전통이 뚜렷한 사단이어야 한다는 것과, 둘째는, 될 수 있는 대로 전방 사단을 재배치하거나 부대이동을 통한 번잡성을 회피한다는 것이었다.

위 조건에 부합된 사단을 선정하다 보니 당시 군 예비로 교육훈련에 전념하고 있던 강원도 홍천지역 주둔의 수도사단이었다.

아마 당시 나뿐만 아니라 육군 간부라면 누구나 한결같이 수도사단이 월남에 파병되어야 한다고 믿고 있을 만큼 그 합리성이 보편적인 뜻을 함축하고 있었다.

애당초 수도사단의 건제부대, 즉 3개 연대 모두 파병되는 것이 상식화되었으나, 뜻밖에 해병대측에서 '우리도 참전하고 싶다'는 의욕적인 반응이 일기 시작했다. 이 무렵 미군이나 육군의 수뇌들은 해병대의 파병에 냉담하였다. 그 이유는, 이해관계를 떠나 군사조직의 효율성 면에서 당연한 문제의 제기였다. 특히 전투를 위해 전장에 보내는 마당에 지휘의 통일, 조직의 단순성 그리고 건제(建

制)의 유지는 가장 기본적인 용병(用兵)이기 때문이었다.

해병대 파병이 논의되기 시작하면서 제시한 건의안에 의하면, 수도사단을 파병하되 그 중에서 1개 연대를 한국에 남겨 두고 대신 해병연대를 보내자는 것이다. 처음에는 미군측이나 육군본부의 거센 반발에 부딪혔지만, 시간이 갈수록 차차 그 쪽으로 기울어 가고 있었다.

특히 당시 해병대사령관 출신 김성은 국방장관이 미군 당국과 육군의 주장을 억제할 수 있는 위치에 있었다. 그리하여 마침내 김성은 국방장관이 박정희 대통령에게 해병대 파병을 건의, 승인을 얻게 되었다.

따라서 수도사단은 보병제1연대와 기갑연대 두 연대만이 파병하게 되었고, 보병 제26연대는 한국에 잔류하게 되었다.

나는 이 논란의 과정에서 미군 당국이나 육군본부 수뇌부의 의견과 달랐다. 지휘의 통일이나 조직의 단순성, 건제의 유지 등 그 이론에는 반대하지 않지만, **해병대의 특수성을 고려해서 해병대에게도 전투 경험이 필요하다**고 생각한 것이었다. 특히 해병대는 6ㆍ25전쟁을 통해서 장항지구전투, 통영지구전투, 인천상륙작전 등에서 명성을 떨친 바 있어 그들을 함께 참여시켜 계속 전의(戰意)를 고양함으로써 사기를 올려야 한다고 생각했기 때문이었다.

국방장관의 건의를 받은 박정희 대통령은 해병대 파병을 결정하기 직전 나에게 전화로 문의해 왔다. 내 의견을 물은 것이다. 나는 해병대의 파병이 군 발전에 도움이 될 것이라고 간단하게 대답했다. 처음에 박 대통령은 내 이런 대답에 대해 뜻밖이라고 생각한 탓인지 다시 타진하는 것이었다. 나는 결론적으로,

"지휘의 통일이나 조직의 단순성, 견제의 유지에 문제는 있지만, 제 지휘 여하에 따라 그 단점을 오히려 장점으로 전환시킬 수 있습니다."

라고 대답함으로써 해병대 파병 문제는 일단락되었다. 지금도 그때 그 결정이 결코 잘못되었다고 생각하지 않는다. 해병대는 베트남전에서도 짜빈동의 신화를 창조하지 않았는가.

내가 해병대를 함께 데리고 가겠다고 한 이면에는 다음과 같은 생각이 있었다.

첫째, 베트남전의 양상이 정규전이 아니라 비정규전이므로 1개 보병사단을 집중 투입할 만한 군사작전이 흔하지 않을 것이다.

둘째, 주저항선 개념에 의한 연결된 작전이나 대규모 공격에 따른 협조된 작전보다는 전술책임지역(TAOR, Tactical Area of Responsibility)을 확보 평정하는 한정된 작전이므로 보병사단의 분할이 작전에 지장을 받지 않을 것이다.

셋째, 해병대는 주로 전략예비로 해상을 통한 상륙작전 등 예기치 않은 목표에 투입할 수 있는 부대이므로, 이들에게 전투 경험을 갖게 한다는 것은 장차 예상될 한국 방어에 유익할 것이다.

넷째, 육군과 해병대는 항상 경쟁관계에 있었으므로 베트남전에서도 선의의 경쟁을 통한 전투력 향상을 기대할 수 있다―등을 고려했던 것이다.

맹호부대의 정식 명칭은 수도사단이다. 이렇게 하여 맹호사단과 함께 해병제2연대를 증강하여 전투단으로 편성해 청룡부대를 베트남전쟁에 파병하게 되었다.

맹호사단은 보병제1연대 3개 대대와 기갑연대 3개 대대, 사단포병 105㎜ 제60대대, 제61대대, 155㎜ 제628대대 등 총 9개 전투대대 편성으로 파병 전투편성을 완료하였다.

맹호사단은 한국전쟁을 통해 그 이름이 'Tiger Division'으로 세계에 널리 알려져 있었으므로 미국이나 자유월남 당국에서도 매우 흡족하게 생각하였다.

수도사단은 정부수립 다음해인 1949년 6월 20일 육군본부 일반명령 제6호에 의하여 기갑연대, 보병제2연대, 보병제17연대, 포병단을 기간으로 서울 용산 삼각지에서 수도경비사령부라는 최초 호칭으로 창설되었다.

그 해 8월 10일에는 1개 연대를 옹진지구에, 나머지 연대를 은파산 및 까치산지구에 투입함으로써 38도선 방어를 담당, 전투에 참가하여 적의 도발을 제압하는 데 큰 공을 세웠다.

6·25전쟁이 발발하자, 수도사단 예하 제3연대와 제18연대는 적을 맞아 용전분투했으나 적 전차를 감당하지 못하고 후퇴, 한강선 방어에서 적을 6일 간이나 저지함으로써 아군으로 하여금 재기의 기회를 만들었으며, 미군 개입을 가능케 하는 역할에 기여하였다.

이어지는 지연작전에서 진천·청주지구 전투를 비롯하여 안강·기계전투 등에서 적의 낙동강 교두보 돌파 기도를 저지하였다. 특히 적의 정예부대로 이름을 떨치고 있던 인민군 제12사단과 제5사단 등 4개 사단을 맞아 4대 1의 열세임에도 불구하고 이들을 격파, 지리멸렬 상태로 몰아 넣었다.

이 전투에서 수도사단은 적 사살 2,387명, 포로 872명의 전과 외에 각종 포 144문과 총기 1,784정을 노획하였다.

안강·기계지구 전투는 6·25전쟁 중 그 유례를 찾아보기 힘든 치열한 격전이었으며, 사단의 전통과 명예를 빛냈음은 물론 아군의 총반격전의 기반을 구축하였던 것이다.

이 전투를 통해 수도사단은 'Tiger Division'으로 세계 언론의 주목을 받기 시작하였다.

그러나 이 해 11월 30일 한만 국경선을 눈 앞에 둔 부령 부근까지 진격하였으나 중공군의 개입으로 다시 후퇴의 길을 걷게 되었다. 이어지는 진지 쟁탈전에서도 수도사단은 적의 간담을 서늘케 하는 승첩을 지속하여 용맹을 계속 떨쳤다.

청룡부대의 기간이 된 해병제2연대는 1953년 8월 15일 해병도서부대를 기간으로 하여 경남 진해에서 창설되었다. 비록 휴전 이후에 창설되었으나 그 모체는 6·25전쟁 중 동해와 서해에서 교동도, 백령도, 석도 등 상륙작전과 대안기습 상륙작전, 원산만 봉쇄작전 등에서 커다란 전공을 세웠다.

여하간 맹호사단과 청룡여단 등 한국군 최정예부대와 함께 베트남전쟁에 참전하게 된 내 심정은 암담했던 초기의 기우가 차츰 사라지면서 최선을 다하겠다는 굳은 각오로 다시 무장하였다.

2. 전투지휘관 선발

육군본부는 전투사단 파병을 위해 8월 19일 일반계획을 구체적으로 작성하여 하달하였다.

이때 결정된 것은 수도사단의 재편성이었다. 아무리 전통이 있는 사단이라 할지라도 해외의 첫 전장으로의 파병인 만큼 정예요원으로 교체하여 보강해야 한다는 것이 당시 지배적인 의견이었다.

따라서 전투력의 핵심인 보병연대장과 보병대대장급을 위시하여 장교에 대한 선발지침을 엄격하게 세웠다.

파월 장교 및 하사관, 병에 이르기까지 지원제도를 원칙으로 하여 재충원하고, 파월 장병의 자격기준을 엄격하게 설정, 최정예 장병을 전육군 내에서 선발하도록 방침을 정했다.

장병 선발계획은 매우 세부사항까지 포함되어 있어 그 기준을 여기에 옮길 수 없지만, 보병 연대장과 사단 포병사령관 그리고 제1연대 3개 대대장, 기갑연대 3개 대대장 선발 경우를 살펴보겠다.

제1연대장 김정운 대령의 경우 육사7기로 6·25전쟁 중 보병제18연대 1대대 중대장과 대대 작전장교로 참전, 충무무공훈장과 화랑무공훈장을 수훈, 전쟁영웅으로 널리 이름을 떨쳤었다. 그는 과묵하면서도 예리한 판단력의 소유자로 군사학 부문에서도 식견이 깊었다.

기갑연대장 신현수 대령은 육사생도1기(후에 10기로 개칭)로 6·25전쟁 중 보병제32연대 중대장과 대대 작전장교로 참전, 두 개의 화랑무공훈장을 수훈, 널리 이름을 떨친 바 있다. 그는 명석한 두뇌의 소유자로 다방면에 박식하여 군 발전에도 많은 업적을 남겼다.

특히 김정운 대령은 미 육군보병학교 장교기본과정(OBC)과 미 육군지휘참모대학을 졸업했고 신현수 대령은 미 육군보병학교 장교기본과정과 고급과정(OAC) 및 미 육군특수전학교를 졸업하여 육군 내 엘리트 장교로 손꼽혔다.

사단 포병사령관에는 육사6기 김찬복 대령이 선발되었다. 그는 6·25전쟁을 통해 포대장 및 포병대대장을 역임하면서 포병전술에 능한 지휘관으로 명성을 떨쳤고 화랑무공훈장을 수훈했다. 침착하고 내유외강의 리더십 소유자로 정평이 나 있었다. 미국 포병학교도 졸업했다.

6개 보병대대장의 경우 박경석 중령, 김용진 중령, 박한영 중령 등 세 대대장은 육사생도2기생으로 4년제 첫 육사생도로 입교한 바 있는 젊은 엘리트 장교였다. 배정도 중령, 이필조 중령, 최병수 중령 등 세 대대장은 6·25전쟁 발발시 학도병으로 싸우다가 전시 장교양성과정인 육군종합학교를 졸업, 임관하였다.

특히 6개 보병대대장은 6·25전쟁시 소대장으로 참전, 모두 충무, 화랑 등 무공훈장을 수훈한 전쟁영웅들인 데다 미 육군보병학교 장교기본과정과 육군대학 정규과정을 졸업하였다. 이들은 한결같이 보병대대장직을 성공적으로 마쳤을 뿐만 아니라 사단 작전참모 경력에다 육군대학 교수 재직시 대대장으로 선발되었다.

전투지휘관 선발에는 내가 일체 관여하지 않았고, 나와 함께 근무한 적도 없는 장교들이었다. 육군본부 인사참모부 주관하에 선발한 인원 그대로 인수 편성했던 것이다.

특히 인원편성에 대하여 첨기할 것은 맹호사단 부사단장과 참모장 인선에 관한 사항이다. 왜냐하면, 맹호사단은 중부 해안 요충지 퀴논 일대에 전개할 예정이고 주월한국군사령부는 사이공에 설치 예정이기 때문에, 내가 비록 맹호사단장을 겸직했다 하여도 사이공에서 퀴논은 서울과 부산보다 훨씬 멀다. 그러기에 실제 맹호사단 작전지휘는 상당부분 부사단장과 참모장 리더십에 의존할 수밖에 없는 경우가 많을 것이다.

부사단장 이남주 준장은 육사6기생이다. 그는 6·25전쟁시 제27연대 제1대대장으로 용맹을 날린 전쟁영웅이다. 무공이 뛰어나 을지무공훈장을 비롯 충무무공훈장 등 훈장만 다섯 손가락으로 세지 못할 정도로 전진을 누볐다. 더욱이 한국 장교로서는 받기 힘든 미국의 은성무공훈장을 수훈하여 미국군에게도 널리 알려져 있는 군인 중 군인이다. 역시 이남주 준장도 영관 시절 미 육군보병학교 고급과정(OAC)을 졸업했다.

사단 참모장 최영구 대령은 육사7기로 나와 직접 관계가 있는 유일한 고급장교이다. 내가 3관구사령관 시절 참모장으로 기용했다. 과묵하고 섬세한 데다 투철한 판단력으로 모든 일을 공정하게 처리하는 탁월한 능력을 가지고 있다.

최영구 대령은 6·25전쟁시 제21연대 중대장으로 전투에서 뛰어난 무공을 세워 충무무공훈장과 화랑무공훈장을 수훈하였다. 최영구 대령도 역시 휴전 직후 미 보병학교 고급과정을 졸업하였다. 전투임무를 수행하는 맹호사단의 큰 살림에서부터 참모들을 지휘 통할하는 능력이 충분하다고 판단하여 참모장으로 기용했다.

이렇게 선발되어 가는 가운데 한쪽에서 투덜거리는 소리까지 들렸다. 가령 육군대학의 경우이다. 현직 교수부 소속 장교 6명을 강의 중인데도 한꺼번에 보병대대장으로 빼 가 버렸으니 육군대학 교수부에 구멍이 뚫렸다고 볼멘 소리가 들렸다. 총장 박중윤 소장은 참모총장 김용배 대장에게 전화를 걸어,

"총장님, 이렇게 되다가 육군대학을 해산할 위기가 올지도 모

릅니다.”

고 하소연을 했다. 그러자 김용배 총장은,

“박 장군, 국가와 군을 위해 참고 견뎌 냅시다. 내 생각으로는 나만 빼고 누구든지 채명신 장군이 데려 간다면 다 보낼 심정이요.”

라고 달랬다는 이야기가 널리 퍼질 정도였다.

또 한 가지 첨언할 것은, 대대장급 이상 모든 지휘관들은 근무성적 상위급수를 받음으로써 리더십에서 성공했던 경우에만 최종 선발했다. 또한 전원이 미국 군사학교 유학 경력이 있어야 기본 자격으로 인정한 것은 베트남 전선에서 미군 및 월남군과 연합작전시 의사소통이 가능해야 한다는 점 때문이었다.

맹호사단 뿐만 아니라 해병의 청룡부대 또한 인선에 신중을 기했다.

청룡부대장 이봉출 준장은 해군사관학교 특별교육대 후보생 1차로 임관한 후 6 · 25전쟁시 중대장, 대대장으로 참전, 장항, 군산, 이리 등 전투에서 발군의 전공을 세워 충무무공훈장을 수훈한 전쟁영웅이다. 강직하고 용맹스러워 전형적인 해병지휘관으로 정평이 나 있었다.

해병 대대장 명익표 중령, 오윤진 중령, 전정남 중령 역시 육군의 대대장처럼 최상의 경력자로 선발하였다.

전투부대인 맹호사단과 청룡여단 등의 한국군 군수지원업무를 전담할 군수지원사령부를 맹호사단 예속으로 1965년 9월 15일부 홍천에서 창설하여 초대 사령관에 육사8기인 이범준 준장이 임명되었다. 그는 6 · 25전쟁시 8사단 10연대 중대장으로 854고지 전투에서 용명을 날렸다. 그 후 연대 군수주임 등 주로 군수분야 전문가로 근무하면서 미국 군수학교를 졸업하였다. 군수통인 그가 전투부대 지원업무를 담당하게 되어 나는 마음이 놓였다. 나는 군수분야에 대해 캄캄한 때여서 그의 부임에 기대가 컸다.

3. 전쟁공포증의 확산과 나의 호소

강원도 홍전 일대는 술렁대기 시작하였다. 홍천지역에 주둔하고 있는 수도사단이 파월 전투부대로 지정되자 웃지 못할 일들이 벌어졌던 것이다. 혈기 왕성한 젊은 장교들은 환호하는가 하면, 대부분의 사병들은 베트남의 정글 속 전장에 가는 것에 두려움을 갖는 징후가 여러 곳에 나타나기 시작했다.

그러는 동안 미 대륙의 개척시대를 방불케 하는 번잡스러움이 홍천 일대에 열기를 더했다. 부적격자로 판별이 나 다른 임지로 떠나는 장병, 새로운 임무를 부여받고 모여드는 장병들로 온 종일 북적댔다.

한편, 중요 화기는 물론 자동차를 비롯한 낡은 장비들은 다른 곳으로 떠나가고 새로운 병기와 장비, 새 자동차들이 속속 도착하고 있었다.

8월 23일부터 새로 선발된 대대장, 중대장, 소대장들이 전입하면서 개편작업이 시작되었다. 외견상 축제와 같은 분위기였지만, 한쪽에서는 각급 지휘관과 참모들을 실망시키는 일들이 벌어졌다.

전장으로 떠난다니까 공포감을 갖는 장병들, 즉 파월기피 장병들이 속출하기 시작한 것이다.

선발된 파월 장병들은 대부분 우리 역사상 최초의 대규모 해외 파견군의 일원으로서 큰 포부와 함께 국가와 국민적 기대가 집중되고 있는 것에 사명감을 갖고 있었다. 그러나 일부 장병, 특히 사병들 가운데에서는 이역만리 베트남 땅 정글 속에서 어디 숨어 있는지 보이지도 않는 베트콩들의 저격을 받고 쓰러져야 하며, 그들이 설치한 각종 장애물과 부비트랩이 도처에 깔려 있는 데다, 물리면 한 시간 안에 생명을 잃게 되는 무서운 독사들과 말라리아 모기들이 우글대고, 피부에 스치기만 해도 병에 걸리는 독초들이 무성하여 베트남전쟁에 가면 죽을 것이라는 유언비어들이 퍼져 나가기 시작한 것이다.

또 그뿐이랴. 월맹군이 디엔 비엔 푸(Dien Bien Phu) 요새를 공격하여 프랑스군이 전멸했다는 이야기와, 미군 고문관 계통에서 알려져 퍼진 베트콩들의 잔학상이 과장되면서 사병들의 입에 오르내리고 있었다.

내가 사단사령부에 부임하여 집무를 시작하자마자 새로운 고민에 빠졌다. 당시 지휘관과 참모들이 대부분 천막에서 생활하고 있었다. 나는 아침마다 주번사령으로부터 보고를 받았는데, 그 자리에서 주번사령은 전날 밤 탈영병 숫자를 보고하는 것이었다. 거의 매일 10여 명이 탈영하는데 많을 때는 20여 명이 넘는 경우도 생겼다. 또한 겁에 질린 일부 군의관들은 맹장수술을 한다고 병원에 입원하는 경우도 있어 헌병을 보내어 귀대시키는 경우까지 생겼다. 이러다가 베트남에 출발도 하기 전에 병력이 모자라는 변이 생기지 않을까 걱정이 태산 같았다.

나는 새로 부임한 각급 지휘관에게 정신교육을 강화할 것을 지시하는 한편, 내 자신이 발 벗고 나섰다.

　내가 부대를 순시하면서 사병들을 모아 놓고 한 이야기는 다음과 같았다.

『채명신 소장이 파월한국군사령관으로 임명되었다는 신문기사가 사진과 함께 신문 일면에 크게 보도되었을 때였다. 물론 군 내부에서는 이미 알려진 내용이었지만, 그 같은 사실을 가족에게는 전혀 알리지 않았기 때문에 가족들은 신문을 보고 비로소 이 사실을 알게 되었던 것이다. 따라서 가족과 장모님이 청천벽력과 같은 충격을 받았다. 장모님은 그날부터 머리를 싸매고 음식도 전폐하다시피 하고 밤에 잠도 주무시지 못하며 걱정과 우려를 금할 수 없

▲ 파월 전 맹호부대 훈련장을 방문한 박정희 대통령(가운데)이 저자를 격려하고 있다. 박 대통령 뒤가 국방부장관.

었다. 아무리 안심하도록 말씀드려도 좀처럼 안정을 못찾고 있었다. 그런데 하루는 퇴근하였더니 장모님 표정이 명랑해지셨고 식사도 잘 하시며 평상시와 같은 모습으로 나를 대하시는 것이었다. 이상하다고 생각하여 아내에게,

"오늘 무슨 일이 있었소?"

하고 물었다. 그랬더니 아내가 담담하게

"오늘 어머님 따라 서울 장안에서 유명하다는 사주집을 세 곳이나 찾아 갔었지요."

라고 했다.

이때 이 이야기를 듣고 있던 장병들이 킥킥거리며 폭소를 터뜨리기 시작하더니 그 폭소가 좀처럼 그치지를 않았다. 그래서 나는 더 큰 소리로 말했다.

"웃지마. 너희 부모님도 내 장모님과 마찬가지로 사주쟁이 집에 다녀오셨을지 모른다."

고 그 폭소를 잠재우고, 다시 말을 이어 갔다.

사주쟁이가 장모님과 아내에게 말하기를,

"이 사람은 지금까지 화약을 짊어지고 불 속으로 많이 돌아다녔는데, 이번에는 또 화약을 짊어지고 멀리 바다를 건너가게 되었구만."

하더라는 것이다. 그래서 장모님과 아내가 잔뜩 긴장하고 바다를 건너가서 어떻게 되었느냐고 물었더니

"어디 가든지 걱정 없다. 지난날에는 화약이 불에 여러 번 닿았지만 끄떡 없었는데, 이번에도 걱정할 것 하나도 없다."

고 자신있게 말하더라는 것이었다.

"나는 독실한 기독교 신자이며 사주다 뭐다 하는 것 다 믿지도 않고 관심도 없지만, 장모님은 내 말은 듣지 않으면서 사주쟁이 말은 그대로 들으시니 어떻게 보면 사주쟁이에게 고맙다고 해야 할 것 같다. 사주 볼 때 그 사람의 이름은 대지 않고 생년월일과 시(時)만 얘기한다고 하니, 채명신이라는 이름은 모르고 그랬을 거야. 그러나 한 가지 확실한 것이 있다. 여기 우리 중에서 월남 땅에 갔을 때 베트콩들이 제일 먼저 죽이고 싶은 사람이 누구라 고 생각하느냐"

고 질문했더니

"사령관님입니다."

라고 일제히 답했다.

"내 생각도 그래. 그것은 맞는 얘기야. 나는 사주를 믿지 않는 사람이기 때문에 사주쟁이가 그랬다고 해서 그런 것이 아니고, 사람에게는 누구나 다 제 각기 타고난 운명이 있다고 늘 나는 확신하고 있다. 나같이 예수 믿는 사람은 '죽고 사는 것은 하나님 의 뜻이다'라고 생각하고, 신앙이 없는 사람은 사주팔자 또는 운명이라고 하지. 우리 속담에 '재수 없는 사람은 쇠똥에 미끄러져서 소 발자국에 고인 물에 코 박고 죽는다'이런 속담을 너희들도 들어 봤을 거야."

라고 말하니 장병들은 또 한번 웃어댔다.

이어서 내가 살아 왔던 이야기로 이어 갔다.

"우리나라가 해방된 후 이북에서 초등학교 교사로 근무하던 중 공산당과 말싸움을 했다. 그래서 반동분자로 몰려 체포되었는데, 총살되기 일보 직전에 도망쳐 나왔다. 그리고 연천과 동두

천을 거쳐 38선을 넘다가 또 체포되어 연천내무서에서 10일 동안 고문당하여 조사 받고 시베리아 강제수용소로 압송되는 날 아침 하나님의 기적적인 도움으로 빠져 나와 남한에 왔다. 그 후 육군사관학교에 입교하여 1948년 4월 6일 제5기생으로 졸업, 육군소위 계급장을 달고 제주도의 공산폭동을 진압 중인 제9연대 소대장으로 부임하게 되었다. 그때 중대장 문상길 중위는 연대장 박진경 대령을 암살한 주범이며 제9연대의 남로당 군사책임자였다. 그가 철저한 반공주의자인 나를 살려 둘리 만무했다. 그러나 나는 공산주의 사상에 세뇌된 내 소대원 42명을 일주일 동안의 정성어린 정신교육으로 그 동안 오염되었던 공산주의 사상을 깨끗이 씻어 버릴 수 있었다. 그러자 중대장 문상길 중위는 부하들에게 '소대장을 빨리 죽여라'고 지령을 내리며 다그쳤지만, 내 소대원들이 생명을 걸고 나를 보호하고 감싸 준 덕에 살아 남게 되었다.

그 후 제주도에서 4개월 동안 근무하다가 제11연대에 전속되어 38도선상의 개성 송악산에서 중대장으로 근무하게 되었다. 그리고 1949년 5월 4일 불법으로 남침한 인민군 제1사단 예하 부대와 격전 중 따발총 실탄 두 발을 왼쪽 가슴에 맞고 쓰러졌다. 그러나 측방에서 날아온 총탄은 입고 있던 미제 작업복 왼쪽 주머니에 달려 있는 쇠단추에 맞아 단추만 쭈그러뜨리고 빗나가 생명에는 지장이 없었기 때문에 끝까지 전투를 지휘할 수 있었다.

너희들이 문산 파주에 가면 육탄10용사의 커다란 동상을 볼 수 있는데, 그것이 내가 중대장으로 지휘했던 전투에서 있었던 고귀하고 감동적인 용사들의 희생을 기념하는 상징인 것이다.

송악산전투가 끝나자 나는 곧바로 태백산지구에 침투한 정예 공산 게릴라 2,500여 명과 혈전을 계속하던 중 6·25전쟁을 맞았다. 내 운명은 아마 게릴라전과 관련이 있는 탓인지 인민군으로 가장한 국군부대를 지휘하여 적 후방 깊숙이 침투하여 김일성을 잡으려 했지만 김일성은 못잡고 김일성의 오른팔 역할을 하고 있던 길원팔(吉元八) 현역 중장을 생포하는 게릴라전을 감행했다.

그후 1951년 1월 1일 계속 게릴라전을 수행하던 중 깊은 움막 같은 민가에 들어갔다가 인민군 20여 명에 포위되어 자결을 결심하고 부하인 정용식 상사와 김용호 중사에게 '너희들은 투항한 후 어떻게 해서든지 살아 내가 여기서 자결했다고 보고하라. 하나님의 가호를 빈다.' 면서 권총을 오른쪽 관자놀이에 대고 격발했는데, 딱 소리가 들렸다. 방아쇠를 당기는 순간 저세상 사람이 됐어야 하는데 멀쩡하니, 이상하다고 생각하여 권총을 내려 살폈더니 탄알 하나가 튀어나왔는데 공이 친 자국이 있었지만 격발이 안 된 불발탄이었다. 권총 불발탄은 그때까지 들은 적도 없는 괴이한 일이라 생각하면서 마음을 다시 다졌다. 자살하려고 해도 죽지 않았으니 하나님이 다시 생명을 주신 것으로 알고 운명으로 받아들이고 계속 싸우기로 결심했다.

죽을 각오로 정용식 상사 그리고 김용호 중사 등 우리 세 사람은 돌격전을 감행하여 적 4명을 사살하고 적의 소굴을 벗어날 수 있었다.

이 죽음의 소굴에서 죽지 않고 살아남을 수 있다면 다른 어떤 곳에서든지 살 수 있다는 확고한 믿음을 갖게 되었다.

전투 중 적탄이 빗발치는데 적진에 뛰어 들어가는 사람은 무사하고 후방으로 도망치는 사람이 적 포탄에 죽는 운명을 나는 수없이 볼 수 있었다.

인간은 누구에게나 피할 수 없는 운명이 있는데 누구도 자신의 운명을 알지 못할 뿐이다. 나나 너희들이나 월남에 가고 싶어 가는 사람이 어디 있겠는가. 그러나 월남에 가야 하는 자신의 운명 때문에 월남에 가는 것이다. 하물며 사람이 죽고 사는 것은 누구도 피할 수 없고, 언제 어디서 죽을지 알 수 없는 것이 삶과 죽음에 대한 운명인 것이다. 내가 월남에 가서 베트콩의 저격이나 수류탄에 죽을 운명이라면 그것은 피할 수 없는 운명이지.

우리는 우리 운명에 한번 도전해 보자. 사나이답게 도망가지 말고. 죽을 사람은 어디서나 죽고, 살 사람은 죽음의 소굴에서도 살 수 있는 것이다.

베트콩의 첫 번째 목표가 될 것인 나 채명신은, 너희들의 선두에서 내가 지금까지 살아 왔듯이 죽음에 대한 공포나 삶에 대한 미련 없이 나의 책임과 임무를 다할 것이다. 너희들이 어떤 위험한 곳에 가도 항상 함께 갈 것이다. 월남의 정글이나 베트콩에 대한 두려움을 없애고 과감하고 떳떳하게 돌진하자. 끝으로 내가 믿는 성경구절을 읽는 것으로 오늘의 이야기를 끝맺겠다. 성경 마태복음 10장에 있는 구절이다.

'몸은 죽여도 영혼은 능히 죽이지 못하는 자들을 두려워하지 말고 오직 몸과 영혼을 능히 지옥에 멸하시는 자를 두려워하라. 참새 두 마리가 한 앗사리온에 팔리는 것이 아니냐. 그러나 너희

아버지께서 허락지 아니하시면 그 하나라도 땅에 떨어지지 아니하리라. 너희에게는 머리털까지 다 세신 바 되었나니 두려워하지 말라 너희는 많은 참새보다 귀하니라' ”』

성경구절이 끝을 맺자 장병들이 환호성을 질렀다. 또 요란한 박수가 울려 퍼졌다.

나는 계속해서 여러 부대를 순회하면서 이 이야기들을 장병들에게 들려 주었다. 그 탓인지 눈에 띄게 도망병이 줄어가는 것에 나는 마음을 놓았다. 그리고 하나님께 감사했다.

4. 적응훈련과 M2 카빈 소총

맹호사단의 재편성과 함께 새로 부임한 지휘관에 의한 적응훈련이 시작되었다.

사단장으로부터 시작하여 연대장, 대대장, 중대장, 심지어 소대장까지 거의 전원이 교체되었다. 따라서 중요 간부 전원은 파월 희망자인 동시에 선발에서 기준에 통과한 장교들이다. 장교 선발에 있어서 출신 성분에 대해서는 차별을 두지 않았지만 거의 대부분이 육사 출신으로 채워졌다. 먼저 전투지휘관 선발에서 언급한 것처럼 사단장, 연대장, 대대장 모든 지휘관이 동급 지휘관 직책을 성공적으로 이수한 장교로써 파월 전투부대를 편성했다고 한 것처럼 중대장, 소대장 역시 동급 직책에서 근무를 성공적으로 마쳤거나 현직에 있는 장교 중 근무성적 상위 장교로 충원되었다. 그야말로 건군사상 최정예부대 편성으로 보아 무방할 것이다.

교육훈련의 첫 과제는 베트남의 기후, 지세 등 자연환경에 적응
시키기 위한 교육이었다. 그 교재는 다행히 내가 육군본부 작전참
모부장으로 근무할 당시 차장 이병형 소장에게 과제를 주어 준비
시켰기 때문에 교육에 지장이 없었다.

특히 한국의 산악지형과 다른 정글에서의 수색정찰 요령에 대해
집중 훈련시켰다. 당시 미군 고문관 계통에서 입수한 자료를 최대
한 활용하였는데, 주로 베트콩의 지하동굴진지 그리고 함정과 부
비트랩에 관한 것이었다.

중대장, 소대장들은 자기들이 직접 전장에 데리고 가야 할 부하
임을 의식한 탓인지, 어느 누구 할 것 없이 전력을 다해 교육훈련
에 임했다. 교육성과는 눈부시게 향상되었다. 당시 기본화기는 미
군과는 달리 구식 M1 소총과 카빈 소총뿐이었지만 전원 특등사수
자격 획득을 목표로 하였다. 사격술도 하루하루 다르게 향상하여
2등사수는 한 명도 없고 특등사수 81%, 나머지는 1등사수로 하여
사격술에 있어서도 최상의 수준이 달성되었다.

우리가 장비하고 있는 기본화기 M1 소총과 카빈 소총 때문에 나
는 한때 고심하였다. 왜냐하면, 베트남전에서 싸우는 미군들은 자
동소총인 M14 소총으로 장비되어 정글전에서 연발사격으로 효과
를 극대화시키고 있는데 비해, 한국군은 2차세계대전시의 반자동
소총이어서 무겁고 효율성이 저하된다고 판단했기 때문이다.

베트남의 정글 또는 촌락에서의 전투는 적과 순식간에 조우하는
상황에서의 전투가 예상되므로 자동소총은 필수 장비라고 생각하
였다. 나는 미 고문관 계통으로 또는 주한미군 당국자들에게 M14

소총의 지원을 요청했으나, 앞으로 고려하겠다는 답만 듣고 초기 전투에는 부득이 반자동소총으로 전투를 할 수밖에 없다고 생각했다. 그러나 며칠 후 추가로 미군 당국에서 회신이 왔는데, 지금 미군들은 개인화기로 M14 소총을 장비하고 있지만, 새로 개발된 M16 소총으로 장비 교체 중이라는 것과, 한국군이 베트남 도착 후 신장비 문제는 그때 가서 고려해 보겠다고 했다.

나는 몹시 기분이 좋았다. 이제 한국군도 최신 개인화기인 M16 소총으로 장비할 날이 올 것이라는 희망을 갖게 되었기 때문이다.

그러나 나는 줄기차게 미국 당국에 내 주장을 관철시키는 일에 주저하지 않았다. 당시 유엔군사령관 비치 대장은 뜻밖에 내 주장에 반론을 제기하는 것이었다.

M14 소총 대안으로 내가 요청한 것은 가볍고 연발사격이 가능한 M2 카빈이었는데, 그는,

"카빈 소총은 후방에서 시설 보호하는 데 보초병이나 사용하는 것이지 어떻게 실전에서 사용할 수 있겠나. 남방 밀림의 일본군과 전투시 절대적인 위력을 발휘했던 것은 M1 소총이었다."

고 열을 올리며 M1 소총을 예찬하는 것이었다.

남방의 밀림지대에서 싸우던 일본군의 기본화기인 99식 소총은 5발을 장전하여 한 발을 사격하고 나면 몸통을 다시 열고 탄피를 빼낸 후 다시 새로운 실탄을 장전하여 다음 총탄을 발사하는 구식이었다. 그러한 일본군에 대해 미군의 M1 소총은 단발식이지만 8발 한 클립을 장전하면 일일이 탄피를 꺼내지 않고 반자동으로 연속사격을 할 수 있으니 발사속도에 있어서 일본군의 99식 소총과는 비교가 되지 않았던 것이다. 그러나 시대는 변하여 우리가 상대

해야 할 베트콩과 월맹군은 이미 AK 자동소총을 일부 장비하고 있었다.

시대의 환경 변화에 신속하게 적응할 수 있는 새로운 전략과 전술의 개발을 소홀히 하고 있는 미군 일부 장성들의 사고는 낡고 녹슬어 있는 것이 아닐까 하는 생각까지 들었다.

나는 베트남의 웨스트모얼랜드 미군사령부에 공한을 보내 베트남에서의 전투 과정과 형태에 대해 질의를 했다. "적과 순간적인 조우에서 전투가 시작되는지, 또는 사전 적의 목표물에 대하여 계속 사격해야 하는 경우가 많은지"에 대한 견해를 요청했던 것이다. 그에 대한 답신은 신속하게 도착했다. "근접전투와 순간적인 조우에서 전투가 시작되는 경우가 많다"고 하였고, "적의 저격과 매복 등 근거리에서 불시에 적과 교전하는 경우가 허다하다"는 내용으로 자세하게 통보해 왔다.

통지문을 근거로 나는 다시 유엔군사령관 비치 대장에게 "M1 소총을 M2 카빈으로 교체해 달라"고 요청했다. 그때서야 그도 쾌히 승낙하면서 "전쟁을 지휘하는 사령관의 견해는 무조건 존중되어야 한다"고 말하고는, "한국군과 주한미군이 보유하고 있는 M2 카빈 뿐만 아니라 일본과 미 본토에 재고가 있다면 모두 획득해서 주월 한국군에게 주겠다"고 약속했다.

'전쟁지역의 작전부대 요구는 무조건 충족시켜 주어야 한다'고 하는 미군의 방침은 전쟁을 위해서 존재하는 군대로서는 당연한 것이지만, 그토록 진지하게 그리고 즉각 실천하는 미군에게 배워야 한다고 생각하였다.

그 약속대로 M2 카빈을 미국 본토까지 재고를 뒤져서 수집했으나 이미 폐기 단계에 있어 무한정 있을리 없었다. 수집한 전량으로 전투중대의 각 소총분대당 2정 내지 3정 정도가 분배될 수 있을 뿐이었다. 그러나 그 정도의 M2 카빈이라도 정글전에서는 M1 소총보다 효과적으로 사용할 수 있었던 것이다.

교육훈련의 막바지에 베트남의 웨스트모얼랜드 미군사령부에서 온 회신에 따른 '근접전의 필요성' 때문에 다시 훈련계획을 보강하여 근접전투 요령과 근접 조우사격의 요령 등에 나머지 시간을 할애하였다.

제 4 장
고 강재구 소령과 재구대대

1. 강재구(姜在求) 대위의 살신성인

9월 하순이 되자 그토록 마음을 써야 했던 탈영병 문제가 해결되어 갔다. 며칠 계속 단 한 명의 탈영병도 없을 때도 있었다. 훈련 성과도 기대 이상 달성하고 있었고, 전장병이 국군을 대표하여 역사상 첫 대규모 해외 파병이라는 명예를 의식하고 있었다.

맹호사단 기간장교였던 사단장 이하 주요 지휘관 및 참모들에게는 매우 미안한 마음이 가시지 않았다. 육군에서 선발된 지휘관과 참모요원이 점령군처럼 밀려 와, 열심히 근무하고 있던 멀쩡한 자기들이 졸지에 보직 없이 떠나야 했던 기간장교들의 심정. 지금도 그때 그들을 회상하노라면 연민의 정이 느껴진다.

당시 수도사단장은 육사3기 이준성 장군이었다. 육사 선배 자리를 밀고 들어가는 형식이니 그분에게 미안한 생각을 지금도 가지고 있다.

새로 재보직으로 부여받은 직책이지만, 해외 첫 파병부대의 지휘관으로 선발되었음을 명예롭게 생각할 뿐이었다.

9월이 지나 막 10월로 접어들었던 어느 날 오전, 보병제1연대장 김정운 대령으로부터 전화를 받았다.

일반적인 사고보고는 참모계통으로 이루어지지만 중요한 사고일 때는 지휘관이 직접 지휘보고를 하게 되어 있었다.

연대장의 보고 내용은 뜻밖이었다. 1연대 3대대 10중대장이 수류탄 훈련장에서 안전사고로 숨졌다는 것이었다. 수류탄 훈련시에 드물게 사고가 일어난다는 말은 들은 것 같은데, 사병이 죽지 않고 중대장이 숨졌다는 것은 도무지 이해가 되지 않았다.

나는 연대장에게 사고에 대한 수습을 지시하고 사기가 저하되지 않게 각별히 신경을 써 달라고 일렀다.

연대장 김정운 대령은 침착한 어조로 죄송하다는 사과의 말을 잊지 않았다. 나는 웃는 목소리로 연대장이 무슨 잘못이 있겠느냐고 그를 오히려 위로하는 것으로 통화를 끝냈다.

아무리 생각해도 이해가 안 되는 것이, 중대장이 수류탄 사고로 숨졌는데 그의 부하인 중대원 가운데 사망자는커녕 부상자도 없다는 점이었다. 그 의문을 풀어야 되겠다고 생각하고 헌병참모 이준혁 중령을 불러 상세히 조사하여 보고할 것을 지시했다.

저녁 무렵 해가 지기 시작하는 알맞은 가을 날씨 때문인지 마음이 맑아지는 것을 느끼고 있을 때, 헌병참모가 서류봉투를 들고 나를 찾았다.

헌병참모는 몹시 상기된 표정으로 나에게 거수경례를 하며 다가왔다. 나는 의자에 앉을 것을 권하였다.

"사단장님. 안전사고가 아닙니다."

"아니, 중대장이 죽었다는데 안전사고가 아니라니."

"우선 이 서류를 받아 보십시오. 제가 개요를 보고드리겠습니다."

헌병참모의 보고는 대개 다음과 같았다. 숨진 강재구 대위는 중대장으로 부임하기 전에 제1군단 하사관학교 교관이었다고 한다. 바로 현재의 제1연대 제3대대 주둔지인 그 병영 그 자리였다고 한다. 그 시절에도 오늘 사고가 발생한 장소가 수류탄 훈련장이었는데, 골짜기 경사가 급경사를 이루고 있어 잘못 수류탄을 던지면 매우 위험하다는 것이다. 그래서 그 시절부터 수류탄 훈련장을 옮기기 위해 상부에 건의했지만 마땅한 장소가 없어 계속 사용할 수밖에 없었다.

오늘 아침에 훈련에 나가기 전 장교식당에서 동료 중대장과 식사를 하면서 수류탄 훈련장이 마음에 들지 않는다고 투덜대더라는 것이었다. 제10중대장 강재구 대위와 제9중대장 용영일 대위는 서울고등학교와 육사16기 동기생으로 각별한 관계이기에 수류탄 교육에 대해서 상의하면서 "전투시 수류탄을 투척할 경우는 지형이나 주위 조건이 나쁜 것이 대부분이므로 그런 악조건하의 훈련이 오히려 득이 될 수 있지 않느냐"는 용 대위 말에 아무런 대꾸 없이 장교식당을 나와 훈련장으로 향했다고 했다.

헌병참모가 현장조사한 결과로는, 중대원이 있는 곳에서 약 30미터의 안전거리를 두어 1개 분대씩 투척호에서 수류탄 1발씩을 던지는데, 박해천 이등병 차례가 와서 수류탄을 나누어 주니 수류탄을 손에 들고 벌벌 떨더라는 것이다.

강 대위는 따로 불러내어 연습 수류탄(모양만 같을 뿐 폭약이 없음)으로 몇 번 던지도록 훈련을 시킨 다음, 수류탄 투척선에 데리고 가서 강 대위가 직접 안전핀을 뽑아 주며 던지게 했다고 했다.

박 이병은 얼굴색이 파랗게 질리더니 눈을 딱 감고 수류탄을 힘껏 던지더라는 것이다. 그 순간 수류탄이 투척선 앞 골짜기 쪽으로 안 가고 높게 원을 그리며 반대 쪽 중대원이 앉아 있는 곳으로 떨어져 갔다. 순간 강재구 대위는 럭비 선수처럼 수류탄 떨어질 것을 예상한 쪽으로 달려갔다고 했다. 강 대위는 육사 시절 럭비 선수였다고도 했다. 그리고 럭비 공 받는 것처럼 받으려고 했다가 이미 내민 손보다 빠르게 수류탄이 떨어지자 럭비공 껴안듯 온몸으로 덥썩 덮쳐 장렬하게 순직했다는 것이다. 그 덕택으로 주변의 중대원들은 단 한 사람도 다치지 않았고 강 대위의 유체(遺體) 복부와 가슴팍은 갈기갈기 찢겼다고 했다.

▲ 보병제1연대 제3대대의 파월 장교들. (우측부터) 권준택 대위, 한 사람 건너 대대장 박경석 중령, 방서남 대위, 강재구 대위, 그 좌측이 용영일 대위. 이 사진은 강재구 대위가 순직하기 불과 보름 전에 촬영한 것이다.

헌병참모는 수사관답지 않게 눈물을 글썽이며,

"강재구 대위의 죽음은 안전사고가 아니라 살신성인(殺身成仁)입니다."

보고를 마치면서 헌병참모는 서류봉투를 두 개 꺼내면서 나에게 정중히 주는 것이었다. 하나는 조사보고서이고 다른 하나는 강재구 대위의 직속상관인 제1연대 3대대장 박경석 중령의 건의서라고 했다. 나는 먼저 건의서 봉투를 열었다. 타자 친 것도 아니고 직접 펜 글씨체로 또박또박 정성껏 쓴 글이었다.

그 글에는 일단 부하 중대장이 사고로 순직했으므로 책임을 통감하고 대대장직 해임과 함께 어떤 처벌도 달게 받겠다는 내용이고, 다음 글은 좀 길게 쓴 것으로 헌병참모가 보고한 내용과 대강 같은 내용이지만 문학적 터치로 강재구 대위에 대한 일상과 근무태도, 평소의 희생정신으로 영구히 그의 부하사랑을 기려야 된다는 내용이었다. 감성소설을 읽는 기분이었고 그 글의 호소력이 나를 감동시켰다.

나중에 안 일이지만 박 중령은 육군대위 시절 필명 한사랑(韓史郎)으로 등단한 작가라는 것이었다.

사흘이 지난 뒤 사단 관할지역에 있는 제2야전병원에서 사단장(師團葬)으로 장례식을 치렀다. 부인 온영순씨가 흐느끼는 가운데 경건하게 끝냈으며, 육군본부에서는 보국훈장 삼일장이 추서되었다.

장례식이 끝난 뒤 나는 헌병참모의 건의 내용을 되씹고 대대장이 쓴 글을 다시 꺼내어 읽었다. 읽으면 읽을수록 도저히 그대로 견딜 수가 없어 그 글을 타자로 쳐 다시 깨끗이 문서로 작성해서 청와대 박정희 대통령 앞으로 보냈다. 그 무렵 때를 같이 하여 모든 일간신문에는 대문짝만 하게 강재구 대위의 살신성인 정신이 보도되기 시작했다.

이윽고 청와대에서도 기별이 왔다. 박 대통령은 그 글을 읽은 후 감동하고 육군참모총장에게 지시하여 강재구 대위를 일계급 특진시키고 군인 최고의 명예인 태극무공훈장을 추서한 후 육군장(陸軍葬)으로 다시 장례식을 치르라는 엄명이었다. 육군사상 위관급 장교의 육군장은 전무후무한 일이었고, 전쟁영웅도 아닌 순직자에게 태극무공훈장이 추서된 것도 전례 없는 일이었다. 전국은 고 강재구 소령 열풍으로 감동에 젖었고 전투부대 파병에 대한 국민적 여망은 최고조에 달했다.

특히 이 무렵 유행하기 시작한 군가 「맹호는 간다」는 어린 초등학교 학생으로부터 어른에 이르기까지 유행가를 압도하는 분위기로 인기 상승했고, 국민적 관심이 고조되었다.

2. 재구대대 탄생

나는 연대장 김정운 대령에게 강재구 대위의 순직 장소인 수류탄 훈련장을 가 보고 싶다고 전했다. 기왕이면 강재구 대위가 순직한 시간인 10시 37분에 가겠다고 했다. 순직 장소에서 기도를 드리고 싶었기 때문이었다.

정각 10시 30분에 제1연대 제3대대 숙영지 뒷길을 지나 얕은 산골짜기에 도달했다. 대대장 박경석 중령을 몇 번 보아 안면은 있었다. 대대장 가운데 가장 젊고 패기가 넘치는 인상이라고 생각하고 있었는데, 이번 강재구 순직사건 이후 더 많은 것을 알게 되었다. 특히 나와 육사5기 동기생인 박영석 장군의 친동생이라는 것을 알고서의 첫 대면이었다. 그의 형과는 동기생 가운데서도 아주 가까운 사이였기 때문에 정감이 갔다.

대대장은 현장에 브리핑 차트를 준비해 놓고 기다리고 있었다. 그는 죄인인양 몸 둘 바를 모르고 어려워했다. 나는 웃으며 손을 내밀었다. 그의 손은 차가웠다. 나는 속으로 몹시 긴장하고 있다고 생각하며 손을 놓고는 눈을 감고 조용히 기도를 올렸다. 이윽고 대대장의 브리핑이 시작되었다.

그 내용인즉, 이번 순직사건은 위대한 부하사랑으로 육군사에 영원히 남길 살신성인(殺身成仁)의 역사적 순간임을 강조한 뒤, 그러나 대대장의 위치에서는 수류탄 훈련장을 잘못 선정한 책임이 있으므로 마땅히 처벌받아야 한다고 전제하고는, 뜻밖의 제안을 하여 나와 연대장을 당황하게 하는 것이었다. 자기가 지휘하는 **제1연대 제3대대를 오늘부터 재구대대(在求大隊)로 선언하여 영원히 고 강재구 소령의 부하사랑 정신과 살신성인의 거룩함을 육군사에 남기겠다고 했다.**

연대장, 사단장, 직속상관 앞에서 자기 대대를 멋대로 이름지어 선언한다는 것은 아무리 생각해도 당돌하다고 여겼다. 처음에는 기분이 나빴지만, 대대장의 유창한 브리핑을 계속 듣다 보니 대대장이 밉지 않았다. 나는 마음 속으로 '이 녀석 쓸 만한 녀석이구나'라고 생각하며 차츰 상했던 기분을 누그러뜨렸다. 그는 육군대학에서의 강의와 국방대학원의 특강에서 명성이 있었다는 말을 들은 적이 있었으므로 과연 브리핑이 호소력이 있었다. 그는 말미에 가서 나와 연대장의 당황해 하는 모습을 눈치챘는지, '재구대대' 선언은 오로지 대대장인 자신의 마음 속의 메아리일 뿐 그 공식화는 "여기 계신 존경하는 사단장 각하의 영단에 달려 있습니다"고 했다. 당시는 장군에게 각하라는 호칭을 쓸 때였으나 님의 경칭과 반반 호칭하던 시절이었다. 그날 따라 대대장의 각하라는 호칭에 신경이 쓰였다. 대대장에게 부담 같은 것을 느꼈기 때문이다. 명쾌한 브리핑과 빛나는 눈동자에서 나는 마음이 움직였다. 대대장 박경석 중령의 생각과 일치하는 순간이었다.

나는 벌떡 일어나 앞으로 나아가 대대장을 가볍게 안았다. 그리고 오른손의 지휘봉을 왼손으로 옮겨 잡고 오른손으로 대대장의

▲ 육군사관학교 화랑연병장에 우뚝 서 있는 강재구 소령 동상.
　살신성인으로 모범을 보인 부하사랑의 정신은 군인의 귀감이 되고 있다

126

어깨를 가볍게 쳤다.

"그래! 경석아. 오늘 이 시간부터 네 대대는 재구대대로 탄생
했다. 뒷일은 나에게 맡겨라."

나는 대대장에 이어 두 번째 재구대대 선언에 가담한 격이 되었
다. 연대장 김정운 대령은 어리둥절해 서 있었고 대대장은 눈물을
줄줄 흘리고 있었다.

나는 사단사령부로 돌아와 육군참모총장 김용배 대장과 김성은
국방장관에게 자초지종을 보고한 후 구두승인을 받았다. 그 후 행
정절차를 거쳐 국방부는 일반명령으로 수도사단 보병제1연대 제3
대대를 재구대대로 명명했다. 제1진 재구대대는 베트남에서 잘 싸
워 대대단위 최고의 수훈을 기록했다. 불과 1년 사이 고 강재구 소
령의 태극무공훈장에 이어 대대장 박경석 중령을 비롯하여 중대장
용영일 대위, 소대장 김길부 중위, 김무석 중위 등 네 개의 을지무
공훈장과 15개의 충무, 32개의 화랑, 인헌 등 무공훈장이 장병들
에게 수여됨으로써 파병 전기간에 걸쳐 대대단위 최고 무공훈장
수상기록을 세웠다.

나는 그때의 재구대대 명명을 되돌아보며 잘 결정했다고 자랑스
럽게 생각하고 있다. 재구대대 명명 후 40년이 지났지만 지금도 수
도기계화사단에는 재구대대가 건재하다.

또한 육군사관학교 화랑연병장 동측에는 고 강재구 소령의 동상
이 우뚝 서 있고, 매년 봄에 실시하는 졸업과 임관식 후의 빅 이벤
트는 강재구 소령 동상 앞에서 이루어진다. 그리고 육군사관학교
에서는 '재구상'을 제정, 매년 시상하고 있다.

강재구 소령은 재구대대와 함께 영원한 우리 육군의 군신(軍神)

으로 살아 있을 것이다.

끝으로 밝혀 둘 것은, 대대장이 나에게 보냈던 첫 번째 글은 그후 단편소설로 한국문단에 발표되었고, 그 글은 다시 초등학교부터 중학교, 고등학교 교과서에 게재되었다. 그러나 세월이 흘러 「소령 강재구」에 대한 이야기가 교과서에서 사라졌다고 한다.

내 생각으로는 다시 「소령 강재구」가 교과서에 게재되었으면 좋을 것 같다. 자라나는 청소년들에게 희생정신의 거룩함과 부하사랑의 미덕 그리고 살신성인의 빛나는 정신을 일깨우는 데 이보다 좋은 교재가 어디 있겠는가.

제 5 장
자랑스러운 선택

1. 맹호는 간다

   맹호사단 제1연대와 기갑연대의 정글 적응을 위한 교육훈련이 완료되었다. 각급 예하 지휘관들의 헌신적인 노력으로 기대 이상의 성과를 거두었다고 판단했다. 끊이지 않았던 탈영병도 뚝 끊어지고 오히려 파병을 지원하는 하사관, 사병들이 늘어났다.

   특히 이 무렵 매우 특이한 변화는 국민 여론이 긍정적인 방향으로 흐르고 있다는 점이었다. 맹렬히 파병 반대의 목소리를 높였던 야당까지도 적극찬성, 찬성, 묵인 등으로 변했고, 전체 국민의 축복이 빗발쳤다. 야당의 수뇌인 **박순천 여사** 그리고 **김홍일 장군** 등도 한국군의 파월을 적극 찬성하는 쪽으로 돌아서고 있었다.

   훈련을 완료한 맹호사단 주력들은 1965년 10월 8일 홍천지구를 트럭으로 출발, 춘천으로 향했다. 트럭 위 병사들은 일제히 군가를 부르며 씩씩하게 자랑스러운 모습을 보였다. 도로변에는 손에 손에 태극기를 든 국민들이 줄지어 환호했다.

춘천역에는 강원도지사 및 춘천시장을 비롯한 시민들과 제2군단 소속 장성과 군악대가 나와 열렬히 파월 장병을 맞은 다음 환송했다.

열차로 서울에 도착한 맹호들은 여의도에 천막을 치고 제식훈련에 들어갔다. 앞으로 있을 환송식 행사에서의 퍼레이드 준비 때문이었다. 지금은 여의도가 고층 빌딩의 숲으로 완전히 현대적 도시로 변해 있었으나 그때는 경비행장에다 주변은 허허 벌판이었다.

국방부, 육군본부 등 관계 장교들이 행사를 위해 분주히 오갔다. 박 대통령 지시로 전국민적 환송 행사를 준비하도록 지시가 내려졌기 때문이었다.

나는 여의도에 있는 동안 행사 당일만 빼고 장병들의 가족과 면회를 시켜야 되겠다고 생각하여 면회 천막을 따로 준비시켰다. 그런데 상부에서 '**가족들과의 면회계획을 취소하라**'는 지시가 내려졌다. 그 사유를 알아 보니 '탈영자가 발생할 우려가 있고, 탈영자가 많이 발생하면 출정 장병들의 사기가 저하된다'는 것이었다. 이에 대해 나는 다른 생각을 가지고 있었다. 오히려 **출정 전에 면회를 허용하면 축복 속에서 전선으로 향할 수 있다**고 믿었었다. 그래서 강력히 건의해서 면회 허락을 받아냈다. 나는 허락을 받기 위한 섭외에서 "도망갈 군인이라면 도망가게 해야지 도망갈 군인을 전쟁터에 데리고 가면 무슨 전투가 되겠느냐"고 말하고, 이어서 "도망갈 군인이라면 국내에서 도망가게 하는 것이 좋겠다"고 단정적으로 말했다. 끝으로 "나는 도망가지 않는 군인이 비록 수가 적더라도 그들만 전쟁터로 데리고 가겠다"고 우겼었다.

허락이 난 뒤 비록 천막이지만 나는 대대적인 작업을 시켰다. 젊은 부부만을 위한 은밀한 방을 꾸미기 위한 목공 작업이 그것이었다. 베니아판이었지만 칸막이를 하고 둘만의 사랑이 밖에서 보이지 않게 해 주었다.

여의도 주둔 기간 중 면회는 착착 진행되었다. 나는 큰소리쳤지만, 마음 한 구석은 탈영병이 생길까 봐 조마조마했다. 그런데 또 한 번 놀랄 일이 생겼다. 면회기간 동안 **도망자나 이탈자가 단 한 명도 발생하지 않은 것**이었다. 그간 사고라고는 가족들이 정성껏 준비해 온 음식을 너무 많이 먹어 배탈을 일으킨 사병만 몇 명 발생했을 뿐이었다.

10월 12일 여의도 비행장에서 범국민적인 맹호사단 결단(結團) 및 환송식이 개최되었다. 이 환송식에는 박정희 대통령을 비롯한 3부 요인, 외교사절, 한국군과 주한미군 수뇌들, 정당 사회단체 대표, 일반국민과 학생, 파월 장병 가족 등 10여 만명이 운집한 가운데 열렸다. 공식 집계가 10여 만명이지 일부 일간 신문에서는 20만명으로 보도할 정도로 많은 인파가 모였었다.

개회사와 함께 주월한국군사령부의 창설 명령이 육군본부 부관감 엄기표 준장에 의해 낭독되었고, 이어서 박정희 대통령이 나에게 주월한국군사령부기를 수여하였다.

이어 대통령 유시, 유엔군사령관, 육군참모총장 등 순서로 환송사가 있었다.

특히 박정희 대통령은 유시를 통하여 **새 역사를 창조하기 위한 거룩한 사명을 띠고 출정하는 사랑하는 장병들의 무운장구를 빈다**고 말씀하시고, 우리 국군 사상 최정예 부대가 전선으로 향하니 백전백

승의 위대한 공적을 이루리라 확신한다고 격려하셨다.

　대통령 유시에 대한 답사 차례가 되었다. 나는 우선 환송행사가 상상을 초월할 만큼 범국민적 규모로 진행되는 데 놀라 몹시 긴장하고 있었다. 그러나 이 영광된 자리에서 군인답게 답사를 해야겠다고 마음을 굳게 다지고 답사를 엄숙히 이어 갔다.

　이 답사 전문은 국방부 발행 〈주월한국군전사〉 제1권 145쪽 하단과 146쪽에 게재되어 있었으므로 그 역사적 의의를 기리고자 여기에 전문 전재하기로 한다.

[답 사]

　존경하는 대통령 각하, 내외 귀빈 여러분 그리고 이 자리에 참석하신 국

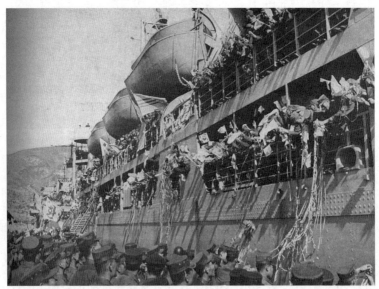

▲ 국민들의 열렬한 환송 가운데 맹호부대 용사들이 월남 땅을 향해 부산항을 출발하고 있다.

민 여러분. 본인은 오늘 맹호부대 전장병을 대표하여 이와 같이 감격스러운 환송식을 베풀어 주신 여러분께 먼저 감사드립니다.

우리 조국이 공산군의 불법침략을 당하여 위기에 처했던 6·25 당시 미국을 위시하여 모든 자유우방 국가들은 막대한 희생을 무릅쓰면서 우리를 돕고 같이 싸워 준 것을 우리는 잊지 않고 있습니다.

이제 지난날 우리와 거의 같은 피어린 수난을 겪고 있는 우방 월남 국민을 돕는 것은 자유진영의 집단방위를 위한 우리의 당연한 의무이며 영광스러운 책임이라고 생각합니다.

우리는 자유우방의 적인 동시에 우리 조국의 적이며 또한 자유세계 공동의 적인 공산침략자를 분쇄하여 베트남을 돕고 동남아의 평화를 이룩하기 위해 장도에 오르게 되었습니다.

이제 우리에게는 조국의 명예와 국군의 위력을 전세계에 과시하는 역사적인 과업이 부하(負荷)되었음을 본인은 전맹호부대 장병과 더불어 자랑으로 여기는 동시에 그 책임의 중대함을 통감하고 있습니다.

이 전통과 자랑은 여기 혈기찬 젊은 맹호의 가슴마다 맥맥히 뛰고 있으며, 국군의 자랑인 고 강재구 소령의 숭고한 군인정신은 맹호의 정신으로 깊이 간직되고 있습니다.

대통령 각하의 간곡하신 유시는 저희들 장병에게 뜨거운 감격과 불타는 투지와 용기를 북돋아 주셨습니다. 본인은 여기 구릿빛 얼굴의 맹호 장병과 더불어 각하의 유시를 받들어 굳게 맹세할 수가 있습니다.

우리는 이역만리 베트남으로 가서 상승맹호의 전통을 살려 공산침략자들을 구축하고 영광의 승리를 차지할 것입니다. 그리고 화랑의 후예인 대한 남아의 기백을 떨쳐 조국의 명예를 빛내고 국군의 명예를 높이고 상승불패의 전투력을 전세계에 과시할 것입니다.

이 감격스러운 환송식에 즈음하여 맹호부대의 장도를 축복 격려해 주시고 그 무운을 빌어 주신 대통령 각하와 국민 여러분께 감사를 드리고 힘껏 싸워 이기고 돌아올 것을 다시 한번 맹세하는 바입니다.

끝으로 역사적인 파병을 계획 지도하신 국방장관님과 합참의장님과 직접 부대편성과 훈련을 위하여 노고를 아끼지 않으신 육군참모총장님과 1군사령관님에게 경의를 표하며, 거군적인 협조와 지원을 해 주신 각급 지휘관과 참모님들에게 뜨거운 감사를 드리며, 맹호부대에게 물심양면으로 따뜻한 후원을 해 주신 국민 여러분께 깊은 감사를 드립니다.

1965년 10월 12일
주월한국군사령관 겸 맹호부대장
육군소장 채 명 신

답사에 이어서 열병 분열식을 거행하였다. 통상 국군의 날 열병 분열식에는 각 사단에서 선발된 혼성부대로 행사가 진행되지만, 이날은 단일 건제부대로서는 최대 규모 행사로 진행되었다. 보무 당당한 맹호사단 장병들이 이날 따라 일사분란하게 행진하여 국민들에게 환호를 받았다.

나는 이 글을 쓰면서도 이날의 감격을 되살리며 행복에 젖는다. 이때 만큼 감동적이었던 적이 내 생애에 드문 것 같다.

환송식이 끝나자 전국은 어디를 가나 **군가 「맹호는 간다」**가 울려 퍼졌다. 유행하던 팝송이나 가요 등도 이 무렵에는 모두 사라지고 오직 「맹호는 간다」만이 울려 퍼졌다.

노병이 된 그 때의 맹호 전우들이 모이면 반드시 「맹호는 간다」

를 함께 부른다. 노병의 눈에 눈물이 글썽이는 것은 아마 이 무렵의 감동이 되살아나는 까닭일 것이다. 가사도 좋지만 곡도 매우 아름다웠다. 차츰 잊혀져 가는 것을 안타깝게 생각하며 여기 가사를 게재하겠다.

맹호는 간다

자유통일 위해서 조국을 지키시다
조국의 이름으로 님들은 뽑혔으니
그 이름 맹호부대 맹호부대 용사들아
가시는 곳 월남땅 하늘은 멀더라도
한결같은 겨레 마음 님의 뒤를 따르리라
한결같은 겨레 마음 님의 뒤를 따르리라

자유통일 위해서 길러온 힘이기에
조국의 이름으로 어딘들 못가리까
그 이름 맹호부대 맹호부대 용사들아
남북으로 갈린 땅 월남의 하늘 아래
화랑도의 높은 기상 우리들이 보여주자
화랑도의 높은 기상 우리들이 보여주자

보내는 가슴에도 떠나는 가슴에도
대한의 한마음이 뭉치고 뭉쳤으니
그 이름 맹호부대 맹호부대 용사들아

태극깃발 가는 곳 적이야 다를소냐

무찌르고 싸워 이겨 그 이름 떨치리라

무찌르고 싸워 이겨 그 이름 떨치리라

2. 주월한국군사령부 편성

주월한국군사령부와 같은 해외 파견군의 사령부 편성은 아마 우리나라로서는 유사 이래 처음일 것이다. 주월한국군사령부 설치로 말미암아 베트남전쟁에 참전한 외국군 가운데 미군 다음으로 우리 한국군의 위상이 뚜렷해졌다.

1965년 10월을 기하여 맹호사단, 청룡여단, 비둘기부대 등 초기 한국군의 파병 인원은 2만 5천여 명에 이르렀다.

우리나라는 비단 군사적인 면뿐만 아니라 정치, 경제, 외교면에서도 월남공화국과는 불가분의 관계를 맺고 있었고, 아시아 반공국가로서 공동운명하에 대공투쟁을 하게 된 것이었다. 월남 당국의 정치적, 사회적 혼란과 부패 문제가 처음부터 마음에 걸렸지만, 나는 오직 야전사령관으로 부여된 임무만 성실히 수행할 것을 다짐했다.

주월한국군사령부의 출범으로 한국과 미국 그리고 월남공화국 삼국 간에 깊은 관계가 이루어짐에 따라 작전지휘권 문제, 군수물자 조달관계, 전쟁물자 공급에 따른 경제 문제, 민간인지원 문제 등 한 · 미 · 월 삼각관계가 형성됨으로써 주월한국군사령부는 기본임무인 전투 외에 복잡한 업무가 산적되어 갔다.

특히 작전면에서도 사령부 기능은 단순하지 않았다. 파월된 한국군의 편성이 육군만의 단일군 편성이 아니고, 해병대를 비롯하여 해군 및 공군의 일부 기능까지 포함되어 있었기 때문에 글자 그대로 통합군사령부로서의 다원화된 기능사령부였다.

한국군은 여하한 지형과 기후 그리고 특수 상황하에서 전투를 수행함에 있어 광범위한 군별, 병과별 전문요원이 소요되어 육군의 지상전투부대, 해병대의 지상작전 및 기동타격부대, 해군의 수송전대, 공군의 항공수송, 끝으로 비둘기부대의 비전투지원활동 등 모든 기능을 단일 지휘체계하에 둘 수밖에 없었다. 그만큼 주월한국군사령부의 업무는 다양하고 중요하였다. 따라서 일반참모 기능인 General Staff 개념이 아닌 합동참모 기능인 Joint General Staff 개념으로 발족하여 J-1, J-2, J-3, J-4로 편성했다.

사령부 작전참모에는 육사8기로 미 육군지휘참모대학을 졸업한 수재형 엘리트 장교인 박학선 대령을 임명했고, 정보참모에는 미 정보학교 출신으로 특수정보분야 전문가인 노인성 대령을, 인사참모에는 생도1기(후에 10기로 개칭) 유동빈 대령을, 군수참모에는 공병병과지만 미 육군지휘참모대학을 졸업한 공병3기 안종훈 대령을 임명하였다.

이들 외에 민사, 통신참모를 비롯하여 여러 명의 특별참모로 편성했다.

여러 참모들을 통할 지휘하는 참모장으로는 육사7기 이훈섭 준장을 임명하였다. 이 준장은 원래 부관, 인사계통 분야를 거쳐 수송으로 전과했지만 행정분야의 달인이었다. 여러 참모 기능을 통할 지휘하는 데 적합한 장군으로 평가되었다. 특히 파병되기 이전에 이미 파월 문제를 조사 분석하는 임무를 띠고 베트남에 파견되어 미군사령관 웨스트모얼랜드 대장과 라슨 소장에게 작전지휘권 문제에 대해 여러 차례 주장을 폈었다. 완전한 타결은 이끌어 내지 못했지만 그의 공로도 인정한 것이다. 그래서 이 준장을 초대 부사령관을 겸직케 했다. 그는 또 국방대학원이나 합참 등에서 군사전략 분야에 근무한 것도 참작이 되었다.

주월한국군은 1964년 9월 5일 및 1965년 2월 7일에 한국군과 월남군 간 양 대표가 서명한 군사실무약정서를 기반으로 군사활동을 하게 되어 있었다.

한국군의 작전지휘체계 문제는, 주월 한국군에 대한 지휘권은 주월한국군사령관에 의하여 행사되며, 임무통제체제 및 작전지역은 군사실무약정서에 의거 한국, 미국, 월남 3개국 실무대표로 구성되는 자유세계군사원조정책회의에서 결정되도록 되어 있었다. 이는 군사실무약정서에 의한 실무통제의 의미밖에 없었으며, 주월 한국군이 도착하자 미군사령부는 한국군 지휘통제를 위한 수순을 밟기 시작했다. 나는 이 문제만은 분명히 결말을 봐야겠다고 생각하며, 독자적 작전지휘권 행사를 위한 사령관 대 사령관의 약정을 공식화해야 되겠다고 발 벗고 나섰다.

3. 베트남 도착과 백색 계급장

내가 베트남 땅에 도착한 것은 10월 20일이었다. 사이공 탄산녓 (Tan Son Nhat) 공항에는 주월미군사령관 웨스트모얼랜드 대장과 휘하 참모들, 월남군총사령관 비엔(Vien) 대장과 그의 참모들 그리고 주월한국대사 신상철 및 대사관 직원 등 많은 사람들의 따뜻한 영접을 받았다.

한국군 육군소장 일행을 이렇게 고위 양국 장성들을 비롯한 인사들의 분에 넘치는 영접에 의외로 생각되었으나 대한민국을 대표하는 지휘부에 대한 국제적 의전으로 생각하고 뿌듯한 마음을 가졌다.

다음날 아침 신상철 대사를 예방하고 월남군사령부와 미군사령부를 방문했는데, 미군사령부에서 브리핑을 완벽하게 준비하여 전반적인 상황을 설명해 주면서 최대의 호의를 베풀어 주었다.

이때 "베트남에서 베트콩들의 저격과 암살이 성행하고 있어 각별히 조심해야 한다."고 말하면서, **"우선 전투복에 백색 소장 계급장 표시를 흑색 실로 바꾸는 것이 좋겠다."**고 제의하는 것이었다. 그 말을 듣고 브리핑이 진행되고 있는 주변 모든 미군 장교를 살펴보니 전투복에 한결같이 흑색 계급장과 병과 배지를 달고 있었다. 이어서 "미군이 백색 계급장과 병과 배지를 흑색으로 바꾼 것은 베트남전에서 시작되었다."고 하면서, "모든 우방 군인들도 월남에 도착한 다음 흑색으로 계급장과 병과 배지를 바꿨으니 한국군도 꼭 그렇게 바꿨으면 좋겠다."고 반복해서 권고하는 것이었다.

그것은 어디까지나 나를 비롯한 한국군 장교들을 베트콩의 저격으로부터 보호하기 위한 것으로 호의로 받아들여야 할 사항이었다. 그러나 나의 생각은 달랐다. '계급장의 색깔을 보고 계급을 알 수 있는 것이라면 상당히 가까운 거리인데, 그런 가까운 거리에서 저격이 가능한가' 하는 의문이 생겼다. '오히려 계급 표시보다는 권총이나 혁대 등 먼 거리에서 식별할 수 있는 복장이 더 눈에 띄지 않겠나' 하는 생각을 했다.

그 생각에 미치자 6·25전쟁 당시를 회상했다. 모든 한국군 장교들이 전투 중 철모에 백색 반창고를 오려서 계급 표시를 했던 것을 상기했다. 계급은 위계질서의 표시이고 지휘의 표상이다. 또 계급은 명예이고 긍지의 표출이다. 그런 것을 겁먹고 검정 계급장으로 바꿔 단다면 부하들이 어떻게 보겠는가. 나는 미군측에서 권고하는 것을 웃음으로 받아 넘겼다.

이때 만약에 한국군이 미군을 따라 장교의 계급장과 병과 배지를 흑색으로 바꿔 달았다면 고국의 한국군도 따라서 흑색으로 바꿨을 것이다. 그러나 깊이 생각하면 현명하고 잘한 짓이 못될 것이다. 다만 '미군이 하라는 대로 모든 것을 따라 한다는 것이 싫어서 그랬다'는 것으로 약자의 콤플렉스의 발로라고 비판할 수도 있겠지만, **우리 것 그리고 독자적인 것을 간직한다는 것도 좋을 것**이라는 생각을 했다. 따라서 주월 한국군은 나의 재직 기간은 물론 그 이후에도 계속 백색 표시를 유지했고 한국에서도 그 전통이 이어져 왔다.

그런데 근래 아마 전두환 정권 이후부터인가 한국군 전투복이 미군을 따라 얼룩 무늬로 바뀌더니 계급장과 병과 배지 그리고 사병의 계급장까지 미군처럼 검은색으로 바뀐 것을 보고 나는 내심 놀랐다.

더욱이 동양문화권에서는 검은색은 초상집이나 죽음을 뜻하는데, 요즈음 후배 지휘관들이 어째서 미군을 따라 검은색을 채탰했는지 나는 의문이 갔다. 노파심이지만 6·25전쟁 3년, 그리고 베트남전쟁 7년 그 포화 속에서도 전통을 이어 온 백색 계급장을, 무지에서 흑색으로 바꿨다면 다시 백색의 전통으로 되돌아 왔으면 하는 생각이다.

내가 과문한 탓인지는 몰라도 공비토벌 때나 6·25전쟁, 그리고 베트남전쟁에 이르기까지 장장 반세기 백색 계급장 시대에 백색 계급장 때문에 다치거나 죽었다는 말은 들은 적이 없다.

전투시 백색이라 겁이 난다면 땅바닥 흙에 침 발라서 백색 계급장을 문지르면 5초 내에 해결이 될 것이다.

4. 미군과 한국군과의 관계

본국에서 파월을 준비하고 있을 때부터 머리 속을 떠나지 않던 과제가 있었다. 그것은 '우리가 베트남에 가게 되면 한국, 미국, 월남 3국의 군대가 힘을 합해 공동의 적인 공산주의자들과 효과적으로 싸우기 위해서는 **3국이 대등한 위치에서 새로운 관행을 정립할 필요가 있다**' 는 것이다. 이를 위해 우방국과 관행을 정립함에 있어 '어떤 확실한 기준이라 할까, 원칙이라 할까, 아무튼 표준안을 만들어야겠다' 고 생각했다. 그 대상은 월남군보다는 미군과의 관계가 더 긴요했다.

6·25전쟁 당시 우리가 '미군이 희생한 대가로 생존할 수 있었다' 는 사실은 맞는 말이고 그것은 역사이다. 그런데 이 때문인지는 모르지만, **당시 우리 군은 미군과 대등한 입장에 있는 것이 아니라, 항상 그들을 우위에 놓고 상대하는 태도가 관행이었다.** 한편으로 생

각하면 당연하고 자연스러운 일인지 모른다. 우리 군이 미군에 의
해 건군되었고, 그들에 의해 양성되었고, 또 배웠고, 그들의 돈과
물자와 장비로 군대가 무장되었으니 그럴 법도 하다고 생각된다.
이 때문에 우리의 선배들이 미군을 존중하고 고맙게 생각하는 것
은 좋은데, 나타나는 형식에 있어서 군대교육의 관례나 예절 등 너
무나 어긋나는 것이 많았다.

　예를 들어, 우리나라 제1군사령관인 4성 장군이 준장인 별 하나
의 고문단장과 같이 갈 때는 별 네 개의 4성 표시판을 앞에 부착했
는데, 지프차 앞좌석에 고문단장인 미군 준장이 앉고 뒷좌석에 1
군사령관이 앉아 타고 가는 것이었다. 이 같은 관행은 예하부대에
도 전파되어 3성 장군인 군단장이 미군 수석고문관 대령을 지프차
앞좌석에 태우고 3성 장군인 군단장은 뒷좌석에 앉아 가는 경우가
종종 있었다.

　나는 그 시절에 '군대예절에 어긋나는 이러한 관행은 있을 수 없
다'고 항상 생각해 왔지만, 그러한 선배들의 태도를 이해할 수는
있었다. 밥 한 숟가락, 반찬 한 토막도 그들의 세금으로 우리를 먹
여 주고, 입혀 주고, 가르쳐 주고, 군대로 키워 주고 있을 뿐만 아니
라, 우리나라 국방예산과 일반 재정이 대부분 미국이 원조해 주는
잉여농산물을 팔아서 꾸려 나가는 실정이었다.

　따라서 선배들의 그와 같은 관행은 '그들이 돈을 주지 않으면 굶
어죽을 수도 있고 헐벗을 수밖에 없는 우리 생존 그 자체를 좌우하
는 그들에게 돈이 들지 않는 겉치레 같은 것은 얼마든지 참고 국가
와 군과 국민이 보다 나은 이익을 얻기 위해서' 라는 애국적인 생각
에서 비롯된 것이라고 이해하고, '군 선배들의 그와 같은 행동이

불가피했다' 는 생각을 해 본다.

그러나 **베트남전에서는 그와 같은 관행이나 겉치레는 절대로 용인 될 수 없다는 것이 나의 확고한 신념이었다.** 이제는 환경이 달라졌으 므로 그와 같은 관행을 용인하지 않는 것이 내 조국과 군을 사랑하 는 것이며 한국의 위상을 높이는 것이라고 믿고 있었다. 그러나 그 와 같은 생각을 실천에 옮기는 데는 많은 어려움이 있었다.

미군사령부의 참모는 준장이고 참모장은 소장, 부사령관은 중장 또는 대장이었는데, 개인적으로 친근한 준장 참모나 참모장 또는 부사령관이 사령부를 방문하면 당연히 내 방에 들어와 인사를 나 누게 된다. 이것은 관행이나 군대예절상 당연한 것이었다.

친구로서 반갑게 맞이하고 인사를 나눈 후 "그래, 오늘은 무슨 일로 왔소" 하고 물으면 "이런 일 때문에 왔소"라며 자신의 용건을 말한다. 그러면 "아, 그러냐. 그 문제는 작전에 관한 것이니까 나의 J-3 참모와 같이 얘기해 줄 수 없겠나. 나는 지금 예하부대에 예정 된 일이 있어 나가야 하는데 미안하오."라고 말하고 J-3 박학선 대령을 불러서 "잘 협조하라"고 지시하고 자리를 뜬다.

나보다 선임이거나 상급자인 중장급 부사령관이 왔을 때도 마찬 가지다. 정중하게 예의는 다 갖추고 정성껏 상대하지만, 용건 내용 에 대해서는 해당 대령급 참모나 준장 부사령관을 불러서 용건에 대해 협조하도록 하였다.

처음 한두 달은 서먹서먹한 분위기였고 미군측도 불만스러운 태 도가 역력하였으나, 시간이 흐르자 자연스러운 관계가 형성되기 시작하였다.

나는 한국군 사령관으로 계급은 소장이지만, **한국과 한국군을 대**

표하고 있다는 점에서 미군사령관 웨스트모얼랜드 대장과 위상이 같다고 생각하고, 대등한 위치에서 협조하고 의논을 하겠다는 것을 행동으로 실천한 것이었다. 물론 상급자에 대한 군대예절은 꼭 지켰다.

미군과 이런 관계를 정립해 나가자 한국군 지휘관이나 참모들도 처음에는 놀라움으로 받아들이고 있었지만, 시간이 흐를수록 정상적 관계로 정립되어 갔다.

한국에서의 미군과 한국군과의 관계가 아닌 국제간 정상적인 의전으로 정립해 감으로써 당당한 독립국 군대의 자주성을 지켜 나가는 데 의의가 있었다.

미군들은 때때로 베트남에 온 한국군 장교는 한국에서와 다르다고 투덜댔는데, 모든 장교가 전군에서 선발된 엘리트고, 더욱이 고급장교 전원이 미 육군지휘참모대학이나 미국 육군의 해당 병과학교를 졸업한 것을 알고는 한국군과의 관계에 대해 대등한 의식을 갖는 것을 당연시하게 되었다.

한국에서의 한국군 장성이나 고급장교가 얼마나 저자세로 미군 장성이나 고급장교를 대한 것이 보편화되었으면 미군과 다투는 걸 본 한국의 국회의원이 깜짝 놀라기도 한 일이 있었다.

그 이야기는 다음과 같다.

고국에서 국회 국방위원들이 시찰차 예하부대를 방문했다. 아침식사를 하고 있었는데, 국회의원 한 분이 황급히 나한테 와서,

"사령관, 빨리 가 보시오. 주월사에서 따라 온 연락장교 소령과 미군이 싸우고 있는데, 어서 나가서 말리시오."

라며 재촉하는 것이었다.

"아니, 미군과 싸울리 없는데…"

하며 전속부관을 내보내 내용을 알아 보라고 지시했다. 즉시 나간 전속부관이 돌아와 보고를 했다.

"의원님 모시고 갈 헬기를 08시까지 도착하라고 했는데 20분이나 늦어 조종사에게 야단치며 기합을 주는 중입니다."

라는 것이다.

당시 미군은 헬기 조종사가 부족하여 오래 전에 제대한 조종사를 높은 급여를 주고 군속 자격으로 근무시키고 있기 때문에 대부분 나이가 많아 노인같이 보이는데, 새파랗게 젊은 한국군 장교가 기합을 넣으며 호되게 야단치고 있어 그 장면을 본 국회의원이 큰일난 것처럼 생각했던 모양이었다. 나는 웃으며,

"군대는 계급사회인데, 나이가 젊더라도 상급자가 하급자의 잘못을 꾸짖는 것은 당연한 것이 아닙니까."

했더니, 국방위원 일행은 모두 어안이 벙벙한 표정으로 나를 쳐다보며,

"한국에서는 한국군이 미군을 기합 준다는 것은 상상할 수 없는데, 어떻게 저런 일이 있을 수 있습니까?"

라며 고개를 갸웃거리는 것이었다.

"한국에 있는 미군 위상과 여기의 미군과는 다르지요. 우리는 미국과 똑같이 자유월남을 돕기 위해 왔으니까 미군이나 한국군이 동등한 위상입니다. 미군이라고 해서 우리보다 우위에 있는 것이 아니고, 동맹국 군대 상호간에 공통된 군대예절과 행동규범이 적용됩니다."

내가 국방위원에게 이렇게 대답하자, 수긍은 하면서도 놀랍다는 표정을 짓는 것이었다.

얼마나 한국에서의 미군과 한국군과의 관계가 주종관계(主從關係)처럼 보였기에 국회 국방위원들까지 이런 일을 신기하게 보는 걸까 하고 나는 마음이 씁쓸하였다.

베트남 전선에서의 근무를 마치고 고국에 돌아가기 시작하자 한국에서도 미군과 한국군 장교 간의 관계에 큰 변화가 오기 시작했다. 미군을 상전 모시듯 하던 관행이 몇 년 안 가서 말끔히 사라졌던 것이다. 그런 풍조가 퍼지자 한국군 장군들이 지프차 앞좌석에 고문관을 모시고 가던 관행까지 없어졌다.

지금 생각하면 설마 그랬을까 하고 의문이 가겠지만, 그런 관행이 있었던 것을 나는 두 눈으로 보아 왔었던 사람이다. 베트남 파병은 여러 모로 한국과 한국인에게 눈을 뜨게 한 계기가 되었다고 나는 지금도 믿고 있다.

5. 진흙 구덩이에 빠질 수 없다

일찍이 박정희 대통령으로부터 한국군의 단독 작전지휘권은 우리가 가져야 한다는 원칙문제에 대해 지시가 내려진 이상, 나는 어떤 난관이 있다 하여도 단독 지휘권만은 꼭 확보해야겠다고 굳게 다짐하고 주월한국군사령관으로 부임했다. 한국에서처럼 미군에 의해 우리의 작전이 통제된다면, 미국의 청부전쟁이라든가 미국의 용병이라는 비난을 벗어날 수 없다고 확신했기 때문이다.

당시 월맹과 베트콩은 모든 선전매체를 통해서 '**한국군은 미국의 용병으로 하루 1달러씩 받고 미국의 청부전쟁인 월남전에 끌려**

온다'고 악선전하고 있었다.

특히 한국군이 미군사령관의 지휘하에 들어간다면 미국의 전략전술을 따라야 하고, 그렇게 되면 걷잡을 수 없는 다량의 희생자가 발생한다고 나는 믿고 있었다.

당시 미군이 적용하고 있던 전략은 게릴라전에 초점을 맞추지 않고, 정규전 형태인 탐색과 섬멸(Search & Destroy)을 기간으로 작전을 전개하고 있었다.

전쟁은 우리의 강점을 가지고 상대방의 약점을 쳐야 승산이 있는데, 미군이 어떻게 베트남 정글의 베트콩을 탐색한단 말인가. 이같이 근본이 **잘못된 전략으로 베트남전을 수행하고 있는 미군의 작전지휘하에 들어간다는 것은 절대 용납될 수 없다**고 나는 확신을 가지고 있었다.

주월 한국군은 내가 사령관이기에 내가 6·25전쟁에서 터득한 게릴라전을 응용한 내 나름대로의 전략전술로 한국군을 지휘해야 된다고 이미 마음을 굳히고 있었다.

그러나 웨스트모얼랜드 미군사령관을 위시한 미군 수뇌들은 어떻게든지 자기들의 전략에 따라 한국군을 미군처럼 마음대로 지휘하겠다고 나서기 시작하였다.

이 무렵 사이공에 주월 한국군사령부가 개설됨과 동시에 앞서 도착해 있던 비둘기부대와 해군의 백구부대는 주월 한국군사령부 예하로 들어왔다. 이어서 전투부대 주력인 맹호사단과 해병의 청룡여단이 각각 퀴논과 나트랑에 주둔하게 되었다. 명실공히 주월한국군이 출범된 것이다.

주월미군사령부는 주월 한국군 도착 직후부터 주월미군사령부에 배속시키고 그 작전지휘권을 주월미군사령관이 행사한다는 것을 당연시하고 있었다.

명목상 한국군은 월남 정부의 요청에 의하여 파견되는 것으로 되어 있었지만, 실은 미국의 요청에 의한 것이고, **한국군의 파병으로 주한 미군의 감축은 없을 것이라는 보장하에 파병되는 것이며, 주월 한국군의 군수지원과 수당도 미군으로부터 받는 것이니 미군사령관 지휘하에 두는 것은 당연한 것이라는 주장**이었다.

이 같은 여건하에서 베트남에 도착한 주월한국군사령부는 사이공에 있는 이른바 자유세계군사원조정책회의(FWMOAO)에 들어가도록 실무약정서에 되어 있었는데, 거기에는 주월미군사령부의 연락장교 쿡(Cook) 대령, 월남군의 대표 탐(Tam) 중장과 호주군 대표가 있었다. 우리 사령부가 개소되자 연락장교 쿡 대령이 자기 사무실로 사령부 J-3 박학선 대령을 초청하여 상호 인사를 나누게 되었다. 그는 자신을 소개하면서, NATO에서 연락장교단장으로 오랫동안 근무했다고 말하면서, 우리 두 사람이 제일 먼저 해야 할 일은 주월 한국군을 주월미군사령부에 배속시키는 절차를 밟는 것이다라고 하더라는 것이다. 박학선 대령은 너무나 기가 막혀 대꾸하지 않고 돌아와 자초지종을 나에게 보고하면서 매우 흥분하는 것이었다. 박 대령도 나처럼 한국군의 독자적 작전지휘권을 반드시 우리가 가져야 한다는 생각을 가지고 있었다.

원래 한국군이 파병을 위한 한·미간의 기본약정서에는 파병 그 자체가 크게 다루어져 있었고, 배속 또는 작전통제 등 세부사항은 추후 베트남에 도착한 다음에 협의하는 것으로 되어 있었다. 이에 따라 선발대로 미리 사이공에 와 있던 J-3 박학선 대령은 약 1개월 동안 상당히 많은 분량의 주월미군사령부의 문서들을 밤마다 읽어 개념적인 내용을 파악하고 있었다. 먼저 밝혔듯이 박 대령은 미 육군지휘참모대학을 졸업하여 영어에 능통한 데다 예리한 판단력과 풍부한 군사지식 소지자로 미군 장교들이 함부로 대하지 못하고 있었다.

당시 주월 한국대사관 무관 이대용 대령으로부터 많은 이야기를 듣고 주월 한국군을 주월미군사령부에 배속 또는 작전지휘권을 이양하는 것은 절대 허용될 수 없다는 생각을 더욱 굳히고 있을 때였다.

이어서 박 대령과 쿡 대령의 두 번째 회의가 열렸다. 그때 그는 한국군이 주월미군사령부에 배속되는 것을 아주 당연한 것으로 여기고 있었고, 그 자신뿐만 아니라 모든 미군이 당연한 것으로 알고 있다는 것을 강조했다는 것이다.

쿡 대령의 말에 박 대령은 한 마디로 안 된다고 반대 의사를 밝히자, 그는 뜻밖이라는 표정으로 놀라면서 그 사유에 대해 이해하려 들지 않더라는 것이다.

한국군 J-3 박 대령과 미군 연락장교 쿡 대령과의 양자 회의는 주 2회 정도 열렸지만, 합의를 이루지 못하고 입씨름과 고함이 오고 가기에 이르렀다. 쿡 대령은 때로는 테이블을 주먹으로 치면서 벌떡 일어났다 앉았다 하면서 분을 삭이지 못했다. J-3 박 대령도 주먹을 내리치면서 대들었다. 쿡 대령은 끝내 공갈협박까지 하더라는 것이다. 쿡 대령이 주장한 내용은 다음과 같았다.

"한국군은 전체가 유엔군사령관을 거쳐 주한미군사령관에게 작전권이 이양되어 있으며 예하 미군 지휘관은 필요시 한국군을 배속받고 있다. 미군은 한국군에게 장비를 비롯하여 모든 군수 지원을 하고 있으며 수당까지 지불하고 있다. 전쟁의 원칙 가운데 하나는 **지휘의 통일**(Unity of Command)이다. 그것도 모르느냐. 또 한·미간의 기본협정은 미군이 한국군을 배속받거나 작전통제권을 이양받는다는 것을 전제로 하고 있다. 나는 소련군에 파견된 연락장교의 경험도 있고 다년간 NATO 연락장교단장으로 근무했지만, 이렇게 고집불통은 처음 봤다. 호주군과 뉴질랜드군 그리고 태국 공군도 파견되어 있지만 그들은 모두다 주월 미군에 배속되어 있다."

사실 쿡 대령의 이론도 틀린 것은 아니다. 그러나 우리에게도 더 긴요한 문제가 깔려 있다. J-3 박학선 대령은 다음과 같이 응수한다.

"한국전쟁 당시처럼 유엔군사령부가 편성되어 있다면 배속이든 작전권 이양이든 문제삼지 않는다. 한·미 기본약정서에서 파병 문제에 동의했으며 부대운영 등 세부사항은 추후 현지에서 협의하기로 되어 있기에 지금 우리가 협의하고 있는 것이며, 배속이든 작전통제권이든 결정이 되었다면 이럴 필요가 없었을 것이다. 그리고 Unity of Command에 관해 우리 한국군은 한국전쟁 초기부터 미군과 함께 싸웠다. 또한 한국군은 미군의 무기와 전술로 훈련을 받았으며, 사령관 채명신 장군과 나는 미 육군지휘참모대학에서 미군 장교들과 함께 공부했다. Unity of Command의 원칙을 잘 알고 있다. 여기에서 Unity of Command를 논하려면 한국에서와 같이 UN 사령부를 편성하라. 혹은 NATO 사령부 같은 것을 설치하라.

여기서는 군사 문제보다 정치 외교적인 문제가 더 우위에 있다. 처음부터 한국군이 미군에 배속된다는 것이었다면 **한국군의 베트남 파병은 실현되지 못할 수도 있었다.** 서울에서 야당과 일부 언론에서는 매일같이 한국군 파병 문제에 대해 크게 반발하고 있다. 군수지원을 하니까 배속되어야 한다는 말은 꺼내지도 말라. 그것은 기본협정에서 다루었던 문제인데, 여기서 그것을 고리로 배속의 당위성을 강조하는 것은 기본협정서 합의 이전으로 돌아가자는 것이다. 당신에게는 그런 권한이 없고, 단지 지금부터 부대운영에 관한 사항을 기본약정서에 의해 세부사항으로 다룰 수 있을 뿐이다.

또 호주군 등이 미군사령부에 배속되어 있으니까 한국군도 그래야 한다는 것은 합당치 않다. 그들 부대는 너무 작다. 독립작전을 수행할 능력도 없고 그들 자신들의 보호를 위해서도 더 큰 부대에 배속되어야 한다.

우리는 싸우러 왔다. 한 · 미 · 월 간 협의에 의해서 우리는 우리 작전지역에서 싸울 것이다.”

미군 쿡 대령과 J-3 박 대령 간의 설전은 이런 식으로 계속되었다. 결론이 날리 없었다. 그러던 어느 날 주월미군사령부 J-3의 과장급 대령 수명이 거주하고 있는 빌라에 와서 만찬을 함께 하자는 초청이 있었다. 그 자리에 박 대령이 가 보니 쿡 대령은 없었으며 미군 J-3의 요직에 있는 대령들이었는데, 그 곳에서도 또 배속이냐 작전통제냐 하는 문제가 화제의 중심이었다. 이야기가 진전되는 동안 박 대령이 느낀 것은 미군사령부의 입장에서 중요한 문제인 배속 또는 작전지휘권 등 쟁점이 그들이 바라는 대로 진척이 되지 않고 있다는 점을 인식하고 있는 것 같았고, 그간 쿡 대령의 보고 등을 확인하고는 다음 대책을 강구하고자 하는 의도인 것 같았다.

J-3 박 대령의 일관된 주장을 그들이 경청한 다음 '한국군으로서 어떻게 하면 좋겠느냐'는 것이었다. 그래서 박 대령은 우리의 입장을 다음과 같이 설명했다고 한다.

"우리는 한국군의 파병이 월남 정부의 요청에 의해 이루어진 것으로 알고 있다. 그러기에 **한국군이 월남군, 미군과 협조해서 작전할 것으로 믿고 있다. 그런데 한국군이 미군에 배속된다면 국민의 의혹을 풀 수 없고 지지도 못받을 것이다.**

작전이 진행되는 동안 전사자가 속출하게 되면 더욱 문제가 커질 것이다. 한국인은 전통적으로 명분을 중히 여긴다. 한국군은 한국전쟁시 미군과 아무런 문제 없이 작전을 수행해 왔으며 이제는 굳어진 하나의 전통이고 관례다. 그러므로 한국, 미국, 월남 3개국 사령관들이 협의하여 작전한다면 상호 명분도 살고 우정도 돈독해진다고 생각한다."

박 대령의 이야기를 열심히 듣고 있던 미군 대령들은 묵묵부답이었다고 한다. 그도 그럴 것이 그들은 다만 정책 입안자이고 결정권자가 아니기 때문일 것이다.

나는 박 대령의 보고를 듣고 그 노고를 치하하면서,

"다음 차례는 나다."

하고 이 문제에 대해서 더 이상 박학선 대령에게 부담을 주지 않았다. 박 대령은 그 후 무난히 장군이 되었고 보병제1사단장을 역임한 후 퇴역, 지금은 미국에서 자녀들과 함께 살고 있다고 한다.

나는 때때로 박학선 장군을 보고 싶어한다. 그의 투철한 군인정신과 예리한 판단력, 또한 유창한 영어실력 등 그의 모든 것을 잊을 수 없다.

내가 주월 한국군사령관으로 사이공에 부임한 지 얼마 지나지 않아 **미국과 미군들이 한국군을 더 필요로 하고 있다는 것을 알게 되었다.** 미군사령부에서는 베트남전에 상당한 추가병력이 급히 필요하다고 판단하고 있는 것 같았다. 미군의 증강에는 한계가 있다는 것을 알고 있었으므로 한국군 증파를 공식적으로 요청할 것이라는 첩보가 여러 채널을 통해 발견되었다.

그들은 'More Flags to Vietnam'이라는 슬로건을 내걸고 다른 나라의 새로운 군대 파병을 갈망하고 있었다. 그러나 한국전쟁과는 달리 거의 모든 강대국이 외면하고 있었다. 이런 국제 흐름으로 보아 미국이 잘못 진흙 구덩이에 빠져 가고 있다는 징후가 이곳 저곳에 나타나기 시작했다고 판단되었다. 그런 형국인데 미군 밑에 들어가 사랑하는 내 부하를 진흙 구덩이에 빠뜨리게 할 수 있겠는가. **나는 조국과 사랑하는 내 부하들을 위해 명분은 살리면서 패하지 않을 전략 전술 계발에 몰두**하지 않을 수 없었다.

미군의 작전은 대개 1개 대대 규모의 부대에게 수일 간의 휴대식량(C-Ration)과 지도를 주고, 헬기로 캄보디아 접경지대의 정글, 즉 월맹군의 남침 루트의 길목에 내려 놓고 본대가 있는 쪽으로 훑어 오게 한다. 그때 적과 조우하게 되면 항공지원을 요청하게 되고, 아군 포병의 지원사격거리 내에 있게 되면 그 지원도 받는다. 따라서 때로는 중대 또는 대대가 전멸할 수도 있고 때로는 전과도 올릴 수도 있다. 한국군이 만약에 미군에 배속되거나 작전지휘권을 넘겨 주면 이런 명령을 받았을 때 거부할 수 없게 된다. 그러므로 이 문제야말로 우리 한국군으로서는 가장 중요한 핵심사항이 아닐 수 없었다.

그러나 미군 입장에서 볼 때 그들로서는 "한국군에게 해 줄 것 다 해 주고 작전을 함께 하자고 데려 왔는데, 미군보다 더 험하고 힘든 곳에 투입하겠다고 하는 것도 아니고, 미군과 같이 미군이 작전하는 그대로 함께 하자고 하는데 왜 마다 하느냐."하는 것이 솔직한 그들의 불만이었던 것이다.

당시 미군사령부는 베트남을 수개의 TAOR(Tactical Area of Responsibility-전술책임지역)로 나누어 놓았는데, 맹호사단이 위치한 퀴논은 당시 라슨(Larson) 소장(후에 중장으로 진급)이 지휘하는 TAOR Ⅱ에 있었다. 따라서 동일지역에서 라슨 장군이 군단장이라면 그 예하에 맹호사단이라는 것이 미군이 바라는 구도였다. 미군 장성들은 꾸준히 그리고 짓궂게 한국군의 배속을 요구해 왔다.

6. 한국군의 작전지휘는 내가 한다

박학선 대령과 쿡 대령 간에 끈질긴 논쟁이 있었던 후부터 약 1개월이 지날 무렵 문제가 발생했다. 미 야전사령관들이 웨스트모얼랜드 미군사령관에게 **"한국군에 대한 작전통제권을 갖지 않으면 작전을 않겠다"고 강력한 항의를 제기**한 것이다. 그 이면에는 한국군이 자신의 TAOR 내에 있으면서 작전은 할 생각 않고 훈련만 하고 있는 데 대한 불만인 것 같았다.

이런 분위기에서 내가 가만히 앉아 있을 수만은 없다고 생각했다. 이제 내가 나서서 미군 지휘관들과 참모들을 설득해야겠다고 생각했다.

나는 웨스트모얼랜드 장군에게, "장군의 주요 지휘관 및 참모들과 베트남전의 기본 문제에 관한 의견 교환을 하고 싶다"고 제의하면서, "다음 주요 지휘관 회의시 약 30분간 발언할 수 있는 시간을 줄 수 있겠느냐"고 문의했다. 그랬더니, 그는 흔쾌히 승낙하면서 다음 주 주요 지휘관회의 때 회의 시작과 동시에 발언 기회를 주겠다고 약속했다.

이윽고 그날이 왔다. 예정된 시간에 나는 회의실에 들어섰다. 회의실 내의 분위기는 무거웠다. 나는 긴장이 되었지만, 매우 중요한 시간이라고 마음을 다지면서 웨스트모얼랜드 장군 옆 자리에 준비한 내 좌석에 앉았다. 미군 4성, 3성 장군을 비롯하여 육군은 물론 해군, 공군 장성까지 무려 20여 명이 기라성같이 좌정하고 있었고 영관급은 눈에 띄지 않을 만큼 검정별이 즐비했다.

먼저 웨스트모얼랜드 장군의 내 소개에 이어 앞으로 나아갔다. 미군 장성들의 눈이 일제히 나에게 쏠리는 것을 느꼈다. 조용히 그리고 겸손한 자세를 취하고 입을 열었다.

"나는 파월 전에 육군본부 작전참모부장의 직책을 맡고 있어 파병 문제에 직접 관여한 사람 가운데 한 사람이며 베트남전에 관해 연구를 해 온 사람입니다. 그리고 한국전쟁시에는 유격대를 직접 이끌고 적 전선 후방에서 유격전을 전개했던 경험을 가지고 있습니다. 나는 여러분에게 베트남전이 군사적인 면이 주가 되는 것인지, 정치적인 면이 주가 되는 형태의 전쟁인지 고견을 듣고 싶습니다."

잠시 말을 멈추고 장성들을 둘러보았다. 그러자 맨 앞줄에 앉아 있던 야전군사령관 라슨 중장이 내게 손가락질을 하면서 언성을 높였다.

"여기 있는 우리 모두는 군인이야. 언제부터 당신은 정치를 아는 군인이냐."

당돌하면서 도전적이고 내 인격을 무시한 폭언이었다. 나는 욱하니 올라오는 감정을 억누르면서 조용히 말을 이었다.

"그렇다면 장군의 견해는 베트남전을 군사적인 면이 위주인 군사전쟁이라는 뜻이오?"

라고 되물었다. 그는 기가 펄펄 살아서 더 큰 소리로 대답했다.

"군인은 군인다워야지, 정치 운운하는 말은 정치인에게나 해당되지 않느냐!"

"그렇다면, 이 문제에 대한 장군의 견해를 듣고 싶소. 현재 베트남 내의 적 병력은 월맹군 3만여 명과 베트콩을 모두 포함하여 약 20만여 명으로 알려져 있으나, 아군은 미군과 한국군 등 20여 만명과 월남군 70여 만명을 포함하여 약 90만여 명으로 알고 있소. 또한 적의 주력인 베트콩의 3분지 1은 공용화기 등으로 무장하고 있지만 대부분의 베트콩들은 중국제 구식 장총과 수류탄 등으로 무장하고 있는 실정입니다.

이에 비해 아군은 B-52 폭격기를 포함한 세계 최신 장비와 무기를 총동원하고 있으며, 유류와 탄약, 보급품에 있어 거의 무제한으로 사용하고 있는 세계 최강의 군사력을 보유하고 있습니다. 그럼에도 불구하고 중부 베트남의 가장 중요한 곡창지대인 빈딩성 고보이 평야의 베트남 촌락 하나 완전히 평정 장악하지 못하고 있는 현실입니다. 베트콩들은 주간에 아군 대부대가 진입하면 마을 동굴 속에 숨어 버리고, 주민만 남아 있다가 아군이 철수하면 다시 베트콩 마을이 되는 것입니다.

마을에서의 주둔은 베트콩들의 기습으로 큰 피해를 입게 되는 위험 때문에 거의 불가능하지요. 주간이라도 소수의 부대가 수색작전 등으로 마을에 진입하면 몰살당할 위험이 있습니다. 그 마을을 완전히 없애 버리고 지하 동굴도 모조리 파괴할 수 있는 장비도 가지고 있지만 그렇게 못합니다. 여기에 베트남전의 특수성이 있는 게 아닙니까. 이러한 형태의 전쟁을 단순한 군사전쟁이라고 하기에는 너무나 가벼운 해석이 아닐까요? 라슨 장군. 당신의 견해는 어떠하오?"

나는 라슨 장군을 똑바로 보며 물었다. 그는 화난 얼굴로 눈을 감은 채 묵묵부답이었다. 내 말이 아니꼽다는듯이. 나는 라슨 장군의 대답을 기다리지 않고 다시 말을 이었다.

"우리 한국은 북한 공산정권에 의해 베트남과 같은 침략을 당하다가, 급기야 그들의 전면적인 기습공격으로 3일 만에 수도 서울을 빼앗기고 전투사단은 거의 괴멸 상태가 되어, 그들에게 전국토를 강점 당하기 일보 전에 미군의 신속 과감한 참전으로 구출되었습니다. 그 사실을 나는 절대 잊을 수 없습니다. 만약 미군의 참전이 일주일 늦었다면 오늘의 대한민국은 지구상에서 사라졌을 겁니다. 우리는 이러한 형태의 전쟁에 대한 경험을 갖게 되었고, 공산군에 의해 쓰라림과 고통을 강요 당한 것입니다. 그렇기 때문에 월남의 고통을 더 진실로 이해할 수 있었습니다.

한국전쟁에서 미국은 아무런 이익이나 대가를 바라지 않고 오직 자유민주주의를 수호하고 정의를 실현하겠다는 생각뿐이었으며, 엄청난 인명과 물자의 손실은 물론 미국민들에게 큰 고통과 쓰라림을 안겨 준 고귀한 희생의 대가를 지불했지요. 제2차세계대전 때 전 유럽이 나치의 침략으로 그 손아귀에 들어가기 직전에 미국의 참전으로 구출되었으며, 그때 미국의 도움을 받았던 자유우방 국가들이 유엔의 기치 아래 한국전쟁에 참전했던 것입니다.

그러나 베트남전에서는 상황이 달라졌습니다. 베트남전에 참전한 미국의 목적은 한국전쟁과 차이가 없지만, 오늘날 국제사회에서 큰 영향력을 발휘하고 있는 이른바 비동맹국가 그룹은 반미국적 색채가 강하여 자유월남공화국보다 공산월맹을 절대적으로 지지하고 있습니다. 또한 자유진영 국가들은 막강한 소련과 중공 등 공산국가들과의 관계 등으로 자국의 이익과 이해타산을 위주로 생각하고 있는 것 같으며, 미국의 베트남전 참전에 냉담한 태도를 보이고 있는 실정입니다.

이 때문에 필리핀과 태국 등 동남아시아 국가들도 공산주의자들의 직접적인 위협을 느끼고 있으며, 국내의 친공 세력들이 준동하고 있어 전투에 직접 참여하는 것을 주저하고 있습니다.

한국은 대다수 국민들이 지난날 우리를 구해 준 미국과 자유우방에 대해 어떠한 희생의 대가를 지불하더라도 은혜에 보답해야겠다는 생각을 하고 있으며, 우리와 같은 처지에 있는 베트남을 도와야 된다고 생각하고 있습니다. 그것이 바로 한국군의 파월을 성사시킨 기본 요인입니다.

그러나 공산월맹은 한국군이 하루에 1달러의 돈을 받고 미국 청부전쟁 용병으로 베트남전에 참전하고 있다고 전세계에 모략 선전하고 있으며, 공산국가들과 비동맹국가들도 전적으로 이에 동조하고 있는 실정입니다. **한국군이 미군에 배속되거나 직접 작전지휘를 받는다면 이러한 공산측의 모략 중상을 사실로 입증하는 자료로 이용될 것**입니다.

작전지휘권 문제에 따라 공산주의자의 침략을 받고 있는 자유 월남을 수호하고 동북, 동남아 지역에서 공산주의 침략을 저지하는 숭고한 이념으로 참전한다는 **한국군의 참전 명분이 약화될 수 있을 것**입니다. 아니 퇴색될 것입니다.

또한 이는 미국이 전세계에 천명하고 있는 자유월남 수호와 공산침략 저지라는 대의명분을 손상시킬 수도 있을 것입니다.

베트남전을 결코 미국의 이익이나 어떤 대가를 위해 싸우는 직접 또는 청부전쟁이 아니며, 어디까지나 **자유월남공화국을 공산침략으로부터 구출하는 것이다라는 명분을 손상시켜서는 안 됩니다.**

그 동안 나의 참모들과 미군사령부 참모들이 여러 차례에 걸친 솔직하고 진지한 토의와 검토를 거쳐 이 문제에 대해 합의가 이루어지고 있다고 보고받고 있습니다.

이 자리에 앉아 계시는 웨스트모얼랜드 장군은 한국전쟁에서 용맹을 떨친 한국전의 영웅으로 많은 사람들이 기억하고 있으며, 이 자리에 참석하고 있는 주요 지휘관과 참모들 또한 한국전쟁에서 함께 싸운 혈맹의 전우들이 대부분입니다.

나는 한국전쟁 전에 소위로 임관 후 곧바로 제주도의 공산분자들의 무장폭동과 게릴라 토벌을 위해 여러 번 죽음의 고비를 넘겼으며, 한국전쟁 기간에는 한국군 유격대의 총지휘관이었는데, 이때 공산군으로 가장한 한국군 특수 게릴라 부대를 지휘하여 적군 후방으로 깊숙이 침투하여 게릴라전을 전개하면서 김일성의 오른팔 역할을 하고 있던 현역 중장인 길원팔이 김일성 명령을 직접 전달하고 전선을 시찰차 방문 중이었는데 그 길원팔과 그를 수행하던 참모들 일행을 기습하여 생포한 일이 있었습니다.

그 후 약 2년간 한국 중동부 전선에서 연대장으로 최전선에서 전투하면서 미 제10군단장 파머 장군과 화이트 장군 등 탁월한 야전사령관들로부터 큰 감명을 받고 근무한 바 있어 평생을 두고 이분들을 존경하고 있습니다.

▲ 주월미군사령관 웨스트모얼랜드 대장(우)과 주월한국군사령관인 저자가 월남전의 승리를 위해 양국군이 협조할 것을 굳게 다짐하였다.

또한 나는 미국 보병학교 장교고급과정(OAC)과 미 육군지휘참모대학 과정을 이수하면서 미국 육군의 전술교리 등을 배울 수 있는 기회를 가질 수 있었고, 한국전쟁에서 훌륭히 싸운 미국의 혈맹 전우들을 많이 갖게 되었는데, 이제 베트남전에 참전하여 여러분들과 다시 같은 전선에서 공동의 적인 공산주의자들과 싸우게 된 것은 군인으로서 더 이상의 가치와 영예가 어디 있겠습니까.

미군과 한국군이 베트남전에서 공동의 목표달성을 위해 수행해 나가는 그 어떤 일에도 훌륭하게 협조해 나갈 것입니다. 사소한 의견의 차이가 있을 수 있지만, 이러한 기본정신과 성의 있는 노력으로 해결 안 될 일이 어디 있겠습니까.

한국군의 작전지휘권 문제는 한국군 독자적인 지휘권 보장이 한·미 양국에 공동의 이익을 가져다 줄 것이며, 한국 국민과 한국군의 명예와 사기에 큰 영향을 줄 뿐 아니라, 공산측의 청부전쟁, 용병 운운하는 모략 선전을 봉쇄하는 데 크게 도움이 된다고 생각합니다.

이 문제에 대해 여러분의 솔직한 견해를 듣고 싶습니다."

결코 짧지 않은 내 진솔한 고백은 20여 명의 미군 장성들에게 공감이 간듯 밝은 표정으로 나를 바라보고 있었다. 그들의 반응을 기다렸다. 그때 맨 앞줄에서 처음부터 눈을 감고 내 말을 듣고 있던 야전사령관 라슨 중장이 갑자기 벌떡 일어났다. 그리고 내 눈을 똑바로 바라보았다.

"채 장군. 당신의 신념에 찬 설명을 잘 들었소. 당신에게 무슨 말부터 해야 할지 정말 미안하고 부끄럽다는 말 이외는 할 말이 없습니다. 정말 아끼는 미안했소. 당신 설명을 들으니 당신 말이 사리에도 맞고 진실인 것 같소. 내 경솔한 언어와 행동에 대해 당신의 용서를 바라오. 당신의 의견과 소신에 대하여 전적으로 공감하며 찬성하오."

나는 그의 말을 듣고 깜짝 놀라면서 그의 솔직하고 군인다운 태도에 감탄하지 않을 수 없었다.

"라슨 장군, 용서는 무슨 용서요. 당신의 지적은 틀린 것이 없었소. 오히려 내가 당신의 이와 같은 태도에 고마움과 존경심을 갖게 합니다. 정말 감사합니다. "

라슨 장군은 미군 고위장성 가운데 직선적이고 날카로운 비판을 서슴지않는 성격으로 유명한 사람이다. 한국군에 대해서도 공개석상에서 "한국군을 지금까지 키워 주고 가르쳐 주고 돈과 물자도 다 주었는데 이제 미군을 깔보고 말도 듣지 않는다"고 윽박질렀던 장본인인데, 그토록 태도가 달라진 것이 정말 놀라웠다. '역시 라슨 장군은 큰 인물이구나' 하는 생각을 하게 되었다. 그 후 나와 그는 의견 충돌도 자주 있었지만 진정한 전우애로써 상호 존중하며 친근하게 지냈다.

그 회의장에 참석했던 다른 장성들도 한결같이 "채 장군의 견해에 공감한다"고 입을 모았다.

그러자 내 옆에 앉아 있었던 웨스트모얼랜드 주월미군사령관이 일어나면서 나를 부추켜 일어나게 하고는 권투선수가 승리했을 때 챔피언의 손을 올려 주듯 나의 오른팔을 덥썩 잡고 높이 쳐들었다. 그러면서 그는, "나도 채 장군의 의견에 공감한다. 오늘 이 시각 이후부터 나와 채 장군은 베트남에서 양국군의 운용에 대해서 모든 문제는 상호 협의와 협조에 의해 해결하겠소."

　라고 선언하기에 이르렀다. 한국군에 대한 작전지휘권 문제가 이제 일단락이 되는 감동의 순간이었다. 비로소 청부전쟁에 말려든 용병이 아니라는 확실한 의미가 창조되는 역사적 순간이기도 했다.

제 6 장
베트남전쟁의 장애

1. 암담하고 불안한 출발

1965년 9월 주월한국군사령부의 선발대 요원과 맹호사단의 선발대 요원이 본국을 떠나 베트남에 도착했다. 주월한국군사령부 요원은 사이공 도시 복판에 있는 건물 사무실에 들어가게 되었고, 맹호사단 선발대는 중부 항구도시 퀴논의 민가를 피해 야지(野地)에 천막을 치고 숙영하였다.

주월사령부 장교들은 작은 하류급 호텔에 숙소가 정해져 있어 그곳에서 생활하게 되었다.

이 호텔은 중국계 월남인 거주지에 있었으며 재래시장을 통과해서 출입하게 되어 있었다.

미군사령부에서 배당받은 군용 중고차와 지프차로 숙소와 사무실을 왕래하게 되어 있었고, 하루 세 끼 식사는 그곳에서 500미터 떨어진 곳에 있는 훨씬 상급에 속하는 호텔 식당에서 하게 되어 있었다. 이 호텔은 미군 장교들의 숙소로 사용되고 있었다.

　며칠 지나고 나서 이런 호텔들이 결코 안전한 곳이 못된다는 것을 알게 되었다. 거의 일주일에 한두 번씩은 미군들이 사용하고 있는 호텔이 밤중이나 새벽에 폭파되어 많을 때는 수십명의 장교들이 희생되었다.

　사이공 시내에는 대형 건물이 없었기 때문에 미군사령부도 여러 곳에 분산되어 있었다. 그래서 외견상 미군이 시내에 쫙 깔려 있다는 인상이었다.

　옛날 프랑스인들이 식민 지배했을 때 아름답게 건설한 시가지는 간선도로를 제외하고는 자동차의 일방통행이 불가피했고 열대 가로수들은 도로를 그늘로 가려 어두컴컴했다.

　사이공 시내에는 여기저기 풍치 좋은 곳에 식민지 지배자들이

▲ 여기는 퀴논 항구의 블루 비치. 1965년 10월 22일 맹호부대 제1연대가 베트남에
　상륙 후 연대장 김정운 대령이 저자(좌)에게 도착신고하고 있다.

호화생활을 즐기던 고급 빌라와 대저택 등이 많았는데, 미군과 한국군 장성들에게 한 채씩 배당되었다.

나도 배당받은 고급 빌라에서 생활하게 되었는데, 저녁 모임에 참석했다가 돌아오는 길에 승용차 밑에 장치해 놓은 폭탄을 미리 발견해 화를 면한 적도 있었다.

이런 상황이라 사이공이 야전부대보다 더 위험하다는 인식이 퍼졌고, 미국에서 출장 오는 미군 장교들은 사이공에서 기거하는 것보다 야전부대를 찾는 경우가 흔했다.

한국군 장교들은 미군 장교들이 사용하는 호텔을 찾아 매달 지급되는 쿠폰으로 매 식사 때마다 식대를 지불하고 옥상에 있는 바에 가서 간단한 음료를 마셔가며 즐길 수 있었다. 야간 옥상 바에서는 일주일에 두세 번은 미국 본토로부터 위문단이 와서 공연을 하는 등 밤이면 음악과 춤으로 붐볐다.

그 호텔은 렉스(Rex) 호텔로 사이공에서 정상급 호텔에 속했다. 주로 미군 대령급 숙소로 사용하는 곳이었다. 렉스 호텔은 사이공 시내에서 가장 높은 건물이라 옥상에서 바라보면 사방이 확 트여 있었고 끝없이 펼쳐 있는 시내를 구경할 수 있었다. 이 이야기까지는 평화스럽고 낭만적이라고 생각되지만 사정은 그렇지 못했다.

밴드 소리가 들리는가 싶을 때, 사방에서 번쩍 번쩍 섬광이 반짝이고 폭음이 진동한다. 때로는 기관총 연발음까지 섞여 들려온다. 이 광경은 평화스러운 도시에서의 폭죽 소리가 아니다. 건물이 파괴되고 사람을 죽고 다치게 하는 전투의 장면이다.

전쟁터에서 싸우는 군인들이 기름진 티본스테이크를 먹고 술을 마셔가며 여가수들의 노래와 현란한 율동을 감상하면서 멀리 떨어진 사방으로 흩어져 싸우는 전장에서 포탄 터지는 불빛과 폭음을 들으면 무엇이 떠오를 것인가. 한 장소에서 평화와 전쟁을 한꺼번에 경험할 수 있는 전쟁, 그것이 바로 베트남전쟁인 것이다.

죽어가는 것이 미군 장교뿐만 아니다. 우리도 빌라나 호텔 방에서 곤히 자다가 어느 때 예고 없이 무너진 건물의 잔해에 깔려 시체로 변할지 모른다. 또 아침이 되어 공무를 위해 숙소에서 사무실로 출근하다가 어느 순간 베트콩 총탄 세례를 당할지 모를 일이다.

주월한국군사령부 작전참모 박학선 대령이 첫 사이공 근무를 시작할 무렵, 월남군 대령으로부터 월남군 장교 클럽에서 월남음식 대접을 받았다. 월남군 대령은 자유세계군사지원단(FWMOA)의 월남측 대표인 탐 장군의 보좌관이며 한때 필리핀에서 월남대사관

▲ 퀴논에서 월남 고위 인사들이 참석한 한국군 환영식이 끝난 후 중요 지휘관이 기념 촬영. (좌측부터) 군수지원사령관 이범준 준장, 부사단장 이남주 준장, 주월한국군사령관 겸 맹호사단장인 저자, 청룡부대장 이봉출 준장, 맹호사단 1연대장 김정운 대령, 주월사 부사령관 이훈섭 준장.

무관을 지낸 자이다. 그 자는 말을 이리저리 돌리고 돌리다가 본심을 드러냈다.

"한국이나 우리 월남의 같은 목표는 부자나라 미국에서 더 많은 것을 얻어내는 것이 아니요? 또 당신이나 내가 바라는 것도 이때를 이용해서 한 몫 단단히 챙기는 것이 아닙니까. 나는 여러 해에 걸쳐 이 점을 연구해 왔으니 나와 함께 협력해서 한탕 합시다."

박 대령은 그 말을 듣고 실망과 분노, 그리고 불안으로 피가 역류하는 것 같았다. 그러나 마음을 가라앉히고 낮은 목소리로 다음과 같이 이야기했다.

"나는 군인으로서 국가의 명을 받고 싸우러 왔소. 그것이 오직 나의 임무이며, 1년 임기가 끝나면 가족의 품으로 돌아가야 하

▲ 월남전 작전회의를 마친 후의 만찬 자리. (좌로부터) 저자, 주월미군사령관 웨스트모얼랜드 대장, 월남군 총사령관 카오 반 비엔 대장, 에이브람스 미 부사령관.

오. 여기 있는 동안 군인으로서 최선을 다할 뿐이오."

부드럽지만 그의 제의를 단호히 거절했다.

당시 베트콩은 월남군을 비롯하여 온 국민, 각계 각층에 광범위하게 침투해 있었다. 우리의 상식으로는 도저히 이해가 되지 않았다.

미군사령부에서 작전회의가 있을 때 월남군측에서도 참석했다. 그리고 개회사 같은 것 몇 마디 한 후 별로 중요하지도 않은 안건을 토의하는 척하다가 본격적인 본론에 들어갈 것으로 생각했는데 바로 회의를 끝냈다. 모두 회의실에서 나오는 척했고 월남군 대표인 장군은 아무 일 없었다는듯이 가 버렸다. 참 이상하다고 나는 생각했다. 그런데 뜻밖에 미군 장성이 나를 다른 방으로 안내하는 것이었다. 거기서 본격적인 작전회의가 시작되었다.

사정을 모르는 나에게 미군 장성은 조용히 입을 여는 것이었다.

"월남군에 대해서는 각별한 주의가 필요해요. 그들에게 이야기한 것은 곧바로 베트콩에게 들어가며, 그로 말미암아 미군이 막대한 피해를 입은 일이 비일비재합니다. 또 작전상황도에 표시된 월남군은 1개 연대라면 1개 대대, 1개 대대라면 1개 중대로 보면 됩니다."

또한 월남군에 미군 고문관으로 파견되었던 장교들 이야기는 더 희한했다.

"월남군에 있어서 상부에 보고되는 병력의 3분지 1이 실제 병력으로 보면 정확합니다."

내가 처음에 무슨 말 뜻인지 몰라 의아해 하니까, 이어서 다음과 같이 말하는 것이었다.

"허위 보고된 병력의 봉급이나 보급품은 그 지휘관이 착복합니다. 더 놀라운 것은 월남군의 장군들은 징병에 소집된 장정 중 부자 아들들을 골라 뒷돈을 받고 빼돌려 놓고 편제상 부대에 있는 것처럼 해 놓는데, 대개 장군 한 명당 40명 내지 50명 정도가 되지요."

나는 귀를 의심했다. 그러나 계속 근무하면서 확인할 수 있었는데, 그 미군 장교가 한 이야기는 거짓이 아니었다.

우리 사령부 참모부에는 월남 여성 타자수가 1명씩 배정이 되어 있었다. 그녀들은 대개 상류층 출신이며 정부의 고위 관리나 대학교수 등 지도층 자녀들이었다. 대개 사이공의 명문대학 재학생들이었다. 신원 조회를 해도 아무런 하자가 없었다.

어느 날 그녀들에게 물어 보았다.

"베트남에서 누구를 가장 존경하느냐?"

그녀들은 주변을 살필 필요없이 당당하게 **월맹의 최고 지도자 호치민이다**라고 대답했다. 그녀들은 덧붙여 "월남 국민 대다수가 호치민을 존경한다"는 것이었다.

한국에서 파병될 때, 나를 비롯해서 많은 장교들이 월남전의 장래에 대해 결코 밝지만은 않았으나 우려했던 것보다 더 심각했다.

나는 그런 상황을 종합하여 깊은 생각에 잠겼다. '우리가 아무리 잘 하려고 해도 **월남군은 결국에는 패하고 자유월남은 망할 것이다**'는 암담한 생각이 나를 괴롭히는 것이었다.

2. 험난한 길목에 서서

게릴라전을 수행함에 있어서 가장 중요하고 기본이 되는 것은, 첫째, 그 전쟁의 목적과 목표이다. **게릴라전 형태의 전쟁은 대개의 경우 약자가 강자를 상대로 하는 싸움**이며 열악한 인원과 장비, 보급은 물론 조직이나 그 구성원의 운영에 있어서도 상대해야 할 적에 비하여 비교되지 못할 정도로 빈약한 것이 통상이다. 따라서 게릴라전은 의식주의 기본 문제조차 제대로 충족되지 못한 상태에서 출발하게 되는 것이 일반적인 실정이다.

이 같은 조건에 따라 게릴라전은 인간으로서 견딜 수 있는 정신적, 육체적 고통을 이겨낼 수 있어야 한다.

이러한 때에 그들을 끝까지 지탱해 주고 인내력을 갖게 하며 용기와 분발을 북돋아 주는 것은,

첫째, **숭고한 투쟁목표를 설정**, 목숨을 바쳐서라도 분발할 수 있게 하는 **가치관**이며, 조국의 독립을 쟁취함으로써 자신의 가족과 민족의 영원한 행복을 찾겠다는 **대의명분**이다.

둘째는, **외부로부터의** 정치, 외교, 군사 등의 **지원**을 받을 수 있어야 하며 인적, 물적 지원이 손쉽게 자신들에게 도달할 수 있어야 한다.

셋째는, 그 나라 국민이나 그 지역의 **주민들로부터 전폭적인 지원과 협력**을 얻을 수 있어야 한다.

넷째는, 필요시 언제든지 도피하거나 재편성을 위해 시간을 얻거나 휴식을 할 수 있는 **성역**이 가까이 있어 언제든지 이용할 수 있어야 한다.

다섯째는, 노출되지 않게 **은밀하게 행동할 수 있고,** 적이 쉽게 접근할 수 없거나 공격하기 어려운 **천연적인 요새지대 같은 것이 있어야** 작전준비, 부대정비, 휴식, 재편성, 보급, 의료시설 등을 갖추고 여하한 적의 공격에서도 자신들의 힘으로 방어할 수 있는 기지들을 수개소에 배치할 수 있는 지형과 지리적 요건이 중요하다.

여섯째는, 게릴라전을 지휘하는 최고 **지도자는 카리스마와** 모든 구성원들의 **존경과 신망을 받으며 부하들을 단결시켜 이끌어 나가는 용기, 진취력을 구비**한 자라야 한다.

일곱째는, 타도하고 정복해야 할 정권이 국민의 지지기반이 약하고 정치, 경제, 사회 등 불안과 혼란이 가중되고 있어 국가 전쟁수행 능력이 미약한 국가나 정권일 경우 게릴라전에 유리하다.

이상 일곱 가지가 대략 **게릴라전의 필수요건**으로 분석되는데, 불행하게도 우리의 적인 공산월맹과 그 지도자 호치민이 그 요건을 거의 완벽하게 구비하고 있다고 판단되었다.

호치민이 월맹 뿐만 아니라 자유월남 국민으로부터도 존경을 받고 있다는 사실은 미국과 한국의 성전(聖戰)의 의미가 퇴색되는 것이라고 나는 판단했던 것이다.

라오스와 캄보디아는 인도차이나반도의 각각 독립국가로 미국과 우리가 침범할 수 없는 조건이 전쟁수행에 큰 장애가 되는 것이다. 반면, 월맹은 그 두 나라를 언제나 자유스럽게 드나들고 있었으며 월맹의 지배하에 있는 것이나 다름 없었다.

이들 두 나라는 베트남의 밀림지대와 연결이 되어 있었기 때문에 그들의 밀림지대는 월맹의 요새와 피난처 역할이 되어 줌으로써 병력과 물자는 물론 필요시 언제라도 대부대와 중장비 등을 남부 베트남에 이동시킬 수 있었다.

　반면, 자유월남공화국의 고 딘 디엠 대통령과 군사정권 지도자들은 권력 쟁탈전과 부정부패에 여념이 없어, 국민과 군 그리고 정부 간의 단결은 고사하고 상호 불신과 대립으로 베트콩들이 활동 영역을 확장시킬 수 있었다.

　한편, 월맹과 베트콩을 상대로 실질적 군사대결의 주역을 맡고 있는 미국과 미군의 국가정책과 군사전략 또한 많은 문제점이 있다고 판단했다. **'전쟁은 자신의 강점으로 상대방의 약점을 쳐야 승리할 수 있다'**는 것은 상식에 속한다. 세계 최강의 미군이지만, 정글 속에 숨어 있고 도시와 촌락에서 주민과 함께 거주하고 있는 베트콩을 무슨 방법으로 찾아낼 수 있다는 것인가. 이른바 'Hit &

▲ 주월 한국군 시범 행사에 참석한 월남 정부 요인과 각국 주월대사. (좌로부터) 치우 부원수, 저자, 티우 국가원수, 주월 한국공사, 미국대사.

Run', 치고 달아나고 감쪽같이 숨어 있다가 불시에 나타나 습격하는 베트콩을 상대로 어떻게 싸운다는 것인가.

미국이 할 수 있는 전쟁 방법은 최강의 군사력으로 월맹을 잿더미로 만들겠다는 각오 아래 철저한 준비를 하는 것이다. 소련이 미국을 상대할 수 있는 강국이지만, 자국이 별 이익도 없고 중요하지도 않은 월맹을 위해 도박을 해야 할 처지는 못된다. 또한 중국과 월맹의 역사적 관계를 이해한다면, 중공이 월맹을 위해 불구덩이에 들어갈 가능성도 없는 것이다.

자유우방들은 공산권 국가의 눈치와 반미 색채가 강한 비동맹 국가들의 영향력 등을 의식하여 미국편에 선뜻 서지 않지만, 미국이 단호하고 확고한 의지를 갖고 베트남전을 수행하겠다고 하면 애매한 태도로 일관하기는 어려운 것이다. 따라서 미국의 정치, 외교, 경제, 군사력으로 동맹국들을 결집시키는 것이 크게 어렵지는 않을 것이다.

그렇다면 **미국은 제네바 협정을 일방적으로 위반하고 침략한 월맹에 대해 당당하게 선전포고**하여 '월맹이 월맹군과 중무기를 17도선 이북으로 철수하고, 베트콩에 의한 테러와 지원을 중지하지 않으면 전면전쟁을 통해서라도 자유월남을 지키겠다' 라는 내용을 **유엔에서 결의토록 하고 국제적인 압력**을 가했어야 했다. 이같이 미국의 단호한 태도와 유엔을 통한 국제적 협력으로 압력을 가하는 것이 미국이 취할 수 있는 최선책이며 전략이 아닐까 생각된다.

자유월남을 돕는다 해도 **자유를 유지하겠다는 의지가 있고 노력이** 있는 국가나 국민만이 외국의 지원을 받을 수 있는 자격이 있는 것이 아니겠는가.

따라서 국가적 위기에 처해 있으면서도 권력 싸움이나 하고 개인의 욕망과 이익만을 추구하기 위해 부정과 부패가 만연된 국가나 국민은 지원할 가치도 없는 것이 아니겠는가.

'베트남에 가서 월남의 지도층 인사들의 자식이 전쟁에서 전사하거나 전투에 참가했던 사례를 찾아 볼 수 없다'는 실상을 확인하고, '베트남전에서 결코 승리하지 못할 것이다'라는 현실을 피부로 느꼈다.

따라서 한국군이 참전한 이상 '전투에서의 승리보다도 **대한민국의 국익 추구를 위해 무엇을 어떻게 해야겠나**'는 점에 전력을 다하기로 하였다.

'**절대로 불필요한 희생을 막아야겠다**. 그러면서도 **한국군은 베트남에서 독특하고 특출한 전략과 전술로 미군보다 월등한 전과를 내서 국위를 선양해야겠다**'고 굳은 결의를 하게 됐다.

또 한 가지는 '**월남 국민과 친선 유대를 잘 다져 놓는 것**'이 내 **중요한 결의**였다. 이 전쟁에서 어느 편이 승리할지 결과 예측은 어렵지만, 전쟁에 참가한 한국군의 업적은 그대로 월남 국민에게 남게 되는데, '한국군이 베트남에 와서 **월남 사람들에게 성의 있는 원조와 호의를 베풀고 갔다**'는 인상은 꼭 남겨야 되겠다고 생각했다.

이를 위해 '엄정한 군기 속에서도 예절 바르고 전투에서도 용감했다'는 인상도 남겨야 하겠다고 생각하면서 자랑스러운 한국군을 지휘했다.

제 7 장
나의 전략과 전술

1. 중대전술기지 개념

　베트남전은 우리가 한국에서 경험했던 6·25전쟁과는 다르다는 것은 파월하기 훨씬 이전부터 알고 있었다. 또한 지난날 프랑스 정규군이 디엔 비엔 푸 요새에서 하찮다고 생각하던 월맹군에게 완패당한 교훈도 있고, 세계 최강의 미군 또한 통쾌한 승전보 없이 고전하고 있다는 사실을 확인한 다음부터는 **한국군 독자적인 전략과 전술의 개발이 필요하다고 판단하고 있었다.**

　우리 한국군이 건군 이래 최초로 해외에서, 더구나 열대의 정글에서 정규전이 아닌 게릴라전 상황하에서 수행하는 특수한 전쟁 상황이었기 때문에, 이에 대처하는 부대운용 방식도 달라져야만 했다. 이에 따라 베트남에 도착한 1965년 10월 초부터 11월 말까지는 본격적인 작전을 지양하면서 현지 적응훈련 위주로 부대를 운용하였는데, 이 과정에서 다음과 같은 기본방침과 실천방안을 세웠다.

- 기본적으로 베트남 파병을 통하여 최대한의 국가이익 추구와 확대에 전력을 다한다.
- 미군의 작전지휘하에 들어가는 것을 단호히 거부하고 독자적인 작전지휘권을 행사한다.
- 한국군이 할당받은 전술책임지역(TAOR) 내에서의 군사작전과 아울러 대민지원과 심리전 등으로 한국군의 특성을 뚜렷이 부각시킨다.
- 중공 모택동의 '물과 고기와의 관계'의 게릴라 전략을 역이용하여 '물과 물고기'를 분리시킨 후 분리된 게릴라를 섬멸한다.
- 양민 보호에 최우선을 둔다. '백명의 베트콩을 놓치는 한이 있어도 한 명의 양민을 보호하라'는 정신에 입각하여 양민보호가 한국군의 기본전략임을 인식시킨다.
- 대민관계에 있어서 역사, 지정학, 관습, 가치관, 종교의 특성을 잘 살펴 6·25전쟁 경험을 교훈으로 삼아 베트남 국민을 이해하고 그들의 고통을 덜어 주기 위해 노력한다는 것을 인식시킨다.
- 농업 등 중요한 생산지역의 주민을 우선 보호하며 베트콩에 대한 식량 및 기타 지원을 차단한다.
- 주민들을 위한 의료지원을 실시하고 농사지원, 학교, 도로, 불교사당들을 보수해 줌으로써 한국군에 대한 신뢰와 의존도를 높이도록 한다.
- '물과 고기의 분리' 그리고 대민지원의 활성화를 위해 중대단

위 전술기지를 운영한다.

- 모든 군사작전은 사전 충분한 정보수집과 치밀한 계획과 정찰 등으로 만전을 기한 후 실시한다.
- 공세작전은 압도적으로 우세한 병력과 화력을 신속히 집중, 기동하여 적을 완전히 포위 섬멸한다. 또한 적을 포위한 상태 에서 철저한 수색을 실시, 적을 끝까지 색출한다.
- 작전은 일몰 2시간 전에 끝내고 야간방어와 함께 적 퇴로차단 대책을 수립한다. 야간 조명 사격 준비도 철저히 한다.
- 방어시에는 적 예상접근로에 장애물과 크레모아 및 각종 지뢰 등을 설치하고 잠복조를 배치한다.
- 야간에 대비, 포병화력 지원계획을 협조하고 야간에 적 접근 시 지근거리까지 도달할 때에만 사격하고 수류탄을 적절히 활 용한다.
- 모든 작전에서 아군 피해를 최대한 감소해야 한다. 큰 희생을 무릅쓰고 점령해야 할 공격목표나 시간 제한을 받아가며 급하 게 점령해야 할 공격목표는 베트남전에서 없다.
- 야간에는 소규모의 잠복 매복을 실시하여 예상되는 적의 접근 로를 감시하고 크레모아, 지뢰 등 장애물로 보강한다.
- 모든 부대는 군부대, 경찰, 학생 등 베트남 사람들을 대상으로 태권도에 대한 홍보와 시범을 통하여 한국군의 강인성을 과시 하며 필요시 태권도 연수를 지도한다.

위 기본방침과 실천방안에 따라 전투부대는 중대별로 교육훈련 을 실시하도록 지시했다.

맹호사단 및 청룡여단이 주둔하기 시작하면서 나는 내가 세운 독특한 중대기지 구축을 지시하여 모든 중대는 기지 설치에 들어갔다.

그것은 바로 중대전술기지 개념이다. 새로 주둔한 부대들은 대개 대대단위로 주둔지를 설정하여 교육훈련에 임하고 있었으나, 나는 즉각 중대전술기지 설치지침을 하달했다.

맹호사단에 주어진 전술책임지역(TAOR)은 다시 연대전술책임지역으로 분할되고 연대는 다시 대대 전술지역으로 분할되어 있다.

각각 넓은 책임지역에서 대대단위로 부대가 집결되어 있다면, 지역평정은 물론 민간인 접촉이 뜸해짐으로써 첩보수집은 물론이고 '물과 고기의 분리' 라는 내 전략을 실천할 수 없는 경우가 생길 것이다.

베트콩은 민간인 속에 있고 민간인은 베트콩 속에 있다는 베트남의 실상이라면, 될수록 작은 부대가 전술책임지역에 퍼져 민간인 속에 있는 베트콩을 솎아내야 하는 것이다. 솎아내기 위해서는 더 가깝게, 더 자주, 밤이나 낮이나 민간인을 통제할 수 있어야 한다. 그렇다고 소대단위로 분산되면 지휘능력이 부족하여 오히려 베트콩의 기습목표가 될 우려가 있다. 그래서 내가 적절하다고 판단하고 결정한 것이 중대단위의 기지였다.

중대는 최소전술단위여서 방어수단과 대책을 갖추어 준다면 그 몇 배의 적 공격으로부터 방어할 수 있다는 전례를 나는 6·25전쟁을 통해서 확인할 수 있었기 때문에, 중대단위로 전술책임직역에 분산 배치하면 전술책임지역 평정이 조기에 이루어질 것으로 예상했던 것이다.

그렇다면 중대가 가져야 할 방어수단과 대책은 무엇일까.

우선 중대전술기지의 절대개념이 있다. **중대기지는 전면방어 형태**에서 대개 원(圓), 즉 둥글게 편성되어 적이 어느 방향에서 공격해도 화력분배가 적절해야 되고 주로 **야간전투에 대비한 방어체제**라는 것이다.

또한 개인호보다 2인호를 구축, 상호 의존하고 협조하도록 하며, 교통호는 두세 개의 2인호에서 **횡이 아니라 종으로 연결**, 분대장 호까지 이르게 해야 한다. 그렇게 되면 어느 분대, 어느 소대가 유린된다 하여도 다른 소대가 계속 저항할 수 있게 된다.

이어서 구체적 세부사항을 설명하겠다.

첫째, 적어도 2일간은 버틸 수 있는 음료수와 식량이 있어야 하고 필히 실탄, 배속된 81mm 또는 4.2인치 박격포 포탄을 비롯하여 중대가 가지고 있는 60mm 박격포 포탄 등 방어에 필요한 모든 보급품이 **48시간은 지탱할 수 있는 소요량을 확보**해야 한다.

둘째, 중대기지는 적의 박격포탄을 비롯한 포탄 낙하에 대비해서 강력한 진지를 구축하여 그로부터 입게 될 피해를 줄여야 한다. **모든 산병호는 유개호**라야 됨은 물론 **지휘소, 탄약고 등도 적 포탄으로부터 방호**되도록 대비해야 한다.

셋째, 적이 공격해 오면 조기에 발견할 수 있도록 **경계 시스템**이 전제되어야 한다. 경계 시스템은 첫째, 기지 밖의 잠복조가 운용되어야 한다. 다음에는 청음초가 잠복조 역할을 보강해야 한다. 그것만으로 중대기지가 안전한 것은 아니다. 기지 밖에 장애물을 설치하여 적 접근을 막아야 하는 인공구조물이 필수적이다. 철조망을 설치하고 지뢰는 물론 조명지뢰를 매설한다.

넷째, 기지 자체방어를 위한 화망구성은 물론 크레모아 등으로 **주요 적 접근예상지역에 살상지대를 설치**한다. 또한 야간 통신수단에 대한 예비대책을 세워야 한다. 적 포탄에 의해 통신선이 끊어졌을 때 각종 소리, 신호 또는 손전등에 의한 신호 등이 필수적이다.

끝으로 중요한 것은 **포병화력 지원으로 보호받을 수 있어야** 한다. 적 대부대 집중공격에 대비하기 위해서는 일반지원이 되었건 직접지원이 되었건 포병화력의 사정권 내에 있어야 중대기지방어가 보장되는 것이다.

따라서 거리가 멀어 포병화력이 미치지 못할 경우일 때는 포대단위로 분할해서 대대본부지역까지 재배치해야 한다. 포병화력으로 보호를 받지 못한다면, 적으로부터 유린될 수 있고 중대기지 내 장병의 전투의지에도 심대한 타격이 올 것이다. 그러므로 포병화력이 미치지 못할 경우에는 애초 중대기지를 설치해서는 안 된다.

이상과 같이 갖추어진다면 그 중대기지는 어떤 적의 공격에도 유린당하지 않고 끝까지 버틸 수 있다는 것이 내 확고한 신념이었다.

그러나 이런 내 판단에 의한 중대전술기지가 실제 적용되기에는 난관이 있었다.

앞에서도 지적한 것처럼 연대장은 물론 대대장까지 6·25전쟁에서 지휘관으로 용명을 떨친 전쟁영웅들이다. 그들도 그들 나름대로 베트콩을 평정하기 위한 계책이 있었을 것이다. 또한 그들도 베트남전에서 미군이 연대, 대대단위로 주둔하면서 주로 대대 탐색전을 전개하고 있다는 것을 알고 있는데, 한국군도 거기에 준하는 작전을 펼 것으로 이해되고 있었던 것이다. 그렇게 인식되고 있는 지휘관들에게 중대단위의 전술책임지역 분산계획을 지시하니 처음에는 이해할 수 없다는 반응이 지배적이었다. 첫 전술회의에서 이 문제에 대해 완전히 납득하는 예하 지휘관은 없었다. 그러나 나는 강력히 내 주장을 이해시키기 위해 상당한 노력과 시간이 필요했다.

내 지시가 강력했던 탓인지, 또 그 필요성을 인식한 탓이지 차츰 중대전술기지에 대한 거부 반응이 사라지고 있었다.

이 무렵 잽싸게 대대전술책임지역 내에 각 중대를 산개하여 중대전술기지 네 개를 완성한 대대가 있었다. 바로 강재구 소령이 속했던 제1연대 재구대대였다. 연대장 김정운 대령은 지휘보고를 통해 중대전술기지 시범을 하겠노라고 건의해 왔다.

내가 찾아간 재구대대 시범진지는 매우 특이했다. 내가 지시한 모든 조건을 수용한 것은 물론이고 거기에 두 가지가 더해졌다.

하나는, 산병호를 비롯한 주요시설이 고운 잔디로 아름답게 가꾸어져 있었다. 나는 특이하여 중대장 용영일 대위에게 물어 보니, 대대장 지시라 하면서 모든 진지는 보금자리처럼 사랑하라는 것이었다. 그곳에서 생활하고 그곳에서 싸우기 때문에 평소 편안함과 낭만을 그 보금자리에서 느끼라는 것이었다. 그 보금자리에서 대부분 생활하지만, 전투는 순간적이기 때문에 여유를 즐기기 위해서는 비록 전투호라 할지라도 아름다워야 한다는 것이었다. 주변은 마치 공원과 같이 말끔히 정돈되어 있었다.

둘째는, 기지 내 높은 고목이 큰 것이 두 개가 있었는데, 그 위에 망루를 만들어 사주를 관측하도록 했다. 적측에서는 보이지 않게 안쪽에 사다리를 세웠고, 망루는 나무 자체의 가지와 잎이 교묘히 얽혀 있어 감쪽같이 위장되어 있었다.

중대장은 주간 경계는 망루에 있는 두 경계병만으로 충분하므로 수면과 휴식을 취할 수 있어 야간전투에 대비할 수 있다고 했다.

나는 매우 흡족했다. 연대장, 대대장, 중대장에게 치하하고 내일부터 이 중대전술기지를 모델로 해서 중대전술기지 설치를 조속히 완성하라고 지시했다.

내가 예상한 것보다 빠르게 보병제1연대와 기갑연대의 모든 중대가 각각 책임지역 내에 산개하여 중대전술기지 구축을 서둘렀다. 그 넓은 맹호사단의 전술책임지역 구석구석에 중대전술기지가 설치되기 시작하자 미군 당국은 물론 베트콩까지 놀라는 것이었다.

미군 야전사령부는 자기들 전구(戰區) 내의 한국군이 전투할 생각은 않고 중대단위로 산개하여 진지만 구축하고 있으니 기가 막힌 모양이었다. 야전사령관 라슨 장군은 나를 보자 대뜸 투덜댔다.

"채 장군. 당신의 군대는 전투할 생각은 하지 않고 방어진지만을 구축하고 있으니 어찌 된 일이오?"

나는 그의 표정을 살피면서 조용히 입을 열었다.

"바로 그 진지 구축이 전투의 일환이지요. 두고 보세요. 미군보다 먼저 TAOR 내의 적을 소탕하고 평정하겠소."

웃으면서 별 것 아니라는듯 긴 변명을 하지 않고 간단히 대답했다. 그는 그래도 이해가 안 된다는듯이 고개를 갸우뚱하며 더 이상 말을 삼갔다. 작전지휘권이 자기에게 없다는 것을 알아차린듯 그 문제는 그것으로 끝맺었다.

한편, 전술지역 내에 있는 베트콩들은 물론 월남 정부 당국의 행정관서인 빈딩성을 비롯하여 푸캇군, 푸미군 등 행정관리들도 놀라는 것이었다.

무슨 일을 벌이려는지 알 수 없다는 식으로 사방으로 수소문할 뿐이었지만, 한국군측에서는 묵묵부답이었다.

베트콩들이 놀라는 것은 당연하였다. 왜냐하면, 맹호사단 TAOR 내에는 베트콩들의 식량공급원인 고보이 평야가 있었고 베트콩 주력인 E-2B 대대 등이 고보이 평야에 인접한 푸캇산을 본거지 또는 은신처로 삼고 있었는데, 푸캇산 주변 곳곳에 한국군이 진지를 구축하니 그들은 위기의식을 느낀 것이었다.

전 TAOR 내에 사단사령부, 연대본부, 대대본부 등을 비롯하여 수십개의 기지가 설치되기 시작하니 나의 전략과 전술을 모르고 있는 모든 사람들이 의아하게 생각하는 것은 당연한 일이었다.

▲ 맹호부대를 환영하는 월남 국민들.

그러면서도 나에게 고민이 없는 것은 아니였다. 중대전술기지는 한국군은 물론 세계 어느 나라도 없는 개념이기에 시험에 합격한 적이 없는 아직까지는 '문제'일 뿐 혹시 잘못되어 적 대부대로부터 유린당하지는 않을까 하는 우려 때문이었다.

전술교리에는 전면방어와 사주방어에 대한 개념이 있다. 부대가 고립되었을 때 또는 특수 임무시 부대가 일정기간 전면방어를 실시하는 경우는 있다. 그러나 그 전술교리는 응용전술일 뿐 기본전술은 아니다. 그러나 나는 기본전술로 사용하여 전체 사단에 적용하고 있으니, 자신이 있으면서도 걱정이 뒤따르는 것은 어쩔 수 없는 일이며 내가 감당해야 할 책임이었다.

이어서 해병 청룡여단에도 지시하여 중대전술기지를 설치케 했다.

2. '백명의 베트콩을 놓치는 한이 있어도 한 명의 양민을 보호하라'

베트남전에서는 '물과 고기의 분리'가 어렵다는 특징이 있음은 이미 밝힌 바 있지만, 이를 극복하기 위해서는 정규전에서보다 훨씬 풀기 힘든 난제들이 많다.

베트콩이 어린이나 노인, 부녀자를 선두로 하여 노래를 부르거나 구호를 외치며 접근해 올 때 그들 속에는 수류탄과 기관총으로 무장한 베트콩이 섞여 있어 그 무리들을 독려하고 있으며, 그들의 후방에는 베트콩 공격부대가 뒤따르고 있을 때가 있다. 또한 그 무리의 어린이와 부녀자들도 때로는 수류탄으로 무장하고 있다가 수류탄 투척거리에 접근하면 일제히 수류탄을 던지고 함성을 지르며 공격하여 순식간에 진지를 유린하는 경우도 있다.

이런 경우 그들이 아군 진지로 접근하는 것을 제지 못하면 그들에 의해 당한다. 따라서 그들이 **아군 진지로부터 50미터 이내의 거리에 접근을 시도할 때**에는 머리 위로 예광탄이 끼워 있는 기관총을 사격하여 그 자리에 엎드리도록 하고 조명탄을 발사한다. 그리고 방송으로 경고한다.

"지금 너희들 속에는 너희들을 죽음으로 끌고 가서 희생시키려고 하는 베트콩들이 있다는 것을 잘 알고 있고, 또한 베트콩의 대부대가 뒤따르는 것도 알고 있다. 따라서 너희들이 지금 그 자리에서 한 발자국이라도 앞으로 나오면 사격한다."

경고가 끝나면 이어서 박격포 또는 야포를 접근하고 있는 집단 후방에 몇 발 발사한다. 그러한 위협사격과 방송의 반복 경고에도 불구하고 계속 접근시에는 **그들을 적으로 간주하고 격멸할 수밖에 없다.** 어떠한 일이 있더라도 그들을 수류탄 투척거리 안에 끌어들여서는 안되며, 그럴 경우 우리들이 희생될 수밖에 없다.

적이 마을 주민을 인질로 하여 마을이나 어떤 지역을 방어하기 위한 방패로 삼아 그들의 희생을 강요하고 처참하게 죽은 주민의 사진을 만들어 외부세계에 선전자료로 사용하는 경우가 허다하다. 이런 경우 항공폭격이나 포사격을 가하면 민간인들이 희생당할 뿐이며, 베트콩은 촌락에 잘 구축되어 있는 지하동굴 등으로 숨어 버리게 되어 베트콩의 함정에 빠진다. 따라서 이런 경우에는 적이 점령하고 있는 마을이나 지역을 **완전히 포위한 후 방송을 통해 투항을 권고한다.** 투항시간을 정하고 "그 시간 내에 투항을 하지 않으면 전면 공격하여 마을에 있는 지하동굴과 진지까지 철저하게 폭파한다"고 경고한다. 그리고 마을 주변에 대구경 포탄을 몇 발 발사하여 심리적 공포를 유발시킨다.

야간에는 철저한 매복과 연속적인 조명으로 단 한 명의 탈출도 막도록 하며, 탈출 시도는 절대 성공하지 못함을 경고하고, "탈출을 시도하는 적이나 주민은 모조리 사살한다"고 반복 방송한다. 그리고 **"주간에 손을 들고 나오면 누구든지 생명을 보장한다"**고 계속 방송한다.

이런 포위상태가 2일 내지 3일 간 또는 그 이상 계속될 수도 있다. 따라서 이렇게 시간을 오래 끌면 부대는 교대시켜 가면서 포위하고 있는 아군과 적과의 끈질긴 인내력과 정신력의 싸움으로 이어진다.

이때 **"노약자, 어린이, 병약자를 빨리 내보내라"**는 거듭되는 아군의 방송은 마을 내에 큰 동요를 일으키게 되며, 결국 어린이와 노약자들이 밖으로 나오게 된다. 이때 그들에게 충분한 급식과 치료로 건강이 회복되면 그들의 희망에 따라 다시 마을로 복귀시켜 다른 주민들을 데리고 나오도록 한다. 그리고 탈출하다가 사살된 자의 수를 방송을 통해 적에게 알려 줌으로써 공포심과 분열을 더욱 조장한다.

이때 가장 좋은 방법은 탈출하여 아군의 치료와 충분한 급식으로 건강이 회복된 모습의 주민이 자진해서 다시 마을에 들어가 "한국군은 친절과 성의 있는 치료로 우리를 보살펴 준다"고 **주민을 설득**하여 한국군에 대한 모략과 중상만을 선전해 온 베트콩들의 거짓을 폭로하게끔 하여 많은 주민을 우리 편으로 만든다.

이러한 방법으로 베트콩이 오랫동안 지배해 온 마을 하나를 장악하는 데 일주일 또는 그 이상의 시일이 소요될 수도 있을 것이나, 한 차례 성공한 후 다른 베트콩 마을을 공격할 때에는 훨씬 더 용이하고 시간이 단축될 수도 있다.

이미 우리 편에 들어온 마을 주민들이 자발적으로 협력을 제의해 오면, 아군은 피를 흘리지 않고 이른바 평정사업을 달성할 수 있다.

이런 평정사업을 위해 주민을 설득하는 노인들에게 그들이 가장 가지고 싶어하는 **한국의 인삼 한두 뿌리를 주면 엄청난 효과를 가져오게 된다.**

월남 사람들은 인삼을 무척 좋아한다. 더구나 고려인삼이라면 최고의 명약으로 알고 몇 번이고 물에다 끓여 마신다.

나는 주월한국군사령관으로 명을 받고 월남 사람들의 풍습과 전통 그리고 가치관을 연구하는 과정에서, 그들이 좋아하는 것 가운데 가장 인기 있는 것이 인삼이라는 것을 알게 되었다. 그래서 사이공에 부임하기 전에 전매청에 연락하여 "높은 분들에게 선물용으로 인삼을 사가지고 가겠다"하고 이야기했더니, 전매청의 담당자는 "선물용으로는 홍삼이 더 좋습니다"고 권하면서 선물용으로 사용할 홍삼 10여 통을 포장지에 잘 싸서 무료로 내게 보내 주었다. 사이공에 도착 후 그 홍삼 한 통을 비서실장을 통해 대통령궁에 보냈다. 그리고 2, 3일 후에 미국 상원의원 일행을 위한 파티가 열렸는데, 티우 대통령이 나를 보더니 빠른 걸음으로 다가오는 것이었다. 정식 예방계획은 수일 후에 잡혀 있었다. 대통령은,

"채 장군, 당신이 보내 준 선물 정말 감사하오. 더욱이 고려홍삼은 세계 최고 아니요? 감사하오."

하면서 몇 번이고 고맙다는 인사를 되풀이하는 것이었다. 그리고는 다시,

"레드 진생 첸 잇쯔 원더풀!"

하고 강조하는 것이었다. 돌아오는 승용차 안에서 대통령이 끝에 말한 '레드 진생'은 홍삼이고 '잇쯔 원더풀'은 좋다는 뜻으로 알겠는데, '첸'은 도대체 무슨 뜻인지 알 수 없었다. 그래서 전속 부관 권진호 중위에게,

"권 중위, 티우 대통령이 '레드 진생 첸'이라고 하던데 첸이 무슨 뜻인지 아나?"

하고 물었다. 권진호 중위는 영어와 프랑스어를 미국인이나 프랑스인 못지않게 잘 한다고 해서 한국군 장교 가운데 유일하게 특별 추천되어 부관으로 왔었다. 그는 고개를 갸우뚱거리며,

"첸이 아니고 체인 아닙니까?"

"내가 체인이란 단어를 몰라서 너에게 묻겠나?"

하고 나니 문득 머리에 떠오르는 것이 있었다.

"거기에 있는 홍삼 보따리를 가져와 봐."

그리고 보따리를 풀고 홍삼상자를 살폈다. 자세히 보니 '천(天)'이라는 큰 글자가 표기되어 있는 것이 5개, '지(地)'라고 한 것이 3개, '양(良)'이라고 한 것이 2개, '가(佳)'라고 된 것이 2개였다. 그때까지 인삼에 대한 지식이 없었기 때문에 어떤 종류가 있는지, 어떤 것이 좋은 것인지 몰랐다.

그런데 티우 대통령은 한국 홍삼에 대해서 너무나 잘 알고 있었다. 홍삼을 아는 사람에게 '천(天)'이라는 표시는 가장 좋은 최상품이라는 것을 그제서야 알았다.

정말 하나님이 도운 것이었다. 만약에 대통령에게 보낸 홍삼이 '天'이 아니고 '地'자나 '良'자였다면 선물하고도 욕을 먹을 뻔했다. 아무 생각 없이 한 통 보낸 것이 '天'이었다는 것은 정말 운이 좋았던 것 같다.

지금까지 장황하게 인삼에 대해서 언급한 것은, 인삼이 월남 사람들이 제일 좋아하는 보약이고 대민사업을 할 때 인삼을 활용하면 말로 백 마디 하는 것보다 더 효과가 있다고 봤기 때문이다.

베트남전은 지금까지 설명한 것처럼 분명히 다르다. 이런 전장 환경의 베트남에서 탐색 및 섬멸(Search & Destroy) 작전을 위주로 하는 미군이 성과가 있을리 없다. 탐색이 되지 않을 뿐 아니라 훑고 지나가면 숨었던 베트콩이 다시 활개를 치는 형편이니 작전은 끝없이 반복된다.

장비가 최신형이고 중무장했다고 먹혀 들지 않는다. 오히려 덩치가 커서 적에게 목표 또는 표적을 제공한다. 따라서 나는 **베트남전은 군사작전의 관점에서 볼 게 아니라 정치적인 관점에서 접근해야 한다**고 생각했다. 그래서 착안한 것이 **'백명의 베트콩을 놓치는 한이 있어도 한 명의 양민을 보호하라'**는 전략이었다. 이것은 군사작전의 슬로건이 아니라 정치적인 슬로건이다. 이 슬로건은 두 가지 측면에서 효과가 있다.

첫째, '물과 고기', 즉 **양민과 베트콩을 분리시키는 가장 좋은 방책**이라는 것이다. 양민의 신뢰를 얻어 우리 편으로 만든다면 자연히 베트콩은 분리되기 마련이다.

두 번째는, 한국군 장병들에게 양민보호를 강조함으로써 **양민의 피해를 적극 줄여 나가자**는 데 있다. 전장에서 전우가 죽고 다치는 곳에 있게 되면 양민이라고 해서 가려 내려 하지 않기 때문이다. 양민 복장을 하고 있는 베트콩이 대부분일 경우가 있는데, 양민이라고 해서 예뻐 보일리 없는 것이다.

대민 민사작전은 군사작전을 뒷받침하는 것을 전제로 실시해야 한다. 형식적인 대민지원이나 성의 없이 행사만을 위한 대민지원은 오히려 역효과를 낼 뿐이다.

아무리 열심히 대민지원을 계속해도 양민의 희생이 생기면 그 성과는 물거품이 된다. '백명의 베트콩을 놓치는 한이 있어도 한 명의 양민을 보호하라'고 한 목표는 양민을 보호하면서 우리 편으로 만들고, 베트콩으로부터 분리시키는 한편, 우리 장병들에게는 양민보호의 중요성을 인식시키는 경구가 될 것이다. 또한 그 성과는 더 확대되어 양민 희생을 최소화하는 데 도움이 되는 것이다.

베트남전에서 나와 부하 모든 장병은 이러한 정신하에 전쟁을 치렀다. 따라서 양민 희생이 미군은 물론 월남군보다 훨씬 적었다는 것은 이미 밝혀진 바 있다.

그런데, 한국의 지성이라고 스스로 자임하고 있는 강정구, 한홍구를 비롯한 몇몇 사람이 한국군이, 베트남에서 양민을 학살했다 하여 당시 베트콩의 선전물을 앞세우고 선전하기 시작하였다. 터무니없는 숫자와 사진들까지 제시하며 파월 장병의 명예를 더럽혔다. 매우 분노했지만 그 후 진실은 밝혀져 그들 스스로 입을 다물게 되었다.

내 명예와 내 양심에 의해 분명히 밝히거니와, 베트남전쟁에서의 양민 희생이 어느 전쟁, 어느 전투에 비해 한국군이 가장 최소화했다고 자신 있게 말할 수 있다.

포탄과 실탄이 스스로 양민과 베트콩을 구별할 능력이 없는 한 베트남전쟁에서의 양민 희생은 있기 마련이다. 그런 경우 학살이 아니고 어쩔 수 없는 희생이었다고 말해야 한다.

3. 대민지원과 민사심리전

대민지원과 민사심리전은 베트남전에 있어서 군사작전에 우선함은 물론이고 상호 뗄래야 뗄 수 없는 관계이다.

대민지원과 민사심리전의 원칙과 방침은 말할 것도 없이 '백명의 베트콩을 놓치는 한이 있어도 한 명의 양민을 보호하라' 이다. 베트남전에서 한국군이 근무하는 동안 장군에서부터 말단 병에 이르기까지 머리 속에서 항상 되뇌이어야 했다. 즉 이와 같은 원칙의 배경에는, 베트남전에서는 베트콩을 많이 죽이는 것이 목표가 아니고 양민을 보호함에서 얻어지는 성과, 즉 양민 속에 베트콩이 발붙이지 못하게 함은 물론 베트콩 속에 양민이 방패막이로 사용될 수 없게 차단함으로써 싸우지 않고 승리를 쟁취하는 데 있는 것이다.

그 구체적 성과는 베트콩 귀순병의 증가에서 나타난다. 맹호사단 전술책임지역 내에서 파병 한 달도 못돼 귀순 베트콩이 생기기 시작한 것은 우리의 대민지원과 민사심리전의 성과가 나타난 것으로 분석할 수 있는 것이다.

대민심리전은 형식을 철저히 배제하고 진실로 도와 주겠다는 마음이 중요하다. 나는 늘 예하부대를 다니면서,

"대민심리전은 물질을 주는 것이 아니라 마음을 주라."

고 강조하며서,

"너희들이 민간인을 대하는 태도와 자세에 달려 있다. 민간인의 생명과 재산을 우선적으로 보호하라."

고 교육을 시켰다.

초기 작전에 있어서 촌락의 베트콩을 공격하면서 전과보다 우리의 희생을 감수하면서 양민이 희생되지 않게 하려고 했다는 사실이 알려지면서, 빈딩성 성장 이하 행정관리는 물론 월남 사람들 모두로부터 한국군을 존경의 대상으로까지 보게 된 것이다.

많은 물자를 지원하는 것보다 정성이 담긴 적은 물자를 주는 것이 훨씬 효과적이라는 것이 곳곳에서 입증되었다.

가령 미군들의 원조 방식은 작전하는 군인이 원조하는 것이 아니라 별도로 구성된 민간인 조직에서 원조하는데, 트럭에다 쌀 포대를 잔뜩 싣고 와서 포대째 내던지고 가는 경우가 종종 있었다. 그런 경우 월남 사람들은 고맙게 생각하는 것이 아니라, "우리 쌀 뺏어다가 자기들이 인심 쓰고 있다"며 투덜대는 것이다.

우리는 그런 방식이 아니라, 직접 전투병들이 어렵게 사는 집을 찾아다니면서 빈 상자나 혹은 밥그릇 등으로 나누어 담아 일일이 퍼 주면서 그들에게 "얼마나 고생하느냐. 이번 이 쌀이 부족할 텐데 다음에 다시 오겠다."고 하며 인연을 맺어 꼭 잊지 않고 다시 찾아가 가지고 온 쌀을 더 보태 주면, 포대째 쌀을 주는 것보다 양은 훨씬 적지만 월남 사람들로부터 진심으로 고맙다는 인사를 받는 것이었다.

베트남전은 이때까지의 어떤 전쟁보다 대민심리전의 중요성이 강조된 전쟁이었다. 전후방 전선의 구별이 없으며 많은 월남 사람 가운데 누구든지 베트콩이 될 수 있기 때문이었다. 예를 든다면, 우리의 전술책임지역 내 한 마을은 겉으로는 평화스럽게 보인다. 그리고 그 마을의 주민들은 노인이나 부녀자와 어린이들뿐이다. 이들 가옥의 어느 구석에는 그들만이 알고 있는 지하동굴의 입구 가 있고 그곳에는 젊은 남자가 숨어 있다. 아군이 없을 때는 이들 이 나와 농사를 짓는다. 그러나 아군이 눈에 띄지 않을 때나 밤이 되면 무장을 하고 아군을 기습 공격한다. 바로 숨었던 젊은 남자가 베트콩인 것이다. 공격하는 베트콩을 추적하여 아군이 작전을 개 시하면 이들은 신속히 파 놓은 굴 속으로 숨어 버린다. 그리고는 다시 그 마을은 평온하고 평화스러운 마을로 변한다.

어쩌다가 용케 수색하다 숨었던 베트콩을 잡을 수 있고 숨겨 놓 았던 총기를 찾을 수 있지만, 그리 쉬운 일이 아니다. 그러니 **마을 주민들은 보조 전투원인 셈이고 연락원, 첩보원이다.** 우리가 6 · 25 전쟁 전후에 경험했던 지리산 공비토벌작전 때, 낮에는 대한민국, 밤에는 인민공화국이 되었듯이, 이곳도 낮에는 외형상 월남공화국 이지만 야간에는 월맹이 지배하는 베트콩 천하가 되는 것이었다.

사정이 이 지경까지 되어 버린 것은 간단히 말해서 월남의 극심 한 부패가 민심을 떠나게 했고, 또 월맹의 유효 적절한 심리전과 선전 및 선동 때문인 것이다.

더욱이 미군 작전시 촌락들이 초토화하는 것과 월남군 작전시 강간, 약탈 등 지나친 민폐는 민심이 등돌리는 결과가 되었다.

한국군이 주둔하기 시작하자 월남 사람들은 미군이나 월남군과 같은 선상에서 보기 시작하였다. 지난날 일본군의 극심한 행패를 겪은 월남인들은 용모가 비슷한 한국군을 좋게 볼리 없었다. 그러던 것이 달포가 지나면서 태도가 완전히 바뀌기 시작했다. 한국군은 일본군처럼 행패도 안 부리고, 미군처럼 지나간 곳곳을 쑥대밭으로 만들지도 않고, 월남군처럼 민폐도 없다는 것을 확인한 것이다. 특히 철모를 쓴 한국군은 노인을 만나면 철모까지 벗으며 인사를 하자 그들의 눈은 휘둥그레졌던 것이다.

또한 한국군은 곳곳마다 돌아다니며 치료소를 설치하여 환자를 치료까지 해 주니 더욱 신뢰가 쌓여지기 시작했다.

이런 풍조가 처음부터 순탄한 것은 아니었다. 왜냐하면, 몇몇 한국군 지휘관이 "베트남전쟁을 위해 싸우러 왔지 월남 사람 도와 주러 왔느냐"고 별로 달갑지 않게 생각하여 적극적으로 나서지 않았기 때문이다.

▲ 월남 노인들을 방문하고 협조를 요청하는 저자. 저자는 방문 기념으로 월남인 모자와 월남 옷을 입었다.

그러나 '**지성이면 감천**'이라는 옛말이 있듯이, 내가 앞장서서 나 갔고 또 적극적으로 호응하는 지휘관이 있었기 때문이다.

맨 먼저 깃발을 든 부대는 역시 제1연대 재구대대였다. 원래 대대에는 민사심리전 담당 참모부서가 없다. 그것을 착안한 재구대대장은 대대 정보관 권준택 대위를 민사심리전 참모를 겸임케 해서 대민사업에 발동을 걸기 시작했다. 민사심리전 분야는 정규전에서 작전에 속하는 것이 참모업무였지만, 베트남전에서는 특수해 정보업무와 함께 하는 것이 대민 접촉을 통한 정보수집이 가능했다.

맹호사단에서 제일 먼저 치료소를 설치하고 적극적인 구호활동에 나서자, 권준택 대위는 베트남에서의 한국인 촌장이라는 별칭으로 유명해졌다. 베트콩 귀순자도 권 대위의 노력으로 첫 테이프를 끊었다.

4. 대민심리전과 베트남어 교육

베트남은 예전부터 근 천년 동안이나 중국의 지배를 당해 왔고, 근세에 들어서는 프랑스 식민지로 전락해 많은 핍박과 착취를 당해 왔다. 그리고 제2차세계대전 때는 일본군의 점령하에 있었다. 그래서 이들은 강한 배타적 감정의 뿌리가 깊었다. 그런데 한국군이 들어오자 이들은 한국군에게 회의와 환영의 상반된 감정으로 맞았던 것이다.

회의의 동기는 한국군의 외모가 비슷한 일본군을 의식해서였고, 환영은 백인에 대한 원한이 사무쳐 같은 황색인종이기 때문인 것이었다.

　처음 미군이 들어오자 월남인들은 '미군이 월남인을 구하러 왔다' 고 생각하기 보다 '프랑스군이 같은 백인들인 미군으로 대체된 것이다' 라고 생각하는 경우가 강했다. 그러나 한국군에 대해서는 처음부터 일본군과는 근본적으로 다르다는 것을 알고부터는 같은 동양인이고 한국도 월남인처럼 일본제국주의와 그 이전에 중국의 지배를 받은 것까지 같은 운명이었음을 발견하고 차츰 한국군에 대해 친근감을 갖게 되었다.

　예를 들어, 과자 같은 것을 마을 주민에게 나누어 줄 때, 미군들은 차에 실은 것을 따라오는 주민들에게 던져 주는 것이 보통이었다. 그러나 한국군은 이런 짓은 거지에게도 해서는 안 되는 것으로 알고 있었고 동물에게 모이를 뿌려 주는 행동이라고 여겼다. 비록

▲ 맹호부대 주둔 지역인 고보이의 댐 공사장에서 한국군과 월남인이 하나가 되어 구슬땀을 흘리고 있다. 이 현장을 본 박순천 여사는 감명을 받고 눈물을 흘렸다.

하찮은 물건이라도 나이 든 어른에게는 앞에 다가가 머리를 숙이고 공손히 두 손으로 바치며, 아이들에게는 머리를 쓰다듬으며 손에 쥐어 준다. 이런 행동은 우리 병사들이 보통 할 수 있는 것인데도 월남 사람들은 감동했던 것이다.

그 외에 월남 사람들은 처음부터 한국군을 아주 강한 군대로 인식하고 있었다. 천년간 중국 지배를 받은 그들은 전통적으로 중국이 세상에서 제일 강하다고 여기고 있었다. 그러나 6·25전쟁 때 중국군의 인해전술을 한국군이 물리쳤으니 중국군보다 강하다는 소문이 퍼졌다.

베트남은 한글과 같은 자기들의 고유한 문자가 없어서 교육 받은 사람들은 한자(漢字)를 알고 있었다. 월남 사람들이 그때 사용하고 있는 베트남 알파벳은 19세기 중반에 프랑스 신부가 그들의 말과 음을 표시하도록 고안해 냈다. 그런데도 대부분의 월남 노인들은 한국군과 한자로 필담을 나눌 수 있었으니 매우 편리하였다. 그 당시 그들의 가족제도는 전통적 동양풍습에 따른 것이어서 가정에서나 마을에서 노인들의 권위는 살아 있었다.

이러한 복합적인 요인으로 한국군이 비록 미군보다 뒤늦게 베트남전쟁에 뛰어들었지만, 처음부터 한국군의 민사심리전은 미군보다 많이 앞설 수 있었던 것이다.

그런데 차이점이라고 걱정한 점은, 미군 요원들은 베트남 말을 잘 하고 우리는 그렇지 못하다는 것이었다. 미군은 캘리포니아주 모터레이라는 곳에 전통을 자랑하는 어학학교가 있어 그곳에서 교육을 마친 요원들이었기 때문에 처음부터 언어 장벽이 큰 문제가 아니었다.

한국군은 미군 고문관과의 협조를 위해 영어 통역장교가 있었으며, 영어 의사소통은 그런 대로 불편하지 않았다.

그런데 베트남은 원래 프랑스 식민지였고 2차대전 이후에도 프랑스어는 광범위하게 사용되고 있었으며, 그것은 월남 군대에서도 예외가 아니었다. 그러다가 1965년 한국군이 월남에 도착했을 때는 월남군이 정식으로 불어 사용을 폐지하고 영어를 사용하기 시작한 직후였다.

그래서 우리가 도착한 그 무렵에는 영어가 프랑스어보다 더 실용적일 때였다. 또한 이때 월남군은 사이공 교외에서 어학학교를 운용하여 월남군 장교와 하사관들에게 영어 교육을 실시하였으며 회화 교관으로 미국 요원들이 돕고 있었다.

이런 전반적인 과정을 파악한 나는 한국군 장교들에게 베트남어 교육을 실시해야 한다고 생각하고 교섭을 시작했다. 그러나 월남군의 학교는 그들의 영어 교육에도 시설이 좁아 이미 초과 상태라는 것이었다. 그러나 계속 설득하여 학교 당국과 월남군총사령부의 동의를 얻었지만 미군사령부(MACV)의 승인이 또 필요했다. 교육에 필요한 자금, 즉 어학학교에서 필요한 자금과 교육을 받아야 할 한국군 장교들을 위한 출장비와 숙박비가 필요했다. 미군과의 협조는 우리가 원하는 대로 성사되었다.

주간에는 학생들이 교육을 받되 일과 이후는 사이공의 월남인 가정에 하숙을 시킨다는 것이다. 그래서 어학 교육의 성과를 단시일 내에 올리자는 것이었다. 그러기 위해서 하숙비, 학교에서의 중식비, 출퇴근시 교통비 및 기타 잡비가 필요했으며 1인당 수백 달러가 소요되었다.

교육은 매기마다 수십명씩 편성하여 최소 6개월 정도의 기간으로 시작되었다. 그 결과 교육 성과가 좋았으며, 귀대 후 소속 부대에서 심리전 전개에도 크게 공헌했다. 그러나 그보다 더 큰 성과는 어학학교에서는 월남군, 그리고 하숙집에서는 하숙집 식구와 친구 또는 친척 그리고 이웃을 통해 한국과의 상호 이해에 도움이 컸다. 우리가 베트남전 참전 이래 내가 항상 강조하던 '10명의 베트콩을 잡는 것보다 1명의 적을 만들지 말자. 싸움에 이기기 위해서 월남 사람들의 마음부터 사라' 는 지시는 베트남어 교육을 통해 더욱 잘 수행할 수 있게 되었다.

특히 한국군이 베트남어를 배우고 있고 또 배운 장교들이 베트남어로 말하는 것을 본 월남 사람들은 신기해 하면서 때로는 닫았던 마음의 창까지 활짝 여는 아름다운 광경이 곳곳에서 보여 나는 정말 흐뭇했다.

5. 첫 대민지원 및 심리전의 성과

맹호사단 제1진인 제1연대가 빈딩성 성도이며 해안도시인 퀴논에 상륙하자, 지역 내 베트콩들은 겁을 먹은 탓인지 관망하기 위한 계책인지, 일체 군사행동을 취하지 않았다.

맹호사단 6개 보병대대 모두 나의 훈령에 따라 적 게릴라전에 대비한 훈련과 함께 중대전술기지 구축에 여념이 없었다. 그 사이사이 나는 대대를 순시하면서 장병에게 **'전투는 30%, 대민지원과 심리전은 70%로 설정한다'**고 훈시했다. 따라서 대 게릴라전에 대한 설명에서 '대 게릴라전의 뜻을 한 마디로 표현하라면, 지역주민의 협력을 얻어 베트콩을 섬멸하기 위한 군사작전과 함께 심리전 및 대민지원을 병행하는 작전이다'라고 덧붙였다.

월남에서의 월맹군과 베트콩들은 정규전보다 게릴라전을 관용전술(慣用戰術)로 삼고 있기 때문에 거기에 대한 방책 수립은 무한한 것이다.

월남의 농촌 주민들은 오랫동안 외국의 지배하에 끊임없이 벌어지는 전쟁 속에서 살아 왔기 때문에 포성과 총성이 들려와도 별로 놀라지 않고 무표정하게 살아가고 있었다.

대부분의 주민은 민주주의나 공산주의 등 이념 문제에 관심을 두지 않고 하루하루 생명을 이어 가는 데만 정신을 쏟고 있었다.

당시 맹호사단은 대대별로 전술책임지역을 배당해서 적정 파악을 위한 민간인 접촉이 필요했고, 그러기 위해서는 대민지원과 민사심리전 활동이 요구되었다. 이 무렵 각 대대는 배당받은 전술책임지역 내에 각 중대를 전개하여 중대전술기지 구축을 시작했다. 나는 그 전술기지 하나하나를 순시하여 점검을 했다. 과연 선발된 중대장답게 모든 중대는 거의 완벽하게 중대전술기지를 구축하고 있었다. 매우 마음이 흡족했다. 그 순시 과정에서 강조한 것은 '**철저한 경계**'였다. 경계의 중요성은 고금동서(古今東西)를 막론하고 그 중요성이 강조돼 온 것이므로 몇 번을 되풀이해서 강조해도 부족함이 없는 것이었다. 중대전술기지 개념의 1차적 성공은 완벽한 경계로 적이 감히 넘볼 수 없게 하는 것이고, 2차적 성공은 기지를 중심으로 대민지원 및 민사심리전을 전개하여 책임지역 내 양민과 베트콩을 분리시키는 한편, 베트콩을 섬멸 후 지역 평정을 완수하는 것이다. 그러므로 이제 경계와 함께 대민지원을 통한 민사심리 전을 전개해야 한다.

퀴논시에서 서북방으로 1번도로를 따라 약 9킬로미터 가면 왼쪽으로 굽어지는 19번도로의 지선이 나온다. 이 도로를 따라 서남방으로 약 11킬로미터를 가면 남탕(Nam Tang)면이 있는데, 이 마을은 네 개의 큰 마을로 나뉘어진다. 재구대대가 위치한 지역은 이 네 마을 가운데 히븐이라는 곳이다. 주위는 온통 푸르다 못해 시커멓게 보이는 나무들이 정글을 이루고 있다. 아름다운 풍경이다. 이 사이사이에는 허물어진 초가집과 탄흔이 선명한 이층 기와집도 보인다. 사단사령부에서 재구대대본부까지 이르는 도로는 완전히 평정되어 밤이나 낮이나 안전이 보장된다고 알려져 있었다. 내가 지프차로 대대본부를 방문하기로 하고 사단사령부를 떠나 대대를 향했다. 때마침 공정식 해병대사령관이 방문을 했으므로 동행하기로 하였다.

내가 재구대대본부를 방문하게 된 것은 대대 장병을 치하하기 위해서였다. 재구대대가 현위치에 도착하자마자 다음날 10월 23일 정글 수색작전에서 베트콩 보급책을 생포하여 첫 전과를 올렸기 때문이었다.

용영일 대위가 지휘하는 제9중대 제1소대 화기분대장 이현태 하사는 분대원을 산개시키면서 총성이 나는 방향으로 수색해 갔다. 은밀히 접근하다 보니 사람의 흔적이 발견되었다. 이 하사는 계속 잠복해 있으면서 나타날 때를 기다렸다. 저녁 해가 질 무렵 3명의 베트콩이 전방에 나타났다. 더 가까이 접근하면 사격하겠다고 숨을 죽이고 있는데, 방향을 바꾸어 더 멀리 가는 것이었다. 이때 사격을 안하면 영영 놓칠 것이라 생각하고 일제 사격을 가했다. 그런데 워낙 거리가 멀었기 때문에 놓쳐 버렸다. 이 하사는 끝까지 추적했다. 그때 정글 숲이 노랗게 퇴색된 것을 발견하고 사격을 가했다. 그랬더니 베트콩 한 명이 숨었다가 손을 번쩍 들고 나오더니 무릎을 꿇고 두 손을 빌면서 살려 달라고 애원을 했다. 이렇게 하여 베트콩 보급책이 가지고 있던 수류탄 등 10여 점의 노획품과 함께 현장 생포했다.

나는 주월 한국군 **최초의 전과를 올린 이현태 하사에게 인헌무공훈장을 직접 달아 주었다.** 이날 행사는 제1연대 연병장에서 성대히 거행했으며 이 하사를 단상에 세워 분열부대를 사열케 했다.

고 강재구 소령의 태극무공훈장에 이어 두 번째 무공훈장 수여식이니 각별한 의의가 있다고 하겠다.

가는 길목에 적십자 완장을 두르고 서 있는 군의관이 보였다. 나는 의아하게 생각하며 차를 세우고 군의관 앞에 다가갔다. 군의관 바로 뒤에는 의료기구, 약품들이 수북이 쌓여 있었고 노인과 젊은 부인들이 10여 명 줄지어 서 있었다. 군의관 말에 의하면, 오늘 하루 30여 명의 환자를 이미 진료했다는 것이었다.

아직 내가 민간인 진료를 지시한 바도 없었고 당시 약품도 부족했던 초기였는데, 그 많은 약품을 어디서 구했는지 군의관에게 물었다. 재구대대 정보장교 권준택 대위가 미군으로부터 얻어 온 것이라고 했다. 그때 젊은 대위가 저만치서 뛰어오는 것이었다. 그가 바로 권준택 대위였다.

나중에 안 일이지만, 권준택 대위는 육사15기생으로 임관하여 재구대대 정보관으로 부임하기 전에 미국 특수전학교 비정규전과정을 이수한 게릴라전 전문가였다. 그러기에 내 대 게릴라전 원칙을 제일 먼저 이해하고 발벗고 나선 것이었다.

　이런저런 이야기를 하다가 군의관 명찰을 보니 '박재구'라는 이름에 눈이 갔다. 나는 신기하여,

　"재구대대에 강재구 외에 박재구도 있었나?"

하고 물으니 군의관은 "네" 하고 대답하는 것이었다.

　"천상 1연대 3대대는 재구대대가 팔자소관이군."

하며 웃었더니, 어느새 몰려 온 20여명의 장병도 함께 웃는 것이었다.

　"무슨 병력들인가?"

　"네, 특수임무소대입니다."

　"특수임무소대라니?"

　"네, 비정규전 가운데 대민접촉을 통해 정보획득과 민간인 구호를 통한 한국군의 이미지 정착을 위해 대대에 특수임무소대를 만들었습니다."

　나는 기발한 착상에 놀랐다. 내가 고개를 끄덕이자, 권 대위는 이어서

　"사령관님, 지시사항인 대민지원과 민사심리전 지침에 따른 실천소대입니다."

　나는 권준택 대위와 박재구 군의관에게 치하하고 지프차를 타고 재구대대본부로 향했다. 차 안에서 나는 그 두 장교들을 떠올리며 내 기대 이상으로 활약하고 있는 모습에 감동을 금할 수 없었다. '내 전략전술인 중대전술기지 개념과 함께 대민지원과 민사심리전이 정착되어 가는구나…' 하고 생각하니 매우 흡족했다. 기분이

한껏 좋아질 무렵 파란 바탕에 백색 글씨로 쓴 '在求CP' 간판이 눈
에 들어왔다. 그 옆에 연대장 김정운 대령과 대대장 그리고 참모들
이 도열해 있었다.

　대대장실로 사용하고 있는 작은 CP 천막 앞에 나무로 만든 안락
의자 같은 것이 두 개가 있는데, 대대장은 나와 공정식 해병대사령
관을 앉게 했다. 그 앞에는 브리핑 차트가 준비되어 있었다. 안락
의자가 신기해서 만지작거리고 있으니 연대장이 하는 말이
105mm 포탄상자로 만들었다고 했다. 나는 포탄상자로 만든 안락
의자에 앉은 채 대대장 박경석 중령과 제9중대장 용영일 대위 그
리고 파월군 첫 전과를 올려 인헌무공훈장을 수상한 이현태 하사
에게 격려의 말을 하면서, 계속 잘 싸워 맹호의 명예를 선양하도록

▲ 포탄상자로 만든 안락의자에 앉은 저자(좌측)와 공정식 해병대사령관에게 브리핑하는
　재구대대장 박경석 중령.

당부했다. 이어서 나는 웃으며 대대장에게 브리핑을 시작하라고 눈짓을 했다.

역시 젊고 팔팔한 대대장은 청산유수처럼 브리핑을 시작하는 것이었다. 그 브리핑을 들으면서 '또 재구대대장의 뜻밖의 제안이 안 나올까' 하고 생각이 미치기가 무섭게 그야말로 뜻밖의 제안을 내놓는 것이었다.

"재구대대는 전술책임지역 내를 전투 없이 완전히 평정하였습니다. 저희 대대는 전투하기 위해 파병되었으므로 전술책임지역을 적정이 제일 많은 곳으로 옮기게 해 주십시오."

나는 또 놀랐다. 대대전술책임지역을 전투 없이 평정 완료했다는 보고와, 적정이 제일 많은 곳으로 옮겨 달라니 두 경우 다 믿어지지 않았다. 그 넓은 지역을 대대가 도착한 지 한 달밖에 지나지 않았는데 평정을 완료했다니…. 도저히 믿을 수 없었다. 옆에 앉아 있던 연대장이 대신 그 내용을 설명했다.

처음 재구대대가 전술책임지역인 남탕에 도착할 무렵에는 베트콩이 곳곳에 자리잡고 있었다는 것이다. 한국군이 오자 사방에서 총성을 울리며 한국군의 동태를 살피더라는 것이었다. 그래서 대대장은 정보장교 권 대위를 시켜 월남인과 베트콩에게 보내는 전단지를 만들었다고 했다. 그 내용인즉, '한국군은 평화를 위해 도착했으므로 월남 사람 누구라도 보호하겠다. 만약 베트콩이 적대행위를 하지 않고 한국군에게 협조하면 용서하되 지금처럼 시도 때도 없이 총질이나 하고 한국군에게 도전하면 1주일 내로 작전을 개시하여 박멸하겠다'는 전단을 지역 곳곳에 뿌렸더니, 사나흘 지나니 흔적도 없이 사라졌다는 것이다. 그 후 대대는 권준택 대위가

심어 놓은 첩보망을 통해 확인한 결과, 재구대대는 무서운 대대이
므로 피해야 되겠다고 하면서 보따리를 싸서 푸캇산 쪽으로 옮겨
갔다는 것이다.

나는 연대장의 설명을 듣고 나서 다시 대대장을 바라보았다.

"정말 적정이 많은 곳으로 옮겨가고 싶나?"

"네, 정말입니다."

군소리 없이 가겠다고 했다. 그 무렵 1번도로로 북상하면 푸캇군
과 푸미군이 있는데, 미 제1기갑사단이 작전 중인 그곳 연대 전투
단 지역을 우리에게 넘기려고 했지만 내가 확실한 대답을 하지 않
고 있었다. 나는 대대장의 전투의지로 보아 한번 시험삼아 투입할
마음이 생겼다.

"좋아, 생각해 보겠다. 사단에 가서 검토하지."

하고 대대본부 전술기지를 둘러 보았다.

예상 밖으로 철저히 대대본부 기지가 흡족하게 완성된 것을 보
고 VIP 코스로 정했으면 좋겠다고 생각했다. 대대본부에는 본부
중대와 중화기중대가 있는데, 소총중대와 달리 중대전술기지를 만
들도록 지시는 하지 않았다.

그러나 재구대대는 본부의 행정요원과 중화기중대를 소총중대
로 잠정 개편하고 중대전술기지에 준하는 진지를 구축해 놓고 있
었다. 기지 앞에 헬기장도 만들어 놓았다. VIP들에게 본부기능과
중대전술기지기능 두 개를 함께 보일 수 있다고 생각했다.

사단사령부를 향해 달리는 지프차 안에서 재구대대의 활기찬 모
습을 상기하며, 이제 예하부대들이 베트남전에서의 내 전략과 전
술을 이해하고 있구나 하고 생각하니 매우 기뻤다.

6. 첫 적 사살 사격군기의 교훈이 되다

맹호사단 전술책임지역 내의 모든 중대들이 중대전술기지를 설치하느라 진지 구축에 한참일 때 뜻밖의 일이 벌어졌다. 매일 밤 각 중대 진지에서 전투가 벌어졌다는 것이다. 그러나 날이 새면 전투의 흔적이 없다. 소총 사격이나 기관총 사격을 맹렬히 적에게 퍼부었다면 적 시체나 하다 못해 핏자국이라도 있어야 하지 않는가.

나는 매우 불쾌했다. 중대 숙영지에서 경계병들이 겁을 먹고 허깨비에 사격한 것으로 판단했기 때문이다. 그럴 법도 한 것이 중대에는 전투 경험이 있는 장병이 한 사람도 없기 때문에 발생했으리라 추정했다.

6·25전쟁 참전 경험자는 대대장 이상 지휘관과 일부 사단 참모밖에 없는 실정이었다.

홍천에서 교육훈련시 병들에게 가장 강조한 것이 사격군기였다. 방어진지에서 적을 지근거리까지 유도한 뒤 일발 필살로 결판을 내라는 것이었다. 수백발을 사격하고도 그 전방에 적 시체가 없다면 분명히 겁먹고 허깨비에 사격한 것으로밖에 볼 수 없는 것이다.

나는 작전회의를 소집하여 만약 사격을 시작하고도 적 시체가 없다면 엄단할 것을 분명히 했다. 작전회의 후 그날 밤은 각 중대가 비교적 조용했다. 함부로 사격하다간 엄하게 벌받는다는 상관의 명령을 따른 것이다. 야간 공포의 극복을 위해서라도 야간 사격군기는 준수되어야 하는 것이다.

간혹 허깨비 사격이 있었지만 하루하루 지내는 동안 많이 개선되어 갔다.

1965년 10월 28일 맹호사단 제1연대 제1대대는 배정도 중령 지휘하에 퀴논 북방 약 13킬로미터 지점인 풍손(Phung Son) 부락 부근 184고지 일대에서 숙영하게 되었다.

제3중대는 대대 숙영지 일부를 담당 야간 경계를 실시하게 되었다. 이날 밤 21시 30분경 중대 정면에 분대로 보이는 소규모 적병이 야음을 이용하여 접근하는 것을 발견하고 사격을 가해 격퇴시켰다. 이어서 새벽 1시 20분경 적 3명이 덤불이 우거진 지역을 따라 3소대 2분대 정면으로 접근해 왔다. 최초 적을 발견한 안윤옥 이등병은 즉시 약정된 신호로 고광배 일등병에게, 고광배 일등병은 서남식 상등병에게 전달하여 분대장에게까지 보고되었다.

이 3명의 사병들은 적의 접근 방향으로 측면 이동하여 지긋이 입을 다물고 적을 응시하고 있었다. 적은 논 위로 살금살금 기어 오고 있었다. 논에는 물이 고여 있었으나 적병은 물소리조차 내지 않고 안윤옥 이등병의 잠복지점 근처까지 다가서면서 살그머니 엎드리고 아군의 동정을 살피는 듯했다. 적병은 다시 안 이등병 앞으로 더 가깝게 다가서자 약 5미터 거리까지 도달했다. 안 이등병은 소총 방아쇠를 당겼으나 불행히도 소총이 고장난 탓인지 발사되지 않았다. 아마 겁먹고 실수했는지도 모른다. 적병은 기미를 알아채고 그 자리에 납작 엎드렸다. 순간 고광배 일등병이 소총 방아쇠를 당겼다. 계속 M1 소총 한 클립 8발을 다 발사했다. 2명의 적병이 명중하였다. 적병은 비명을 지르며 그 자리에 쓰러졌다.

그 후 7분 후 대대 81mm 박격포의 조명지원으로 사격을 계속하였다. 살아남은 적병은 도망가고 말았다. 이 총격전은 중대전술기지에서의 전투가 아니라 기지편성이 완성되지 못한 아군 숙영지에 대해 적이 최초로 아군을 시험하기 위한 접근으로 분석되었다.

적병은 아군 숙영지를 주간에 정찰해 두었다가 야간에 접근한 것이다. 이 사격전에서 2명의 적을 사살하고 실탄 108발과 수류탄 2발, 탄창 4개 등을 노획했으나 소총은 회수하지 못하였다. 적이 살아 도주하면서 죽은 시체의 소총을 가지고 갔다고 추정했다. 물론 아군 피해는 없었다.

이 소규모 총격전은 정상적인 전투라면 별 의미가 없는 통상적인 총질이지만, 각별한 의미를 부여하는 것은 전투 경험이 없고 밤마다 허깨비에 사격하는 문란한 사격군기를 바로잡는 데는 각별한 의미가 있기 때문이다.

나는 적 2명을 지근거리에서 사살한 고광배 일등병의 전공을 전 사단 장병 뿐만 아니라 청룡여단에도 알려 사격군기를 바로 세우는 교훈으로 삼게 했다.

고광배 일등병의 훈장수여식을 제1연대 연병장에서 실시했으며, 나는 많은 장병이 도열하고 있는 식장에서 직접 화랑무공훈장을 달아 주었다. 그리고 단상에서 분열행진부대로부터 사열을 받게 했다.

정신 차리고 다가온 적을 사살만 하면 훈장을 준다는 소문이 퍼져 맹호사단 전 지역에 걸쳐 사격군기를 바로잡는 계기가 되었다.

그리고 고광배 일등병은 사병들의 선망의 대상이 되었으며 소총소대에서 뽑아 본부 근무를 시키도록 조치했다.

군인에게 있어서 무공훈장은 최고의 영예이다. 그리고 사병이라 할지라도 무공훈장 수훈자는 단번에 국가유공자가 되며 제대 후에는 국가의 원호대상이 된다.

훈장을 타기 위해서라도 허깨비 사격을 하지 말자는 풍조가 사병 사이에 널리 퍼졌다. 이렇게 하여 맹호사단 각 중대가 전술기지를 완성한 다음부터는 허깨비 사격이 없어졌다. 이제 고광배 일등병과 같이 적을 사살해야겠다는 의욕이 퍼지며 각 중대기지에 접근하는 적은 그때마다 사살되었다. 베트콩들은 감히 한국군 맹호를 섣불리 건드렸다가는 죽음밖에 없다는 것을 알게 되면서 한국군 맹호들을 공포의 대상으로 보기 시작하였다. 중대전술기지 완성과 함께 사단 내 전술책임지역은 예상보다 빨리 평정사업이 순탄하게 이루어졌다.

10월 23일 전공으로 재구대대 이현태 하사의 무공훈장에 이은 제1대대 고광배 일병이 10월 29일 전공으로 맹호의 두 번째 영웅으로 탄생했다.

제 8 장
군사작전 이외의 문제들

1. PRC-6 무전기 획득

　오늘날과 같이 통신이 발달해 있는 상황에서는 당시의 통신 소통 문제에 대해 이해하지 못할 것이다. 손바닥 안에 들어가는 소형 휴대폰을 가지고 미국을 비롯한 세계 여러 나라와 서로 교신을 할 수 있다는 것, 당시에는 꿈에도 상상할 수 없는 시대가 전개되고 있기 때문이다.

　어디 통신기기 뿐이랴. DMB라 하여 손바닥 속에서 TV 화면을 걸어 다니면서 볼 수 있으니 정말 신비한 세상에 우리가 살고 있다.

　간혹 노병들이 모이면, 이 신비로운 세상을 보는 것을 오래 산 덕분이라고 하면서 앞으로 어떻게 변해 갈지 호기심어린 눈초리로 세상을 전망한다.

　사이공에 도착해서 주월미군사령부에 요청한 첫째 문제는 퀴논에 있는 맹호사단과의 유선통신 문제였다. 본대가 도착하기 전 선발대 상호간 통화를 위해 아침부터 하루 종일 전화통에 매달려 불러대다가 요행히 연결되면 미군 병사가 응답하는데, 맹호부대를 대달라고 부탁하면 맹호부대가 나오기 전에 끊어지기가 일쑤였다. 또 때에 따라서는 통화의 감도가 불량하여 목이 쉬도록 소리소리 질러야 겨우 알아 들을 수 있는 형편이었다.

국내에서 장거리 전화는 고지에 중계기지가 있어서 마이크로 웨이브를 발사하면 중계기지에서 잡아 중계하는 Scatter Communication System이었기 때문에 별로 불편함이 없었다. 그러나 베트남에서는 고지에 중계기지를 설치할 수 없었기 때문에 발사된 전파가 공중의 전리층에 도달하면 반사되어 되돌아오는 방식을 채택하고 있어 연결도 잘 안 되고 감도도 떨어지는 것이다.

그런 가운데 우리는 한국군 전용회선을 요구하였다. 이 요구는 타당하였지만, 당시 미군사령부의 능력으로서는 도저히 받아들일 수 없는 형편이었다.

당시 사이공 부두 앞 바다에는 수십 척의 선박이 하역을 기다리면서 장기간 정박하고 있었다. 부두의 하역 능력이 너무나 허약하여 선박이 외항에서 2주 내지 4주 간씩 기다리고 있는 형편이었다.

병력이 늘어나는 만큼의 군수지원이 증가되어야 하나, 부두의 하역 능력 제한으로 감당하기 어려웠다. 엎친 데 덮친 격으로 주야를 가리지 않고 베트콩이 기습하므로 다른 지역으로의 하역장을 확대할 수도 없었다. 따라서 통신 문제는 항만 사정과 함께 상당한 시일이 지나서야 해결할 수 있었다.

사이공과 퀴논 간의 통신이 겨우 통하게 되자, 뒤이어 또 다른 통신 문제가 생겼다. 당시 소총중대에서는 소대장과 중대장 간은

PRC-6 무전기를 사용하고 있었고, 소대장과 분대장 사이는 무전기 없이 음성이나 손짓신호로 전투를 할 수밖에 없었다. 그러나 베트남 정글 지대에서는 원시림이 시야를 가리고 때로는 멀리 떨어져 있어야 될 경우가 정규전에 비해 많으므로 소대장과 분대장 사이에 무전기가 필요했다. 나는 미군의 경우는 어떻게 하고 있는지 알아 보았다. 그랬더니 미군은 본국에서 올 때부터 소대장과 분대장 간의 통신을 위해 분대장도 PRC-6를 가지고 왔다는 것이다.

주월한국군사령부 통신참모는 주월미군사령부 통신참모를 만나 추가적인 PRC-6를 요청했다. 그러나 뜻밖에 무전기를 주는 것은 월권이며 그런 능력도 없다고 미군 통신참모는 거절했다. 이어서 군수참모에게 부탁했다. 그도 장비표(T/E)에 없는 것은 줄 수 없다고 거절했다.

나는 이 문제가 주느냐 안 주느냐 실랑이 할 때가 아니라고 생각했다. 정글전에 필수적인 장비를 군수지원을 해야 할 당국이 거절한다면 문제는 심각한 것이다. 나는 작전참모 박학선 대령에게 지시했다. 박학선 대령은 미군 작전참모에게 상황을 설명하면서 그 필요성을 강조했다. 그리고 덧붙여 작전에 급히 필요하니 선박이 아니라 수송기로 공수되어야 할 것이라고 강조했다.

당시 우리 한국군의 PRC-6 소요는 1,000개 이상은 있어야 했다. 미군 작전참모는 그만한 숫자가 본국 창고에 있는지 문제이고, 또 없으면 만들든가 여러 부대에서 수집하여 공수하더라도 작전에 지장이 없도록 보급될지도 불확실하다고 했다.

여러 가지 궁리를 하던 미군 작전참모는 이웃나라 태국에 혹시 보유하고 있는 PRC-6가 있으면 즉시 회수하여 오는 것이 좋을 것이라고 했다. 작전참모는 다른 참모와는 달리 이 문제에 발벗고 나섰다.

다행히 태국에 재고가 있어 수송기로 공수해 와 한국군의 소요를 충당할 수 있게 되었다. 한국군 분대장이 PRC-6를 갖게 된 것은 처음이며, 이 무전기가 정글 수색이나 분대단위 잠복근무시 아주 요긴하게 사용할 수 있었다.

2. 군사외교의 필요성 인식

당시 한국군에게는 군사외교라는 말이 생소하게 들렸다. 한국을 방문하는 미국을 비롯한 우방의 군 수뇌들을 만나거나, 한국군 수뇌가 미국을 비롯한 우방을 방문하는 의전행사를 군사외교의 주요 부분이라고 여기고 있을 정도였다.

주월한국군사령부의 참모들은 본국을 떠나 올 때 사령관 명에 의해 하정복과 하예복을 준비해 왔다. 업무가 시작되어 본궤도에 오르니 보통 1주일에 한두 번 정도는 하예복을 입고 주월미군사령부에서 주최하는 파티에 참석해야만 했다.

당시 나는 맹호사단장을 겸직하고 있어서 주로 사단사령부에 머무는 기간이 많았으나, 때로는 사이공의 공관에서 외국 귀빈을 초청하는 파티가 종종 있었다. 이때는 하예복을 입어야 했다.

파티에서는 미 고위장성들, 미국 상하의원, 장관을 비롯한 우방의 영향력 있는 지도자들을 많이 만나게 되었다. 1965년 당시 미국 내에서나 국제사회에서 미군의 베트남전 개입을 명분 없는 것이라고 비판하는 소리가 들리기 시작했고, 그러면 그럴수록 많은 지도자들과 영향력 있는 언론인들이 베트남에 오게 되었는데, 그때마다 주월미군사령관이 주최하는 파티가 열렸다.

그런 때 한국군 사령관과 참모들의 당당한 위용을 우리보다 미군 고위층이 더 바라고 있었다. **우리가 그 자리를 빛내고 있는 자체가 군사외교의 주요 부분이 되었던 것이다.**

참석자 모두가 재미있는 대화로 전쟁 분위기와는 달리 부드러운 분위기를 만들어 가는 시간이었지만, 서로가 상대의 마음 속을 들여다보려는 노력을 결코 게을리하지 않았다.

주월미군사령관 웨스트모얼랜드 장군도 이런 자리를 통해 여러 번 이야기를 나누었고 농담 같은 것도 주고받게 되었는데, 그의 주위에 사람들이 여럿이 몰려 있었다.

주월사 J-3 박학선 대령이,

"베트남전은 미국이 반드시 승리할 것이요."

라고 확언했다. 그 순간 모두가 호기심어린 눈으로 그 박학선 대령을 쳐다보는 것이었다. 아마 그들은 '동양의 무슨 점괘가 나온 것이 아닐까?' 하고 생각했을지도 모른다. 그들은,

"이유가 무엇이요?"

하고 묻는 것이었다. 박학선 대령은 웃으며 대답했다.

"미국은 역사적으로 서쪽으로, 서쪽으로 대약진을 계속해 왔습니다. 사령관 이름이 West More Land이니 사령관이 지휘하는 전쟁은 이길 수밖에 없잖소."

라고 대답하자 모두 한바탕 웃어댔다.

초기에는 주월사 참모들이 이런 파티에 출석하는 것을 호기심과

재미로 받아들였으나, 회수가 거듭되는 사이에 큰 부담으로 변했다. 날씨는 더운데 넥타이를 졸라매는 예복 차림은 정말 힘들었다. 해야 할 일도 밀리고 저녁 식사도 부실하게 된다. 양식에 지친 우리 참모들은 가끔 신상철 월남대사의 관저에서 대접해 주는 한식이나 사령관 공간에서 먹는 한식 저녁을 그렇게 좋아할 수가 없었다.

그러던 끝에 한번은 참모들이,

"공식 파티에 좀 덜 나가는 것이 좋겠습니다."

고 건의해 왔다. 나는 크게 야단쳤다.

"그것은 일과 외로 나가는 파티가 아니라 일과 중의 중요한 부분이고, **주월사 참모들의 임무 중 하나이며 중요한 군사업무다. 사령부 참모로서 주요한 전략정보를 수집할 수 있는 최고의 기회이다. 일선 전투부대에서는 베트콩과 월맹군의 전술적 작전 수행에 필요한 정보가 절실하지만, 베트남전 수행의 기본이 되는 군사정책, 정치외교, 경제적 측면 등 최고의 가치 있는 정보는 주월사 참모들에 의해 수집되고 분석하여 주월사의 한국군 운영에 반영될 뿐만 아니라, 대한민국 정책에 반영되게 되는 국가적인 업무의 한 부분이다.** 술이나 마시고 잡담이나 하며 즐기는 파티로 오해해서는 안 된다. 이 점을 극히 명심해야 한다."

그 후 주월사 참모들은 계속 미군이 주최하는 파티에 꼭 참석했다. 그 덕택으로 미군과의 서먹서먹했던 관계도 진정한 전우애로 돌아왔고, 공식 업무절차에서 해결 안 된 사안도 파티를 통해 협조로써 잘 마무리되어 갔다. 바로 이런 것이 군사외교가 아니겠는가.

3. 고위 인사들과의 인간관계

　한국전쟁 3년여 기간과 그 후 10여 년 동안 나는 미군과 함께 전쟁도 하고 일상의 군대생활도 했고, 미군 교육기관에서 약 2년간 교육도 받았던 관계로, 미군들을 잘 알고 이해할 수 있었다.

　그러나 월남 사람들과는 처음 접촉하게 되었고, 그들 군인과 국민 일부는 우방으로 같은 편에 서게 되었으나, 다른 한편은 똑같은 월남 사람이지만 적으로 생사를 건 전투를 해야 하는 입장이라 참으로 난감한 점이 한두 가지가 아니었다.

　또한 사령관이란 직책을 맡기 전부터도 월남군의 고위 장성급 인사들에 대한 선입감은 결코 좋은 것이 아니었다.

　소문으로 듣고 있던 부정부패가 만연되어 있다는 것은 막연하고 근거가 뚜렷한 것이 아니기 때문에 별문제로 치더라도, 고 딘 디엠 대통령을 쿠데타로 쓰러뜨리고 나서 계속 이어지는 쿠데타를 보면서 이런 나라를 돕기 위해서 온 내 마음은 씁쓸하였다.

　이러한 혼란상이 계속되니 베트콩들이 더 활개를 치고, 국민들을 악랄한 공산주의자의 노예로 만들기 위해 피비린내 나는 내전으로 몰고 가고 있고, 공산월맹의 남쪽 침투가 더 가속화되어 큰 전쟁이 계속되고 있는 데도 **권력 싸움과 정치 싸움에만 정신 팔고 있는 월남의 고위 장성들이 어떻게 나라를 구할 수 있겠는가** 하는 강한 의구심과 불신감을 갖고 있었던 것이다.

　그래서 주월사령관의 직책이 주어졌을 때, 군인으로서 국가의 명령에 복종하는 것은 당연한 것이지만, 마음 속으로부터 달갑고 기분 좋은 것은 아니었다. 파월 초기 맹호사단장과 주월한국군사령관이라는 두 개의 직책을 수행하면서, 무엇보다 먼저 한국군이 베트콩의 공격으로부터 안전하게 임무를 수행하는 데 전력을 다하면서, 군사나 작전업무에 관계되는 미군 및 월남군의 각 지휘관과 참모들을 만나는 데 여념이 없었다.

그 결과 며칠 동안의 짧은 시일 안에 듣고 피부로 느낀 월남 군인에 대한 인상은 '내가 갖고 있는 선입감과 별 차이가 없구나' 하는 실망스러운 것이었다. 그러나 국가이익과 군인으로서의 책임을 다하기 위해 앞으로 월남 사람들을 접촉하는 데, 다음과 같은 점을 간직하고 실천해야겠다고 다짐했다.

'첫째, 상대방의 인격과 견해를 존중하며 겸손한 자세를 유지한다. 둘째, 정직과 성실한 대화로 호언장담이나 과장된 표현은 금물이며, 부정부패를 공박하는 자기 자신의 결백성 자랑을 자제하는 것이다. 셋째, 상대방과 토의하거나 협조할 사항에 대한 완전한 파악과 관련되는 규약 등을 사전에 숙지하는 것이다. 넷째, 어떠한 약속도 반드시 엄수하며 선물을 받았을 때는 그 후 적절한 때 선물로 보답한다. 다섯째, 노인들에 대한 정중한 예의를 갖출 것이며 상대방의 종교, 관습 등에 대한 이해와 존중하는 자세를 견지한다. 여섯째, 어떠한 경우에도 군인다운 예절과 언행을 갖춘다' 등의 내용이었다.

이 같은 사항들을 나 자신부터 실천할 것을 다짐하면서 예하 지휘관이나 참모들에게도 다음과 같이 강조하였다.

"첫 인상이 가장 중요하다. 특히 야간에 가정 방문, 술좌석 초대(여자들과의 동석은 극히 위험) 등에는 베트콩들의 유인 납치 등에 각별한 경계와 주의가 필요하다. 자기의 계급과 직책에 걸맞은 **상대방과의 적절한 인간관계 형성은 임무수행과 국가이익에 기여하는 데 가장 중요한 요소가** 된다."

1963년의 고 딘 디엠이 실각하게 된 쿠데타 이후 월남 정부의 실권은 군 간부들로 구성된 군사위원회에서 장악하고 행사해 왔다. 1967년 4월에 신헌법이 공포되어 4년 만에 민정 이양의 기틀이 마련되었으며, 티우 대통령과 키 수상이 각각 대통령에 출마하겠다고 나섰다.

이렇게 되자 월남군의 장성급, 영관급 할 것 없이 모두가 차기 대통령에 누가 당선되는가에 관심이 쏠렸다.

정부 행정기관의 중요한 요직에는 현역 군인이 배치되어 있기 때문에 민정 이양 후에도 그대로 그 자리에 있게 될 것인가에 대해서도 관심이 고조되고 있었다.

이 무렵 어느 날 웨스트모얼랜드 장군이 공관에 초청했다. 그와 공관에서 오찬을 함께 하게 되었는데, 그는 진지하고 매우 심각한 어조로 "내게 진실한 부탁이 있는데 도와 달라"고 간청하는 것이었다. 대충 무슨 부탁을 하려는지 짐작은 갔지만, 모르는 척하고 고개를 끄덕였다. 그는 아주 조심스럽게 말문을 열었다.

미군 정부에서는 **월남 대통령으로 키 현수상을 꼭 당선시키고 싶다면서** 주월미국대사보다 자기가 영향력이 있을 테니 꼭 그렇게 되도록 힘쓰라는 비공식 전갈을 받았다는 것이었다. 그리고 나서는, 자신이 아무리 생각해도 이 문제는 월남군 군부의 실력자들과 개인적인 친분이 돈독하고 신뢰성 있는 채 장군의 힘이 절대적이라고 생각하니 당신에게 부탁한다고 했다.

나는 아주 곤혹스러운 입장에 처하게 되었다. '미국 친구들이 이렇게 남의 실정을 모르고 있으니 한심하다'는 생각이 들었다. 식사를 끝낸 후 조용한 어조로 솔직하게 내 의견을 말했다.

"**미국 정부는 월남 정세를 잘못 파악하고 있다.** 물론 키 수상이 영어도 잘 하고 명석한 판단력과 추진력을 가지고 있는 지도자라고 생각한다. 그러나 그가 결정적인 약점이 있는데, 육군이 아니고 공군이라는 사실이다. 학생층과 불교도는 물론 지식층에서 강경하게 반발하고 있는 것을 당신도 잘 알고 있지 않는가. 무엇보다 군사위원회에서 1차적으로 처리하게 되는데, 키 장군이 통과될 가망은 전무하다. 그것은 그의 과거에 대한 용서받기 힘든 행위에 대한 반감에도 기인되고, 그의 신중하지 못한 언어 행동 등 관행도 크게 문제시되고 있는 것이다. 그렇다고 티우 장군이 키보다 더 나은 능력이나 도덕적 가치가 있다는 것보다는 좀 더 무게가 있고 신중한 그의 성격 때문에 인기면에서도 앞서고 있는 것으로 많은 월남인들은 이야기하고 있다.

티우 장군은 가장 핵심인 군사위원회에서 절대적이고 압도적인 당선이 가능하기 때문에 키로서는 전혀 상대가 되지 않는다. 미국 정부가 이 문제는 아주 조심성 있고 신중하게 처리하지 않는다면 큰 문제가 야기된다. **절대 중립을 지키고, 월남 군부와 월남 국민의 선택을 지지한다는 확고한 입장이 바람직하다.** 키가 대통령이 될 수 없다는 것은 명확한 사실이다.

미국이 엄청난 희생의 대가를 치르면서 자유월남의 공산화 방지를 위해 온갖 노력을 다하고 있는데, 이러한 문제 하나 잘못 처리하여 치명적인 상처를 입게 되면, 미국만의 불행이 아니라 월남전에 참전하고 있는 우리 모두의 큰 불행이 아니겠는가?"

이렇게 이야기했더니, 웨스트모얼랜드 장군은 아주 심각한 표정을 지으면서,

"채 장군이 부정적인 반응을 보일 것으로 짐작은 하고 있었지만, 솔직한 의견에 정말 감사한다. 미국 대사와도 상의하고, 자기 참모들과도 협의하여 꼭 그렇게 하는 것이 좋겠다는 생각이 든다. **미국 정부는 엄정 중립을 지키며, 월남 국민의 선택을 지지한다.**"

고 말한 후 나에게 매우 고맙다며 두 손을 잡았다.

당시 내게는 티우, 키 양파(兩派)에 속하는 장성들이 빈번히 접촉해 오고 있었다. 나는 그들에게 이렇게 이야기했다.

"두 장군 모두를 존경하며, 월남을 이끌어 나갈 수 있는 유능하고 탁월한 지도자로 생각한다. 그 **누가 당선될 것인가는 월남 군부와 국민이 정할 문제이다.**

한 가지 의견을 제시하고 싶은 것은 한국도 5 · 16 군사혁명을 경험했는데, 거기서 얻은 교훈 한 가지를 이야기하고 싶다. 이번 대통령 선거로 군부가 분열되어서는 절대로 안 된다. 이는 군을 망하게 하고 나라를 망하게 한다. 당신들은 공산당 손에 다 죽게 되고 당신들의 가족도, 당신의 조국도 살아남을 수 없다. **군은 절대로 분열되지 말라.**"

그 후 웨스트모얼랜드 장군에게, 월남군 장성들에게 했던 이야기를 들려 주었다. 내가 한 말을 다 듣더니 그는,

"채 장군의 말에 100% 공감한다."

면서 내 의견에 동의하는 것이었다. 그 일이 있은 얼마 후 국가 최고의결기관인 장군평의회는 타협과 압력으로 티우는 대통령에, 키를 부통령으로 한 단일 팀으로 입후보시켜 무난히 당선되었다.

4. 일본인이 만든 김치와 전투복

베트남전에 참전한 한국군이 겪은 어려움 같은 것 가운데 군수 문제가 있었다. 항만시설이 제대로 되어 있지 않은 퀴논항에 배가 도착해도 해상에 한 달씩이나 대기해야 되는 불편이 계속되었다. 그래서 퀴논 앞 바다에는 늘 30여 척의 배가 하역 순서를 기다리느라 둥둥 떠 있었다.

맹호사단은 사단사령부까지 모두 천막 속에서 생활해야 했고, 야전 부대들은 자기들이 스스로 땅을 파고 만든 호 속에서 일상을 보내야 했다.

지금 이라크 파병 부대들이 주둔하고 있는 자이툰 부대의 시설들은 감히 꿈에도 꿀 수 없는 호화 시설이라 옛날과 너무나 대비되는데, 당시는 사단장은 물론 모든 장병이 겪은 불편은 지금 생각으로는 상상이 되지 않는다.

초기 보병대대에 지급된 보급품은 대대장실로 사용하는 조그마한 CP 천막 하나이고, 나머지는 개인 천막으로 사용하는 판초 우의가 전부였다. 우기에 들어서자 계속 이어지는 빗줄기를 피하지 못하고 그저 흠뻑 젖어 가며 C-레이숀(휴대식량)을 먹고 있는 장병들을 보면, 얼마나 가슴 아팠는지 눈에 눈물을 머금고 순시하는 경우가 허다했다.

심지어 C-레이숀까지 보급이 안 되어 전투에 여념이 없는 장병들을 꼬박 하루를 굶게 한 적이 있었는데, 나는 견디다 못해 미군 사령관 웨스트모얼랜드 장군에게 직접 항의해서 수송기를 사용해 긴급수송까지 해가며 위기를 넘기는 일이 허다했다.

한두 끼도 아니고 계속 C-레이숀을 먹이다 보니 많은 문제가 생겼다. 처음에는 맛있어 하며 배가 터져라 하고 먹던 사병들이 며칠이 지나자 도저히 먹지 못하겠다고 하소연하는 것이었다. 그래서 나는 즉각 미군 및 월남군 고위당국과 협의하여 월남쌀을 보급하도록 했다. 그것도 3개월이 지나서야 성사되었으니, 그 긴 3개월간을 미군 C-레이숀만 먹고 있었던 장병이 얼마나 고생했겠나 짐작이 갈 것이다.

쌀이 도착하니 밥을 짓고 C-레이숀으로 찌개나 국을 끓여 먹이니 장병들이 입맛이 살아나 살이 찌는 현상까지 생기게 되었다. 그러나 C-레이숀 찌개나 국도 한도가 있었다. 우리나라 음식에 길들여진 장병의 입맛에 맞을리 없었던 것이다.

내가 부대를 방문할 때마다 듣는 건의 사항이 무기나 탄약 그리고 한국에서는 귀했던 휘발유 같은 보급품이 아니라 된장, 고추장, 김치가 먹고 싶다는 것이었다.

나는 이때다 싶어 웨스트모얼랜드 장군을 직접 만나 한국군이 원하는 가장 소중한 것이 있으니 해결해 달라고 말을 꺼냈다. 그가 궁금해 하기에 한국인이 먹는 김치 같은 것을 이야기했더니, 처음에는 이해하지 못하는 것 같았다.

내 속셈으로는 국내 조변을 통해 우리나라 경제에 도움을 주겠다는 것이었기 때문에, 적극적으로 교섭해서 우리나라에 한국음식을 조변토록 하는 데 성공했다. 이것이 바로 처음 이름 붙여진 K-레이숀이다. K는 KOREA의 머리글자인 것이다.

K-레이숀이 성사될 때까지 어떤 일이 있었는가 하면,

"한국군이 먹기를 원하는 레이숀을 보내니 시식을 시켜 보시오."

하고 웨스트모얼랜드 장군이 직접 연락해 왔다. 그리고 미군사령부 병참참모부가 새로 만든 한국군용 C-레이숀을 가지고 왔다. 그 C-레이숀은 지금까지 먹던 것과는 전혀 다른 한국인을 위한 음식이라며 자랑하는 것이었다. 병참장교가 득의만만하게 내놓은 새 C-레이숀은 밥, 김치, 꽁치 통조림이었다.

나는 샘플을 뜯어 먹어 보았더니 맛이 괜찮았다. 맛이 좋은데 그 통조림을 나쁘다고 할 수 없었다. 통조림을 가만히 보니 우리나라에서 만든 것이 아니고 외국제였다. 그래서 나는 트집을 잡고 이 통조림을 물리쳐야 된다고 생각하며 딴청을 부렸다. 나는 미군사령부 병참장교에게,

"이 레이숀은 내가 먹는 것이 아니고 내 부하 장병이 먹는 것이니, 부하 장병들에게 시식시킨 후 그 결과를 통보하겠다."

고 말해 확답을 않고 그를 그냥 보냈다. 뒷조사를 해 보니 그 통조림은 하와이에 있는 일본 사람이 만든 것이었다.

나는 가만히 있을 수가 없었다. 머나먼 정글까지 와서 일본 사람이 만든 우리 음식을 우리 장병에게 먹이다니…. 나는 절대 안 된다고 생각하고 트집 잡을 궁리를 했다. 그래서 미리 장교들을 시켜서 내 취지를 이야기하고 장병들이 시식하는 과정에서 "도저히 못 먹겠다"고 하도록 해놓았다. 장교식당에 그 레이숀을 내놓고 장교들이 미군 병참관계자 앞에서 먹게 했다. 장교들은 통조림을 열고 김치, 꽁치들을 하나씩 젓가락으로 집어 먹기 시작했다. 장교들은 한결같이 투덜거렸다. "이상한 냄새가 납니다", "비위가 상합니다" 불만의 목소리가 여기저기서 들리니 미군 병참 관계관들의 눈이 휘둥그레졌다. 나는 그들에게,

"이거 어디서 만든 거요?"

하고, 알면서 질문했다. 미군 장교는,

"하와이에 있는 일본 사람 공장에서 만들었습니다."

고 대답했다. 나는 약간 화내는 척하면서,

"김치는 한국 고유 음식인데 일본 사람이 만든 것이니까 이상한 냄새가 나지. 이것을 어떻게 우리 장병에게 먹일 수 있겠는가?"

하고 야단을 치고 퇴짜를 놓았다. 그러자 장교들이,

"일본놈이 만든 것을 왜 우리가 먹어?"

하고 뜯었던 통조림을 바닥에 내던지기 시작하니 미군 장교들은 놀라면서 도망가듯 식당을 빠져 나갔다.

나는 긴급히 국방부에 요청해 우리 국내 기술로 국산 김치통조림을 만들 수 있는 데까지 만들어 달라고 했다. 그래서 달포 만에 도착했는데, 내가 먹어 보니 맛이 괜찮았다. 이제 남은 것은 미군 당국을 움직여 국내 조변토록 하는 일을 관철시켜야 되겠다고 마음을 굳혔다.

나는 맹호사단에서 사이공에 돌아와 본격적으로 국내 조변을 위한 공작에 들어갔다.

그 무렵 태평양지구 미군사령관 비치 대장이 사이공에 왔는데, 내가 웨스트모얼랜드 대장, 야전군사령관, 라슨 중장 등을 함께 공관에 초대했다.

만찬 음식은 한국식으로 준비했다. 거기에는 물론 김치도 내놓았다. 내가 먼저 식사하면서 말을 꺼냈다. 김치 좀 먹어 보라고 그랬더니 그들은 하나씩 집어 먹어 보았다. 먹으면서 웨스트모얼랜드 대

장이,

"한국 사람의 사기는 김치에서 나온다는데, 한국군은 김치를 먹여야 잘 싸운다."

고 우리에게 좋은 말로부터 시작되었다. 나는 옆에 있는 라슨 중장에게 미리 부탁을 해놓았기 때문에 그도 거들지 않을 수 없었다. 라슨 중장은,

"한국군 부대를 방문할 때마다 한국군 지휘관들이 김치를 먹게 해달라고 하는데 심각한 문제입니다."

라고 말했다. 그러자 비치 대장은,

"내가 보낸 것으로 아는데?"

하고 고개를 갸우뚱거렸다. 나는 이때다 싶어

"아, 그거요? 일본 사람이 만든 건데 한국인 입맛에 맞지 않지요. 김치는 오로지 한국 사람이 만들 수 있습니다."

이 말을 듣고서야 비치 대장은,

"한국 레이숀을 만들게 해 보겠다."

고 해답을 얻는 데 성공했다.

그러나 이것으로 완전히 해결된 것이 아니었다. 당시 미국의 법에, 미국의 잉여농산물을 받는 나라에서는 식량을 구매할 수 없게 되어 있었다. 웨스트모얼랜드 장군이 '한국에서의 한국 레이숀 조변' 의견서를 상부에 제출했는데 미 국방성에서 반대했다. "법에 배치된다"는 것이었다. 그러나 웨스트모얼랜드 장군은 굽히지 않고 의견서 등을 계속 보내며 설득에 설득을 거듭했다. 그때 보낸 의견서가 큰 트렁크 하나 분량은 족히 되었다고 한다.

나는 지지부진하자 다시 미군사령관을 찾아 부탁했다. 웨스트

모얼랜드 장군은 지금까지 의견서 보낸 내역을 설명하면서 법 개정이 전제되어야 하는데, 그게 힘들다는 것이었다.

결국 물물교환 형식으로 타결할 수밖에 없었다. 1,200만 달러 상당을 납품하고 거기에 해당되는 것은 다른 물건으로 가져오기로 했다.

이렇게 해서 한국 김치를 비롯한 K-레이숀 문제가 비로소 해결되었다. 그러나 품질이 하와이에서 일본인이 만든 것보다 좋을리 없었다. 그러나 우리 장병은 군말 없이 "국산 최고다"하며 우리 것을 애용했다.

어디 김치통조림 뿐이겠는가. 계속해서 문제는 발생했다. 일본에서 만든 일본제 전투복이 한국군에게 배정되었다. 나는 절대로 안 된다고 했다. 어찌 우리가 일본제 전투복을 입고 베트남에까지 와서 싸워야 되는가. 나뿐만 아니라 연대, 대대, 말단에서까지 절대로 일제는 안 입겠다 해서 병사들은 헤진 전투복을 그대로 입고 다녔다.

어느 날 미국 〈성조지(Star and Strips)〉 기자가 한국군 부대를 방문했었다. 그 기자는 병사들의 헤지고 찢어진 전투복 차림을 보고 놀라는 것이었다. 그 사유가 '일제 전투복을 입을 수 없다' 고 해서 그렇게 된 것임을 알고, 무릎이 다 보이고 저고리 앞자락이 찢어진 전투복을 입고 있는 한국군 병사의 사진을 일면에 크게 게재해, 그게 문제가 되어 결국 국산 전투복 조변이 가능해졌다. 그 여세를 몰아 군화도 국산으로 조변케 하는 데 성공했다.

이후 국산은 계속 여러 품목이 납품되기 시작하여 베트남 전선의 PX까지 들어가게 되었다. 이 모든 과정에서 주월미군사령관 웨스트모얼랜드 장군이 우리에게 해 준 적극적인 협조는 정말 잊을 수 없다. 그는 누구보다도 한국과 한국군을 사랑했던 장군이었다.

5. 한진, 대한통운, 현대건설, 삼양라면

나는 국산 물품의 납품이 이루어지자 다음 수순으로 한국 민간인의 진출을 도와야 된다고 생각했다. 베트남 전선에서 소요되는 많은 용역이 있는데, 여기에 한국인과 한국업체를 적극 참여시켜야 한다는 원칙을 세웠다. 어떤 일이 있어도 이 일을 해내야 한다고 생각했다.

하늘의 도움이라 할까, 우리 한국군이 잘 싸운 공로라 할까, 미군 사령관 웨스트모얼랜드 장군은 나의 이런 구상에 매우 협조적이었다. 웨스트모얼랜드 장군은 철저한 군인이지만 감상적이고 인정이 많았다. 사려가 깊고 판단력이 예리했다. 내가 그를 좋아하듯 그도 나를 사랑했다. 아니, 나보다 한국과 한국인을 사랑했는지 모른다. 가난을 물리치기 위한 눈물겨운 겨레의 움직임에 어떤 동정심이 작용했는지 모른다. 그는 내가 부탁하는 모든 것에 대해 최선을 다하는 그 진지한 모습에 나는 지금도 그를 생각하며 눈시울이 붉어진다. 지금은 저 세상에 먼저 가셨지만 가끔 그의 정겹고 솔직한 모습을 떠올리면 견딜 수 없이 그리워진다.

다행히 파월 전 맺은 브라운 각서에 의해 한국 업체의 진출이 가능했기 때문에 내가 돕는 일이 훨씬 수월해졌다고 생각했다.

그 무렵 퀴논에는 약 700여 명의 한진(韓進) 근로자들이 용역에

종사하고 있었다. 하루는 이 지역 미군 군수사령관인 마이어 준장이 나를 찾아왔다. 마이어 준장은 주월미군사령관 웨스트모얼랜드 대장과 미국 웨스트포인트 육사 동기생이다. 일단 예편되었던 장군을 재소집하여 현역에 복직시켜 근무 중이었다. 매우 부지런하고 정확한 사람이었다.

그는 느닷없이 나에게,

"한국기업 한진과 용역을 해약하겠습니다."

고 말하는 것이었다. 나는 내심 놀랐다. 그러나 내색을 하지 않고,

" 왜 그러느냐."

고 물었다.

"한진 소속 운전사들이 상당히 많은 물자를 훔쳤으니 도저히 용서할 수 없어 해약하기로 결정을 내렸으니까 양해하십시오."

하는 것이었다. 나는 매우 분노했다. 그러나 그 앞에서 내가 분노해서는 안 된다고 생각하고 차분하게 해결하리라 마음을 다지고는 아무 일 없었다는듯이 조용히 물었다.

"그렇다면 그 물자를 꼭 한국인이 훔쳤다는 증거가 있느냐."

고 하니,

"확실한 증거는 없지만 부하 보고로는 틀림없답니다."

나는 이때다 싶어 화를 벌컥내고 소리를 높였다.

"해약하고 안하는 것은 당신네 자유지만, 한국 사람들이 도둑질했다고 하는데, 이 지역에서 베트콩들의 습격전이 벌어지고 엉망일 때 우리가 와서 우리 장병들이 피땀 흘려 이제 겨우 하나 하나 평정해 나가는데 이따위 소리냐. 우리가 매복을 하루 저녁

만 태만히 하면 군수시설이건 군수물자건 하룻밤 사이에 없어져 버린다. 너희들이 한국군 잘 싸운다고 해놓고 지금에 와서 한국인이 도둑질했다고 해약을 해. 확실한 증거도 없이 그따위 소리를 할 수 있나. 만약에 한진과 해약을 한다면 우리 병사들이 가만히 있겠는가. 한국인 내쫓는 그런 군수시설을 우리가 계속 경계해 줄 줄 아는가?"

하면서 "어서 나가라."고 소리쳤다.

"오해하지 마십시오."

하고 기가 죽어 말소리를 낮추었다. 그는 재소집된 준장이라 나이는 나보다 훨씬 많았다. 속으로는 안됐다 싶었지만, 이 문제 해결의 길은 내 손에 달렸으니 미안하지만 어쩔 수 없었다. 다시 소리쳤다.

▲ 한진(韓進) 조중훈 사장(중앙)과 기념촬영한 저자(좌). 그는 미군 용역, 운수사업에 크게 성공, 월남 진출 한국업체 중 선두주자가 되었다.

"오해? 무엇이 오해요. 미국인이 한국 사람 얼굴 맞대 놓고 한국 사람 모욕한 것은 당신이 처음이요. 빨리 나가! 해약은 당신 권한이니 마음대로 하시오."

라고 최후 통첩을 쏘았다. 그는 풀 죽은 모습으로 나가 버렸다.

한진 용역 해약 결정을 해놓고 보니 일이 이렇게까지 꼬일 줄은 몰랐던 미군측에서는 큰일났다고 생각하지 않을 수 없었다. 월남군은 미군과 상대하여 일이 꼬이면 홧김에 포도 쏴대는데, 우리야 그렇게는 할 수 없다 해도 그런 미군 시설을 보호해 줄리 없는 것이다. 그것을 알아차린 미군 당국에 비상이 걸렸다. 그래서 해약을 철회하기로 결정하고 우리 비서실장을 통해서 "사령관님 꼭 뵙게 해달라"고 간청을 해 왔다. 내가 미리 비서실장에게 말해 놓았으므로 "사령관님 안 계십니다"고 대답했다. 그랬더니 마어어 장군이 다음날 아침부터 찾아와 나를 기다리고 있었다. 만나자마자 "사과합니다. 한진 용역은 계속하게 하겠습니다."고 통사정하는 것이었다. 나는 더 이상 윽박지르지 않고 내 심정을 그대로 말해야 되겠다고 생각하고 다음과 같이 말했다.

"내가 당신에게 말을 지나치게 했는지 모르지만 내 말 뜻을 알아야 한다. 우리 한국군은 솔직히 말해서 당신네 미국 때문에 여기 온 것이 아니냐. 우리가 언제 월남하고 가까웠다고 여기 왔겠느냐. 형식상으로는 월남공화국 요청에 의해서 왔지만, 당신네 한국전쟁 때 은혜 갚기 위해서 왔지 않느냐. 내 말이 지나쳤다면 미안하다."

나는 부드럽게 마이어 장군에게 얘기했다.

"나도 알아 봤는데, 물자를 적재하고 내리는 데 있어 주로 월남 노동력을 사용하는데 그 와중에 물자 분실이 있어 한진도 골치를 앓고 있으며 대책 마련에 전력을 다하고 있다고 한다. 언어도 전혀 통하지 않는데 한국 사람이 어떻게 물자를 빼내서 월남인들과 암거래를 하겠는가?"

그 후 둘 사이는 매우 돈독한 관계로 발전했다.

한진은 퀴논 항구에 정박한 수십척의 군수물자 수송선의 적체 물자를 엄중한 자체 경비 가운데서 짧은 시일 내에 처리함으로써 주월미군사령부의 신임과 칭찬을 받았다.

특히 한진은 퀴논 근교의 롱탄 탄약고에서 19번도로를 따라 플레이쿠까지 탄약을 수송하면서 언제 어디서 베트콩의 사격을 받을지 모르는 위험을 무릅쓰고 매일 수백대씩 수송하였고, 68년 구정 공세 때는 북베트남 정규군으로부터 롱탄 탄약고에 포격을 당하면서 그 근처에 기사들의 숙소가 언제 기습을 받을지 모르는 위험한 상황에서도 철수하지 않고 자체 경비를 강화하면서 계속 수송업무를 수행하였다. 이렇게 획득된 외화는 한진을 국제기업으로 키웠고 한국의 경제개발에 크게 기여했다.

나는 퀴논 뿐만 아니라 다낭까지 달려가서 대한통운에 수의계약 안 주겠다는 것을 관계관을 설득해서 성사시켰고, 현대건설도 미국 건설회사가 하게 된 것을 뒤집어 놓았다.

한국에서 브라운 각서로 약속을 해 놓고 또 우리가 피땀 흘려 평정하고 있는 마당에 우리와 관계되는 지역에 다른 나라 회사가 용역을 맡는다는 것은 있을 수 없는 일이라고 열변을 토하면 안 되는 일이 없었다.

이것을 내 힘이라고 생각하지 않는다. 우리 정부가 파병 전제 조건으로 브라운 각서를 받아냈고 우리 장병이 정글에서 피를 흘리는 대가라고 나는 생각했다.

이 무렵에 성사된 것을 들라면, 미국의 큰 건설회사인 RMK가 하게 되어 있었던 공사를 현대건설이 하게 한 일이다. 처음에 안 된다고 펄펄 뛰었지만 나는 다음과 같이 설득했다.

"당신네들이 당신네 예산을 가지고 당신네들이 집행하겠다는데 내가 무엇이라 하겠느냐. 그렇다 해도 우리의 사기 문제도 고려해 보라. 이 지역에서 우리 장병이 피와 땀으로 평화를 이루었는데, 우리나라 회사를 제쳐 두고 딴 나라 사람들이 일하는 것을 보면 우리 장병들이 계속 평화를 유지시켜 줄 마음이 생기겠느냐. 만일 우리 장병이 화가 나서 경계를 포기한다면 어떻게 하겠느냐. 하루 밤 사이에 평화가 깨지고 전쟁터가 될지 누가 알겠느냐."

이 말에는 미군측도 어쩔 수 없었다. 그런 우여곡절 끝에 RMK 공사를 현대건설이 하게 되었던 것이다. 이렇게 발벗고 나서서 일을 하게 해주었는데도 정작 당사자들은 고맙다는 인사도 없어 때로는 화가 날 때도 있었다. 미국 사람에게 낙찰된 것을 힘써 해주었는데, 당연한 것으로 생각하는 모양이었다.

라면 입찰 때도 삼양라면이 자기들이 하다하다 안 되니까 우리한테 왔다. 월남군에 납품하는 것인데 일시적인 것이 아니라 계속 사업이니까 덩치가 큰 것이었다. 월남군 전체의 물량이라 당시 우리로서는 꼭 낙찰시켜야 했다.

참모장 윤성민 준장이 내게 와서 이번에도 힘들지만 해주는 것이 좋겠다고 건의해 왔다.

내용인즉 일본 라면과 삼양라면이 맞붙은 것이었다. 처음에는 일본 라면보다 값이 싸기 때문에 값을 내세웠더니 일본 라면이 더 싸게 들어왔다는 것이다. 참모장이 발벗고 나서서 삼양라면 입찰 단가를 1전인가 얼마를 낮추어서 삼양라면에 낙찰이 되게 해주었다. 이렇게 발벗고 나선 것은 오로지 애국심 하나였다. 특히 입찰 과정에서 월남군총사령부 참모장 퐁 소장이 한국과 한국인편에서 크게 도움을 주었다.

6. 태권도와 한국군 포로

우리나라는 이미 태권도 교관단을 베트남에 파견하여 보급하고 있었으므로, 월남군을 비롯하여 일반 민간인에 이르기까지 한국의

▲ 잘롱여고에서 벌어진 월남인들의 태권도 시범 행사.

태권도에 대해 널리 알려져 있었다. 전투부대가 도착하자 월남 사람들은 한국군 모두 태권도 유단자로 알려질 정도로 태권도가 유명해져 있었다.

강원도 홍천에서 맹호사단 교육훈련시에도 태권도는 필수과목이었다. 유단자는 검은 바탕에 흰 주먹에다 밑에 단수를 표시해서 가슴에 붙이게 하고 다녔기 때문에, 한국군은 곧 태권도고 태권도는 곧 한국군의 대명사였다.

사이공의 주월사에서도 맹호부대나 청룡부대 못지않게 태권도 보급을 늦추지 않았다.

심지어 월남 대통령 관저에서 대통령을 비롯하여 고위 인사가 참석한 가운데 태권도 시범을 보이는 등 전투 다음으로 그 보급에 열의를 다했다. 태권도 보급을 통한 성과는 한국과 한국인의 강인성을 과시하는 데 있지만, 더 긴요한 것은 태권도로 무장한 한국군을 무서운 존재로 인식케 해서 베트콩으로 하여금 겁을 먹게 하는 데 있었다. 그 효과는 얼마 가지 않아 나타나기 시작했다. 맹호사단에서 1965년 10월 23일 재구대대에서 최초 포로로 했던 베트콩 심문 결과에 의하면, 한국군이 무섭다고 하면서 그 이유를 태권도라고 하더라는 것이었다.

1964년부터 보급하기 시작한 태권도 인구가 1968년경에 이미 10만명을 돌파할 정도로 월남 사람에게 보급되었다.

처음 맹호사단이 도착하자 태권도 시범을 본 월남 사람들은 누구나가 다 배우기를 간청해 왔다. 퀴논에서 태권도 보급을 시작했던 첫 해에 퀴논 꽁래고등학교 교장과 교사들이 맹호사단에 찾아와 제발 학생들에게 태권도를 가르치지 말아 달라는 진정을 해 왔다.

그 이유는 교사의 말을 잘 듣지 않아 골치 아픈데 태권도를 배우면 더 포악해진다는 것이었다. 그래서 맹호사단 참모가 말하기를,

"말 안 듣는 학생을 우리에게 보내 달라. 그러면 3개월 내에 버릇을 고쳐 주겠다."

고 하니 더 놀라더라는 것이었다. 그래서 천천히 다음과 같이 타일렀다 한다.

"태권도는 정신 수양이 주목적이지 사람 치는 데에 목적이 있는 것이 아니다. 정신 수양과 신체 단련을 통해 인격을 바르게 완성시키자는 것이다. 태권도 동작의 원천적 의미는 사람을 치는 것이 아니라 방어로부터 시작된다."

바로 이것이 맹호사단의 태권도 정신이라고 했다.

맹호사단에 와서 내가 만든 태권도 5개 신조가 있는데, 꼭 이것을 모든 태권도인이 운동 시작 전에 크게 소리쳐 외우도록 했다. 태권도 5개 신조는 다음과 같다.

1. 우리는 태권도 수련으로 심신을 연마하여 반공의 초석이 된다.
2. 우리는 신의와 겸손을 생명으로 하여 상호 단결하여 정의의 사도가 된다.
3. 우리는 인내와 근면으로 솔선수범하는 나라의 일꾼이 되자.
4. 우리는 예의와 명예를 존중히 여기며 친절과 봉사로써 약자를 보호하는 등불이 되자.
5. 우리는 연마된 심신과 기술을 정당방위에만 행사하는 참다운 무도인이 되자.

그래서 태권도 보급시 꼭 이 신조를 외우게 함과 함께 수만매의 전단을 만들어 월남 사람들에게 돌렸다.

그 신조를 월남의 대통령, 부통령, 국방장관 등 상층부로부터 시작하여 설명해 줌으로써 한국의 태권도가 깡패나 폭력배용이 아니라는 것을 이해시켜 나갔다.

월남군총사령관 비엔 대장의 아들이 태권도를 석달 동안 열심히 배워 모범생이 되었다고 비엔 대장이 좋아했는가 하면, 그 아이의 클래스에 깡패 같은 녀석이 있었는데 태권도를 석달 배우고 나서 깡패 같은 녀석하고 시비가 붙었다고 했다. 그 전 같으면 그 아이가 감히 엄두도 못낼 텐데 맞붙어 옆차기로 그 깡패 같은 녀석을 제압했다고 했다.

그 이야기는 내가 비엔 대장 내외분의 초청으로 공관에서의 만

▲ 태권도 연무대회에 출전한 월남 어린이를 격려하는 저자.

찬 후 차를 마실 때 비엔 대장의 부인이 아들 자랑을 하기 위해서
한 말이었다.

나는 부인의 말을 듣고 그 아이를 불러 야단을 쳤다. 태권도는 싸
움을 하기 위해서 하는 운동이 아니고 심신 단련과 정당방위를 위
한 무도라고 알려 주었다. 또한 태권도 5개 신조를 하나하나 말해
줌으로써 앞으로는 절대로 싸움을 하지 말라고 했다.

비엔 대장 부인은 미안해서 어쩔 줄 몰라했다. 나는 정중하게 사
과하면서 태권도를 오해하게 될까 봐 부득이 타일렀다고 양해를 구했다.

나는 1년에 한 번씩 태권도 대회를 사이공에서 개최하였다. 그날
은 월남 젊은이들의 축제와 같은 분위기에서 성대히 거행되었다.

**태권도의 역할은 매우 컸다. 베트남전쟁에서 군사적으로 싸워 이기
는 것이 목적이 아니라, 월남 사람들에게 자신감을 심어 주고 한국의
얼을 남기는 것이 더 중요하다고 나는 생각하고 있었다. 그 방편의 하
나로 태권도를 선택했는데, 나는 태권도의 힘이 우리가 가지고 있는
대포나 총칼의 힘보다 더 크다고 자랑하고 싶었다.**

월남군의 태권도 열풍은 갈수록 더해 갔다. 월남군은 태권도 교
육단을 만들어 1년 과정을 두어 교관요원으로 양성하여 각 부대에
배치하는데, 그들에게는 특별수당까지 지급된다. 1년 과정을 마치
면 모두 유단자가 되어 나오게 되니, 그 곳에 들어가기 위한 경쟁
은 매우 치열하다.

태권도 교육단 명칭 문제가 나왔다. 즉 월남군 최고의 태권도 도
장의 명칭이다. 나는 굳이 한국식 명칭보다 그들이 좋아하는 것으
로 정하도록 유도했다. 그래서 지은 이름이 **'렐로이 도장'**이다. 렐
로이는 베트남 역사에서 전설적 영웅이다. 그들의 사기도 올려 주

고 자긍심을 갖게 하기 위해서도 현지화된 작명이 좋다고 생각했다.

맹호사단 작전시 제1연대에서 노획한 「한국군의 생포」라는 책자가 있었다. 그 책자는 '조선민주주의 인민공화국 김일성 수상'에게 보내는 문서 형식이었는데, 내용은 다음과 같았다.

'한국군은 생포할 수 없다. 베트콩에게 생포하라고 지시했는데 생포가 안 된다. 왜냐하면, 한국군에게 접근할 수 없기 때문이다. **총을 쏘아 죽일 수는 있지만 생포는 안 된다.**

또한 한국군은 귀순하지도 않는다. 한국군은 월남땅에서 1년 동안 10만원이라는 돈을 저축한다. 상당히 큰 돈이다. 그래서 그런지 귀순할 생각을 안한다.

한국군은 태권도라는 무술을 익혀 모두 유단자라 한다. 돌도 부수고 내리치면 사람 뼈도 부러뜨린다. 생포는 아예 단념해야 한다.'

얼마나 베트콩들이 한국군과 태권도를 무서워했으면 이런 책자까지 나왔겠는가. 한국군이 7년 간 약 32만명이 다녀갔지만, 이 세상에서 놀라운 신화를 창조했는데 그 가운데 하나가 **'한국군 포로가 없다'**는 것이다.

이 사실은 군사학이나 일반학문에서도 풀기 어려운 기적이다.

몇 년 전 서울대학교 교수 전경수란 사람이 '한국군 포로가 없다는 것은 거짓이다. 내가 조사한 바로는 약 900명이다'라고 언론에 발표하여 일간신문은 물론 주간지, 월간지 할 것 없이 대서특필하여 야단법석을 떤 적이 있었다. 터무니없는 날조였다. 우리가 아니라고 역공하자, 그는 베트남에까지 가서 수소문하고 다녔지만 허탕쳤다. 베트남 사람들이 "저런 미친 놈이 어디 있느냐"고 오히려 괴이하게 그를 봤다는 것이다.

분명히 말할 수 있는 것은, 실종자는 시체 미확인자 8명이었고 북한 당국이 이름까지 밝힌 포로는 2명뿐이다. **이런 기적은 어느 전쟁에서도 없었다.** 이것은 태권도 정신이며, 어떠한 경우에도 부상 전우나 시체를 유기하지 않는 주월한국군의 작전방침과 전우애 때문이다.

한국군의 베트남 태권도에서 잊을 수 없는 수훈자가 있다. 68년 베트콩의 구정공세 때 남부 월남 칸토 지역에 파견돼 있는 주월사 태권도 교관단 소속의 최범섭 소령이 그 지역의 한국 민간인 기술자 20여 명을 구출하여 월남군 4군단 영내 안전한 곳에 대피시킨 후 자신은 최후까지 베트콩과 싸우다 장렬하게 전사했다. 일계급 특진과 함께 태극무공훈장이 수여되었다.

7. 베트남 전선에서 국군을 본다

맹호사단 전술책임지역 내의 평정사업은 순조롭게 진행되어 갔다. 한국군의 분투상이 고국에 알려지면서 야당 인사까지 한국군 전선을 방문하기 시작했다. 모든 방문 인사들이 일단 맹호사단을 둘러보면 **"파병하기를 잘했다"**고 이구동성으로 칭찬을 아끼지 않았다.

야당의 대표적 인물인 박순천 여사도 맹호사단을 방문했다. 박 여사는 각 부대를 두루 살폈다. 특히 지난날 베트콩의 식량 보급창 기지로서 베트콩 소굴이었던 고보이 평야지대를 방문했던 박 여사는, 한국군 장병과 월남 사람들이 함께 어울려 땀을 흘리며 작업을 하는 광경을 보고 감동한 나머지 눈물까지 흘리는 것이었다.

맹호 제1연대 제1대대가 평정한 곡창지대에서 대대장 배정도 중령이 지휘하며 파괴된 댐을 보수하고 있었다. 나는 박 여사에게,

"저렇게 땀을 흘리며 월남 농민과 함께 일함으로써 그들이 한국군을 신뢰하게 되고 '물과 고기의 분리' 라는 모택동의 게릴라 전략을 무력하게 만든다."

고 설명했더니, 박순천 여사는,

"나는 우리의 아들들이 월남에 와서 저렇게 거룩한 일을 하고

▲ 야당 정치인들이 월남을 방문하였다. 앞줄 중앙이 박순천 민중당 총재, 좌측 옆이 김상현 의원, 두 사람 사이가 고흥문 의원, 박순천 총재 우측이 저자.

있는 줄 몰랐다."

며 그곳을 떠날 생각을 하지 않는 것이었다. 가는 곳마다 씩씩한 맹호 장병을 본 박 여사는, 고국에 돌아가면 우리 정치 동료들에게 자랑스러운 맹호 장병 모습을 알리고, 파병은 잘 된 것이라고 선전할 생각이라고 다짐을 하는 것이었다.

이 무렵 시인 모윤숙 여사가 월남을 방문했다. 모윤숙 여사 역시 박순천 여사처럼 감동의 눈물을 흘려 가며 부대들을 두루 돌아보았다. 모 여사는 나에게 부탁을 한다면서, 맹호사단에 박경석 시인이 있다는데 만날 수 있느냐고 묻는 것이었다. 나는 즉각 강재구 소령을 배출한 재구대대장이라고 말하면서 그 곳에 안내하겠다고 했다. 그때 마침 정보참모 이대성 중령이 옆에 있기에, 내일 일찍 재구대대로 안내해 드리도록 지시를 했다. 모 여사는 매우 반기면서, 전형적인 군인이면서 문학을 하는 박경석 중령에 대한 많은 이야기들을 들려 주는 것이었다. 모 여사는 여러 면에서 박 중령을 나보다 더 잘 알고 있었다.

사단에서 1박 후 다음날 아침 정보참모가 재구대대에 안내했다. 후에 들은 이야기지만, 재구대대 제9중대장 용영일 대위가 대민지원과 민사작전의 일환으로 재구대대 전술책임지역 안에 재구촌을 건설했는데, 그곳에서 대대장 박 중령을 만나 눈물의 해후가 있었다고 했다.

박 중령이 현역 대위 시절 필명 한사랑(韓史郞)으로 시집까지 냈기 때문에 문단에서는 널리 이름이 알려졌다고 했다. 재구촌 입구에 들어서면서 모 여사는 깜짝 놀라더라는 것이었다. 입구에 한글로 '재구촌'이라고 쓴 콘크리트 안내판을 보고 그 일대에서 한국군인들이 웃통을 벗고 월남 사람들과 함께 자그마하지만 학교를 짓고 있는 모습에서 감동을 받은 듯했다.

재구촌을 둘러보고 박 중령과 함께 재구대대 본부에 도착한 모 여사는 C-레이숀 고기에다 K-레이숀 김치로 만든 찌개를 쌀밥과 함께 점심으로 들면서 연상 눈물을 흘리더라는 것이었다.

"한국군이 이렇게 당당하게 베트남에서 전투를 하면서도 촌락을 건설하고 학교를 짓고 있으니 얼마나 자랑스러운지 모른다"면서 "어제 채명신 사령관으로부터 맹호의 승전보를 들었노라"며 감탄 했다고 정보참모가 전했다. 그런데 모 여사는 점심식사 후 대대장 에게 이 감동의 순간을 그냥 보낼 수 없다고 하면서 펜과 종이를 달 라고 했다. 대대장이 준비한 것을 내주니 CP 천막으로 되어 있는 대대장 사무실에 들어가 한참 무엇인가 쓰고 난 다음 대대장에게

▲ 재구대대가 재구촌을 건설하여 빈딩성에서 정식으로 행정단위로 등재하였다.

주었다. 대대장은 그 시를 크게 읽으며 눈물을 흘리면서 "감사합니다. 감사합니다."를 연발했다고 한다. 대대장은 이 소중한 시를 자기가 가질 수 없다며 정보참모에게 주면서 "사령관님께 드려 달라"고 해서 가져왔다. 나는 그 시를 읽고 정말 모윤숙 시인은 탁월한 시인임을 알게 되었고, 너무나 좋은 시여서 고이 간직했다가 이 회고록에 옮겨 싣도록 했다. 그 시는 다음과 같다.

베트남전선에서 국군을 본다

모 윤 숙

집 떠난 국군 너 화랑의 아들들아
육지와 하늘 바다의 길손이 되어

▲ 재구촌을 순시하는 저자(좌측)와 합참의장 장창국 대장(좌에서 두번째)에게 보고하는
재구대대장(우측).

이 열풍 속에 달리는 모습
두터운 우정과 용감한 기백으로
더욱 소나기 뿌리는 이 남국에
자유를 잉태하려 행진하는 국군을 본다

나도 몰라 예가 어딘지
살뜰한 우리 국군 여기서 만났네
저 잎새 무성한 푸른 가지에
향수에 흐느낀 적은 몇 번이었을까

어머니 나라 떠나기 이번이 처음
그대들이 늠름히 여의도를 거쳐 떠나던 날
온 동포는 가슴 설레 어쩔 줄을 몰랐지
우리 처음이라 어쩔 줄을 몰랐지
보내고 나니 하루하루 마음 설레어
여기 어딘지도 모르고
엄마 누나 아내와 애인을 대신하여
그들의 눈물겨운 꽃다발을 모아 안고
잘 있는지 보고 싶어 잠시 왔노라

가까이 있었을 땐 이럴 줄을 몰랐노라
찬바람 날리는 최전선 지키다가도
이따금 주말엔 만날 길이 있었더니
훌훌이 떠난 후
깊은 밤 잠 못 이루는 기도의 메아리

나 흙투성이 더운 땅에서

햇빛이 뜨거워 몸부림칠 때
서늘한 바람으로 그들을 식혀 주소서
신이여 그들에게 용기와 생기를
잘 싸우라 비는 마음 온 겨레가 한 마음

조국의 용사여 자유와 해방의 용사여
이제 나는 또 보노라
만리를 넘어 온 국군을
억센 발걸음 멈추지 않고
이름 모를 강물에 입술을 적시며
이 깨어진 땅을 위해
공포와 살륙의 음모를 막는 국군을 본다

장하여라 그 얼 그 정신
굽힘 없는 이순신 저항이다
가도 가도 깊어지는 저 밀림 수렁에

몰아오는 적의 고함을 따라
아시아의 열풍에 몸을 떨면서
죽음을 마다 않고 달리는 국군을 본다

그 내뿜는 정의의 분노를 본다
어두운 정글을 헤치며 내닫는
승리의 국군을 본다
또 다른 전선에서
또 다른 전선에서

맹호 재구대대장실에서, 1966.

제 9 장
설득과 절충의 고비

1. 청룡여단의 작전지휘권

해병대는 원래 상륙작전을 위한 특수부대에 속한다. 상륙함에서 내려 바닷물을 헤치고 육지로 전진하는 모습은 전형적인 해병대의 이미지이다.

일단 육지에 올라오면 전진 이외의 방법이 없다. 만약 적의 공세에 밀려 후퇴한다면 갈 길은 바다뿐이니, 이는 곧 죽음을 뜻한다. 따라서 해병대는 오직 **전진과 돌격만 있을 뿐이다. 그래서 해병의 특징은 용감성이다.** 6·25전쟁을 통해서도 그 용감성은 곳곳에서 발휘되어 용명을 떨쳤다.

파월 준비과정에서 맹호사단만이 파병하기로 결정된 후 해병대가 굳이 파병을 갈망하여 그 뜻을 성취한 것도, 알고 보면 해병 특유의 진취성과 용감성에 기인한다.

맹호사단 1개 연대를 빼고 대신 해병연대와 대체케 했던 것도 베트남전쟁에서 해병대의 전략적 역할에 기대를 걸었기 때문이었다.

전투부대 파월 초기인 1965년부터 백마사단이 파월되기 전까지 주월한국군사령부 예하의 전투부대는 맹호사단과 청룡여단이었다.

그런데 우리 해병대인 청룡여단은 육군에 앞서 큰 공을 세워 명성을 크게 날려 보겠다는 의욕에 차 있었다. 이에 따라 해병대는 월남 북단에서 작전 중인 미 해병사단에 배속되어 그곳에서 작전하기를 바라고 있었다. 또한 미 해병사단과 청룡여단 간에는 비공식적인 상호 접촉이 긴밀하게 이루어지고 있었다.

당시 주월사의 J-3 보좌관은 해병중령이었는데, 그는 해병여단에 관한 상황을 정식 보고계통인 주월사 J-3에서 본국 합참 작전국에 보고하는 외에 "무슨 경로를 통해서라도 본국의 해병대사령부에 직접 보고하라"는 비밀지령을 받고 있었다.

본국에서 발표되는 주월 한국군의 전황은 공식 채널을 통해서만 가능한 것인데, 종종 해병대 전황이 주월사가 모르는 내용까지 발표되는 경우가 있었다. 그래서 작전참모가 그 경위를 확인한 결과, J-3 보좌관인 해병중령이 청룡여단에서 입수한 것을 J-3를 거치지 않고 해병대사령부에 보고된 것으로 밝혀졌다.

당시는 아직까지도 한·미간에 작전지휘권 문제가 정식으로 매듭지어지지 않고 있었으며, 맹호사단에서도 정식으로 큰 작전을 개시하지 않고 작전준비 상태에 머물러 있을 때였다.

그런데 "미군사령부에서 청룡부대에 작전명령이 하달되어, 여단이 출동 준비를 서두르고 있다"는 보고가 입수되어 매우 당황했다. 도저히 있을 수 없는 일이라 이해가 되지 않았다. 해병여단의 반응은 "우리는 가만히 있는데, 미군사령부에서 작전명령이 하달되었으니 출동할 수밖에 도리가 없지 않느냐?"는 것이었다.

당시 시간은 자정 가까이 되었지만, 이훈섭 부사령관과 J-3 박학선 대령은 미군사령부 부사령관에게 긴급 면담을 요청하고 달려갔다. 그리고 문제의 심각성을 지적하고, 유사한 일의 재발이 절대 없도록 조치해 달라고 했다. '그들은 문제의 심각성을 미리 짐작했으면서도 한번 시도해서 그대로 먹혀들어 가면, 그것을 관례로 삼아 밀어붙이려고 했었던 것 아니냐?' 하는 인상을 받았다.

당시 해병여단은 주월한국군사령부의 예하부대였고, 한국군의 작전 통제 문제는 한·미간에 협의가 진행 중이며, 아무것도 결정된 바가 없는 상태였던 것이다. 따라서 한국군의 반응이 예상외로 강력하게 나오자, 그 작명은 그 시간부로 취소되고 말았다.

사건은 그것으로 일단락되었다. 하지만 보다 자세한 경위와 배경은 알 수 없었다. 단지 짐작되는 것은 해병여단이 육군에 앞서 먼저 작전을 개시하고 전과를 올려, 본국에서 크게 보도되고 현지에서 각국 기자들을 통해 널리 알려지기를 바라는 욕망이 있었고, 미군사령부로서는 이것을 하나의 시험 기회로 삼아 미 해병사단에서 은밀하지만 강력히 요구하는 한국 해병의 배속 문제를 해결하려고 시도했을 가능성이 있다는 것이다.

이것을 계기로 해서 즉시 J-3의 전사장교를 현지에 파견해 사실대로 파악하게 하고, 본국에 보고되는 상황 통제를 더욱 강화하기로 했다. 당시 전사장교는 육사11기인 이기백 소령인데, 그는 정직한 사람으로 동료 간에 잘 알려져 있었다.

전사장교가 현지에 나가 알아 본 바에 의하면, '청룡부대의 가까이 있는 고지 일대가 청룡부대에 위협이 되고 있으니 부대 안전을 위해서 이곳에서 소탕작전을 벌일 필요가 있는데 주월미군사령부의 작전명령이 필요하다'고 청룡부대가 구두요청이 있었기 때문에 이런 일이 벌어졌다는 것이었다.

실은 이러한 실무자의 보고를 받기 이전에 여단장 이봉출 장군이 '청룡부대의 초급간부들 중에는 청룡부대는 같은 해병인 미 해병사단에 배속되어 작전했으면 해병의 특성을 살려 작전에 도움도 되고 한·미 해병대와 친밀한 협조관계 유지에 도움이 되겠다고 생각하는 장교가 있다'고 보고해 왔다.

이 경우 해병의 특성 유지와 한·미 해병의 합동작전 능력 향상, 전우애 증진 등 긍정적인 면도 인정된다. 그러나 그들 상대는 미국 해병이며, 미국의 이익을 위해 존재하는 것이지 한국이나 한국 해병의 이익을 위해 있는 것이 아니기 때문에 신중히 고려해야 하는 것이다.

가령 미 해병이 막대한 피해와 곤란을 각오하고 어떤 작전에 우리도 함께 참가할 것을 명령할 경우, 우리나라에 도움이나 이익은 전혀 없지만 참가하지 않을 수 없는 것이다.

우리 한국군은 육군, 해군, 공군을 가리지 않고 어디까지나 우리의 이익 추구가 기본이고 불필요한 희생자를 내는 것은 결코 안 된다. 우리 해병은 대한민국 해병이고 대한민국을 위해 존재한다.

베트남전쟁에서 큰 희생자를 내면서까지 어떤 전과를 바라지 않는다. 오로지 최소의 희생으로 최대의 파병 성과를 올려야 하는 것이다.

나는 맹호사단장을 겸직하고 있지만 청룡여단을 지휘해야 할 주월한국군사령관인 것이다. 왜 나의 부대를 다른 나라 사람의 지휘를 받게 한단 말인가. 나는 결연하게 이번 문제만은 꼭 해결해야 되겠다고 마음먹고 이봉출 여단장에게 내 의지를 분명히 했다. 이봉출 여단장은 내 의지에 대해 한 점 의혹이 없으며 전적으로 동감한다고 사과하면서, 다음부터는 절대 이런 일이 발생하지 않도록 여단장 이하 말단 병에 이르기까지 사령관의 명령지시에 복종하겠다고 대답했다. 나는 그를 격려하면서, 그 과정은 내 뜻에 맞지 않았지만 장병의 싸우겠다는 드높은 사기만은 자랑스러운 우리의 해병이라고 치하했다.

그 후 주월사와 청룡여단 간에는 정상 지휘체계가 유지되었으며 불미스러운 일도 발생하지 않았다.

나는 계속해서 청룡부대를 방문했으며, 오히려 내가 겸직하고 있는 맹호부대 보다 더 신경을 쓰며 지휘했다. 내 애정을 청룡 장병에게 보여 주기 위해 갈 때마다 해병대 특색인 주름 전투모를 쓰고 해병대 전투복 차림으로 방문하여 해병 장병과 함께 어울리는 시간을 많이 가졌다.

그 과정에서 또 하나의 문제가 생겼다. 겁없이 돌진하는 해병의 용맹성이 때로는 간교한 베트콩의 매복작전에 말려드는 경우가 있었다. 그럴 경우 불필요한 희생이 발생하는 것이다.

나는 해병대 정신, 오직 전진만 있을 뿐이라는 감투정신을 치하하면서도, 때로는 적의 간교한 책략에 말려들지 않도록 하는 전례를 이야기하며 그들 장병과 함께 밤을 새우기도 했다. 또한 주월사 각 참모에게도 청룡여단에 대한 더 많은 관심을 갖도록 주의를 환기시켰다.

2. 백마사단 파병과 배치

맹호사단과 청룡여단이 중대전술기지 설치를 완료하고 현지 숙달과 대민관계 설정이 되어 가면서 얼마간의 전술책임지역 내의 적정이 파악됐으므로 본격적인 작전에 돌입했다. 곳곳에서 성과도 쌓여질 무렵 미군사령부측은 1개 보병사단 증파 문제를 정식으로 거론하기 시작하였다.

미국은 세계 여러 나라 군대를 많이 끌어들이려고 정치, 외교 및 군사적으로 많은 노력을 해 왔지만 모두 냉담한 반응을 보였다.

맹호사단의 한국 잔류 제26연대의 증파로는 그들이 만족할 수 없다고 생각하고 있었다.

1개 사단 증파 문제가 본국에서 제기되자, 야당은 "사단 증파는 절대 안 된다"고 반대했으며, 일반 국민들은 찬성, 반대 양론으로 갈라져 있었다. 그러나 정부 당국이나 군부에서는 1개 사단 증파는 어쩔 수 없는 것이 아니겠느냐는 쪽으로 기울고 있었다.

내 생각으로는 증파가 여러 모로 국익에 도움이 된다고 생각하고 있었다. 이미 주월미군사령관과는 합의된 상태였다. 그래서 주월사 작전참모 박학선 대령과 주월미군사령부측 대령 1명을 포함한 3명이 본국에 가서 증파 병력의 필요성을 강조하며 또 국내 사정을 살피기 위해 서울에 갔다. 그들은 유관 부서를 찾아가 증파의 필요성을 브리핑하는 등 열심히 증파 당위성을 설명했다.

박학선 대령은 미군 장교들의 의견을 잘 개진할 수 있도록 세심한 주의를 기울였다. 그 결과는 증파 사단의 투입 지역에 어느 정도 유리하게 작용했다. 이미 군 당국은 증파 사단으로 백마부대인 제9사단이 내정된 상태였으므로 한편으로는 기정 사실화하면서 파병 준비를 서둘렀다.

드디어 제9사단 증파에 대한 실무 협의가 시작되었다. 그 당시 미군측도 보병 2개 사단이 우리 제9사단과 거의 동시에 월남에 도착하도록 되어 있었다. 그런데 그들은 한국군 1개 사단, 즉 제9사단을 캄보디아 접경지대인 내륙의 교통요지에 배치할 것을 강력히 주장하였다. 작전참모 박학선 대령은 이런 경우에 사전 대비하기 위해 때로는 단독으로, 또는 다른 참모와 같이 베트남의 전 전선을 북으로는 다낭에 있는 미 해병사단에서부터 내륙지역의 월남군 작전지역과 캄보디아 접경지대까지 거의 다 돌아보았다.

월남군이 작전하고 있는 남쪽의 삼각주지대를 제외한 전 지역을 살폈던 것이다. 그런데 미군사령부가 요구하는 캄보디아 접경지대는 미군에게 매우 중요한 지역이었다.

월맹 정규군은 캄보디아와의 접경지대를 연하여 개척된 침투 루트, 일명 호치민 루트를 통해 계속 남하하고 있었는데, 이때까지 아군은 병력 부족으로 해안지대인 평야로 주민이 주로 밀집해 있는 곳, 즉 1번도로를 확보하고 그것을 기점으로 내륙지역으로 작전지역을 넓혀 가고 있었다. 그런데 월맹군 남하 루트를 차단하고 그 요지에 거점을 확보하여 거기서부터 사방으로 작전을 전개해 나간다면, 난관도 있지만 성과도 기대되는 곳이었다.

그러나 그것은 월남 전역을 책임지는 미군의 입장이고, 우리로서는 무척 큰 위험이 따르는 것이었다. 전투병력 2개 사단과 1개 여단 병력을 각기 멀리 떨어지게 하는 것이다. 제9사단을 미군의 요구대로 배치한다면 통신 문제와 예하부대 간의 협조는 극히 곤란하며, 사령관의 작전지휘는 매우 어려워진다.

이와 같이 상식적으로도 쉽게 알 수 있는 무리한 배치를 미군측이 요구하는 것은, 그들이 우리보다 월등히 나은 통신 수단과 헬기 등 월등하게 우세한 전투력을 가지고도 그 지역에서 막대한 희생을 각오해야 했기 때문에 여러 가지 방법으로 우리를 설득하려고 하는 것이었다. 이에 앞서 만약 우리가 그들에게 배속되었거나 작전 통제권을 이양했더라면, 그 지루한 협의절차 없이 단 한 장의 작전명령에 의해 증파되는 한국군 사단은 그 오지로 들어갈 수밖에 없었을 것이다.

우리의 주장은 합리적이었다. 월남전 수행의 기본은 먼저 평야 지대인 해안선을 확보하여 대소 항구의 안전과 1번도로의 통행을 보장하고, 내륙으로 진격 소탕하는 일이었다. 그 해안선의 최북단에 미 해병사단이 있고 남하해서 퀴논에 맹호사단, 그리고 더 남쪽의 캄란에 한국 해병여단이 배치되어 있는데, 각 부대 간의 넓은 간격에 수시로 적이 침투하고 있었다. 그 중에서도 다낭과 퀴논 사이의 1번도로에는 월남군 경찰의 초소가 있을 뿐, 부대다운 부대가 없었다. 그래서 그 중간인 뚜이호아에 새로운 사단을 배치하려는 것이었다.

그런데 미군은 그곳에 미 제4사단을 배치하고, 한국군 제9사단을 오지에 보내려 하고 있는 것이다. 여기에 문제가 있다. 맨 북쪽에 미 해병사단, 그 다음이 미 보병사단, 그리고 그 다음이 한국 맹호사단, 이 같은 배치보다 뚜이호아에 미군 사단 대신 한국군 제9사단이 들어오는 것이 더 합리적이다.

왜냐하면, 제9사단이 들어오면 미 해병사단 그리고 연달아 한국군 2개 사단과 또 한국군 해병여단이 있으니, 지휘 단일화를 기할 수 있고 해안선과 1번도로의 확보를 용이하게 수행할 수 있다.

특히 한국군을 통제 곤란할 정도로 거리적으로 원거리에 각기 떨어지게 해 놓으면, 지휘 곤란은 물론 집중적이며 융통성 있는 전투능력을 발휘할 수 없다. 이에 반해 미군은 월남 전역을 책임지고 있으니, '어디에 미군 부대를 배치하느냐?' 하는 것은 결코 문제가 되지 않는다.

따라서 당시 주월사는 "한국 제9사단을 오지에 배치시킨다면, 한국 국회에서 야당의 반대를 설득하거나 잠재우기 힘들 것이며, 언론과 국민 여론을 감당하기 힘들고, 한국 정부는 큰 곤경에 처하게 될 것이다. 최악의 경우는 제9사단의 출발 전에 반대 데모라도 일어날지 모른다"고 강력히 주장했다. 이와 같이 미군사령부에서 지도를 펴 놓고 연일 갑론을박 설전이 계속되었지만, 주월사 J-3는 혼자이고 미군사령부 J-3의 대령급들은 다 동원된 것처럼 분위기로 압도하려는 듯했다. 힘든 나날이 계속되었지만 좀처럼 결론이 나지 않았다.

제9사단을 뚜이호아 - 나트랑 - 캄란 지역에 배치하는 문제는 작전 지휘권 문제 다음으로 우리 주월군의 장래에 엄청난 결과를 초래케 하는 중요하고 심각한 문제였다. 그 지역은 미국이 월남전 수행에 필요한 모든 물자와 군수품, 각종 병기, 장비 등 전쟁 수행에 필요한 각종 시설이 들어서게 되고, 비행장과 항만시설의 확장 등 엄청난 공사가 예정되어 있어 많은 미국의 업체가 속속 진출하게 되는 곳이다.

따라서 한국 업체들을 많이 끌어들이고, 한국의 근로자들을 미국 업체나 한국 업체들에 취업시킬 수 있으며, 파월 장병들을 현지 제대시켜 이러한 업체들에 취업시키고 싶은 욕심을 갖고 있던 주월 한국군으로서는 그 지역을 반드시 우리의 책임지역으로 확보해야 되겠다고 결심하고 있었다. 엄청난 미국의 달러가 투자되고 물자와 시설이 집중하는 그 지역을 미군의 책임지역으로 하고 싶은 것은 당연한 것이라고 생각되었다. 이 점에 있어서는 월남군도 마찬가지였겠지만, 그 같은 엄두를 낼 수 있는 처지가 못되었다.

"나트랑-캄란 등의 지역은 월남전 수행에 심장 역할을 하는 핵심지역이 아닌가? 이 지역 일대의 경계 임무와 이 지역에 위협을 주는 서부의 혼바산 일대의 험준한 산악지대는 수많은 천연 암석 동굴이 거미줄 같이 깊숙한 곳에 연결되어 있어 베트콩들은 여기에 강력한 거점을 만들어 요새지대화하고 있다. 프랑스군도 이 산악지역에 접근하지 못하였고, 지난 10여 년 동안에 월남군도 이 산악 동굴지대에 접근한 적이 없다고 한다. 적이 장악하고 있는 산악지대에서 완전히 감제 당하고 있는 이 지역의 경계와 보호를 위해 당신은 어떠한 구상을 하고 있소?"

하고 웨스트모얼랜드 장군에게 넌지시 물어 보았다. 그는,

"월남에 도착하는 새로운 미군 부대의 투입을 고려하고 있다."

고 하였다.

이에 퀴논 지역에 우리 맹호부대가 들어가서 그곳의 미군 군수시설과 보급소, 항만시설 등의 경계 임무를 담당하고 있는데, 맹호부대가 투입되기 전에는 적들이 퀴논 북서쪽 푸캇산 일대의 천연 동굴을 이용하여 철통 같은 요새지를 구축하고 고보이 평야의 비옥한 곡창지대를 완전 장악하고 있었을 뿐 아니라, 퀴논 항구도 그

들의 수중에 있는 상태였다.

맹호부대가 이 지역에 투입된 후 퀴논 항구지역이 월남 중부지역에서 작전하는 미·월·한국군의 중요한 기지창임을 감안하여, 그 지역과 시설의 경계에 전력을 다하였다. 우리가 그 지역에 들어가기 시작할 무렵 새로 개설한 미 탄약보급소에 베트콩 1개 분대 병력이 야간에 침투하여 3일 동안 연쇄 폭파되어 큰 혼란과 피해를 입었던 사실을 그도 잘 알고 있다.

미군의 새로운 보급소와 시설이 들어서기 시작하면, 베트콩은 그 지역을 주공격목표로 삼게 되었던 것이다. 이에 따라 푸캇 산악일대에서 철저한 야간 매복과 이 지역에 이르는 모든 통로에 매복대를 배치하여 매일 밤 침투하는 베트콩들을 섬멸하기 시작했으며, **매일 위치를 바꿔 가며 계속되는 우리의 매복작전에 적의 야간 활동이 마비 상태에 빠지게 되었다.**

하루는 내가 퀴논 지역에 있는 미국의 한 용역회사에 들러 한국군이 도와 줄 일이 없느냐고 물어 본 적이 있다. 그 상사의 책임자는 내게 이런 이야기를 했다.

'미국에 있는 아내가 이곳의 일을 그만 두고 즉시 미국으로 돌아오지 않으면 당신과 이혼하겠다. 당신에게 무슨 일이 일어날지 불안해서 밤에 잠을 이룰 수가 없다. 월남에서 미국인 숙소나 사업장이 베트콩의 습격을 받아 몇 명이 희생되었다는 신문기사가 날 때마다 내 수명이 조여지는 듯한 걱정과 공포 때문에 더 이상 참을 수가 없으니 즉시 귀국하겠다는 회신이 없으면 당신과의 이혼수속을 시작한다고 협박 편지가 계속 날아 왔다. 그래서 나는 아내에게, 우리 시설이 있는 지역은 한국의 타이거 솔저(Tiger Soldier : 맹호부대)가 지키고 있어, 베트콩이 절대 접근을 못하고 있으니 절대 안심하라고 했다. 당신들이 이 지역을 잘 보호해 주면 그 이상 무엇을 더 바라겠는가?'

이 같은 이야기를 듣고, 나는 흐뭇한 생각과 함께 책임감에 어깨가 더 무거워지는 느낌을 가지면서 우리 장병들에게 그대로 전달하고 격려했던 일이 있다.

주월 미군사의 참모들이나 예하부대 지휘관들도 전쟁 수행에 중요한 보급품과 시설 경비가 월남과 같은 상황에서 전투작전 이상으로 중요함을 피부로 느끼고 있을 것이라고 생각한다. 미군의 무기와 전력이 적보다 아무리 월등하게 강하다고 해도 야간에 소집단으로 간단없이 침투해 들어와서 습격하고 파괴하는 기습작전에 대해서는 효과적인 대응을 하지 못하고 있는 실정이다. 이는 월남전이라는 특이한 전쟁의 성격과 여건 때문이라고 생각하고 있다.

이번에 나트랑-캄란 등 지역 경비를 새로 월남에 도착하는 미군 사단에 그 책임을 맡기는 것도 좋은 방안이라고 생각되지만, 곧 월남에 파월되는 한국군 제9사단(백마부대)을 배치하는 것이 더 좋은 방안이 아닐까 생각한다. 왜냐하면, 소부대에 의한 야간 매복작전은 지금까지 퀴논 지역에서 맹호사단이 실시하여 완벽한 성과를 거두고 있으며, 한국에서 훈련 중인 백마사단도 야간 매복작전에 중점을 두고 훈련을 실시하고 있다.

또한 캄란 지역의 효과적인 방어를 위하여 이 지역을 감제하고 있는 서부의 혼바산 일대의 베트콩 요새를 공략해야 하는데, 이 요새지대는 어떠한 공중폭격이나 포병화력으로도 제압할 수 없는 지역이다.

장병들이 적의 크고 작은 동굴 하나 하나를 탐색해서 격파해야 하는데, 허다한 대인지뢰와 장애물을 제거해야 하며, 암석 사이에 배치된 저격병들의 저격에 많은 희생자를 내게 된다. 포병화력이나 항공폭격 효과가 거의 없고, 전차 사용은 불가하고, 헬기 사용도 크게 제한 받는 그러한 전투에서 미군보다 한국군이 전투 수행에 더 효과적이 아닐까 생각된다.

제9사단을 캄보디아 국경 정글 지역에 배치하는 방안도 미군사령부 참모장교들에 의해 검토되었다고 우리 J-3를 통해 보고를 받았지만, 이는 적절치 못하다고 생각하였다.

그 첫째 이유는 우리의 M1 소총은 적과 근거리에서 조우하여 순간적인 전투에서 시작되는 것이 보편적인 월남전에서는 대단히 부적절한 무기라고 생각한다. 무겁기도 하지만 적과 조우시 신속하게 사격 개시도 어렵고, 그 지역 일대의 월맹 정규군이나 베트콩 정규 전투부대 요원들은 AK총 등 자동소총으로 무장하고 있어 우리의 M1으로는 상대가 되지 않는다.

둘째, 우리 전투부대가 장비하고 있는 우리의 무전기로는 정글에서 제대로 기능 발휘가 곤란하며, 중대-소대-분대간 통신이 제대로 이루어지지 못하고 있다. 사단-연대-대대 간은 물론 사령부와 사단 간 통신 유지도 어렵다.

셋째, 그 지대 일대는 베트콩들의 무수한 대인지뢰와 장애물이 설치되어 있고, 적의 저격병들의 저격으로 많은 피해가 발생하고 있는데, 탱크나 장갑차는 이 같은 대인지뢰나 저격으로부터 병력이 보호될 수 있지만, 우리는 이러한 장비가 전무하다.

넷째, 그 지역에서는 오직 헬기에 의해 모든 보급과 수송이 이루어지는데, 우리는 단 한 대의 헬기도 보유하지 못하고 있다. 물론 헬기나 탱크 등은 미군에 지원을 요청하여 지원 받을 수 있고 또 그렇게 해 왔지만, 그 지역에서 헬기나 탱크의 사용은 더욱 빈번하며, 지원 부대원들과 통신, 언어장벽 등의 문제도 간단하지 않다.

다섯째, 한국군 부대를 통신이나 연락도 곤란한 너무 먼 거리에 제 각각 분산 배치하면 통합된 병력 운용으로 적극적인 공세작전이나 협조된 작전에 의한 평정지역의 확대도 대단히 어렵게 된다. 따라서 한국군을 전략적으로 운용하기 위해 더 큰 규모의 작전 실시와 병력의 집중 운용으로 작전의 성과를 극대화할 수 있도록 했으면 한다.

여섯째, 본국에서도 제9사단의 증파에 강한 반대 여론과 야당의 반대 투쟁도 격화되고 있으며, 한국군 J-3와 미군 J-3 참모장교들이 서울 방문을 통해 직접 확인한 결과가 주월미군사령관에게 보고되었을 것이다. 따라서 제9사단의 배치 문제는 이러한 정치적인 면도 참작되어야 한다.

일곱째, 제9사단을 캄보디아 국경지대 정글에 배치할 경우 한국군의 현 장비로는 그 임무수행이 대단히 어려울 뿐만 아니라, 이러한 열세한 장비로 작전하게 되는 한국군의 사기도 문제지만, 본국 국민들이나 정치인, 언론, 학생들의 항의와 반대는 국제사회에도 월남전에 대한 부정적인 이미지를 주게 되어 한·미 양국에 다같이 도움이 되지 않을 것이다.

결국 웨스트모얼랜드 장군과의 진지한 협의에서 제9사단의 주둔지역이 결정되었다. 미군사령부가 우리에게 요구한 것은 한국측에서 즉시 뚜이호아 지역을 정찰해서 사단사령부 위치, 진입로, 주요 부대의 위치 등을 제시해 주면 미군 공병이 그 요구에 맞춰 진입로 공사와 기타 필요한 공사를 해 주기로 했다.

이에 따라 J-3 박학선 대령은 한국군 군수사령관 이범준 장군과 같이 미군의 헬기를 타고 현지에 가서 약 1시간 반 정도의 정찰을 마쳤다. 우리의 정찰이 끝난 후 1주일 뒤에 미군 공병대대장 일행이 동일한 장소에 가서 그들 작업을 위해 정찰을 끝마치고 이륙하는데, 베트콩의 사격을 받아 대대장이 전사했다. 그래도 그 작업은 개시되고 백마사단은 우리가 원하던 위치에 배치되었다.

그런데 월남 지역은 어디를 가나 전쟁터였다. 주민 하나 없는 평지 초원인데, 우리가 헬기를 타고 1시간 반이나 그 지역을 정찰하는 것을 그들 주민들이 알고 신고를 했던 것이다. '헬기가 정찰을 하고 갔으니, 언젠가는 다시 올 것이다'라고 판단한 베트콩이 그 자리에 매복하고 아군이 나타나기만을 기다렸으며, 다시 정찰을 위해 착륙하던 공병대대장의 헬기를 기습했던 것이다. 이것은 그들의 경험에 의해 착상된 전술이다.

이상과 같이 백마사단의 배치 지역에 대해 미군사령부와 완전 합의에 도달하기까지 나의 J-3와 관계 참모들 그리고 미군사령부 참모들과의 **힘든 토론과 협의를** 거치면서 **지혜와 인내심과 끈질긴 뱃심으로** 이루어졌다. 그 기저는 조국에 대한 한없는 **애국심과 군인으로서의 투철한 사명감과 군인정신의 발로**였으며, 상·하 혼연일체가 되어 **일심동체로** 절충한 결과였다.

지금도 그 당시를 생각하면 모골이 송연해진다. 만약 백마사단을 캄보디아 접경지대 오지 정글 속에 배치했더라면 어떻게 되었을까 하는 상상 때문이다. 그 과정에서도 역시 웨스트모얼랜드 장군의 한국과 한국인에 대한 이해와 동정 때문에 내 건의를 받아들인 것이라고 생각한다.

제 10 장
맹호 길들이기 작전

1. 맹호사단 전술책임지역

맹호사단은 1965년 10월 23일에 제1연대가 미 제101공수사단의 작전지역을 인수 완료한 데 이어 기갑연대가 11월 14일 미 해병 제7연대로부터 작전지역을 인수 완료하였다.

먼저 밝힌 것처럼 2개 연대 모두 중대별로 각각 산개하여 중대전술기지를 설치한 후 현지 적응훈련을 거쳐 이제 첫 단계 작전에 들어가기 위한 태세를 갖추었다.

맹호사단 지역은 중부 항구 도시인 퀴논(Qui Nhon)을 비롯하여 약 1,400평방킬로미터에 달하는 광대한 전술책임지역으로 이를 담당하게 됨으로써 실질적으로 전술행동에 들어간다.

나는 모택동의 전략 전술 가운데 가장 핵심인 '물과 고기의 관계'라는 목표에 대한 대 게릴라전 수행을 위해 **'물과 고기의 분리'**를 위해 모든 역량을 집중하기로 하였다.

사단의 작전지역은 평야지대가 대부분이고, 동쪽은 남중국해와 접하고, 서·남·북은 정글과 가시덤불이 무성한 300 내지 1,200미터의 고지군으로 둘러싸여 분지를 형성하고 있다.

작전지역의 중앙부와 해안지방은 비옥한 평야지대로 베트남의 중요한 쌀 생산지역의 하나로서, 그 중간 중간에는 크고 작은 부락이 깔려 있다. 특히 부락 사이사이에는 소하천이 많아 부대의 기동에 많은 제한이 예상되었다.

사단 전술지역 내에는 아주 중요한 전략적 도로가 있는데, 퀴논을 남과 북으로 관통하는 1번도로가 그것이고, 퀴논시를 기점으로 하여 서쪽으로 안캐, 플레이쿠(Plaiku)를 경유하여 캄보디아에 이르는 19번도로가 있다. 19번도로는 중부 고원지대에서 활동하는 미군 및 월남군의 중요 병참선으로 전략적으로 특히 중요시되고 있다.

전술책임지역 내의 퀴논시는 천연적 항구도시로서 군수물자 보급의 요충지이며 중부 월남에서 나트랑 다음 가는 주요 군항이다.

이 지역의 계절은 건기와 우기로 구분되며, 건기는 4월부터 8월까지이고 우기는 9월부터 다음해 3월까지이다. 기온은 연간 최고 42°C 최저는 16°C로서 건기의 4월부터는 매일 40°C 내외의 고온이 계속된다. 연간 강수량은 약 2,000mm 이상으로서 우기인 10월부터 다음해 1월까지 많은 비가 내린다. 우리나라 같으면 그 많은 비 때문에 물난리가 나겠지만 여기서는 그런 염려는 없다. 왜냐하면, 넓게 퍼져 있는 정글에 그 많은 비를 조절하는 능력이 있기 때문이다. 물보다 더 무서운 것은 정글과 가시덤불에 살고 있는 독거미와 말라리아 모기 등 해충이 우글거려 우리 장병을 몹시 괴롭

힌다.

이러한 악조건 하에서 맹호사단 장병들은 흙과 물과 해충과 싸워 가며 불과 한 달도 못 돼 중대전술기지를 완전히 구축하고 전투태세를 갖춘 것이었다.

특히 전술책임지역 내의 고보이 평야는 먼저 설명한 것처럼 유명한 쌀 생산지여서 평야 곳곳에 베트콩들의 전략촌이 깔려 있었고, 그 평야 한편에는 푸캇산이 있어 지난날 미군의 작전시 베트콩은 바위와 밀림으로 뒤덮인 푸캇산으로 숨어 버렸던 것이다. 따라서 미군의 전략인 탐색과 섬멸작전은 쫓고 쫓기고 숨어 버리는 일을 되풀이하는 숨바꼭질과 같은 전쟁을 이어 온 것이었다.

사단이 부여받은 임무는 이 광대한 지역에서 작전을 하여 적을 섬멸한 후 평화를 되찾는 평정사업이었다.

사단의 중대전술기지는 이러한 적정의 광활한 지역에 적절히 배치되어 있었으므로, 적과 아군의 관계가 전선과 후방, 적측과 아군지역이 따로 분리되지 않고 상호 얽혀 적 지역과 아군 지역을 명확히 구분하는 그런 전장배치가 아니다.

따라서 중대전술기지 어느 방향에서 적이 기습할지 모르기 때문에 맹호 장병은 전면방어 형태를 24시간 계속 유지해야 했다.

중대전술기지 개념은 우리만의 독특한 것으로, 미군이나 월남군에게는 매우 생소하여, 한국군의 중대전술기지가 언젠가는 적에게 유린될 것이라는 우려스러운 눈빛으로 바라보고 있었다. 이제까지 최소 대대단위는 되어야 적의 공격에 버틸 수 있다는 것이 상식인데, 내 고집 하나로 중대단위로 분산해서 배치했으니, 한국군이 언젠가는 크게 다칠 것이라는 위험천만한 일로 외국인의 눈에 비쳤던 것이다. 나는 6 · 25전쟁을 통해서 적지에 들어가 게릴라전을 전개했으므로 거기에서 얻은 경험에 의거, 중대가 견뎌낼 수 있을 것이라는 확신을 가지고 있었다. 더욱이 모든 중대전술기지가 사단 포병화력의 지원사격 거리 안에 있었기 때문에 그 확신은 더 굳어졌었다. 간혹 보병대대가 지원거리 밖에 배치되었던 경우가 있었는데, 그런 경우는 1개 포대의 포병과 4.2인치 중박격포 소대로 묶은 직접지원화력으로 감당하게 하였다. 그렇게 포병화력을 운용함에 따라 사단 전술책임지역 어느 중대전술기지도 포병 지원사격권 밖에 버려 두는 경우는 없었다.

맹호사단이 주둔 이후 작전은 하지 않고 중대별로 호만 파고 교육 훈련만 하고 있으니, 미군은 물론 월남군까지 '한국군이 월남에 싸우러 온 것이 아니고 호나 파고 훈련하러 왔느냐' 는 식으로 주목을 하고 있을 때, 나는 홀연히 기다리던 때가 왔다고 판단하여 작전개시 명령을 내렸다. 이제 기지를 벗어나 그 동안 월남 사람으로부터 수집한 첩보에 입각하여 수색하면서 베트콩을 색출하기로 한 것이다. 즉 물과 고기의 분리작전을 시작한 것이다.

맹호사단 전술지역 내의 모든 중대는 중대전술기지 밖 정글 또는 촌락을 목표로 하여 색출작전에 들어갔다.

2. 첫 전투에서 얻는 교훈

제1연대장 김정운 대령, 기갑연대장 신현수 대령을 비롯하여 6개 보병대대장 전원이 6 · 25전쟁을 통해 공훈을 세운 역전의 용사였다. 비록 중대장 이하 모든 장병은 전투 경험이 없을지라도 그동안 상급 지휘관으로부터 교육 받아 익힌 실력으로 베트콩의 소굴로 뛰어들어야 하는 것이다. 이런 준비와 각오로 맹호사단의 각 부대는 제1단계 작전에 들어갔다.

제1연대 제1대대장 배정도 중령은 제3중대 고광배 일등병이 10월 29일 새벽 적 2명 사살의 전과를 올려 사병들의 사기가 충천해 있다는 사실을 확인하고, 그 여세를 몰아 일제히 수색 정찰전에 투입시켰다.

제1중대는 룩레 부락에 진격했지만, 실전 경험이 없었던 것과 지형이 착잡하여 도주하는 베트콩을 차단해야 하는 퇴로 매복을 하지 않아 베트콩을 포착하지 못하고, 오히려 적 매복에 걸려 4명이 총상을 입었다. 그러나 이 작은 전투를 통해 중대장 이하 모든 장병은 부락을 공격하기 전에 적 예상 퇴로에 사전 매복조를 배치해야 한다는 교훈을 얻었다.

제1중대는 이틀 후인 11월 13일 대대 지휘소가 위치한 키손산으로부터 손라이산까지 약 10킬로미터 사이의 평야지대에 있는 많은 부락을 수색하면서 적을 포착하기 위해 갖은 고생을 했지만 베트콩은 이미 자취를 감춘 상태였고, 부락에 접근하다 오히려 적의 함정에 유인되어 1명이 전사하고 1명이 부상하는 피해를 입었다.

이 두 부락 수색작전 결과에 대해 나는 실패로 보지 않고 좋은 교훈으로 활용하기로 하였다. 따라서 사단 작전참모로 하여금 교훈집을 작성토록 하여 예하 부대에 하달하였다.

베트콩들은 그 일대에 거주하는 지역 출신으로 평생을 그 지형에서 숙달된 탓으로, 행동반경이 뚜렷한 우리 장병을 매복 저격하기는 그리 어려운 것이 아니라고 판단하였다. 따라서 주간 수색보다 야간 매복을 통한 적의 행동을 포착하여 오히려 우리가 저격하는 전술의 숙달이 요구되었다.

1중대 작전 사흘이 지난 11월 16일 제1연대 제2대대 제6중대가 대대장 이필조 중령의 지정한 퀴논시 동북방에 남북으로 길게 뻗은 일대의 산악지대 근처에 있는 촌락을 공격케 하였다. 그때까지의 첩보에 의하면, 반도지역에 고정 배치된 베트콩은 없으나 약 1개 중대 규모의 베트콩 유동병력이 출몰한다고 알려졌다.

한국군이 미군 헬기의 지원을 받아 실시한 공중강하작전의 첫 시험 전투였다. 헬기 착륙장으로 해안의 모래밭에 착륙한 일부 소대원들은 착륙 당시 일어나는 모래 때문에 눈을 제대로 뜨지 못했고, 모래투성이가 된 일부 화기는 자동사격은 말할 것도 없고 격발조차 되지 않았다. 다행히 그곳에는 베트콩이 없었기에 피해는 입지 않았지만, 적의 자동화기 사격이라도 받았다면 큰 피해를 면할 길이 없었을 것이다.

각 소대를 각각 상이한 장소에 착륙시켰기 때문에 그 포위망에 갇힌 베트콩과 격전을 벌여 아군 피해 없이 적 4명을 사살하는 전과를 올렸다.

나는 현장 시찰을 통해 장병들에게 격려하면서,

"전쟁은 착오의 연속이다. 착오 없이 전투에 임할 수 없다. 그러나 그 착오를 최소한으로 줄일 수 있도록 모든 방편을 강구해야 한다. 그것은 각급 지휘관의 꾸준한 노력으로 가능하다."

고 훈계하며 모래밭에 착륙하여 위험할 뻔했던 과오를 또 교훈으로 남겼다.

한편, 신현수 대령의 기갑연대 또한 첫 전투의 서막을 올렸다. 11월 16일 김용진 중령이 지휘하는 예하 6중대는 19번도로 북방 콘강 건너 약 800미터 지점인 84고지를 점령하여 사주방어 진지를 편성하고 있었다. 별로 험하지 않은 이 고지에서 그 주변 일대에 산재해 있는 촌락의 베트콩을 소탕하지 않으면 아군의 활동에 많은 제한을 받는다는 대대장 판단에 의해 수색작전을 실시했다. 이 일대는 약 1개 중대의 지방 게릴라가 활동하고 있는 것을 정보망을 통해서 파악하고 있었다. 84고지 북쪽에 있는 야트막한 고지 일대를 수색하고 있을 때 그 고지 정상에서 베트콩이 사격을 가해 왔다. 6중대 3소대장 김태희 소위는 재빨리 분대를 산개시키고 사격과 기동으로 적측에 접근하였다. 소대가 과감하게 접근하자, 1개 분대 정도의 적이 도망가기 시작했다. 정글은 아니지만 관목들

▲ 작전 중 월남 어린이들을 구출해 나오는 한국군.

이 총총히 박혀 있는 곳이라 곧 자취를 감추었다. 혹시 추적하다가 적의 함정에 빠질 위험이 있다고 깨달은 김 소위는 2개 분대를 양측방을 경계토록 하며 전진, 적을 발견하자 사격으로 1명을 쓰러뜨렸다. 1명의 베트콩은 관통상을 입었지만 생명에는 이상이 없었다. 생포한 베트콩이 소지했던 장총 1정과 수류탄, 실탄 등 개인장구 등을 노획했다.

소대장 김태희 소위는 적절한 수색과 경계 그리고 끝까지 적을 놓치지 않으려는 군인정신이 돋보여 11월 24일 나는 김 소위에게 화랑무공훈장을 수여했다. 제1연대 재구대대 이현태 하사, 제1연대 제1대대 고광배 일등병에 이어 세 번째 훈장이고 기갑연대로서는 첫 번째 무공이었다. 역시 김 소위도 군악대가 연주하는 가운데 사열대에서 분열행진하는 부대의 사열을 받게 하였다.

김 소위가 베트콩 1명을 생포하던 날 밤 제6중대는 이태일 대위에 의해 적의 예상 접근로에 1개 분대를 잠복시켰다. 제1소대 2분대의 잠복 지점에 나타난 적은 약 1개 분대였다. 평소 교육훈련시 익힌 적이 근접할 때까지 사격을 하지 않는다는 마음가짐으로 끝까지 참고 있다가 약 15미터 지점까지 도달할 때 수류탄을 투척함과 동시에 일제사격을 가해 적 2명을 사살하고 카빈 소총 1정, M1 소총 1정, 수류탄, 실탄 등 다수를 노획했다. 특히 전투간 철저한 잠복근무를 하기 위해 약정신호에 의해 소리를 일체 내지 않고 전투를 마무리한 점이 높이 평가되었다.

이어서 기갑연대장 신현수 대령은 연대전술책임지역 내의 빈케 군수가 추수 보호를 요청해 와 제2대대 5중대와 연대 수색중대 1개 소대로써 연대 최초의 중대규모 작전을 실시케 했다.

이때가 마침 추수 기간 중이어서 쌀 수확을 위해서는 보호가 필요했었던 것이다.

작전지역인 빈케군 호아히엡은 산으로 둘러싸인 직경 약 2.5킬로미터의 둥근 분지였으며, 주산물은 쌀이지만 주변 산 중턱에는 바나나를 재배하고 있었다. 이 중대작전은 계속 대대와 연대의 지원을 받으며 21일까지 3일간 이어졌다.

계속되는 수색작전에서 베트콩 3명을 사살하고 용의자 16명을 체포했다. 어찌된 일인지 많은 실탄과 소지품은 노획했지만 소총은 하나도 없었다. 이때 확인된 것이지만, 베트콩은 무기가 무척 귀해 전투 중 전우가 죽으면 시체는 버리고서도 소총만은 회수하여 달아난다는 것이었다.

3일간의 작전에서 적 주력을 포착하지 못한 것은 아쉬운 점이었으며, 그 원인은 적이 신속히 분산 도주한 것으로 분석되었다. 그러나 이 일대 베트콩 지배지역에서 한국군의 위력을 충분히 과시한 것으로 평가할 수 있었다. 또한 작전기간 중 아군은 1명의 부상자만 냈다.

이 기간 중 사단 전술지역 내의 모든 중대전술기지에서는 주변지역에 대한 수색을 실시하였으나 적 주력을 포착하지 못한 것은 아군의 기도를 알아차린 베트콩이 분산 도주했기 때문으로 분석되었다. 따라서 앞으로 기도비닉과 함께 기습의 효과를 증대시켜야되겠다는 교훈을 얻게 되었다.

이 무렵 11월 30일 새벽 월남 민병대 4개 소대가 방어하고 있던 키엔미 부락이 베트콩의 기습으로 수십 명의 희생자를 낸 끝에 함락당했다. 이 급박한 위기에 접한 월남군측은 기갑연대장 신현수 대령에게 구원을 요청해 왔다.

월남군측의 요청을 받은 연대장은 이 부락을 탈환하고 지역 내 베트콩을 소탕하겠다고 결심한 끝에 제5중대와 제11중대를 투입, 소탕전에 들어갔다. 항공폭격을 요청하여 부락을 강타한 뒤 진입을 시도했으나 완강한 저항으로 진입에 실패했다.

작전 2일째인 12월 1일 연대 수색중대 및 제3중대와 제7중대를 증강하는 작전을 폈으나 일단 철수했다.

이 작전에서 적 사살 31명에 카빈 소총 1정 노획 등이 전과로 보고되었으나 항공폭격과 제61포병대대 B포대와 C포대 사격에 의한 사망자로 추정될 뿐 뚜렷한 전과는 기록하지 못하고 아군은 전사자 2명과 부상자 11명을 냈다.

나는 이 작전을 분석하고 이 전투는 실패한 것으로 결론을 맺었다. 왜냐하면, 정보판단의 미숙으로 건제(建制)를 무시한 채 그때 그때 병력을 축차 투입함으로써 아군의 약점만 노출했다고 보았기 때문이었다. 심지어 제3대대 11중대와 연대 수색중대는 20미터 간격을 두고 병행 전진했으나 작전 종료시까지 두 중대는 그 사실조차 알지 못했다. 즉 중대간 유기적인 협조 없이 행동한 것이다. 또한 작전간 배터리 사정으로 작전개시 2시간 후에 무전이 두절된 점도 문제로 대두되었다.

제1단계 작전에서 기갑연대 외에 제1연대 제2대대 6중대의 루찬 전투, 기갑연대 제1대대의 화랑작전, 제1연대 1대대 1중대의 샛별작전, 기갑연대의 전진1호작전 등 활발한 움직임을 보였으나 뚜렷한 승전보는 없었다. 그러나 이런 작전을 통해 경험을 쌓았고 거기에서 얻은 교훈은 매우 소중하다고 생각되었다.

특히 1단계 작전기간 중 김정운 대령이 계획한 제2대대의 비호2호작전은 그 가운데 뚜렷한 교훈을 남긴 전투로 기록할 만했다.

3. 비호6호작전의 서광

제1단계 작전을 실시한 맹호사단은 괄목할 만한 전과는 얻지 못했지만, 전투 경험이 전연 없었던 초급장교와 하사관 그리고 사병들은 미숙한 지형과 모호한 적정하에서의 전투 수행이 얼마나 어려운가를 체득하게 되었다. 나는 일단 제1단계 작전을 마무리하고 그 작전에서 얻은 경험과 실패를 분석케 하여 다음 작전에 반영토록 예하 지휘관에게 지시하였다.

예하 지휘관에게 강조한 것은 **"현재까지는 지역을 확보하며 지형의 숙달과 적정 파악에 주력하였으나 앞으로는 공세적인 활동에 치중해야 한다.** 수세에서 공세로 전환하여 적으로 하여금 아군이 어떠한 방식으로 나올지 판단을 못하게 해야 한다"고 했다.

제1단계 작전 과정을 분석해 볼 때, 아군의 **수세적이고 소극적인 작전을 펼 때 적은 대담하고 무모한 공세 전법으로 도전**해 왔는데 비해, 아군이 우세한 병력과 화력으로 적극적인 공세에 나서면 적은 도주 은신했다. 따라서 아군은 **적의 퇴로와 은신처를 사전에 분석 파악**하여 그 퇴로를 차단하고 은신 예상지에 매복케 해서 적이 어떤 방식으로 나오더라도 대처할 수 있게 준비해야 한다는 중요한 계책을 알아냈다. 그래서 나는 제2단계 작전에 투입하기 전에 그 교훈을 참고로 한 면밀한 수색 및 매복계책 수립을 착수케 했다.

새해인 1966년 1월 6일, 나는 작전회의를 소집해서 주요 지휘관에게 다음과 같은 요지의 지휘방침을 하달했다.

"앞으로는 규모가 큰 작전을 실시해야 된다. 그것은 베트콩에게 아군의 위력을 과시할 수 있을 뿐만 아니라, 공세 그 자체가 최선의 방어가 될 수 있기 때문이다. 작전시 무모한 인명 피해는 가능한 한 피해야 한다. **베트남전의 현단계에서 막대한 인명 피해를 내면서 반드시 탈취해야 할 목표는 없다.**

지정된 시간 내에 일정한 목표를 탈취하려는 조급성은 필요가 없다. 가용한 모든 수단을 다하여 정보 획득에 노력하라.

한국군이 월남에서 쉽사리 성과를 거둘 수 있는 분야는 대민활동이다. 같은 아시아인의 이점과 풍속이 비슷하다는 점을 최대한으로 활용하여 대민활동에 노력하라. 앞으로의 나의 작전방침은 공격이다."

내가 하달한 작전방침에 따라 제1연대장 김정운 준장과 기갑연대장 신현수 대령이 각각 제2단계 작전을 준비하기 시작했다. 여기에서 밝혀 둘 것은 김정운 준장에 대한 것이다. 우리나라 뿐만 아니라 세계 어느 나라도 연대장 계급은 대령이다. 그런데 연대장 재직 중 1966년 1월 1일부로 장군으로 진급했다. 나는 이제 연대장을 마쳤으니 귀국해서 장군 직위 보직을 받으라고 했다. 그런데 김 장군 본인이, 작전이 계속 중인데 떠날 수 없다며 당분간 연대장 근무를 계속하겠다 하여 그대로 두기로 하였다. 본국에 건의하여 일정 기간 장군 직위로의 전속을 유보시켰다.

김정운 연대장이 별을 달고 지휘한 작전이 바로 비호6호작전이다. 비호6호작전에는 제1대대장 배정도 중령과 제2대대장 이필조 중령이 지휘하는 모든 예하 중대가 참가하였으며 연대 수색중대도 추가되었다. 이 작전에는 제3대대인 재구대대가 참가하지 않았다. 그때 재구대대는 전술책임지역 평정을 완료하고 적정이 가장 많은 곳으로 대대전술책임지역을 옮겨 달라고 건의한 바 있어, 정글이 험준하고 적정이 많아 미 제1기갑사단이 골치를 앓고 있는 사단전술책임지역 밖인 퀴논 북단 1번도로에서 30킬로미터 이상 북쪽에 있는 푸캇, 푸미 두 군지역에 이동하기 위하여 준비 중에 있었다.

제1연대는 제1단계 작전인 비호1호작전 이후 계속적인 수색작전에서 안논 평야지대 내의 적 대부분을 소탕하였으나, 북쪽에 달아났던 베트콩이 야금야금 다시 들어와 그들의 영향력을 계속 확대하기 시작하였다. 이 작전지역에서 골치 아픈 것은 지역 북단에 자리잡고 있는 푸캇산 때문이다. 베트콩들은 푸캇산이 험준하고 암석 사이사이 동굴이 무수히 많아 은신처로 거의 20년 동안 활용해 왔다. 이 지역은 미군이나 월남군이 적색지대 표지를 하여 특별 관리를 해 왔으나 단 한 번 완전히 소탕을 하지 못한 미답의 베트콩 소굴이었다.

비호6호작전은 동서 약 15킬로미터, 남북 약 10킬로미터에 이르는 넓은 지역에서 전개되었다. 작전지역 북단에는 254고지와 78고지가 위치해 있었고, 그 남쪽은 대부분 평야지대로서 논으로 되어 있고, 곳곳마다 수없이 많은 소하천이 거미줄처럼 얽혀 있어 기동에 결정적인 제한을 받았다. 또한 하천을 연해서 크고 작은 촌락이 많았으며, 그 촌락은 대개 무성한 숲으로 가려져 있었다.

1월 9일 06시부터 개시한 작전은 다음날 17시까지 실시되었는데, 각 중대가 일제히 동시 투입되어 베트콩이 도주할 여유를 갖지 못함으로써 곳곳에서 아군 매복에 걸려 적은 '독 안의 쥐 꼴'이 되어 줄줄이 희생자를 냈다.

작전 종료 후에 실시한 포로의 심문에 의해 밝혀진 사실이지만, 작전 전날인 1월 8일 밤에 푸캇산에 은신 거점을 두고 있던 베트콩 E-2B 대대가 아군을 기습공격하기 위하여 남하해 왔음이 밝혀졌다.

작전 중 교전한 베트콩이 E-2B 대대였던 것이 확인된 것으로 보아 맹호제1연대의 비호6호작전이 철저한 기도비닉으로 적에게 타격을 입힌 결과가 되었다.

당시 적의 규모는 베트콩 정규군 1개 중대와 지방 게릴라 3개 중대로 맹호사단이 도착한 이후 가장 강력한 적과 조우했던 것이다.

이 작전 결과에 따른 전과는 괄목할 만한 것이었다. 적 사살 196명, 포로 49명, 기관총 1정, 장총 12정, 자동소총 1정, 카빈 소총 21정, M1 소총 5정, 권총 1정, 기관단총 3정, 엽총 2정, 수류탄 54발, 실탄 3,000발 등 기타 노획품이 산처럼 쌓였다.

그러나 우리의 피해도 적지 않았다. 전사자 13명에 부상자 38명을 냈다.

내가 이 작전을 성공적인 작전으로 평가한 것은 전과가 많은 것보다 다른 측면에서 분석했다. 첫째, 작전의 기도가 하나도 누설되지 않아 베트콩 주력을 포착할 수 있었고, 적을 포위하여 기습을 달성했던 점, 둘째, 적과의 접촉을 계속 유지함으로써 적이 도주의 기회를 갖지 못하게 한 점, 각급 지휘관의 상황판단이 적절했던 점 등을 들 수 있었다. 부분적으로 지적된 문제점도 있었으나 그것은 계속 교훈으로 삼아 개선할 수 있는 것이므로 여기에서는 되풀이

하지 않겠다.

나는 이 작전을 통해서 승리할 수 있다는 확신을 갖게 되었다. 또한 이 작전을 통해서 미군과 월남군에게 체면을 세울 수 있었다. "한국군은 작전은 안하고 호만 파고 있다"고 비아냥거리던 그들에게 맹호의 위력을 보여 주게 되었기 때문이다.

4. 최초의 야간침투작전

베트남 전선의 밤은 베트콩의 세계였다. 미군을 위시하여 모든 월남군은 주간에 작전을 하고 밤에는 주둔지에서 경계를 한다. 따라서 베트콩은 낮에는 숨었다가 밤이 되면 활개를 친다. 밤은 베트콩과 월맹군에게 병력 이동의 자유와 보급품 운반의 천국으로 변한다.

나는 6·25전쟁 당시 백골병단을 지휘하며 적 후방 깊숙이 침투하여 적을 기습함으로써 적에게 공포의 대상으로 작전을 했던 경험이 있다. 밤을 효과적으로 사용하면 주간보다 월등히 이점이 있다. 그러나 인간에게 있어서 밤은 겁을 일으키게 하는 여러 조건이 있다. 첫째, 보이지 않는다. 둘째, 누가 갑자기 자기를 위협할 수 있다. 셋째, 밤에 무슨 일을 당하면 증거가 인멸될 수 있다. 더욱이 연약한 사람들에게는 밤에 귀신이 나온다고 겁을 먹는다.

그러나 내 생각은 다르다. 밤은 안전하다. 누가 나에게 접근할 수 없기 때문이다. 밤에는 낭만이 있다. 밤하늘의 별을 보면서 하나하나 별을 센다면 얼마나 로맨틱한가. 밤에는 자유가 보장된다. 남들이 행동 하나 하나를 엿볼 수 없기 때문이다.

　따라서 밤의 이점을 살리기 위해 밤에 익숙해지도록 밤을 사랑해야 한다. 나는 이 원리를 이용하여 주간에 충분히 재우고 야간활동을 권장했다. 더구나 월남 사람들은 시아스타라 해서 점심식사 후 낮잠을 잔다. 무더운 더위를 이겨내기 위한 예부터 내려 온 습관이다.

　우리도 무더위 속에서 살아가고 있으니 그들처럼 낮잠 자는 것은 건강과 생리에 도움이 된다.

　나는 우리 한국군이 미군이나 월남군처럼 낮에만 작전을 할 것이 아니라, 야간작전을 통해 밤의 주도권을 베트콩으로부터 빼앗아 와야 되겠다고 마음을 굳히고, 작전회의를 통해 예하 지휘관에게 '야간 주도권 탈취'를 지시했다. 다행히 두 연대장과 6개 보병대대장은 6·25전쟁을 통해 야간작전의 이점을 이해하고 있었으므로 야간작전의 주도권 찾기는 시간문제라고 생각하면서 희망을 갖게 되었다.

　새해 들어서서 제1연대 재구대대를 대대장이 건의한 대로 사단전술지역 밖 가장 적정이 많은 푸캇, 푸미 지역 미 제1기갑사단 작전지역으로 105mm 곡사포 1개 포대, 4.2인치 중박격포 소대를 함께 투입시켰다. 장장 15킬로미터의 1번도로 주변 평야와 베트콩 소굴인 푸캇산을 좌후방에 낀 새 전술책임지역이다. 바로 북쪽 봉손(Bong Son) 지역에는 미 제1기갑사단이 작전을 전개하고 있었다.

　제1연대 재구대대장 박경석 중령은 새 작전지역 인수 직후 1번도로를 사용하여 북상하는 미군 트럭을 적이 습격하고, 심지어 미군을 수송하는 헬기를 사격하여 격추시키는 일을 목격하자, 연대장 김정운 준장을 통해 적 전략촌 빈탄(Vinh Thanh)을 야간침투작전으로 소탕할 것을 건의해 왔다.

나는 첫 시도여서 걱정도 되었지만 매우 의욕적인 건의라고 생각하고 즉시 승인했다.

대대장은 대대본부에서 약 10킬로미터나 떨어져 있는 용영일 대위가 지휘하는 제9중대를 야간침투작전 중대로 지정했다. 그 이유는 중대장 용 대위는 도착 직후 전략촌 빈탄을 기습공격하기 위하여 사전정찰을 실시한 바 있고, 그 촌락에 대한 여러 첩보를 분석하고 있었기 때문이었다. 대대장은 2월 27일 실시하는 제11중대의 치호와 전략촌 야간침투작전과 함께 종합계획을 세워 이 두 작전을 재구2호작전으로 묶었다.

1966년 2월 16일 중대장 용 대위는 목표지역과 관계없어 보이는 빈투루옹 일대에 제2소대를 매복시켰다. 적에게 혼란을 주기 위해 대낮인 15시경에 배치했으므로 매복이라기보다 양동작전의 성격을 띤 배치였을 것이다. 날이 어두컴컴해지면서 2소대 1분대를 은밀히 진출시켜 적을 감제사격할 수 있는 126고지를 점령케하였다. 밤이 더 깊어지자 그곳을 몰래 빠져 나와 목표지역의 적을 공격하기 위한 전진기지에서 매복을 완료했다. 아주 어두워졌으므로 적은 전혀 알 수 없었다. 완전히 기도비닉을 위해 주간부터 양동작전을 편 것이었다.

20시경 제3소대를 목표 전략촌 빈탄 좌단에 침투 완료케 하였다. 2소대와 3소대는 계속 매복지점에서 적을 살폈다. 중대장은 다시 1소대와 화기소대로 하여금 완전히 포위하여 적의 퇴로를 차단하기 위한 매복을 완료하였다.

다음날 새벽 05시 30분 제2소대는 소로를 따라 정면공격하고 제1소대와 화기소대는 좌측으로 공격하였다. 적을 완전히 포위한 것이다. 포위망 후면에서는 적 자동화기 사격을 견제하기 위해 1개 분대로 잠복케 했다. 중대장 용 대위는 돌격 나팔을 불게 하고 돌격신호에 따라 일제히 함성을 지르며 돌격을 감행했다. 대대본부 지역에 배속되어 있던 105mm 곡사포대 및 4.2인치 중박격포는 돌격과 함께 일제히 푸캇산 쪽 적 퇴로에 차단사격을 가했다. 베트콩은 한국군이 야간에 공격하리라는 것을 전혀 모르고 있다가 완전히 기습을 당했으므로 저항이 제대로 조직적으로 이루어질리 없었다. 적의 방어선은 순식간에 무너지고 도주하는 적을 2소대와 3소대가 매복지점에서 일제사격을 가함으로써 중대의 야간 기습작전은 성공적으로 완수되었다.

이 작전에서 적 사살 37명, 포로 3명, 장총 3정, M1 소총 2정, 카빈 소총 4정을 비롯 다수의 수류탄과 실탄 그리고 군 장비를 노획하는 전과를 올렸다.

이 전투는 비록 중대가 실시한 전투지만 **베트남전에서 최초로 야간침투작전의 성공사례이고 한국군이 베트콩으로부터 밤을 빼앗았다**는 전사적 의미를 갖는다.

국방부 발행 〈주월한국군전사〉 제1권 340쪽에는 다음과 같이 기록하고 있다.

'아군은 야간에 은밀히 적을 포위한 후 여명을 기하여 기습적인 공격을 감행하였다. 이러한 전투는 1월 17일에 실시한 빈탄 전투(재구대대 제9중대 야간전투)와 2월 27일 치호와 전투(재구대대 제11중대 야간전투)가 그 전형적인 예가 되는 것이다.

이 기간에 습득한 야간작전의 모든 전훈은 3월에 실시된 최초의 사단규모작전인 맹호5호작전시 유용하게 활용될 수 있었다.'

재구대대 제9중대의 야간침투작전 성공에 이어서 재구대대 제11중대는 이재태 대위 지휘하에 2월 27일에 치호아(Chi Hoa) 야간침투작전으로 이어졌다. 재구대대는 재구2호작전을 전개하면서 전 대대가 1번국도 주변 전략촌 소탕작전을 감행하고 있었다. 제11중대는 2월 26일 23시에 중대를 출발, 다음날 새벽 02시에 중간 목표지점에서 전개, 각 소대가 분진하며 목표 외곽에 침투하는 데 성공하였다.

침투하는 동안 칠흑과 같은 어둠 속에서 거미줄처럼 얽힌 수로를 헤치고 목표를 완전히 포위한 후 여명을 기다렸다.

날이 새기 시작하자 중대장 이재태 대위는 공격명령을 내렸다. 이와 동시에 재구대대 본부에서는 배속된 105mm 곡사포대와 4.2인치 중박격포로 사격을 개시, 적 예상퇴로를 차단하였다. 이때 작전을 지휘하던 중대장 이재태 대위는 적탄이 폐를 뚫고 늑골 2개가 꺾인 중상을 입었다. 그러나 끝까지 지휘, 중대를 1번도로까지 무려 4킬로미터의 거리를 인솔하고 난 다음에야 헬기로 병원에 후송되었다. 이재태 대위의 뒤를 이어 노영철 대위가 대대부관직에서 11중대장으로 보직을 옮겨 이 작전을 마무리하였다.

재구대대 제11중대는 이 작전에서 적 41명을 사살하고 1명을 생포하였으며, 기관총 1정, AK 소총 8정, 로켓포 1문을 비롯한 수류탄, 실탄, 군장비 등을 노획하는 전과를 올렸다. 아군 피해는 중대장 이재태 대위를 포함하여 4명이 부상하였다.

재구대대 제9중대와 제11중대가 실시한 재구2호작전은 15킬로미터에 달하는 1번도로 경계를 담당하면서 주변 전략촌락에 대한 기습작전으로 과중한 임무 가운데 실시되었다. 더욱이 두 중대 모두 최초의 야간침투작전 성공사례로 남았다는 데 전사적(戰史的) 의미가 있다.

　이 재구2호작전을 처음부터 끝가지 취재한 〈시카고 트리뷴〉지 기자 체스리 맨리는 한국군의 작전과 특히 이 재구2호작전에 관해 1966년 3월 13일자 신문에 다음과 같이 게재하였다.

　'미국은 한국 맹호사단이 월남전에서 가장 잘 싸우는 군대라는 것을 자랑스럽게 여긴다. 대대장급 이상의 모든 장교는 포트 레븐위즈, 포트 베닝 혹은 기타 군사학교의 장교고급과정(OAC)을 이수했다. 한국의 전술교리는 미국 교리에 기본적으로 따르고 있다. 그러나 한국군은 독특한 한국전술교리와 기술을 가지고 있다. 베트콩은 호주군이나 날카로운 미국군보다도 한국군을 더 두려워하며 공포에 떤다. 이 공포심은 적으로부터 노획된 문서에 나타나 있다. 사망비율(한국군 1명 사망에 베트콩 15명 사망)은 이를 증명해 준다. …(중략)…

　4개월 동안 한국군은 정확히 1,155명(보디 카운트)을 사살했고, 추정사살은 1,173명이며 생포 466명과 용의자 2,085명을 체포하였다. 기간 중 한국군 피해는 사망 74명, 부상 234명, 실종 1명이 있을 뿐이다. …(중략)…

　본 기자는 퀴논으로부터 1번도로를 따라 30마일 북방지점에 있는 맹호사단 제1연대 제3대대(在求大隊) 본부까지 지프차를 타고 갔다. 이 도로는 방금 개통되었으며 화이트 윙 연합작전에 참가하고 있는 한국군 보병 1개 대대에 의하여 확보되어 있었다. 이 대대는 퀴논으로부터 봉손 지역에 있는 미 제1기갑사단 예하부대까지 트럭으로 보급품을 수송할 수 있도록 경계를 제공하는 것이었다. 단 3주일 전까지만 해도 베트콩이 지배하였던 이 도로 주변의 농촌은 안전하게 되었다. 화이트 윙 작전의 일부인 한국군 대대의 이 도로경계작전에서 베트콩 사살 210명, 포로 32명, 베트콩 용의자 131명 체포의 전과를 올렸다. …(중략)…

본 기자와 채명신 장군과 여러 한국 장교가 회합을 가진 자리에서, 한국군은 월남인들의 학교와 집을 지어 준다고 했으며, 학교에서는 태권도를 가르쳐 주고 있다고 말했다. 이 모든 것이 월남인을 기껍게 해주며, 적에 관한 첩보를 얻을 수 있게끔 해 준다고 했다.

정확한 정보는 한국군을 승리로 이끌게 하는 이유의 하나가 된다. 또 하나의 성공 이유는 베트콩이 하는 것처럼 한국군은 주간에 휴식을 취하고 야간에 전투를 실시한다. 대부분의 월남군은 시아스타를 전후한 대낮에 베트콩을 수색하고 있다. 그러나 한국군 수색대는 주간에는 월남 농부로부터 정보를 얻기 위해 나가며 밤에는 베트콩을 잡기 위해 밖에서 매복한다. …(중략)…

한국군 전술과 미군의 전술과는 중요한 차이가 있다. 한국군은 적으로부터 사격을 받으면 적이 도주하기 전에 2개 이상의 방향으로부터 즉각적인 공격을 취하는 것이다.

미국군은 적으로부터 사격을 받으면 뒤로 물러나 포병지원사격을 요청하거나 공중폭격을 요청한다. 그 다음에 공격을 하게 되면 통상 적은 자취를 감춘다. 최근 실시된 두 번의 도로 소탕작전에서 재구대대는 베트콩 부대에 대해 야간기습작전을 감행했다. 돌격하는 한국군은 매번 북과 나팔 그리고 전투구호인 맹호를 부르짖으며 적을 공포에 떨게 하였다. 어둠 속에서 한국군은 적의 무기를 빼앗고 그들을 태권도로 박살냈다. 무기 없이 싸운 전투에서 죽은 한 공산주의자는 두개골이 빠개지고 골반이 꺾여져 있었다. 한국군은 손, 무릎, 발을 사용하는 태권도로 사람의 목과 등을 부러뜨릴 수 있다.

그들은 야간기습에서 한번은 37명의 베트콩을 사살하고(주:재구대대 제9중대), 이어서 또 한 번은 41명을 사살했다.(주:재구대대 제11중대)'

이 기사는 그 후 한국군 맹호의 선전상(善戰相)을 알리는 미국 국회 증언으로 채택돼 미 합중국 하원 국방위원장 국회의사록에 수록되었다.

이 야간침투작전의 성공사례를 널리 교훈으로 알리기 위한 작전회의 석상에서 앞으로 야간은 물론 악천후를 극복하는 작전을 감행할 것을 강력히 지시하였다.

처음 전술책임지역 인수 후 비가 쏟아진다고 하여 작전을 중지한 일부 부대들이 있었는데, 나는 그 작전을 강행시켰다. 베트콩들은 비가 억수같이 쏟아지자 한국군이 작전을 하지 않으리라 생각하고 경계도 서지 않고 있다가 느닷없이 기습을 감행한 맹호들에게 고스란히 잡힌 전례가 있었음도 상기시켰다.

예상치 않은 조건하에서의 기습작전은 성공 확률이 높은 것이었다. 이번 재구대대 제9중대와 제11중대의 야간침투작전 성공사례도 그 맥락에서 교훈적 의미가 큰 것이었다.

5. 번개작전에서 얻은 교훈

신현수 대령이 지휘하는 기갑연대는 전진작전을 통하여 빈케 평야지대의 적을 1965년 말부터 1966년 초에 걸쳐 소탕을 계속, 적의 활동을 약화시켰으나 시일이 경과함에 따라 다시 그 활동이 활발해지기 시작하였다. 특히 미투안 지역 일대에서 그 경향이 심했다. 기갑연대는 이 일대의 적을 소탕할 목적으로 번개작전계획을 수립, 건의해 와 내 승인을 얻었다.

이 작전을 위해 2주간의 준비기간을 갖고 과거 미흡했던 교훈을 거울삼아 해당 지역의 사전 항공정찰을 비롯한 작전 준비에 만전을 기했다.

이 작전은 제1단계와 제2단계로 나누어 실시했는데, 제1단계에서는 1966년 2월 26일 제2대대 제5중대가 전날 야음을 이용하여 최초 목표에 도달, 여명을 기하여 공격하여 적 4명을 사살하는 전과를 올리며 계속 이어졌다. 6중대, 7중대는 헬기로 공수작전을 펴 착륙 후 목표지역을 향해 수색을 시작했다.

제1대대 각 중대 역시 진출, 수색에 들어갔으나 적 주력을 포착하지 못하고 전진을 계속하였다.

이런 상황에서 이종구 대위가 지휘하는 제7중대가 베트콩 1개 분대와 교전하여 적 7명을 사살하고 장총 1정과 카빈 소총 1정을 노획하는 전과를 올렸다. 작전지역 곳곳에 분산된 적은 양호한 지형지물을 이용하여 계속적으로 사격을 가해 와 각 중대 공히 수색에 많은 지장을 받고 있었다. 이러다가 오후에 들어서자 제7중대는 베트콩이 숨었다고 예상한 부락에 접근하다 불의의 기습사격을 받아 전사 5명, 부상 4명의 피해를 입었다. 지금까지 중대단위 최대 피해를, 그것도 전과 없이 순식간에 당한 것이었다.

계속 박한영 중령의 제1대대는 이날 부진을 면치 못하였다. 다음 날 27일에도 연대는 이 작전을 계속하였다. 이날 작전에서 김용진 중령의 제2대대는 소규모 적과 접촉을 유지하면서 계속 수색해 나갔다. 밤이 깊어지자 각각 야영에 들어갔다. 그러나 적은 야음을 이용하여 사격을 가하며 아군을 괴롭혔다. 제7중대 정면의 적과 교전을 계속하던 중 전사자 2명과 부상자 7명을 내는 데 그쳤다.

이 작전 마지막 날인 28일 기갑연대의 각 중대는 헬기를 이용한 적절한 공중기동과 지형지물을 이용한 적과의 교전을 통해 비교적 교훈을 많이 얻은 작전으로 마감했다.

이 작전 기간 중 전과는 적 사살 92명, 포로 33명으로 기록되었지만, 소총은 불과 4정 노획으로 그쳐 이 문제에 대해 심각한 분석이 요구되었다. 왜냐하면, 무기가 너무 없다면 사살자의 일부가 양민이 아닌가 하는 오해를 불러 올 수 있기 때문이다.

기갑연대의 이번 작전지역인 빈케군 빈호아강 북방 평야지대에 산재해 있는 부락은 거의가 베트콩의 전략촌이었기 때문에 사살자가 민간인이 아닌 것은 거의 확실하다. 즉 교전 중 사살했기 때문이다.

베트콩들은 무기가 매우 귀해 전투 중 전우가 죽으면 시체는 버려 두고 달아나지만, 그 전우의 총만은 꼭 회수해 가는 경우가 통상 있는 일이다. 나는 이 작전을 통해 적 사살보다 적의 총기 노획에도 신경을 쓰지 않으면 안 된다는 교훈을 얻었다.

이번 기갑연대 작전에서 아군 전사자 10명, 부상자 27명의 피해를 냈는데, 이 또한 평야지대 내에 있는 베트콩 촌락 수색이 얼마나 어려웠던가를 보여 준 교훈적 의미가 있다고 보았다. 따라서 많은 장병들이 이곳 저곳에서 대열을 적에게 노출하면 적의 표적이 될 수 있다는 점에서, 다음 작전에서는 야간침투작전이나 매복작전 등과 함께 신속한 기동을 통한 기습의 효과를 증대시켜야 되겠다고 결론을 내렸다.

역시 장병들의 전투기술은 경험을 통해서 얻어지며 반면 실패를 거울로 삼았을 때 능률이 향상된다는 진리를 터득할 수 있었다.

또한 나를 포함한 각급 지휘관은 각개 병사 한 사람 한 사람이 소중하다는 사실을 인식케 하는 여러 조치들을 취하고 있었다.

격렬한 **전투 중 사상자가 났을 때 그 어떤 희생을 지불해서라도 사상자를 아군 안전지대에 옮겨 와야 된다**는 것이 당연함을 인식시키는 것이 매우 중요하였다.

정글에서 작전을 하다 보면 같은 분대원이라도 밀림에 가려 보이지 않아 공포감 또는 고독감이 엄습해 올 때 상호 어떠한 경우라도 자신은 보호된다는 확신을 갖게 해야만 장병의 사기를 유지시킬 수 있는 것이다.

기갑연대 작전시 적측을 가로지르고 있는 소하천을 넘지 말라고 했는데, 위급한 상황에서 그 지시를 잊고 1개 소대가 소하천을 넘다가 적 기관총과 소총 사격에 의해 5명이 희생되었던 적이 있었다. 이어서 그 소대는 적에게 완전히 포위되어 탈출을 시도하다 전우의 시체를 못 챙기고 그냥 탈출해 버렸다. 이런 경우 시체를 두고 온 것을 어쩔 수 없는 일이라고 가볍게 넘기는 군대라면 그 군대는 존재가치가 의심된다 하겠다.

나는 6·25전쟁시 중공군과 격전을 벌였는데, 그 당시 아군 화력에 막대한 피해를 입으면서도 전우의 시체를 악착같이 끌고 가는 광경을 조명탄 조명 아래 눈으로 확인했을 때 그 중공군들을 다시 보았던 기억이 났다.

시체를 두고 나왔다는 보고를 받고 나는 즉각 다음과 같이 지시하였다.

"그래 좋다. 지금부터 행동개시를 하라. 야간에 깊숙이 들어가서 혼바산 산등을 타서 위로 들어가고, 일부는 계곡을 타고 들어가서 훑어가지고 전우의 시체와 중상자를 가지고 오라. 병력이 부족하면 다 들어가도 좋다. 1개 분대가 전멸하면 1개 소대, 소대가 전멸하면 중대, 대대 모두가 들어가서 데려 와라.

이역 만리 전장에 와서 부상당한 전우와 전우의 시체를 적의 손에 넘겨 주고 오는 이런 법이 어디 있느냐."

이 명령에 따른 중대장은 종일 치열한 전투를 벌였었던 것이다. 이렇게 하다가 새벽 2시경에 들어가라는 지점까지 들어가서 총격전을 계속하며 수색했다. 그때 베트콩은 한밤중에 한국군이 기습하리라고는 예상치 못한 상태여서 오히려 그들이 공포심을 갖고 퇴각하는 틈을 타 전사자 4명과 중상자 1명(그 후 숨짐)을 모두 데리고 나오는 데 성공했다. 나는 매우 흡족했다.

"너희들은 나를 믿고, 나는 너희를 믿는다. 분대장은 소대장을 믿고, 소대장은 분대장을 믿고 있는데, 너희 전우가 쓰러진 것을 그대로 두고 나온 이런 군대를 가지고 어떻게 싸우느냐."

중대장에게 닦달을 했던 것을 회상해 본다. 이렇게 어려운 고비를 넘긴 중대는 그 후 큰 공을 세웠다.

먼저 지적한 것처럼 서울대 교수 전경수란 사람이 베트남전에서의 한국군 포로는 900명이라고 말도 안 되는 발표를 한 후 그 결과는 소영웅주의에 의한 조작된 것으로 판명이 났지만, 국군 포로가 그리고 실종자가 거의 없었던 것은 이와 같은 철저한 전우애의 발로에 기인한 것으로 나는 평가한다. 그 후 다시는 전우의 시체나 부상병을 적지에 두고 나오는 일은 깨끗이 없어졌다.

제 11 장
맹호5호작전

1. 작전 전개의 배경

　내가 서울을 떠날 때 어느 신문기자와 인터뷰하면서 "만약 국군
이 명성을 떨치지 못한다면 사이공강에 몸을 던지고 말겠습니다."
고 내 비장한 결의를 표한 적이 있었다. 당시 국민들은 "한국군이
베트남 전선에서 과연 잘 싸울 수 있을까?"라고 회의적인 생각들
을 한다는 기자의 질문에 답한 말이었다.

　국민의 일부, 특히 지식층에서는 한국군이 베트남 전선에서 미
군보다 더 고전하는 것을 기정사실화하는 태도를 보였다. 왜냐하
면, 미군보다 월등히 열악한 장비에다, 화력과 기동력이 미군에 비
한다면 절반도 안 된다고 생각했기 때문이다. 특히 그들은 세계 일
류 군대로 알려진 프랑스군이 디엔 비엔 푸 요새에서 월맹군들에
게 참패를 당한 사실을 염두에 두고 있었던 것이다.

　사실 나 또한 100% 자신을 하면서 사이공에 도착한 것은 아니

다. 어려운 고비고비가 있으리라는 것을 전제로 하고 6 · 25전쟁시 게릴라전 경험을 살려 최선을 다한다는 각오만은 확고히 가지고 있었다.

내 군 생활에서 가장 중요하고 벅찬 임무를 띠고 간다는 결의 또한 단단히 했다.

우리가 만든 최초의 중대전술기지에 대해 회의의 눈초리가 외부에서 가해 왔을 때, 나는 솔직히 가슴을 조이며 하루하루 넘기는 것이 힘겨웠다고 고백하지 않을 수 없었다. 그러나 내 부하 장병들은 기대 이상으로 잘 견뎌냈다. 1965년 10월 도착 이후 1966년 3월까지 거의 5개월 동안 모든 중대전술기지는 베트콩들이 크고 작은 기습을 시도했지만 단 한 번도 기지 유린을 허락하지 않았다. 기지 밖 먼 잠복지점에서 또는 기지 근처 청음초에게 미리 발각되어 오히려 적들은 된서리를 맞고 줄행랑을 치지 않을 수 없었다.

더욱이 나는 제1연대와 기갑연대 그리고 청룡여단들이 초기 작전에서 기대 이상으로 활약한 사실을 보면서 자신이 생겼다.

지금까지 맹호사단은 제1단계, 제2단계 작전을 통해서 전술책임지역 내의 대부분의 적을 소탕했다고 분석되었으나, 가장 험준하고 암석동굴이 많이 있는 푸캇산과 그 일대의 정글에는 평야지대에서 숨어 들어간 베트콩이 인력 보충을 받아 다시 세를 확장하고 있다는 정보를 입수하였다. 특히 푸캇산 주계곡은 일명 '죽음의 계곡' 이라고 불리어 과거 프랑스군이나 월남군이 몰살을 당했다는 말들이 있는 곳이기도 했다.

푸캇산에 은거하고 있는 적의 단대호는 E2B 대대로 알려졌으나, 그 대대는 기간병력이고 그 밑에 여러 중대를 거느리고 있다고 알려져 왔다.

적은 오랜 세월 푸캇산과 그 일대를 지배하면서 단 한 번도 점령당한 적이 없는 미답지대여서 월남군은 그곳을 '베트콩의 성역'이라고 말해 왔다.

맹호사단이 고보이 평야나 안논 평야 등을 완전히 소탕했다 하여도 그들의 본거지인 푸캇산과 그 일대의 정글을 소탕하지 않는한 사단전술책임지역은 항상 적의 위협을 안고 지내야 되는 문제가 있는 것이다.

처음 이 작전계획은 한·미·월 3개국군이 합동작전을 전개하여 소탕할 계획이었으나 그 후 미군측에 의하여 작전계획이 변경되어 한국군 단독으로 푸캇산과 그 남단에 이르는 100평방킬로미터 지역을 목표로, 수확기를 맞이한 주민의 수확을 보호하고 적의중요 식량 보급원을 차단하려는 목적에서 이 작전을 결심하게 된것이다. 따라서 이 작전은 제1연대 재구대대 예하 9중대와 11중대가 성공시킨 바 있는 야간침투작전을 일부 전개하여 아군의 절대우세한 병력으로 포위를 감행한 후 기습의 효과를 최대한으로 살린 섬멸작전을 계획한 것이었다.

작전지역은 사단전술책임지역 동북부지역으로서 동으로는 남지나해, 북으로는 적 거점이 즐비한 송라산, 투룽산, 난산, 바산 등의산악지대로 되어 있고, 서에는 1번도로가 남북으로 뻗어 있으며,남으로는 암푸강이 흘러 퀴논만으로 들어가는 광활한 평야지대였다. 그리고 이 곳은 논과 습지대로 이루어진 중부 월남의 곡창지대인 동시에 푸캇산의 전략적 중요성과 함께 내외의 이목이 집중된작전지대인 것이다.

특히 이번 작전은 제1연대 제2대대, 재구대대와 기갑연대 제3대대, 제1대대 3중대, 제2대대 6중대 등 13개 중대를 사용하는 최초의 사단작전이라는 데 의미가 있다고 하겠다.

내가 이 작전을 계획하기까지 종합적인 상황판단 내역을 여기에 밝혀 둘 필요가 있다. 왜냐하면, 이 판단과 결심의 과정이 후대에 교훈적 가치가 있다고 생각했기 때문이다.

첫째, 사단전술책임지역 내의 지형과 적의 동태에 대하여 면밀히 분석, 파악이 되었고 지역 내의 작전주도권을 장악하고 있다.

둘째, 베트콩과 월맹군의 기본전략과 전술 그리고 제반 정치공작 등 그들의 상투적인 수법을 알게 되었으므로 능동적인 작전수행에 자신감을 갖고 있다.

셋째, 제1단계, 제2단계, 즉 초기 작전을 통해 '물과 고기의 분리', 즉 베트콩과 양민의 분리가 상당히 성과를 보고 있어 정보획득 수단을 확보하고 있다.

넷째, 베트남전의 특수성은 전선 없는 전장이므로 계속 작전을 벌여 전술책임지역을 확대하는 길만이 월남평정계획에 기여할 수 있다.

다섯째, 이른바 맹호 길들이기 작전의 성공으로 각개 병사의 사기가 높고 각급 지휘관이 작전 확대를 희망하고 있다.

이상과 같은 조건이 내가 맹호5호작전과 맹호6호작전을 준비하게 된 배경이라 할 수 있겠다.

2. '나를 따르라'의 귀감

이 작전의 준비명령은 3월 21일 제일 먼저 제1연대 재구대대와 제2대대에 내려졌다. 작전개시일 1966년 3월 23일 새벽 02시 30분을 기해 야간침투작전을 실시, 수색중대와 재구대대 10중대는 광활한 평야 복판에 홀로 우뚝 서 있는 78고지에서, 재구대대 9중대는 캄만에서, 재구대대 11중대는 리엠트룩에서, 제2대대 5중대는 고보이에서, 제2대대 7중대는 역시 고보이에서 각각 공격개시선을 통과하였다.

지금까지 제1연대를 지휘했던 김정운 준장은 장군으로 진급됨에 따라 본국의 장군 직위로 귀국했고, 후임 제1연대장으로 육사8기 전성각 대령이 작전을 지휘하게 되었다. 전 대령 역시 6·25전쟁에서 혁혁한 전공을 세운 베테랑이었다. 또 맹호5호작전은 실질적으로 맹호사단 지휘를 위임해 준 부사단장 이남주 준장에 의해 지휘되었다.

제일 먼저 수색중대가 적을 차단하기 위해 중대 병력을 전개시킨 후 적의 동태를 살피고 있을 때, 여명이 틀 무렵 1개 분대의 적이 나타나자 교전이 시작되어 적 4명을 사살하고 소총 1정과 수류탄, 실탄 등을 노획하는 전과를 올렸다. 베트콩은 전혀 예기치 못한 시간과 장소에서 맹호를 만난 것이다. 이어서 제2대대 6중대도 소대규모의 적과 조우, 치열한 전투 끝에 적 15명을 사살하고 기관총을 비롯한 총기 3정, 수류탄 등을 노획하는 전과를 올렸다. 그러나 이 전투에서 우리의 사상자가 7명이나 발생했다.

제2대대 5중대와 6중대는 남단과 서단에 각각 포진, 적 진격로

차단을 위해 대비 중 이규봉 대위가 지휘하는 재구대대 10중대가 적을 추격, 삼면 포위망을 구성하여 3개 중대가 적을 압박했다. 이 격전에서 적 사살 75명, 포로 148명, 총기류 11정, 기타 장비품을 노획하는 전과를 올렸다. 이 전투에서 제2대대 5중대가 가장 치열한 전투에 직면, 아군 또한 전사자 8명, 부상자 16명을 냈다. 이때 벌어진 박동원 대위가 지휘한 제2대대 5중대의 전투는 적 규모로 보나 전투 방식으로 보나 정규전과 같은 양상으로 전개되었다. 특히 3명의 소대장이 소대를 진두지휘, 돌격을 감행하다 차례로 전사했다. 소대장이 전사하자 일제히 적 본거지에 진입, 적 거점을 점령하는 데 성공하였다.

3월 23일과 24일 작전을 분석할 때 일단 야간침투의 성공으로 분석이 되었고, 적 또한 결사 항쟁으로 이어져 파병 후 제일 격렬

▲ 주월 한국군이 작전에 참가하고 있다.

한 교전을 겪은 것이다. 또한 제1연대 제2대대 5중대가 용감성을 발휘한 나머지 목표 부락에 무모하게 접근했던 경우는 시정되어야 할 과오였다. 그러나 작전 주도권은 계속 제1연대가 장악하여 지역 내 소탕작전을 계속하였다. 25일은 소강상태를 유지하다가 26일 재구대대 9중대와 11중대가 각각 소대병력을 포착, 교전하여 9중대는 베트콩 16명을 사살하고 7명을 포로로 했다. 무기 노획은 M-16 소총 1정과 M1 소총 1정, 장총 7정, 카빈 1정, 수류탄 등을 노획하는 전과를 올렸다. 다행히 이 전투에서는 아군 피해가 없었다. 적을 먼저 발견했기 때문이다.

재구대대 11중대 또한 분대규모의 적과 조우, 사격을 가했으나 밀림 속으로 숨어 버려 적 유기품인 수류탄과 실탄 등을 회수하였다.

이 작전에서 재구대대 9중대가 최초로 노획한 최신형 M-16 소총은 적이 미군으로부터 노획한 것으로 추정되었다. 당시 미군은 M-14 소총을 장비하고 있었으나 신형 M-16으로 교체 중에 있었다.

한편, 신현수 대령이 지휘하는 기갑연대는 3월 22일 아침부터 이동을 개시하여 제3대대는 다음날 새벽 침투하기 위한 집결지 프르기아에 도착하였다. 그리하여 밤이 깊어지기를 기다린 다음, 23일 새벽 02시부터 각 중대는 야간침투를 시작하여 04시에 공격개시선을 통과하여 전진하였다.

3대대장 최병수 중령은 11중대로 하여금 9중대 뒤를 따르게 하여 측방과 전방을 경계하면서 수색케 하였다. 6중대 또한 제3대대와 함께 목표지역을 향했다.

최초 제2대대 6중대는 헬기를 이용한 공중기동작전으로 제3대대 9중대 좌측에 강습할 계획이었으나, 이미 체포된 포로의 심문 결과 베트콩들이 목표지역에서 벗어나 산악으로 도주하였음을 알게 되어 6중대 공중기동작전을 중지하였다.

제3대대 9중대가 적과의 접촉 없이 수색이 진행되었으나 10중대는 적의 박격포탄 공격을 받았다. 그 결과 1명이 전사하고 11명이 부상했다. 적 박격포 공격은 드문 일이었는데, 그날은 어쩐지 적 저항이 초기 작전 때와는 달랐다.

제3대대 11중대는 2소대로 하여금 부락 북부에 대한 차단 임무를 수행케 하였고, 잔여 2개 소대로 하여금 수색케 하고 있었는데, 거의 수색이 완료될 무렵 차단임무를 수행하던 2소대에서 치열한 총격전이 벌어졌다. 중대장은 즉시 3소대로 하여금 동북 방향으로 우회케 하여 적을 포위하려 하였으나, 그 기미를 알아차린 적은 재빨리 산악지역으로 도주하였다. 이에 3소대는 추격하여 적 11명을 사살했으나, 중대는 전사자 5명, 부상자 8명의 피해를 당하였다. 적을 추격하다 매복으로부터 입은 피해이므로 과감하게 적을 추격하는 것이 때로는 함정에 빠질 수 있다는 교훈을 남긴 경우이다.

3월 25일에도 계속 수색작전은 이어졌다. 새벽 2시경 제3대대 숙영지 록한 부락 일대로 민간인 150여 명이 접근하여 왔다. 수상히 여긴 중대장은 통역관을 시켜 작전 중이니 접근하지 말고 돌아가라고 했다. 그 순간 민간인 뒤에 숨어 있던 베트콩들이 일제사격을 가해 왔다. 중대도 이에 응사하여 적을 축출하였다. **민간인을 앞세워 기습을 노리는 경우 양민이 입는 일부 피해는 불가피하다.**

제3대대 11중대는 계획대로 야간침투를 통해 새벽 6시 322고지를 점령하였다. 이 과정에서 전날 전투에서 희생된 전우 시체 5구를 찾아 후송하였다.

나는 파월 기간 내내 부상한 전우나 전우의 시체를 적 영향권 내에 버리고 나오는 것은 절대로 용납하지 않았다. 더 많은 희생, 더 많은 대가를 치르더라도 100% 회수되어야 한다는 것이 나의 확고한 지휘방침이었다. 나의 재직 기간 중 단 1명의 전우 시체도 미회수가 없었다는 것을 여기에서 분명히 해 두고 싶다.

제1대대 3중대도 예정대로 수색, 3중대가 교전하여 적 21명을 사살하고 자동소총과 장총 3정 등 많은 수류탄과 실탄을 노획하였다.

지금까지 열거한 전투 장면 하나 하나는 내가 교훈으로 남기는 데 필요한 전례만 실제상황 그대로 숨김 없이 열거했다. 비록 소대나 분대 등 작은 규모의 전투라 할지라도 교훈이 되는 것은 발굴해서 작전평가를 통하여 장려할 것은 장려하고 반성할 것은 반성하는 자료로 삼았다.

맹호5호작전은 사단규모의 대부대가 일제히 야간침투작전에서부터 전투를 시작했다는 데 의의가 있다.

국방부가 이 작전을 분석하여 편찬한 〈주월한국군전사〉 제1권 374쪽과 375쪽에는 이 작전을 다음과 같이 평가하고 있다.

'이 작전에서의 야간 대부대침투는 1905년 러일전쟁 때 궁장령(弓張嶺)에서 일본군이 실시한 사단규모의 것과, 1916년 서부전선에서의 독일군의 베르단(Verdn)에서 실시한 것을 제외하고

는 세계 전사상 그 유례를 찾아볼 수 없는 대단위 야간침투작
전인 것이다. 즉 본 작전을 수행하기 위해서 총 21개 중대 중 13
개 중대를 작전지역에 투입하고 나머지 8개 중대로써 TAOR(전
술책임지역) 내에서의 기본임무를 수행하였다.'

나는 이 작전에서 적 사살 331명, 포로 287명의 전과를 올렸으
나 많은 교훈을 발굴할 수 있었다. 특히 박동원 대위가 지휘한 제1
연대 제2대대 5중대의 격전에서 군인정신과 솔선수범의 빛나는
족적을 남겼으나 4명의 소대장이 오직 '나를 따르라'라는 보병 장
교의 지휘정신을 남기고 전사한 것은 가슴 아픈 일이 아닐 수 없
다. '한국전쟁이라면 모르되 베트남전에서는 목숨을 버리면서까
지 탈취할 목표는 없다'고 평소 강조한 내 지시에 반하는 결과를
초래하였다.

맹호5호작전에서 장교 4명을 포함한 40명의 전사자와 60여 명
의 전상자를 냈다.

나는 이 전우들의 희생에 보답하기 위해서라도 앞으로는 희생을
줄일 수 있는 작전에 더 신경을 써야 되겠다고 다짐하였다.

3. 미군 헬기 조종사의 군인정신

맹호5호작전에서 제1연대 제2대대 박동원 대위가 지휘하던 5중
대 격전장에서 있었던 일을 꼭 남기고 싶다. 나는 연대장 전성각
대령과 부사단장 이남주 준장의 보고를 받고 헬기를 타고 현장으

로 직행했다. 격전장에서 불과 1킬로미터 떨어진 논바닥에 착륙했다. 계속되는 기관총, 소총, 수류탄 등 요란스런 총성과 파열음이 잠시도 멈추지 않는 글자 그대로 치열한 전투가 계속되고 있었다.

5중대장 박동원 대위의 부상병 후송을 요청하는 무전이 계속 들어오고 있었다. 나는 그대로 보고만 있을 수 없다고 생각했다. 그래서 헬기 조종사에게 부상병 후송을 위해 중대장이 있는 곳까지 가 달라고 했다. 당시 모든 헬기 조종사는 미군이었다.

베트남전에서는 전투부대의 전술적 이동은 거의 헬기에 의해 이루어지고 있었다. 본국에서 한국군은 당시 잠자리라고 불리는 소형 OH-13 헬기만이 지휘연락용으로 운용되고 있을 때였다. 한국군도 장차 더 많은, 그리고 작전에 직접 유용하게 사용될 수 있는 UH형 헬기를 보유해야 한다고 생각하고 있었다.

베트남전에서 헬기는 있지만 조종사가 부족하여 뜨지 못하는 경우가 빈번히 일어난다는 말을 미군측으로부터 듣고, 한국군 조종사를 베트남전에 참전케 하면 우리 조종사들이 전장에서의 비행경력을 쌓을 수 있어 한·미 양측에 도움이 될 것이라고 착안하였다. 그래서 미군사령부에서 한국군 조종사를 보내 달라고 요청하도록 유도했다. 결국 미군사령부는 한국군 조종사의 필요성을 인정하고 나에게 요청해 왔다. 나는 본국에 연락하였으며 본국에서는 조종사를 보내 주기 위한 준비를 하고 있을 때였다.

미군 조종사 대위는 나의 요청에 난감해 했다. 전투가 직접 전개되고 있는 현장에는 갈 수 없다는 것이었다. 나는 그 헬기에 발을 올려 놓으며,

"가자! 현장으로."

하며 올라탔다. 조종사는 더욱 놀라,

"적 사격시 장군 탑승은 더 안 됩니다."

하고 펄펄 뛰는 것이었다. 그 미군 조종사는 나의 강경한 태도에 피할 수 없다고 생각한 탓인지 나보고 내리라고 하면서,

"해내겠습니다."

하고 결의를 표했다. 잠시 후 그 헬기는 떴다. 그러더니 하늘 높이 솟아오르지 않고 그대로 아슬아슬하게 저공비행으로 격전장 바로 뒤에 있는 부상병이 있는 곳으로 향했다. 베트콩은 헬기를 향해 총을 쏘아댔다. 헬기 동체에 여러 발이 관통되었다. 그러나 다행히 엔진이나 중요 부분은 안전했다. 논바닥에 닿을 듯한 위험천만한 저공비행으로 현장에 착륙, 순식간에 부상병을 옮겨 싣고 야전병원으로 향하는 것이었다.

그 미군은 계급이 대위였고 그의 용기와 책임감을 잊을 수 없어 국방부에 그 미군 대위의 무공훈장을 상신했다. 당시 나는 충무무공훈장, 화랑무공훈장, 인헌무공훈장 등은 수여 권한을 위임받고 있었으나, 그것은 한국군에 한한 것이고 미군에게 주는 것은 국방부 심사가 필요했다.

국방부에서는 내 건의를 부결시켰다. 이유는 '헬기 조종사가 전장에서 부상자 후송하는 것은 기본 임무' 라는 것이었다. 나는 도저히 참을 수 없었다. 나는 귀국보고를 하기 위해 본국으로 출장 왔던 길에 국방부에 들러 장관 앞에 실무 책임자를 불러 심하게 꾸짖었다. 건의 문서의 글이 과장되지 않았다고 해서 그런 것 같지만, 실제 상황은 생명과 맞바꾼 영웅적 장거라고 말해 주면서 다시 심사해 달라고 했다. 장관은 내 뜻을 알아차리고 즉석에서 무공훈장

수여를 허락함과 동시에 외국군에게 수여하는 권한까지 위임받았다. 그 후 그 미군 조종사에게 무공훈장을 수여했다.

나중에 안 일이지만 그때 미군 조종사는 전상자 16명을 후송했는데, 그 전상자 모두 생명을 건질 수 있음을 확인하였다. 원래 UH 헬기에는 정원이 8명이다. 그러나 두 배인 16명을 태우고 날았다. 이는 큰 모험으로 볼 수 있다. 베트남전쟁에서 한꺼번에 16명의 부상자를 헬기로 실은 경우는 아마 이때를 제외하고는 없을 것이다. 만약 그때 그 전상자가 후송되지 않았다면 절반 가량은 죽었을 것이라고 담당 군의관은 말했다.

지금도 맹호5호작전에서 제1연대 제2대대 5중대 격전장을 떠올리면 그때 그 전상자와 미군 헬기 조종사 모습들이 오버랩되면서 참 군인정신이 어떤 것이었던가를 생각하게 한다.

제 12 장
세계에 떨친 두코 전투

1. 캄보디아 국경지대에 투입

최초 파병시 맹호사단 제26연대는 해병여단이 파병됨에 따라 본국에 그대로 남겨 두고 맹호사단은 제1연대와 기갑연대만으로 초기 제1단계, 제2단계 작전 및 맹호5호작전을 실시했다.

1966년 4월 19일. 박완식 대령이 지휘하는 맹호사단 제26연대가 퀴논에 상륙함으로써 사단은 비로소 완전 편제사단이 되었다.

당시 사단전술책임지역 내는 맹호5호작전으로 말미암아 비교적 평온한 상태를 유지하고 있었다. 입수된 정보에 의하면, '맹호5호작전으로 사살 331명, 포로 287명, 합계 600여 명의 병력 손실을 보고 한때 활동을 중단한 푸캇산 일대의 E2B 대대가 월맹군 제610사단 제22연대로부터 2개 중대 규모의 병력을 증원 받아 쌀 수확을 4월 말까지로 연기하고 한국군의 쌀 수확보호작전을 방해하기 위한 반격을 준비하고 있다' 는 내용이었다.

제1연대와 기갑연대는 각각 전술책임지역 내의 수색정찰을 강화하면서 평정지역 내에 다시 세를 확장하려는 베트콩의 침투를 차단하고 쌀 수확기인 4월 한 달을 수확보호작전으로 정하고 적극적으로 농민을 보호하고 있었다.

한편, 새로 도착한 맹호사단 제26연대는 전술책임지역 내에서 각 중대별로 중대전술기지 구축 공사에 들어갔고, 병행해서 현지 작전에 익숙하기 위한 교육훈련을 실시하고 있었다.

두코(Duc Co)는 중부 월남과 캄보디아와의 국경지대 부근으로서 월맹군의 이른바 호치민 루트를 거쳐 월남에 침투하는 경로상의 요충지이다. 월남의 플레이쿠(Pleiku)성과 캄보디아의 라타나아키리(Ratanakiri)주가 접한 국경선 동편의 19번도로와 야드랑강 사이에 있다.

이 일대는 평균 표고 190미터 내지 300미터 정도의 나지막한 산이 원시림으로 덮여 있고 헤아릴 수 없이 많은 샛강이 얽혀 있었다. 이 지역 일대에는 몬타나드(Montagnard)족이 살고 있으며, 프랑스 식민지 시대에 재배된 고무나무와 바나나밭이 황폐된 채그 흔적만이 을씨년스럽게 남아 있었다. 야드랑강은 동쪽 고원지대에서 발원하여 캄보디아의 서쪽에 흐르는 국제강으로서 폭이 30미터 내지 40미터 정도밖에 안 되고 수심은 사람 키를 넘지 않았다. 그러나 도섭(渡涉)은 곤란했다.

지대 내에는 2미터 높이로 자란 잡초가 무성하고 수목이 우거진 탓으로 도보행동과 관측 및 사계(射界)에 제한을 주기 때문에, 이 일대에서 오랫동안 주둔하고 있던 공산군들은 지형에 익숙하여 동에 번쩍 서에 번쩍 자유자재로 활동함으로써 연합군으로부터의 위협을 덜 받고 있었다.

특히 그들은 상황이 불리하면 캄보디아 영토 내의 이른바 '성역'으로 퇴각하므로 결정적인 타격을 가하기에 여러 가지 장애가 되었다. 물론 이 지역은 맹호사단과 청룡여단의 전술책임지역과 전혀 관계가 없는 곳이었다.

그런데 이 지역에 기갑연대의 제3대대가 가게 된 것이다. 그 이유는 다음과 같다.

미 제1야전군은 1966년 3월 25일부터 그 예하의 제1공중기갑사단과 제25보병사단을 캄보디아 국경선 부근의 이 일대에 투입하여 월맹군에 대한 공세에 나섰다. 이 작전 명칭은 '링컨(Lincoln)'이었다.

5월 10일부터는 미 제25보병사단의 제3여단이 플레이미(Pleime)와 추풍(Chu Pong)산 사이에 전개하여 펄 리비어(Paul Revere) 작전을 실시하고 있었다. 그러나 전투지대의 넓이에 비하여 가용병력이 부족했기 때문에 극심한 애로에 봉착하고 있었다. 더욱이 계속 가중되는 월맹군의 공세를 막아내기가 힘들게 되자, 그 지역에 새로운 미군 부대를 전개할 때까지 약 2개월 동안 한국군 1개 대대 병력을 미 제25보병사단에 배속시켜 달라는 미 제1야전사령관 라슨 중장의 간곡한 제의가 있었다.

라슨 장군은, "한국군을 미군의 작전지휘하에 두지 않으면 작전을 못하겠다"고 강력히 반발한 당사자이며, 미군 주요 지휘관과 참모회의시 내가 "미군의 작전지휘는 절대 받지 않는다"고 완강히 반대하고 그 이유를 설명하자, 전적으로 동의해 주어 "앞으로 한국군과 미군은 모든 작전에서 상호 합의에 의하여 수행토록 한다"는

원칙을 설정한 후, 미군으로부터 한국군에 대한 최초의 협조 요청
이었다.

당시 한국군의 작전지휘권 문제는 월남전에서 한국군 자체의 성
패는 물론, 한국군의 사활과 국위선양에 결정적인 요소였던 것이
다. 백마사단의 배치 문제도 마찬가지였지만, 작전지휘권 문제에
가장 강력한 반대 입장에서 절대적인 지지 입장으로 선회해 준 라
슨 장군에 대해서는 그의 타당하고 정당한 요청에 대해 반대할 명
분도 없고 할 수도 없는 입장이었다.

그러나 나는 한 가지 조건을 달았다.

"한국군은 그 지역에서 준동하는 공산월맹군과 정규 베트콩
부대보다 기본화기가 월등하게 열세하다. 적은 중공제 AK 자동
소총으로 대부분 장비되고 있으나, 우리는 M1 소총으로 무겁기
도 하지만 발사속도에서 비교가 안 된다. 또한 그 지역 일대의 적
은 많은 대인지뢰를 순식간에 설치하여 아군에게 막대한 피해를
주는데, 우리는 탱크도 없고 통신장비도 성능면에서 문제가 있
을 뿐만 아니라 숫자적으로도 부족하여, 소대-분대간의 통신수
단이 없다.

그리고 헬리콥터와 기타 항공지원 등 각종 지원은 차질 없이
조치되겠지만, 양국군의 협조된 작전에 있어서는 관련 요원들의
언어 소통 문제 등 여러 제한 사항이 있기 때문에 한국군 대대의
TAOR를 부여하고, 그 안에서 수행하는 임무에 대해서만 작전지
휘를 해 달라. 우리 식대로 중대전술기지를 강력히 구축하고, 그
곳에서 결전방어를 하게 해 달라. 특히 작전지역이 캄보디아의
밀림으로 연결되는 국경지대이며, 적들의 기지창이 바로 옆에

있기 때문에 야간전투시 적은 엄청난 포화병력을 사용할 것이다. 따라서 한국군의 중대기지 개념에 따른 전투방식은 그대로 인정하고 지원해 줘야 한다. 이것이 나의 간곡한 요구사항이며, '꼭 그대로 하겠다'고 약속해 달라."

나의 이 같은 제의에 대해 그가 쾌히 동의하자, 나는 기갑연대 제3대대를 약 2개월 동안 미군에게 작전 배속하도록 명령하였다. 그러나 실제 현지의 작전 부대장인 제3여단장 워커 준장은 자기 방식의 전투를 고집하였다. 즉,

"강력한 사주(四周)방어 진지의 편성도 필요 없고, 적이 접근하면 포병화력으로 격멸할 것이며, 전투가 개시되면 신속히 헬기로 탄약 등을 보급할 터이니 탄약 등의 비축도 필요 없다. 탄약 등을 비축할 경우 오히려 짐만 과중해지는 것 아니냐?"

고 했다. 이에 대해 제3대대장 최병수 중령은,

"우리 대대에 TAOR를 배정해 주고, 거기서 우리가 수행할 임무만 부여해 달라. 그리고 전투시는 소요 보급품을 지원해 달라. 그러면 당신의 지휘대로 전투하겠다. 그러나 전투방식은 한국군 사령관의 지침대로 하도록 되어 있다."

고 건의하자, 워커 장군은 불쾌한 표정으로,

"내 작전지휘를 받게 되어 있으면 나의 지시와 방침대로 해야 하지 않느냐?"

고 강조했지만, 최 중령은,

"우리가 작전 배속된 후에 어떻게 한다는 방침이 사전에 우리 사령관과 라슨 장군 사이에 이미 합의된 것으로 알고 있다."

고 하면서 물러서지 않았다. 결국 내게 보고되어 라슨 장군에게

조정토록 요청하여, 그 문제는 일단락되었다.

그러나 워커 장군은 비축용 포탄과 기관총탄의 보급을 거부하여 최 중령은 적정이 없었지만, 적 정찰병력과의 접촉 등을 조작 보고하여 탄약을 비축하기 시작했다. '중대전술기지에는 최소 48시간 추가적인 보급지원 없이 적의 연대급 공격을 지탱할 수 있는 탄약, 식량, 물의 비축을 규정'하고 있었기 때문이었다. 그리고 적 포사격을 지탱할 수 있는 진지 구축과 조명지뢰, 철조망, 크레모아 등을 매설하여 견고한 사주방어 진지가 완성되고, 탄약과 물 등도 비축되었다. 또한 기지 주변에는 포병화력과 자체의 박격포 등의 탄막과 집중사격 표적 등도 계획하였으며, 통신망 구성과 분대장 이상 지휘관에게 포사격 요청과 사격조정요령도 교육시켜 놓았다.

내가 기갑연대 제3대대를 두코에 보내기 전 협상 과정에서 얻어낸 것은, 첫째, 한국군의 통신장비가 열악해 본대와 떨어져 작전하느니 만큼 신형 무전기 AN/PRC 25 소요량 27대를 요구하자 주기로 확답을 받아냈고, 둘째, 제3대대에 대한 모든 보급을 미 제25 보병사단에서 전적으로 책임을 지도록 요청해 그것도 동의를 얻어냈다. 신형 무전기와 모든 보급품 지원 약속을 받아냈으니 일단 안심할 수 있게 되었다. 이때 보급 받은 AN/PRC 25 무전기는 한국군에게 최초로 보급된 것이다.

제3대대를 두코에 보내기 전 포병제61대대 3포대(105mm 곡사포 6문), 포병제628포병대대 3포대(155mm 곡사포 3문), 4.2인치 중박격포소대, 사단공병대대 제1중대 1소대 등을 배속시켰다. 보병대대로는 최고의 전투력을 구비한 셈이다.

그러나 나는 안심이 안 되었다. 왜냐하면, 사단, 연대와 멀리 떨어진 국경지대에서 각 중대가 산개하여 중대전술기지를 설치한 후 적 공격으로부터 과연 견뎌낼 수 있을 것인가에 대한 걱정이었다. 특히 우리의 중대전술기지에 대해 못마땅히 생각하고 있는 라슨 장군이나 워커 장군이 직접 지켜보는 상태에서 과연 내 지휘권 밖에 있는 중대들이 임무를 완수할 수 있을 것인가에 대해 염려가 안될 수 없었다. 즉 기갑연대 제3대대의 두코 파견은 내가 창안 설치한 중대전술기지 개념의 시험무대라고 생각했기 때문에 더 무거운 책임을 느끼고 있었다.

제3대대에 할당된 전술책임지역은 캄보디아 국경선과 두코 간의 13킬로미터의 폭, 그리고 19번도로부터 야드랑강의 지류인 야프논천 중류까지의 11킬로미터의 종심을 가진 정글 지대였다.

대대장 최병수 중령은 한국군 독자 교리인 중대전술기지 개념에 입각한 작전과 미 제3여단장의 작전통제권 사이에서 무척 어려운 고비가 많았지만 양자를 잘 조화시켜 가며 임무수행에 임하고 있었다.

대대는 수색정찰지대를 차츰 확대하면서 매일 각 중대 단위로 2개 소대 규모의 수색정찰과 야간 잠복조를 운용하였다. 8월 9일, 제3대대 9중대의 두코 전투가 벌어지기까지 30일 간 수색정찰 147회, 잠복근무 385회를 실시하여 한국군과 미군 양쪽 상관의 지시를 균형 있게 이행하는 데 최선을 다했다.

2. 중대전술기지 개념의 승리

문제의 두코 전투가 시작된 9중대 기지에 적은 야음을 이용하여 기습공격을 가해 왔다. 한국군이 창안한 중대전술기지에 대한 전면공격이 시작된 것이다.

보고를 받은 대대장 최병수 중령은 미 제3여단장 워커 준장에게 "제9중대 기지가 적 대부대의 포위공격을 받고 있으며, 적의 치열한 포사격에 통신선이 절단되었으나 일부 무선으로 교신 중"이라고 긴급보고를 하면서 포병화력 지원과 함께 부족한 기관총탄 등을 요청했다.

이에 제3여단장 워커 장군은 "지금은 밤중이고 비도 내리고 있어 헬리콥터를 띄울 수 없으니, 어떻게든지 내일 아침까지 지탱하라"고 거듭 요구하였다.

최 중령은 "지금 중대가 어떻게 됐는지 연락도 제대로 안 되고 있는데, 전멸하기 전에 시급한 조치가 취해져야 한다. 대대의 예비중대를 투입하여 지원공격을 준비 중에 있다"고 비통한 목소리로 보고하였다.

이 전투 결과의 전과는 놀라운 것이었다. 적이 물러간 캄보디아 국경에 이르는 정글 지대는 시체를 끌고 간 자리가 피로 물들여 있고, 끌고 가던 부상자들이 죽자 그대로 방치한 시체, 그리고 무기와 탄약 등의 유기물이 깔려 있었다.

종합적으로 확인한 결과 적의 유기 시체 187구, 포로 6명, 60mm 박격포 6문, 40mm 대전차 로켓포 12문, RDP 경기관총 10문, AK 중공제 자동소총 43정, 장총 19정, 수류탄 563발, 각종 포탄 500발, 소화기실탄 14만발, TNT 300파운드, M79 실탄 36발 등과 각종 피복, 수통, 배낭 등 다수를 노획하는 대전과였다. 반면 아군의 피해는 전사 7명과 부상자 42명이었다.

이 전투에서 중대장 이춘근 대위의 침착한 지휘는 위급한 상황 중에서 단연 돋보였고, 적의 악착같은 파상공격으로 일부가 진내에 침입하자, 무전기로 전 중대원에게,

"최후의 일인까지 싸워 사수하라! 돌파 당하면 전부가 죽는다!"

며 비장한 각오를 촉구하였다. 그리고 적 포격이 시작되자, 부대 지휘를 위해 이리 뛰고 저리 뛰며 지휘하던 2명의 소대장이 순식간에 부상 당하자, 소대 선임하사관들이 선두에 나서 침착하게 소대를 지휘했고, 특히 제2소대 선임하사 이종세 중사는 용맹 과감한 전투지휘로 위기를 극복하며 큰 공을 세웠다.

또한 포병관측장교 한광덕 중위는 적 박격포탄이 바로 옆에 떨어져 일시 의식을 잃었으나, 곧 의식을 회복하고 포병화력 운용에 눈부신 활약을 했다. 그는 평소에 분대장 이상 지휘자에게 화력지원 요청절차와 화력집중점 등 포병화력계획을 사전에 교육하여 큰 효과를 얻게 된 것이다.

그리고 대대장 최병수 중령의 단호하고 확고한 리더십으로 부대를 지휘한 것이나, 중대장과 소대장(대부분이 부상으로 선임하사관이 대행 지휘)의 침착한 지휘, 특히 **평소 선임하사관에 의한 지휘훈련 등은 유사시 대단히 중요한 것**이었으며, "하사관을 평소 어떻게 교육하고, 리더십을 훈련시켜야 하는가?"를 가르쳐 주는 사례였다.

또한 병사들의 용맹성과 감투정신이 특기할 만하다. 이 전투현

장을 둘러본 미군과 월남군의 지휘관들과 고위 참모들은 한결같이 크게 경탄하면서 **"믿어지지 않는 기적이며, 월남전에서 새로운 기록과 전통을 남기게 되었다."**고 격찬하였다. 세계 언론들은 더할 나위 없는 최고의 격찬과 찬사를 보냈다.

이러한 모든 찬사 외에 한국군에 대한 위상이 크게 높아지는 계기가 된 것이 있다. 그것은 한국군에 의해 시작된 중대전술기지 개념의 새로운 전략과 전술에 대해 미군과 월남군이 다같이 "그것은 대단히 위험천만한 발상이며, 베트콩이나 월맹의 전략과 전투 방식을 잘 이해하지 못하는 데 기인한다"고 끈질기게 반대를 했던 것이다.

그것은 좋게 생각해서 우리의 위험을 감소시켜 주려고 한 호의에 찬 권유였음이 틀림없고 우리도 그렇게 수긍하고 있지만, 우리는 한국전을 통하여 체험으로 얻은 우리의 전투방식과 월남에서의 게릴라전에 대한 우리 나름대로의 판단에서 창안한 것이기 때문에 꼭 그렇게 해 보고 싶었던 것이다.

나의 고집대로 실시한 전투 방식이 고보이 평야지역에서 크게 성공을 거두게 되자, 미·월군측에서는 "반대는 하지 않고 좀 더 지켜보겠다"는 것이었는데, 월맹군이나 정규 베트콩의 우수한 무기와 장비로 자기들 작전에 절대 유리한 지대인 캄보디아 국경지대의 **정글에서의 싸움에서도 한국군의 중대전술기지 개념에 의한 전투가 적은 피해로 최대의 전과를 올리는 효과적인 방법**이었음이 입증된 셈이 되어, 한국군의 위상이 크게 상승되게 된 것이다.

그리고 워커 장군은 다음날 전투현장을 순시차 방문한 나에게 "나의 20여 년간의 군인생활을 통하여, 그렇게 당황하고 나의 생명이 조여 들어가는 듯한 불안과 초조를 느껴 보기는 처음이었다"고 실토하면서 "몇 번이고 최 중령에게 사과한다"고 자신의 심정을 토로하였다.

이어서 워커 장군은 "나는 세계제2차대전에도 참전했지만 이와 같이 협소한 기지 앞에 이렇게 많은 적병이 사살된 것을 일찍이 보지 못했다"고 말하면서 경탄을 아끼지 않았다.

한편, 포로들의 심문으로 제9중대를 공격한 적은 베트콩 제308사단 제88연대 제5대대로 밝혀졌다. 병력 규모는 4개 중대 약 400명과 박격포, 무반동총, 공병특공대 등 3개 중대 약 300명이 증강된 700여 명선으로 추산되었다.

전투 결과 확인된 시체 187구 외에 운반해 갔을 시체와 부상병 등을 추산하면 적의 손실은 500여 명에 이를 것으로 추정되었다.

이 전투에서 두 명의 소대장이 부상하자 직접 소대장 역할로 지휘의 공백을 메운 **이종세 상사가 태극무공훈장**을, 대대장 최병수 중령과 중대장 이춘근 대위가 을지무공훈장을, 관측장교 한광덕 중위가 충무무공훈장을 받는 등 큰 전공을 세웠다.

이 영웅들 외에도 직접지원 포사격으로 큰 역할을 했던 105mm 포대장 김진규 대위와 중대전술기지에 배속되었던 미군 전차 소대장 마크하임 중위의 혁혁한 전공 또한 기억되어야 한다. 이들에게도 각각 무공훈장을 수여했다. 결과적으로 두코 전투는 규모는 작지만 보·전·포 협동작전으로 전사에 기록될 대표적 승첩이었다.

3. 첫 군사부문 한국학의 탄생

두코 전투의 승첩 이후 그때까지 한국군의 중대전술기지 개념의 실효성에 반신반의하던 미군은 종전의 태도를 바꾸고 그 합당성을 인정하게 되었다.

그 후 미군측은 우리의 중대전술기지를 '파이어 베이스(Fire Base-화력기지)' 라고 명명하고, 그 전술적 운용에 대한 연구개발에 착수하게 되었다.

어디 그뿐이랴. 자유중국 국방부장 장경국은 '베트남전에서 한국군이 미군 군사교리가 아닌 한국군 독자 교리로 전투에 임하여 세계를 놀라게 하는 것을 경탄해 마지 않는다'고 하면서, '그 교리를 전수해 줄 것을 요청'해 왔다.

나는 야전지휘관으로 권한이 없음을 알리고 본국에 절충할 것을 정중히 회답해 주었다.

그 후 자유중국 장개석 총통은 박정희 대통령에게 **베트남전에서 계속 승리하는 데 기간이 되는 한국군 전술교리 전수를 위한 교수단을 정식 초청해 왔다.**

본국에서 교수요원 추천을 통보해 옴에 따라 나는 3명을 추천하였다. 첫째 교수단장으로 초대 맹호사단 참모장을 역임한 최영구 준장, 전임교수로 맹호사단 제1연대 초대 재구대대장 박경석 대령, 기갑연대 초대 제3대대장 최병수 대령이 그들이다.

한국군 교수단은 1968년 여름에 자유중국에 파견되어 삼군대학교를 비롯하여 전체 자유중국군 영관급 이상 전원과 전 장성급에 한국군 독자 교리인 '주월 한국군의 전략과 전술', '야간침투작전', '중대전술기지 개념' 등을 강의함으로써 **창군 이래 최초로 군사부문 한국학을 외국에 전수하는 역사적 쾌거**를 이룩하였다.

직접 강의에 나선 두 대령은 모두 강의 내용과 일치하는 실전에서 유감없이 그 실력이 인정된 전쟁영웅들이다. 주월 한국군의 전략과 전술, 야간침투작전을 맡아 강의한 박경석 대령은 재구대대를 지휘, 재구2호작전에서 야간침투작전을 주월 한국군 최초로 실시하여 승첩을 이루고 맹호5호작전과 맹호6호작전에서 발군의 공을 세운 당사자이다.

중대전술기지 강의를 맡은 최병수 대령은 바로 한국군으로서는 유일하게 캄보디아 국경선 부근 지역에 파견, 그 유명한 두코 전투를 지휘하여 세계를 놀라게 한 당사자이다.

이들 두 교수의 강의를 돕기 위하여 나는 내 보좌관 안수성 대령을 통역으로 보내기로 했다. 안 대령은 중국의 황포군관학교를 졸업하고 중국 국부군 육군중위의 경력 소유자로 중국인과 다를 바 없이 중국어에 능통하였다. 박경석, 최병수 두 교수는 과거 육군대학에서 명강의로 이름을 떨쳤고, 명통역에 콤비가 되어 당시 자유중국에서 그 강의가 화제가 되었다는 것을 장경국 국방부장을 통해 듣게 되었다. 나는 이 사실에 대해 매우 소중한 추억으로 간직하고 있다. 그리고 지금까지 큰 자랑으로 삼고 있다.

한국군의 베트남 파병 이전까지는 모든 군사학문이 전적으로 미국의 군사교리에 의존했으나 파병 7년 간에 걸쳐 독자적 군사교리가 생기면서 비로소 군사부문 한국학이 태동하기 시작하였다.

제 13 장
맹호6호작전의 쾌거

1. 푸캇 산악 전투의 배경

맹호6호작전은 맹호5호작전의 연장선상에 있는 성격을 띠고 있다. 최초 맹호5호작전과 함께 계획되었다가 일단 휴식기를 갖고 하는 편이 효율성이 높다고 판단했기 때문이다.

쌀 수확을 돕기 위해 맹호5호작전을 서둘렀지만, 그 소기의 목적을 달성한 것이 확인되었기 때문에 제2단계로 확장하지 않았다.

맹호6호작전은 빈딘성 베트콩의 주력인 E2B 대대와 이를 지원하고 있는 월맹군 지도부의 본거지로 알려진 푸캇산과 주변 일대에 주목표를 두었다. 고보이 평야와 푸미 평야를 넘나들면서 맹호5호작전에서 타격 받은 전력을 재건하는 데 그 동안 상당한 진척이 있다는 정보 또한 입수한 바 있었다.

푸캇산과 그 일대의 험준한 산악은 베트콩들의 성역인양 평야지역 일대에서 강제로 끌고 온 청년들을 훈련시켜 병력을 계속 증강해 왔다. 바로 이곳이 빈딘성 공산세력의 센터 구실을 하고 있는 것이다.

맹호사단이 일찍이 맹호5호작전을 통하여 고보이 평야를 장악한 것도 바로 푸캇산과 그 산악 일대의 공산군 지역을 장악하기 위한 발판을 마련하려는 목적도 있었다.

미군은 물론 한국군이나 월남군이 아직 한 번도 얼씬거리지 않은 미답지로서 해발 892m의 바산을 정점으로 하여 평균 표고 300m 이상의 고지군(高地群)이 정글로 덮여 있다. 뿐만 아니라 천연동굴과 암석지대가 수없이 깔려 있는 까닭에 방자(防者)에게는 유리하고 공자(攻者)에게는 불리한 지역이었다.

얼마나 넓고 험악한 천연동굴이 많은지 아무리 많은 병력이라도 일시에 숨어 버리면 흔적도 보이지 않을 만큼 험준하였다. 따라서 베트콩은 푸캇산 지대에 버젓하게 칩거하면서 이를 발판으로 빈딩성 지역에서 활동하는 베트콩의 교육훈련, 병력충원, 보급 등 전반적인 사령탑 역할을 담당하고 있었다.

맹호6호작전 실시 전인 이 해 5월에 푸캇산과 그 일대의 산악에 대한 공격준비를 착수한 바 있지만, 미 제1공중기갑사단의 요청으로 플레이쿠까지의 19번도로 경계임무 인수 문제가 대두되어 이 계획은 미루게 되었다.

그러던 중 사단장을 겸직하고 있던 내가 중장으로 승진되면서 사단장직을 유병현 소장에게 맡겼다. 나는 유병현 장군에게 푸캇산과 그 일대의 산악의 중요성을 알리고, 그 작전을 위해 준비 중이니 계속 이 계획을 발전시켜 나갈 것을 지시하였다.

당시 우리가 파악한 맹호6호작전의 적은 베트콩 E2B 대대의 5

개 중대를 비롯한 베트콩 5개 독립중대 그리고 월맹군 제22연대의 1개 대대, 그리고 이들과 함께 움직이고 있는 지방 베트콩 등 모두 15개 중대 규모로 판단하였다. 특히 이들 부대를 증원 가능한 적은 베트콩 E210 대대를 지목할 수 있지만 직접적인 위험은 적을 것으로 보았다. 특히 푸캇산과 그 일대의 전투력을 강화시키기 위한 월맹군 대대가 증원되었다는 첩보가 있었으나 아직 확인되지 않은 상태였다.

이 무렵 미 제1공중기갑사단은 푸캇 산악지대의 훨씬 북쪽 평야지대인 봉손(Bong Son)에서 작전을 전개하면서 1번도로를 따라 남진을 계속하고 있었다.

맹호사단이 6호작전을 계획하고 있을 무렵, 사단의 사용 가능한 병력은 3개 연대, 9개 보병대대였지만, 그 가운데 제1연대 제2대대가 판랑 비행장 경비를 위해 파견되어 있어 8개 보병대대가 남았다. 그런데 그 8개 보병대대를 모두 작전에 투입할 수는 없었다. 왜냐하면, 전술책임지역을 유지하기 위해서는 최소한 4개 보병대대가 필요했기 때문이다. 따라서 공격에 동원 가능한 병력은 보병 4개 대대에 불과했다.

이 밖에도 지금까지 맹호사단이 전개한 크고 작은 모든 작전은 평야지대에서 펼쳤기 때문에 산악지대에서의 경험이 없었던 것도 당면한 문제 가운데 하나였다.

이 작전에 투입될 보병대대는 제1연대에서 제1대대와 재구대대가 결정되었고, 새로운 작전에 첫 투입되는 제26연대의 제1대대와 제2대대로 결정되었다.

재구대대는 맹호5호작전에 이어 맹호6호작전에 계속 투입되는 유일한 보병대대였다.

2. 암석지대에서 적 발견

1966년 9월 23일 배정도 중령이 지휘하는 제1연대 제1대대는 야간침투작전 및 공중기동작전으로 푸캇 산악 북단을 차단하는 다이안강에 연하여 차단진지를 형성하였다. 이 무렵 황한식 중령이 지휘하는 제26연대 제1대대는 퀴논 반도 북단에 배치 완료하였다.

박경석 중령이 지휘하는 제1연대 재구대대는 야간침투작전으로 고보이 평야의 호이록 부락과 록캉 부락을 연하는 선에서 차단진지를 점령함과 동시에 여명을 기하여 수색작전에 들어갔다.

김지성 중령이 지휘하는 제26연대 제2대대는 동부 해안에 위치한 찬오아이 지역에 대해 공중기동작전을 실시한 후 수색작전에 들어갔다.

4개 보병대대가 푸캇 산악을 중심으로 요소요소를 점령하고 푸캇산 쪽으로 수색을 실시하였으나 첫 2일 간의 제1단계 및 제2단계 작전에서는 적 부대와의 접촉이 없었으며, 불과 분대 안팎의 베트콩들과 교전, 전원 사살하며 작전을 이어 갔다. 푸캇산을 중심으로 포위망을 좁혀 가며 적의 퇴로로 예상되는 길목은 모두 차단하는 토끼몰이식 형태로 공격진영이 짜여지고 있었다. 각각 전진하며 푸캇산 쪽으로 다가가며 적과의 접촉을 시도했으나 좀처럼 적이 나타나지 않았다. 어느 경우 전혀 적정이 없는 곳도 생겨 각 소총중대는 허탈감에 빠져 갔다.

'송사리 떼만 걸리고 큰 고기는 달아났는가' 그런 의구심까지 갖게 할 정도였다.

일부에서는 작전을 조기 종료해야 한다는 말까지 나왔지만 내 생각은 달랐다. '적은 깊이 숨었을 것이다. 이 지역에서 누가 더 오래 참고 견뎌 내느냐에 따라 승패가 결정된다'고 나는 작전 참가 장병을 격려했다.

지루한 시간이 흘러 가고 있었다. 부락을 배회하거나 보급품을 운반하고 있는 지방 게릴라들은 곳곳에서 아군에게 일망타진되었으나 역시 적 주력은 계속 포착되지 않았다.

이 무렵 제26연대에서 노획한 적의 문서를 군사정보대에 보냈는데, 그 내용은 다음과 같이 쓰여져 있었다.

적 문서 요지

• 지난 8월 21일 B-52 중폭격기 12대가 바산(푸캇 산악 정상 부분)과 토모 고개 간을 폭격, E2B 대대의 치료소가 폭파당했다.

• 폭격에 적지 않은 손실을 낸 것은 경계 소홀과 적절한 대피소가 준비되어 있지 않았기 때문이다.

• 앞으로는 적의 폭격에 대비하여 인원과 장비 및 보급품을 대피 저장할 수 있는 동굴을 찾아야 한다.

• 적이 공격하면 1시간 내에 준비된 동굴로 분산 잠복해야 하며 이를 방어할 계획을 세우고 수시로 예행연습을 실시하라.

위 적 문서를 분석한 결과, 당면한 적은 작전지역 전역에 산개한 천연동굴을 거점으로 하여 아군이 공격하면 그 속에 숨었다가 기회를 보아 기습하는 방식을 취하고 있는 것으로 판단하였다.

사단장 유병현 소장과 제1연대장 전성각 대령, 제26연대장 박완식 대령도 같은 의견이었다. 나는 맹호6호작전은 작전계획에 구애받음이 없이 장기간 적 주력이 포착될 때까지 작전을 계속할 것을 사단장에게 지시하였다.

내가 하달한 맹호6호작전에 대한 지도방침은 다음과 같은 것이었다.

첫째, 적은 푸캇 산악지대에서 벗어나지 않았다. 적은 동굴지역 또는 은거지역에 숨어 있다가 아군이 약점을 보이면 기습을 가해 올 것이다.

둘째, 작전 투입 부대는 적을 색출할 때까지 인내와 투지로 기다려야 한다. 적의 전법이 치고 달아나는 이른바 Hit & Run이라면, 우리는 치고 없으면 적이 색출될 때까지 깔아뭉개는 Hit & Stay 전법으로 지구전을 각오해야 한다.

이상과 같은 내 지침에 의거하여 예하 지휘관은 서둘지 않고 차분하게 작전을 전개하게 되었다.

9월 27일. 제1연대 재구대대 10중대는 이정린 대위 지휘하에 푸캇산 록칸 계곡에서 교묘하게 은폐되어 있는 대규모 암석지대를 샅샅이 수색했다. 3소대장 김길부 중위는 계곡 바위 사이에 사람이 겨우 들어갈 정도의 구멍을 발견하였다. 입구 근처가 사람의 손이 닿은 듯한 흔적을 발견하고 자신이 직접 들어가기로 결심했다. 입구가 협소하여 카빈 소총과 탄띠는 풀어 놓고 수류탄 3발과 플래시만 들고 한국영 상병과 함께 들어갔다. 약 10미터 정도 밑으로 통한 구멍으로 내려가니 그 곳에 높이 2미터, 길이 5미터 정도의 넓은 공간이 있었다. 플래시를 계속 비추고 있던 김 중위는 좌측과 우측에 또 다른 구멍이 뚫려 있음을 발견하고 우선 우측 통로를 통하여 전진하다 인기척을 발견하였다. 이때 김 중위와 한 상병 앞에 무언가가 떨어졌다. 순간 수류탄임을 의식하고 납작 엎드렸다. 이어서 수류탄이 폭발했지만 부상을 면했다. 이때 소대원이 동굴 속에 일제히 들이닥치면서 동굴 안쪽에 사격을 가했다. 수류탄도 투척했다. 동굴 안이 조용해졌다. 소대원이 들어가 수색해 보니 수많은 시체가 널려져 있었다. 이 동굴에서 노획한 총기만 장총 16, 기관단총 1, 카빈 소총 1 합계 18정이었다. 적 시체는 23구를 헤아렸다.

　이 전과보고를 받은 연대와 사단은 즉각 긴장했다. 적이 동굴 안에 숨어 있다는 것이 확실해졌기 때문이다. 나는 이 보고를 받고 암석지대의 동굴수색에 병력을 투입하라는 지시를 내렸다.

　작전개시 5일째인 이 날 재구대대 뿐만 아니라 제1연대 제1대대는 동굴작전에서 적 5명을 사살하고 2명을 생포함과 동시에 동굴에 숨겨 놓았던 실탄 약 40만발을 노획하였다. 이날 제26연대 제2대대 또한 곳곳에서 숨었던 적을 찾아내어 사살하고 많은 화기를 노획했다.

　작전개시 5일째인 이 날 하루에 사단은 개인화기 69정을 비롯하여 공용화기 5정 등 각종 군수품을 노획하는 전과를 올렸다. 동굴 곳곳에는 숨었던 적들이 수류탄에 의해 또는 소총 사격에 의해 시체가 헤아리기조차 어려울 정도로 널려 있었다.

　베트콩 수뇌부에서는 '한국군이 공격해 오면 며칠 숨었다가 우리를 발견 못하면 곧바로 작전을 종료하고 철수해 갈 것' 이라고 오산한 것이었다.

이 전과에 구애받지 않고 사단은 작전을 계속하였다.

3. 작전 기밀의 누설

제26연대는 제2대대로 하여금 4개 중대를 모두 투입하는 대대적인 동굴수색작전에 들어갔다. 재구대대의 동굴수색작전 성공에 따른 교훈이 하달되면서 모든 중대가 동굴을 찾아 나섰다.

제5중대는 빈호이부터 푸캇 산악 서쪽 계곡을 탐색하면서 적과 조우했다. 동굴이 한국군에게 발각되면서 위기감을 느낀 적이 동굴 입구 쪽에 나와 동굴 보호작전에 들어간 것이다. 3소대가 57mm 무반동총으로 동굴 입구의 경계병을 제압하자 일제히 동굴 근처를 장악하면서 동굴 수색에 들어갔다.

동굴에 숨어 있는 적 제압은 그리 어렵지 않았다. 동굴의 경사도는 아래로 대부분 처져 있기 때문에 수류탄을 굴리기만 하면 적병을 몰살할 수 있었다. 굴 속을 수색한 결과 적 시체 30여 구가 뒹굴고 있었고, 이 시체 더미에서 60mm 박격포 1문과 소총 10정을 회수하였다. 제2대대 6중대 역시 동굴 수색에서 전과를 올리고 있었다.

작전 초기에 맹호사단 참모를 비롯한 많은 장교들이 '목표지역에 베트콩도 없는데 왜 자꾸 반복수색만 하는지 모르겠다' 고 했던 정세 판단이 완전히 뒤집힌 것이다.

초기 작전회의에서 사단장은 적과의 접촉이 없자 작전 종료를 검토하기도 했고, 사단 참모들 또한 사단장 상황 판단에 가세하는 편이었다. 그러나 제1연대 제1대대장 배정도 중령을 비롯한 고보이 평야와 푸캇산 자락에서 10개월 간 줄곧 전장을 누비던 지휘관들은 한결같이 '적은 있다'는 쪽으로 의견이 일치되자, 강력한 건의가 받아들여져 전기작전에 이어 후기작전으로 연장되었던 것이다. 나 또한 대대장 의견과 같은 판단을 하고 있었다.

재구대대 11중대 신건일 소위의 3소대도 동굴 밖의 경계병을 사살하고 수류탄을 주로 사용한 동굴소탕작전에서 경기관총 2정, 소련제 소총 21정, 기관단총 3정, 적 시체 확인 38구의 전과를 올렸다.

9월 28일 작전개시 6일째. 배정도 중령이 지휘하는 제1연대 제1대대 3중대에서 작전 중 노획한 적 문서가 긴급히 사단에 후송되고 분석 작업에 들어갔다. 보고된 문서 내용은 다음과 같은 것이었다.

지시사항

9월 22일 E2B 대대 발행

- 적은 푸캇산 일대에서 상당한 기간 작전을 계속할 것이다.
- 적은 데기(De Gi-사단 최종목표)까지 진출할 것이다.
- 지대 내의 모든 부대는 적이 진격하면 결전을 회피하고 동굴에서 대피하다가 적이 철수할 때 측방과 후방에서 신속히 강타하라.

상기 적 문서는 매우 놀라운 사실이었다. 왜냐하면, 맹호사단이 기도를 비닉하고 보안을 유지하기 위하여 맹호6호작전에 관한 계획을 사단 관계 참모 외에는 일체 알리지 않았기 때문이다. 다만 작전협조 과정에서 월남 당국의 고위 관계자에게만 계획을 알렸을 뿐이었다.

더구나 발행일이 9월 22일이라면 작전개시 하루 전날인데 베트콩이 미리 아군의 공격을 알았다는 사실은 매우 중요한 문제가 아닐 수 없는 것이다.

빈딘성의 성장이나 월남군 제22사단 일반참모급 고급장교가 아니면 발설이 되지 않을 사안이었다.

당시 대대급 이상 작전시에는 빈딘성과 관할 월남군 제22사단에 알리도록 되어 있었다.

나는 이 문제에 관해 앞으로의 작전시 보안에 더 유의해야 되겠다는 생각을 하게 되었다. 그러나 한편, 우리 계획이 사전에 적에 알려짐으로써 적은 동굴에 숨어 들어갔고 아군은 동굴 속 적을 소탕해서 전과를 크게 올리고 있으니 전화위복이라고 자위도 해 보았다. 또한 이 문서를 통해 적이 작전지대 내에 숨어 있다는 확증을 갖게 됨으로써 후기작전에 대비할 수 있게 되었다고 생각했다.

맹호6호작전 첫날 적과의 접촉이 전혀 없자 '적이 사라지지 않았나' 하는 의문이 바로 그날로부터 6일째 되는 날 풀린 것이다.

적은 스스로 무덤을 파고 거기에 들어간 꼴이 되었다. 모든 작전 참가 부대는 지대 내에 적이 있다는 확신을 갖게 됨으로써 각오를 새롭게 하여 결전의 의지를 굳혔다.

4. 월맹 정규군 중대의 격멸

재구대대는 록칸 계곡 일대를 정밀수색하면서 숨어 있는 적을 색출하고 있었다. 베트콩들은 계속 동굴작전에서 참패 당하고 있었기 때문에 한국군의 약점을 이용하여 야간에 기습을 가함으로써 그들의 체면을 만회하여 보겠다고 야금야금 제10중대 진지에 다가오고 있었다. 이번 작전에 참가한 모든 중대들은 전술기지를 떠났다 해도 작전시 야영은 중대전술 개념에 의한 전면방어를 취하고 있었고 적 예상 접근로에 매복조를 배치했다.

매복조가 배치된 것도 모르고 앞뒤에서 사격을 시작하니 꼼짝없는 '독 안의 쥐' 꼴이 되면서 1개 분대 병력이 순식간에 사살되었다.

10월 1일 월남 당국의 간곡한 요청으로 푸캇 군청 지역과 재구촌 경계 탓으로 맹호6호작전에 참가하지 않고 있던 재구대대 9중대를 공중기동작전으로 푸캇산 깊숙이 투입하기로 결정되었다. 사단 작전계획에 의거 푸캇산 일대의 적이 빠져 나갈 기미를 포착했기 때문에 미리 그 심장부에 투입하기 위해서였다.

용영일 대위는 이미 9중대를 지휘하여 재구2호작전에서 한국군 최초의 야간침투작전을 성공시킨 주인공이다. 그런데 중대장 용 대위는 대대장을 경유, 헬기 공중기동작전 취소를 건의해 왔다. 사단에서는 이미 20대의 헬기를 미군과 협조, 새벽 일찍이 중대전술기지 앞 논바닥에 착륙토록 되어 있었다.

용 대위의 건의 이유는, 헬기를 이용한 공중기동작전은 적에게 작전기도가 노출되므로 고생이 되지만 야간침투작전으로 적을 포착하겠다는 것이었다.

대대장의 건의는 승인되었고 미군과의 헬기 요청은 취소되었다. 재구대대장 또한 헬기에 의존하는 작전은 별로 좋아하지 않았다. 정규전에서 장거리 기동이나 많은 병력을 일시에 신속하게 투입할 때는 효과적이지만, 별로 멀지 않은 장소에 소부대를 공중기동케 하는 것은 기도가 탄로되어 기습의 효과가 상실된다는 생각을 하고 있었다. 사단장이나 나 또한 그렇게 생각하고 있었지만, 장병의 노고를 염려한 나머지 배려했던 것이다.

중대장 용영일 대위는 목표지역까지 북동쪽 약 5킬로미터 떨어져 있었으므로 D-1일 오후 일몰과 동시에 출발, 적지를 향했다.

제9중대의 진격로는 정글이었다. 불과 1킬로미터를 헤쳐 나가는 데도 몇 시간이 걸려야 했다. 중대장 용 대위 생각으로는 시간이 걸리더라도 적을 먼저 발견해야 된다는 생각으로 진격을 서둘지 않았다.

418고지에 이르러 진출로상에 방금 밥을 지은 흔적을 발견하였다. 중대장은 긴장하며 적지에 들어왔다고 생각하고 천병분대를 이끌고 정글을 샅샅이 뒤졌다. 그때 숲 속에 있던 적병 2명과 정면으로 부딪쳤다. 적은 별안간 불쑥 나타난 한국군을 보고 겁먹은 나머지 1명은 까무라치고 1명은 주저앉아 버렸다. 순간 달려들어 모두 사로잡았다.

적은 푸캇 산악 깊숙한 천연 정글 속에 있는 그들 야영지를 자기들만의 세계로 알고 있었을 것이다. 한국군은 늘 헬기를 이용하기 때문에 공중감시에만 신경을 쓰고 있었다. 설마 원시림이 무성한 정글 속에서 한국군이 나타나리라고는 상상도 못했을 것이다.

이어서 첨병분대 앞을 가로지르며 이동하는 분대병력을 때려잡고 4명을 포로로 했다. 그리고 자동소총과 장총 3정을 노획했다. 이때 잡은 포로와 적 시체 모두 월맹군 복장이었다. 월맹군 중대가 푸캇산 일대에서 활동하고 있다는 첩보가 사실로 확인되는 순간이었다.

중대장은 이 근처에 월맹군 중대가 있을 것이라는 확신이 섰다. 곧 소대장에게 횡대로 산개한 후 은밀히 전진할 것을 지시했다.

이때 양쪽 능선 계곡 사이에 한 떼의 적이 옹기종기 모여 있는 것을 발견하였다. 중대는 즉각 포복으로 양쪽 능선을 타고 사격에 용이한 장소에서 사격자세를 취했다.

중대장의 신호에 의해 기관총, 자동소총 등 자동화기는 물론 M1 소총, 카빈 소총 등으로 일제사격을 가했다. 우왕좌왕하던 적들이 도망가면서 응사했지만 그 실탄이 맹호를 명중시킬 수는 없었다.

퇴로를 차단하고 있던 1개 소대가 도망가는 적을 포착해 일제사격을 가했다. 토끼잡이 식을 연상하리 만큼 각 소대는 정글 구석구석 찾아다니며 적을 무찔렀다. 이 기습작전으로 적 36명을 사살하고 12명을 포로로 했다. 또한 기관총 2정을 비롯하여 AK 자동소총 11정, 소련제 장총 13정, 수류탄 실탄 등 다수를 노획하는 전과를 올렸다.

이 작전에서 9중대원 가운데 8명만이 전상을 입었으나 모두 생명에는 이상이 없었다.

사단으로 압송된 포로를 심문한 결과, 그 가운데 한 명이 월맹군 제610사단 제22연대 제93대대 제2중대 제3소대 분대장임이 밝혀짐으로써 이 전투에서 격멸당한 적 부대가 월맹 정규군 1개 중대였음이 확인되었다.

월맹군 분대장의 진술 내용은 다음과 같다.

- 제93대대의 병력은 약 350명이며 9월 28일 푸캇 산악지대의 북단을 방어하라는 명령을 받고 대략 다음과 같이 배치하였다.

  제1중대 : 1번도로변 베산(Nui Be-Nui는 산)

  제2중대 : 찬단(Chanh Danh)

  제3중대 : 반동(Van Dong)

  제4중대 : 데기(De Gi)

- 바산(Nui Ba)과 베산(Nui Be) 일대에 한국군이 진출한 사실을 전혀 모르고 있었으며, 이날 느닷없이 나타난 맹호를 보고 놀랐다.(포로 심문조서 인용)

이 작전은 재구대대 9중대 중대장 용영일 대위가 자진하여 공중기동작전을 사양하고, 야간침투작전과 주간 기도비닉을 위주로 한 정밀수색을 선택한 결과이며, 중대장의 뛰어난 기지(機智)의 산물이기도 했다. 한국군 참전 이래 월맹 정규군 중대의 격멸은 처음이었다.

5. 동굴작전의 승첩

맹호사단 제26연대는 파병 이래 첫 대규모 작전에 참가했다. 김지성 중령이 지휘하는 제2대대는 연대 수색중대를 배속받아 3개

소총중대와 함께 4개 중대로서 사단이 부여한 통제선 4까지 진격하여 포위망의 일각을 형성하라는 임무를 부여받았다.

지대 내에는 506고지부터 뻗어내린 능선 북쪽과 동쪽에 302고지와 384고지가 나란히 솟아 있다.

사단이 수집한 첩보에 의하면, 이 지대 내에 적이 한국군을 함정에 몰아 넣어 기습할 징후가 있다는 것이었다. 대대장은 그 첩보를 100% 믿을 수는 없지만, 거기에 대비해 예하 중대를 운용해서 오히려 그 적을 기습공격할 것을 계획했다.

6중대장 김재구 대위는 여명과 함께 무려 다섯 시간이 걸려 302고지 근처까지 도착했다. 기도비닉을 하면서 정글을 헤쳐 나가자니 많은 시간이 걸린 것이다.

적 발견과 함께 적도 아군을 발견하고 상호 사격전이 거의 동시에 실시되었다. 적 함정에 걸리지 않기 위해 은밀히 접근하다가 적함정 근처에서 교전이 시작된 것이다. 다행히 후속 소대는 아직 발견되지 않은 위치에 있었으므로 즉시 적 후방 능선에 기동시켰다.

오후 내내 교전이 이어졌는데 적 규모는 중대로 추정되었다. 최초 사격을 받은 제1소대에서 전상자가 발생하였다. 구급 헬기를 요청하였으나 적 사격이 심해 착륙하지 못하고 그대로 돌아갔다.

해가 지자 야간방어에 들어갔고 중상자 3명은 안타깝게도 날이 새기 전에 숨을 거두고 말았다.

주간작전에서 생포한 1명의 포로를 심문한 결과 6중대를 괴롭히는 적은 E2B 대대 예하 1개 중대라는 것을 알게 되었다.

대대장은 7중대를 투입하여 6중대와 함께 적을 포착할 계획을 세웠다.

7중대 박동한 대위는 6중대의 교전 상황을 참작한 끝에 2개 소대를 먼저 진출시키고 1개 소대는 예비로 후방과 측방을 경계케 했다.

먼저 진출한 3소대가 사격전을 벌이는 동안 2소대로 하여금 적 배후에 우회하도록 하여 동굴 외곽을 포위하였다. 한국군이 포위망을 좁히고 있다는 것을 알아차리고 동굴 속으로 숨기 시작하였다.

새벽 1시쯤 3소대에서 야음을 틈 타 은밀히 탈출하려는 베트콩 2명을 사로잡았다. 심문 결과 베트콩 E2B 대대 2중대장 연락병이라는 것을 알게 되었다. 그를 구슬려 배치 상황을 확인할 수 있었다.

적이 숨은 동굴을 알아내어 중대에서 특공조를 편성하여 TNT를 사용, 동굴을 폭파함으로써 굴 내부의 적이 기어 나오자 모두 15명을 생포하였다. 중대는 이 동굴에서 60mm 박격포 1문, 기관총 1정, 장총 4정, 카빈 2정 등을 노획하였다.

제26연대 제2대대는 생포한 베트콩을 설득하여 적 은신처를 알아내어 속속 동굴을 제압하여 파병 첫 전투에서 큰 승리를 거두었다.(일부 전투상보 인용)

이 소탕작전의 성공으로 대대장 김지성 중령은 을지무공훈장을, 제5중대장 장석동 대위, 제6중대장 김재구 대위, 제7중대장 박동환 대위, 8중대장 이용율 대위 등 대대장을 비롯한 전 중대장이 무공훈장을 수훈함으로써 재구대대에 이어 두 번째 영예를 차지하였다.

맹호5호작전에 이은 맹호6호작전으로 푸캇 산악의 적을 결정적으로 소탕 완료하였다.

한편, 푸캇 산악을 장악하게 됨으로써 사단의 전술책임지역은 600평방킬로미터가 추가 확장되었다. 이에 따라 주민 7만여 명이 월남 정부 통제하에 들어감으로써 평정계획에 기여하였다.

맹호6호작전은 한국군 파월 이래 가장 획기적인 전과를 기록하여 월남 내의 모든 자유 우방군을 경탄케 하였으며, 세계 각국의 군사평론가로부터 주목을 받게 되었다.

맹호6호작전에서 올린 전과는 사살 1,161명, 포로 518명, 노획무기는 공용화기 43정, 개인화기 454정, 수류탄 963발 외 산더미 같은 군수품을 노획하였다.

맹호6호작전은 1966년 9월 23일 시작하여 11월 9일 종료됨으로써 장장 48일 간에 걸쳐 실시한 파월 기간 중 가장 긴 작전으로 기록된다.

최초 단계에는 4개 보병대대가 투입되었으나, 후기 단계에 2개 대대가 추가되어 6개 보병대대가 작전에 임했다.

총작전기간 중 80%에 해당하는 32일 간 계속해서 비가 내렸다. 산악 밀림작전에서 맹호 장병은 이루 말할 수 없는 고역을 겪었다. 오직 투철한 애국심과 군인정신으로 그 고통을 감내하며 최대의 전과를 올려 파월 한국군 전사를 빛냈다.

이 작전에서 수훈을 세운 박경석 중령이 지휘하는 제1진 재구대대 장병은 이 작전을 끝으로 대부분 귀국함으로써 제1진 재구대대 시대를 마감하였다.

한편, 아군의 피해는 전사 30명, 전상 115명이 발생하였다. 숨진 전우들에게 고개 숙여 조의를 표한다. 그대들의 거룩한 희생으로 한국군이 2류 군대에서 1류 군대로 도약했으며, 한국군의 우수성을 세계에 널리 알리는 계기가 되었다고 나는 굳게 믿고 있다.

제 14 장
백마사단의 초기 작전

1. 백마사단 증파

　한국군 전투부대 증파 문제가 한·미·월 3국의 고위층에서 논의되어 오던 중 1966년 2월 22일 우리 정부는 한국군의 증파를 요청하는 월남 키 수상의 공한(公翰)을 접수하였고, 같은 날 한국에 도착한 험프리 미국 부통령은 키 수상의 요청을 뒷받침하였다.

　따라서 정부는 전투부대 증파 동의안을 각의와 국회 국방분과위원회의 의결을 거쳐 3월 20일 국회 본회의에 상정하여 찬성 95표, 반대 27표, 기권 3표로 동의를 얻었다.

　국방장관의 공식발표와 함께 제9사단이 파병 증파 사단으로 지명된 것은 1966년 6월 1일이었으나, 제9사단은 이미 육군본부에 의해 이 해 3월 20일부터 파월 준비를 진행하고 있었다.

　제9사단은 종래의 평시 편제로부터 전시 편제로 바뀌면서 인력과 장비 모든 분야에서 보강되었다.

특히 지금까지의 베트남전쟁을 통해 얻은 교훈을 참작하여 나는 기본장비의 변경을 육군본부에 건의해서 관철시켰다.

가령, 무거운 M1 소총 대신 정글전에서 편리한 카빈 소총으로의 부분 교체, 3.5인치 로켓포는 경기관총으로 대체하는 한편, M79 유탄발사기를 대폭 증가했다. 또한 제9사단은 최초 파병한 맹호사단이나 청룡여단과는 달리 22대의 장갑차(APC)를 보유하게 됨으로써 기동력을 강화했다.

제9사단은 당시 1군 예비사단으로 양평지역에서 교육훈련을 실시하고 있었기 때문에 일반교육에서 파월 특수교육으로의 전환이 용이하게 이루어졌다.

이 제9사단이 바로 백마사단이다. 백마사단은 6·25전쟁 발발해인 1950년 10월에 창설되었으며, 6·25전쟁을 통해 철원 북방 백마고지 전투에서 큰 전공을 세워 백마란 이름이 붙여졌다.

파병 초대 백마사단장에 이소동 소장이, 부사단장에 백문 준장이 임명되었으며, 보병 제28연대, 제29연대, 제30연대 건제 그대로 모두 파병하게 되었다.

백마사단은 수송기 또는 함정을 이용하여 나트랑과 캄란에 도착, 짐을 풀었다.

백마사단이 캄란에 상륙할 때 맨 앞에 군기병을 내세워 태극기를 들고 가게 했는데, 그 옆에 유엔기도 함께 들고 간 것이 문제가 되었다. 외신기자들이 태극기와 유엔기를 함께 들고 가는 사진을 촬영하여 외신에 보도하자, 공산국가들이 문제삼고 나섰다. '언제 유엔이 한국군 파병을 승인했느냐', '한국군이 유엔군 자격으로 베트남전에 투입되는가' 등등 시끄러운 문제가 연일 계속되었다.

나는 일단 백마사단이 유엔기를 들고 상륙한 배경을 알아 보았다. 그 내용은 별 뜻 없이 한국에서와 같이 당연한 것으로 알고 들고 갔다는 것이었다.

한국에서는 사단 또는 군단 그 이상 본부에는 태극기와 함께 유엔기를 나란히 걸어 두는 것이 당시에는 관례였던 것이다. 대한민국이 유엔에 의한 선거에서 탄생되었고, 한국군이 유엔군 산하에 있었기 때문이었다.

나는 즉시 외신기자 회견을 통해 그 경위를 설명하고 앞으로는 이런 일이 없을 것이라고 유감을 표하는 것으로 그 파동을 가라앉혔다.

백마사단의 운용 문제에 대해 처음부터 미군 당국과 우리와는 이견이 뚜렷했다. 미군 당국은 백마사단을 최대한으로 활용하여 1개 연대를 분할하여 대대별로 캄란만, 팜랑, 나트랑, 빈호아 등지에 있는 미군 시설을 경비케 하고, 나머지 2개 연대를 중부 산악지대에 배치된 월맹군을 소탕하는 데 투입시켜야 한다는 주장이었다. 물론 내가 동의할리가 없었다. 나는 뚜렷한 계획이 이미 서 있었다. 한국군의 모든 부대들이 1번도로에 연결하도록 하여 희생을 덜 내면서 파병 명분을 쌓아 간다는 것이었다. 백마사단 배치 문제에 대한 고통스럽고 긴 절충의 과정은 이미 제9장 '설득과 절충의 고비' 제2항 '백마사단 파병과 배치'에서 기술했기 때문에 여기서는 되풀이하지 않겠다. 하여튼 나는 내 의지를 관철시켰다.

백마사단이 인수한 전술책임지역은 투이호아(Tuy Hoa)로부터 1번도로와 철도에 연하여 팜랑(Pham Rang)까지 약 270킬로미터, 폭 50킬로미터에 달하는 광대한 지역이다. 전술책임지역 내에는 3개 성, 11개 군, 76개 읍면이 있으며, 면적은 약 3,000평방킬로미터이고 38만명의 주민이 거주하고 있었다. 그들의 생업은 평야지대와 해안지대를 끼고 있었으므로 농업과 어업이며 불교 신자가 대부분이었다.

특히 동노만, 빈호아, 나트랑, 캄란만에는 항구, 비행장 등 주요 시설이 있어 전략적으로 매우 중요성이 있었다.

2. 물소 떼 소동

홍상운 대령이 지휘하는 제29연대는 1966년 9월 25일에 베트남에 도착 후 1번도로에 가해지는 위협을 제거하기 위한 예하 대대를 사용한 불도저1호작전, 불도저2호작전을 전개하였으나 상황판단과 지형의 미숙 등으로 오히려 적으로부터 기습을 당해 전사 4명, 전상 17명의 인명 피해에 이어 소총 6정과 기관총 1정의 장비 피해를 냈다.

이때까지 파월 한국군이 총기 피해를 입은 경우는 거의 없었으며, 다만 기갑연대 제2대대 전우의 시체 유기사건 때 한 번 있었을 뿐이었다.

이 첫 작전의 실패는 오히려 백마사단의 전장병에게는 베트남전을 결코 얕잡아 보아서는 안 되며 쉬운 전쟁이 아니라는 경각심을 주게 되었다.

그럼에도 불구하고 제29연대는 계속 불도저3호작전, 불도저4호작전을 폈지만, 다시 적의 기습 사격으로 3명의 전사자를 내는 등

날고 뛰는 베트콩에게 약점을 노출했다. 그러나 제28연대가 주둔한 투이호아까지의 182킬로미터에 달하는 1번도로를 개통시키는 데 성공하였다.

맹호사단 또한 초기에 바람이 부는데 베트콩이 접근하는 줄 알고 수류탄을 던지고 총질을 했던 것과 같이, 전투 경험이 없는 병사들은 '제 방귀에 놀란다'는 옛 속담처럼 사격군기가 확실히 서지 않을 때가 허다했다. 전장에서의 과도기적 전쟁공포증이라고 표현할 수 있는 경우가 초전에는 흔히 있었던 병폐의 하나라 하겠다.

그러나 사병들의 그런 공포심은 달포를 지나면서 없어지는 것이었다. 그 다음 문제는 너무 용감한 나머지 적의 함정에 빠지는 일에 신경을 써야 했다.

백마사단 본대가 파월하기 전 부사단장 백문 준장이 인솔하는 선발대가 닌호아에 도착했다. 숙영지 외곽 경계를 위해 야간 매복을 내보냈는데 그 매복 진지에서 전투가 벌어졌다. 수류탄을 투척하고 기관총을 발사하는 등 격전을 방불케 하는 일이 생겼다.

날이 새면서 격전장 전방을 살피니 난데없이 물소 20마리가 죽어 자빠져 있었다. 매복 진지의 백마 병사들이 한 떼의 물소가 몰려 오는 것을 베트콩이 공격해 오는 것으로 겁먹은 나머지, 일제사격전을 벌인다는 것이 적이 아니라 물소 떼를 사격했던 것이다.

아침 10시가 지나자, 아니나 다를까 월남 사람들이 떼로 몰려 와 아우성을 쳤다. "물소 값 물어내라"는 것이었다. 조금 있으니 그 고장의 군수와 경찰서장까지 나타났다.

백문 준장은 해결책을 찾지 못하고 나에게 전화를 걸어 왔다. 내용인즉, 물소를 죽였는데 물소 값 물어내라는 것이었다. 백마 선발대로 왔으니 돈이 있을리가 없었다.

"어떻게 해결하면 좋겠습니까?"

라고 묻기에,

"배상해 주고 민심을 달래라."

고 하며 사령부에 있는 돈 없는 돈 다 털어서 3,000달러를 만들어 보내 주었다. 나는

"소 임자가 달라는 대로 물어 줘라."

고 일렀다. 그리고 덧붙여 반드시 지방 유지 입회하에 주도록 하라고 지시했다.

소값 흥정을 하는 데 시세를 알아 보니 한 마리에 30달러 정도밖에 안 되는데 100달러씩 달라고 한다기에 그대로 다 주라고 했다. 군수와 경찰서장 입회하에 20마리 값 2,000달러를 배상했다. 그렇게 되면 그 물소는 백마 차지가 되어야 옳은 것이었다. 그런데 경찰서장이 "몇 마리 줄 수 없느냐"고 사정하더란다. "경찰관이 매일 밤 매복 근무를 하는데 서장으로서 미안해 사기 앙양을 시키고 싶다"는 이유였다. 그래서 다섯 마리를 떼어 주니 군수가 또 달라고 하기에 또 주고, 소 임자까지 나서서 사정사정하기에 20마리 다 나누어 주었다. 소값 2,000달러 물어 주고 소 20마리 다 나누어 준 것으로 그 해프닝은 끝났다.

그 사건은 손해가 아니었다. 닌호아 인심이 확 돌아섰던 것이다. 과거 프랑스군이나 일본군 그리고 요즈음 미군들이라면 상상할 수 없는 일이라고 하면서, 외국군에 대해 거부감을 갖고 있던 주민들이 '따이한'의 협조자가 된 것이었다. 이 해프닝으로 말미암아 백마는 망아지 과정을 거쳐 이름 그대로 백마로 거듭난 것이었다.

중공의 모택동이 정강산에서 처음으로 게릴라전을 시작할 때, 부하들에게 하달한 8대 요소 중 하나가 '물건을 살 때 민간인에게 피해를 주지 말라. 정당한 가격을 주도록 하라.' 는 것이었음을 상기시켰다. 소값 2,000달러는 결코 아까운 것이 아니라 그보다 몇 배 더 아군에게 유익한 결과가 되었던 것이다.

맹호 장병이 처음 도착 직후 밤을 무서워했던 것처럼 백마 또한 마찬가지라고 생각하면서, 얼마 동안 기다렸더니 과연 백마도 제 값을 톡톡히 하기 시작했다.

3. 혼바산 소탕작전

혼바산(Nui Hon Ba) 일대의 고지군(高地群)은 전체가 석회암으로 구성되어 있고 하단부에서 정상까지 많은 천연동굴이 있었다. 맹호사단 전술책임지역의 푸캇 산악과 비슷한 형태를 하고 있었다.

최명재 대령이 지휘하는 제28연대는 1966년 10월 17일 미 제101공수여단으로부터 전술책임지역을 인수한 후 소탕작전을 계획하고 있었다. 그 중 혼바산 일대에서 활동하고 있는 적을 견제, 고립시키기 위하여 제2대대 7중대를 미리 혼바산 근처에 배치하고 정찰과 수색을 실시하면서 적정을 파악케 하였다. 그 결과 그 지역의 적정을 어느 정도 파악할 수 있게 되었다. 7중대가 파악한 적정을 기반으로 활용하여 제1대대와 제2대대 연대수색중대를 투입하는 도깨비2호작전을 실시하기로 결심하였다.

11월 25일 제2대대가 김기택 중령의 지휘하에 작전의 서막을 올렸다. 이 대대는 10월 23일 있었던 슬픈 과거를 가지고 있었다. 대대장 오상욱 중령의 지휘하에 지형정찰을 하다가 베트콩이 설치한 부비트랩이 폭발하여 대대장과 부하 4명이 순직하는 사고를 겪은 것이다.

오 중령의 순직은 안타까운 일이었다. 조사 결과에서 밝혀진 바에 의하면, 전투 경험이 전혀 없는 부하들이 머뭇거리며 앞으로 나아가기를 꺼리자 스스로 앞장서서 개척하다 사고를 당했다는 것이다. 오 중령 역시 '나를 따르라'라는 보병 장교의 솔선수범을 보여 준 귀감이라고 나는 지금도 생각하고 있다.

나는 오 중령 후임으로 주월사 작전장교로 근무 중인 육사11기 김기택 소령을 임시 중령 계급을 부여, 임명하였다. 육사11기라면 4년제 첫 임관 클래스이며, 당시 전두환 소령, 노태우 소령도 바로 11기생이다. 김기택 소령은 11기 중에 제일 먼저 중령 계급장을 달고 대대장 선두주자로 야전지휘관이 된 것이다. 그래서 김기택 중령이 10월 25일 새 대대장으로 부임하여 이번 작전을 지휘하게 되었다.

이영우 중령이 지휘하는 제1대대는 해안선을 따라 출몰하는 베트콩을 추적하면서 다농강 일대에 차단진지를 구축하고 수색을 시작하였다. 그러나 적과의 접촉은 미미하였다.

제1대대 및 제2대대 공히 586고지인 혼바산과 그 일대 수색에 집중하기로 하고 11월 26일과 11월 27일 수색에 나섰는데, 역시 암석지대여서 적 발견이 매우 어려웠다.

가끔 분대 이하의 규모가 작은 지방 게릴라들만 포착되었으므로 주력부대는 어딘가에 은신하고 있다고 판단되었다.

나는 11월 28일 낮 12시경, 백마사단장 이소동 소장과 함께 최명재 대령의 연대지휘소에 도착하여 작전 상황에 대한 보고를 받았다. 작전 전개과정 하나 하나가 맹호사단이 실시한 맹호6호작전의 초기 상황과 흡사하다는 것을 느끼고, 사단장과 연대장에게 수색작전을 장기화하여 적을 철저히 색출할 것을 지시하였다.

11월 29일. 제2대대 5중대 3소대가 10시 30분경 혼바산 서북단 계곡 일대를 수색 중 수상한 동굴을 발견하고 동굴을 포위, 특공조를 투입하면서 수류탄 투척 등 맹호6호작전에서의 동굴 수색 방식을 사용, 은신 중인 적 21명을 사살하고 장총 21정과 다수의 군장품을 노획하는 전과를 올렸다. 이어서 제1대대 1중대 또한 혼바산 북단에서 동굴에 은신 중인 적과 교전, 적 7명을 사살하고 장총 4정과 박격포탄, 소총실탄 등을 노획하였다. 이 두 경우를 보아 적이 맹호6호작전에서의 푸캇산 동굴 수색 방식이 실효성이 있음을 확인하고, 연대장은 예하 장병에게 시일에 구애받지 말고 동굴 수색에 역량을 집중하도록 다시 강조하였다.

특히 12월 1일에는 제2대대 5중대가 동굴 수색 중 기름칠을 해서 3정씩 포장하여 깊숙이 숨겨 둔 마우저 소총(프랑스제) 72정을 찾아냈다. 적이 도주하면서 숨겨 둔 것으로 추정하였다.

이어서 제2대대 7중대 3소대 또한 동굴 수색 중 두 곳에서 기름칠해서 포장한 마우저 소총(프랑스제로 추정) 84정을 찾아냈다. 포장된 소총들은 장기간 숨겨 둔 탓인지 녹슬어 사용할 수 없는 것으로 판명되었다. 계속 수색 중 포장된 채 숨겨 둔 마우저 소총을 더 찾아냈다. 일부에서는 이 소총은 프랑스군이 패주 당시 숨겨 둔 것이라는 설이 있지만 확실한 것은 규명되지 않았다.

혼바산 일대에서 계속 동굴 수색하는 동안 적이 발견됨으로써 이 작전의 장기화에 따른 성과로 분석되었다.

11월 25일부터 12월 29일까지 실시한 제29연대 도깨비2호작전은 맹호6호작전에 이은 장기작전이었으며, 역시 동굴 수색으로 성과를 극대화시킬 수 있었다.

이 작전에서 적 63명을 사살하고 7명을 생포하는 전과를 올렸고, 포장해 발굴한 마우저 소총 285정을 비롯하여 소련제 장총 2정, 기관총 4정, 기관단총 8정, 기타 수류탄과 실탄 등을 산더미처럼 노획하는 전과를 올렸다.

이 작전은 백마사단이 파병된 이래 의미 있는 첫 전투로 기록됨과 동시에, 백마 장병들에게 자신감을 갖게 한 동기부여 작전으로 평가되었다.(일부 전투상보 인용)

이 작전에서 아군 피해는 전사 3명, 전상 22명이 발생하였다.

4. 마두1호작전

백마사단이 도착한 이래 제28연대 2개 대대를 투입한 도깨비2호작전으로 혼바산 일대에서 발판을 잃은 베트콩은 1번도로 서측의 혹놈산, 사례오산, 차이산 등지로 피해 가서 이곳 지방 게릴라와 합세하여 투이호아 평야지대는 물론 1번도로까지 위협하고 있었다. 그뿐만 아니라 적은 때때로 반타강 상류까지 침투하여 주민을 선동하고 위협하는 등 횡포가 잦아졌다. 또한 베트콩들은 맹호사단 전술책임지역 내의 1번도로에서는 감히 하지 못했던 폭발물 설치를 이곳 1번도로상에서는 빈번히 설치하여 적지 않은 피해를 입히고 있었다.

마두(馬頭)1호작전은 1번도로 서쪽 산악지대의 적 근거지를 소탕함으로써 1번도로에 대한 위협을 제거함과 아울러 투이호아 평야의 곡창지대를 보호하고, 나아가 월남 정부 평정지역을 넓혀 주기 위한 1967년 백마부대 첫 작전이었다.

작전지역의 동쪽은 차이산과 사례오산이 남북으로 연해 있으며, 서쪽은 혹놈산이 북쪽으로 뻗어내려 급경사의 고지군과 많은 계곡으로 형성되어 있다. 특히 차이산을 제외하고는 모든 산이 석회암으로 되어 있어 산기슭에서 정상까지는 수없이 많은 천연동굴이 있으며, 가시 돋힌 열대식물이 울창하게 정글을 이루고 있다.

1월 21일 연대 병력으로 작전하기에는 지역이 지나치게 넓어서 미 공군기의 항공폭격에 이어 차이산 지역의 적 지휘부를 포위하는 제1대대를 북, 제2대대를 중앙, 제3대대를 남으로 하는 작전이 시작되었다. 제1단계 작전은 공중기동작전으로 신속히 목표지역 일대를 포위하며, 제2단계 작전에서 정밀수색과 소탕전을 전개하기로 하였다.

당시 미군사령부에서는 항공폭격, 함포사격, 공중기동작전 등 한국군이 요청하는 모든 지원은 신속하고 성의 있게 협조를 해 주어 작전 수행에 매우 도움이 컸다.

3개 대대 예하 각 중대는 적과의 격렬한 전투는 없었지만, 산발적으로 저항하는 소수의 적들에 대해 꾸준히 지구력을 가지고 소탕전을 실시함으로써 2월 7일까지 16일간의 작전기간 중 약 60여

회의 적과의 교전을 통해 160명 사살, 생포 57명, 귀순 36명의 전과를 올렸으며, 소총 162정, 공용화기 5정을 비롯한 수류탄, 실탄 등을 노획하였다.

아군 피해는 전사 3명과 전상자 14명이 발생했다.

마두1호작전의 특징은 동굴작전과 포로 진술에 의한 정보를 활용한 작전성과에 있다. 또한 귀순자에 의한 정보의 획득은 아군의 피해를 줄이는 데 큰 도움이 되었다.

각급 지휘관들이 정보 획득에 중점을 두고 희생자를 줄일 수 있었다는 것은 결국 노력한 만큼 그 대가가 보장된다는 사실이 이번 전투에서 확인되었다.

적은 작전기간 동안 한국군의 상대가 못되고 시종 쫓기어 다니다가 섬멸적 타격을 받은 것이었다. 작전 초기에 적이 발견되지 않았을 때 적이 없는 것으로 속단하여 작전을 종료했더라면, 결국 기만당한 꼴이 될 뻔했다.

나는 이 작전기간 동안 여러 차례 연대지휘소 또는 대대지휘소를 찾아 가끔 지휘관에게 맹호5호작전과 맹호6호작전의 교훈을 전파했다.

어느 군대건 간에 초기에서부터 완전한 전투력을 구비한다는 것은 불가능에 가까운 것이기에, 이번 작전은 백마사단 장병에게 커다란 교훈적 의미가 되었다고 나는 평가한다.

5. 굉장한 공중기동작전

　이소동 백마사단장에 의한 최초의 사단작전에 대한 구상은 사단 전술책임지역 내의 적을 완전히 섬멸하기 위하여 도착과 동시에 복안을 수립하기 시작하였다. 우선 작전지역에 대한 정보가 필요하므로 주월사 및 미군사 그리고 월남 당국과 밀접한 정보수집 관계를 유지하면서 상당한 지역 내 적 활동이 포착되었다.

　이소동 장군은 나에게 사단작전에 대한 두 가지 안을 건의하였다. 나는 두 안 모두 검토한 끝에 사단장에게 제시한 사단작전지도 내용은 "적을 남쪽과 북쪽 두 방향에서 공격하는 것보다는 오히려 적정이 명확한 작전지역 중앙의 지휘부 소재 지역을 먼저 타격하여 조직적인 저항력을 좌절시킨 후 잔적을 소탕하라"는 것이었다. 사단장은 그 안에 따르기로 하고 세부계획을 수립하겠다고 했다.

　내가 지시한 작전지도지침에 따른 백마1호작전 계획을 1월 25일 확정하고 D-Day를 1월 29일로 정했다.

　작전지역에는 칸호아성(省-우리나라 道에 해당)의 베트콩 부대와 월맹 정규군 제188연대의 예하 부대들이다.

　베트콩과 월맹군의 성(省) 본부는 높은 고지와 능선으로 둘러싸인 카오(Kao) 계곡에 있는 것으로 판단하고 있었다.

　닌호아에 주둔하고 있는 백마사단의 공격에 대비하기 위하여 성 본부가 있는 모토아산에는 월맹군 8대대가 중화기로 증강되어 배치하고 있는 것으로 첩보가 입수되었다.

　백마사단은 제1단계 작전에서 칸호아성 베트콩 본부를 타격하기 위해서 제29연대로 하여금 카오 계곡 북단을 포위 수색케 하고,

제30연대로 하여금 카오 계곡 남방을 포위케 하여 협공하도록 했다. 제2단계, 제3단계 작전은 제1단계 진행 결과에 따라 그때 그때 융통성 있게 부대를 운용하기로 했다. 작전의 전제는 지구전으로 하여 될 수 있는 대로 장기전에 대비하도록 사전 준비토록 했다.

D-5일인 1월 24일 작전지역 내의 적을 교란하기 위하여 미 제7공군에 요청하여 F-100 전폭기에 의한 폭격을 시작했으며, 이 폭격은 D-Day 전날인 1월 28일까지 연 89대가 폭격을 계속했다.

1월 29일, 공격개시 전인 06시 30분부터 미 공군의 B-52 폭격기 12대가 카오 계곡 상공에 출격하여 17분 간에 걸쳐 무려 52만 2천 2백 파운드의 폭탄을 투하하여 폭 1킬로미터, 길이 3킬로미터의 지역을 초토화하는, 이른바 융단폭격(Arc Light Bombing)을 실시하였다. 맹호사단 초기 작전과는 전혀 다른 대대적인 미 공군의 지원이 실시된 것이었다. 뒤이어 7시부터 57분 간에 걸쳐 105mm 곡사포 20문, 155mm 곡사포 12문, 175mm 평사포 2문, 8인치 곡사포 2문 등 도합 36문의 야포가 사전에 계획된 목표에 3,671발을 강타하여 카오 계곡 일대를 묵사발로 만들었다.

모든 부대들은 미군이 지원한 헬기에 탑승, 한국에서는 상상도 못할 대규모 공중기동작전으로 목표 지역에 착륙, 짧은 시간 내에 포위망을 형성했다.

제1진 보병 전투병력은 4개 대대로서 착륙장만 14개소가 필요했다.

수백대의 헬기가 하늘을 까맣게 덮어 가며 백마 장병을 실어 나르는 굉장한 광경은 6 · 25전쟁 당시 내가 경험했던 전쟁과 오버랩 되면서 만감이 교차하는 감회에 젖지 않을 수 없었다. 이렇게 우리

한국군이 현대전에 익숙하기 위해서라도 베트남전에 파병한 것은 백년대계를 위해 다행이라고 생각했다. 아마 백마1호작전시의 전폭기 폭격, 중폭격기의 융단폭격, 포병사격, 공중기동작전 등 그 대규모 현대전의 모델은 40년이 지난 오늘까지도 지금의 한국군이 경험하지 못할 최상의 경험이 아닐까 생각해 본다.

6. 암석지대 동굴 수색작전

나는 1월 29일 오후 이계신 중령이 지휘하는 제29연대 제1대대가 포위망을 형성, 확보한 카오 계곡에 헬기로 착륙하였다. 융단폭격, 포병사격 등으로 살벌해진 폐허를 연상한 것과는 달리 기상천외의 절경에 놀랐다. 형태가 각각 다른 골짜기, 하늘 높이 치솟은 원시림, 가파른 암석 절벽, 그리고 웅장한 암석 등이 조화되어 절경을 이루고 있어 그 자체가 하나의 예술인 동시에 요새의 역할을 하고 있다고 생각했다.

박종화 중령이 지휘하는 제29연대 제1대대 작전지역 역시 흡사한 암석지대였다.

김원태 중령이 지휘하는 제30연대 제3대대는 연대 주공 대대로 포위망을 형성했는데, 이 작전지역은 암석지대보다는 무성한 원시림으로 둘러싸여 있고 비교적 평탄한 지역이었다.

포위망을 형성한 후 각 중대는 대대장의 통제를 받으며 정밀수색에 들어갔다. 예상했던 것과 같이 적은 암석지대 동굴에 숨어 있기 때문에, 일단 입구 주변을 점령한 다음 내부에 대한 면밀한 작전이 필요했다. 첫째, 소총이나 기관총 사격을 가한 다음, 두 번째, 대동한 베트남어 통역을 시켜 귀순을 권고한 뒤, 최종 단계에 수류탄 또는 화염방사기를 사용하여 적을 섬멸한 뒤 정밀수색을 위해 동굴에 진입한 후 작전을 매듭짓는 순서로 이루어졌다.

파월 초기에 홍상운 대령의 제29연대가 부진을 면치 못하고 있었으나, 각 중대 곳곳의 동굴작전에서 계속 전과보고가 이어지고 있어 일단 작전은 성공적인 방향을 잡아 가고 있었다.

작전이 개시된 지 나흘째를 맞는 2월 1일 제29연대 제1대대는 카오 계곡을 향해 진출 중 각 중대 공히 동굴 수색에서 성과를 올리고 있었다. 특히 제3중대는 680고지 북서쪽의 톰(Tom) 계곡 암석층 동굴 수색 중 적이 다급했든지 버리고 간 중화기인 82mm 박격포 1문과 57mm 무반동총 2정 그리고 기관총 2정을 노획하는 전

▲ 유공 장병들과 함께 축배를 드는 저자. 저자는 훈장을 받은 각 부대의 모든 유공 장병들을 2박3일 동안 사이공에 초청, 격려하였다.

과를 올렸다. 백마사단 파월 이후 최초의 중화기 노획으로 기록되었다.

제2단계 작전은 2월 7일부터 실시되었다. 사단은 최초 계획단계에서 발전시킨 대로 제29연대가 적의 퇴로를 차단한 가운데 김성환 대령이 지휘하는 제30연대로 하여금 목표지역을 수색케 했으나 적은 이미 도주해 버려 적 병력을 포착하지 못했다.

제3단계 작전까지 연장하여 정밀수색을 3월 5일까지 연장 실시하였으나 소수 병력 외의 적 주력은 이미 자취를 감춘 뒤였다.

사단은 백마1호작전을 통하여 닝호아와 나트랑 지역의 한국군은 물론, 미군과 월남 국민에게 계속적인 위협을 가하던 칸호아성의 베트콩과 월맹군 제188연대에게 커다란 타격을 가한 것은 중요한 의의가 있다. 왜냐하면, 백마사단이 상륙한 지 불과 3개월 만에 사단급 작전을 성공적으로 완수하여 적에게 백마사단의 위력을 보여 주었기 때문이다. 앞으로 적이 백마사단을 함부로 넘보지 않게 되었다는 것은 그만큼 자위(自衛)를 위하여 보탬이 될 수 있을 것이다. 그러나 공산군은 언제나 아군의 약점을 노리고 있다는 사실을 잊어서는 안 될 것이다. 그들은 바로 그 약점을 꼬리 잡아 타격하는 것을 기본전술로 삼기 때문이다.

이 작전에서 사단은 적 393명을 사살하고 포로 31명, 소화기 271정, 공용화기 33정(문)을 비롯한 많은 군수품을 노획하는 전과를 올렸다.

아군 피해는 전사자 19명과 전상자 35명을 냈고, 작전기간 중 비전투 손실 76명(질병)이 발생했다.

백마1호작전을 끝낸 뒤 작전 분석 과정에서 F-100 전폭기의 연

89대에 의한 목표지역 폭격, B-52 중폭격기 12대의 융단폭격, 아군 포병 전 화력의 집중포격으로 적을 맹타했음에도 불구하고 적의 피해가 크지 않았다는 데 주목했다. 작전 종료 후 포로 심문을 통해서 그 후 월남 당국에서의 첩보 입수 과정에서 밝혀진 사실 또한 우리의 분석과 크게 다르지 않았다.

적의 피해가 크지 않았던 첫째 이유는, 전폭기나 폭격기가 나타나면 폭격 직전에 즉각 암석 사이사이의 천연동굴에 피신하기 때문이고, 두 번째 이유는 폭격에 대한 정보 누설로 판단되었다.

폭격 전에 반드시 월남 행정 당국에 알리게 되어 있는데, 그곳에서 정보가 누설된다는 분석이었다.

첫 번째 이유인 천연동굴의 안전성 때문이라는 것은 당시 미군이 보유한 폭탄으로는 암석 관통력이 약하다는 데 있었다. 미군 당국은 그 사실을 교훈으로 삼아 암석층이나 콘크리트 관통력을 높이기 위한 연구에 들어갔다. 이미 보도를 통해 알려진 것처럼 연구된 폭탄은 번커 버스터(Bunker Buster)이다. 이 폭탄 개발 후 아프가니스탄과 이라크에서 사용하여 효용성을 확인했다고 한다.

지금까지 사용된 번커 버스터는 관통력이 약 7미터로 알려지고 있지만, 거의 연구가 마무리된 신형 번커 버스터는 약 35미터까지 관통할 수 있다고 한다. 만약 백마1호작전에서 이 번커 버스터가 투하됐더라면 꼼짝없이 괴멸시킬 수 있었을 것이다. 무기 발달이 이처럼 가공할 정도이니 앞으로의 전쟁이 어떤 식으로 전개될까. 상상 또한 힘든 세상에 우리가 살고 있다.

제 15 장
청룡여단의 초기 작전

1. 용기와 실책의 차이

청룡여단의 주력부대는 1965년 10월 9일 중부 월남의 군항 캄란만에 상륙하였다. 캄란만은 천연 양항으로 외국군의 침략으로역사가 바뀔 때마다 외인부대의 대부분이 이 만을 통하여 상륙했기 때문에 유서가 깊고 많은 이야기들을 간직하고 있다.

우리나라와 무관하지 않다는 사실도 되새겨 봄 직하다.

한말(韓末) 한반도에 풍운이 휘몰아치고 있을 때 일어났던 러일전쟁 때에도 러시아의 발틱 함대가 일본 해군과 한판 겨루기 위한원정 길에 이곳을 경유했다 한다.

제2차세계대전이 발발하여 일본군이 동남아 침략을 시작할 때에도 역시 캄란만을 거쳐 이 나라를 짓밟았다. 일본군이 패하여 다시 프랑스군이 들어온 것도 이곳이고, 미군 또한 이곳에 상륙했고뒤이어 한국군도 캄란만에 상륙한 것이다. 우리나라 만큼이나 기구한 운명의 역사라 할 것이다.

캄란만에 위협을 주고 있다고 판단된 적 부대는 지방 게릴라를 포함한 베트콩들이 적어도 7개 대대 이상은 되는 것으로 판단되었다.

청룡여단은 캄란만 부근에 기지를 점령하여 자체방어를 견고히 하면서 할당된 전술책임지역 내에서 항만시설, 비행장, 보급시설, 미군과 그 밖의 연합군 지원시설 등을 방호하는 임무를 부여받고 있었다.

캄란만에 상륙한 지 불과 1주일째 되는 날인 10월 16일을 기해 미 제101공수사단 제502연대 제2대대로부터 캄란 반도 지역의 작전임무를 인수하였다.

첫 전장에 도착한 모든 부대가 그러하듯 해병들도 육군과는 또 다른 문제에 직면하고 있었다.

맹호사단은 야간에 기지에서 전방에 수목이 흔들리거나 동물들이 나타나면 적으로 오인하여 사격을 해대는 실책이 있었는가 하면, 백마사단은 물소 떼 소동을 겪는 해프닝이 있었으나, 해병은 너무 서두르는 바람에 적을 추격하다 함정에 빠져 희생을 입는 경우가 빈번히 생겼다.

이봉출 청룡여단장은 내가 방문할 때마다 여단급 작전을 하겠다며 의욕을 과시했다. 나는 그때마다 "중대전술기지 주변의 적정 파악을 끝내고 주민들과 유대관계가 형성된 뒤 그들로부터 얻은 정보에 따라 본격 작전을 하라"고 만류할 정도였다. 아니나 다를까, 확실한 정보 없이 전과를 올리겠다는 의욕만으로 경쟁적으로 중대별 수색전을 편 결과는 잦은 병력 손실을 가져왔다.

베트콩들은 해병의 특성을 파악한듯 가끔 기지 주변에서 얼씬거리며 약을 올리다가 도주했다. 우리 해병은 경쟁적으로 뛰쳐나가 베트콩을 추격했다. 그러면 수림 속에 숨어 있던 저격병이 나타나 사격을 가해 오기 때문에 피해를 입지 않을 수 없었던 것이다.

한번은 작전지역에 직접 가 보기로 했다. 주변에서 만류했지만 부하가 싸우는 곳에 상관이 못갈리 없다고 생각했다. 당시 동행했던 미군 부사령관 하인개스 중장을 본부지역에 남겨 두고 떠나려 했지만 부득불 함께 가자고 해서 같이 헬기를 탔다. 작전지역이 가까워 오자 기관총 연발음이 계속 들려오고 간혹 폭파음이 요란스럽게 울렸다. 낮은 언덕을 찾아 착륙하려 했더니, 순간 박격포탄이 착륙지점 주위에 떨어지기 시작했다. 헬기 조종사는 급상승시켜 그 위기를 벗어났다. 그렇다고 우리가 물러날 수 없다고 생각하고 다른 장소에 착륙했다. 헬기에서 내려 작전지역이 보이는 곳으로 다가가려고 하는 순간, 예감이 이상해 발 아래를 내려다보니 철선이 보였다. 바로 부비트랩이었다. 나는 큰 소리로 하인개스 장군과 일행에게 움직이지 말 것을 경고하고, 오던 발길을 따라 뒤로 물러나도록 하여 위기를 벗어났다. 바로 우리가 지뢰밭에 들어선 것이었다.

적은 이와 같이 갖은 방법으로 해병들을 괴롭히고 있었다. 따라서 이 지역의 **1차적 과제는 주민을 우리 편에 끌어들이고 그들로부터 정보를 얻는 것**이라고 생각하고 이봉출 여단장과 여러 방책을 논의했다. 나는 그 자리에서 "베트남전쟁은 한국전쟁과는 달리 목숨을 버리면서까지 탈취할 목표는 없다"고 강조하면서 **잦은 기지 밖 작전을 당분간 자제할 것**을 지시했다.

2. 전투시 대대장의 책임

    청룡여단은 월남 중부의 투이호아 지역에서 작전을 마치고 새로운 작전임무를 받아 추라이로 이동하였다. 새로운 작전지역인 추라이는 투이호아에서 해안을 따라 북방으로 약 160킬로미터 떨어져 있고 월남 정부의 행정력이 미치지 못하는 베트콩 통치구역이다.

    추라이 지역에 부대를 안전하게 이동시키고 전술책임지역에 무사히 진입하기 위한 35일 간의 작전은 3단계로 나누어 실시하였다.

    작전지역 일대는 높은 산이 없으며 100미터 이하의 저지대로 되어 있었다. 특히 해안지역은 논과 밭이 대부분이고 촌락이 산재해 있었다. 촌락은 대부분 대나무밭으로 둘러싸여 있었고, 크고 작은 하천들이 거미줄처럼 여러 갈래 흐르고 있었다. 많은 소하천에다

▲ 청룡제1호작전의 최종 목표인 'Y' 고지.

늪 지대가 드문드문 자리하고 있었고, 울창한 숲으로 보호되어 있는 촌락은 공격하기에 불리한 조건이었다. 특히 적은 천연장애물 이외에 인공장애물로서 지뢰, 부비트랩, 함정, 철조망 등을 설치하여 우리의 공격을 매우 어렵게 만들어 놓고 있었다.

추라이 지역으로 이동을 완료한 1966년 9월 19일부터 이 해 12월 중순까지 새로운 작전지역에서 주요작전을 연속적으로 실시하였다. 그 가운데 특기할 만한 작전은 비봉작전과 용안작전이다.

비봉작전은 청룡여단의 일부 중대기지를 재배치하기 위한 작전인 동시에 적 활동 근거지에 대한 평정사업을 위한 것이었으며, 용안작전은 그 반대편의 서부지역에서 활동하는 적을 소탕하기 위한 작전이었다.

그런데 적은 청룡여단이 이동해 오자, 적 주력은 서부 산악지대로 숨어 버리고 소규모 부대만 남아 지방 게릴라들과 합세하여 그들의 정보활동을 강화하며 가끔 아군을 괴롭혔다.

우기에 접어들면서 청룡은 더 불리해져 적의 매복과 저격으로 인한 인명 피해가 늘어났다. 특히 제2대대는 힘겹게 전과를 거두면서도 악착같은 적으로부터 불의의 기습을 당하여 입은 피해가 적지 않았다.

여단장은 제3대대를 교체 투입하여 대규모 공격을 가해 온 적을 추격 끝에 격파함으로써 강인한 해병정신을 보여 주었다. 그래서 이 작전을 계기로 '터졌다 하면 2대대, 줍는 건 3대대' 라는 야릇한 유행어가 해병 장병의 입에 오르내리기까지 했다.

이와 같은 상황으로 전술책임지역 내의 대대적인 수색작전이 늦어지자, 각 전술기지를 중심으로 한 정상적인 활동에서도 적이 설치한 부비트랩과 적의 저격으로 어려움을 겪고 있었다.

새해 1월 5일부터 투망작전이 실시되었다. 작전지역은 꽝나이성과 추라이를 연하는 도로를 중심으로 남쪽에는 찌크강, 북쪽에는 짜봉강이 동으로 흘러 남중국해에 이른다. 지역 내의 주민은 약 20만명으로 추산되지만, 월남 정부의 행정력이 미치는 곳은 1번도로 주변뿐으로 25%를 넘지 못했다.

제1대대, 제2대대, 제3대대는 각각 목표지역을 향해 공격을 개시하였다. 기상 관계로 헬기를 사용한 공중기동작전은 취소되고 폭우를 무릅쓴 수색작전이 강행되었다.

1월 10일. 중령 조형남의 제3대대 지휘반은 9중대 2소대로부터 경계받으며 목표지역 소탕임무를 마치고 복귀하고 있었다. 이동중 짜빈배 부락 북방 소로에 이르렀을 때 전방과 측방으로부터 적의 기습을 받았다. 기습을 받은 대대 지휘반은 서서히 뒤로 철수하려 하였으나 적은 지휘반 가까이까지 다가와 수류탄 투척 등으로 육박 공격해 왔다. 대대장은 상황이 급박해지자, 9중대 기지로 복귀해 있던 제1소대를 투입시키는 동시에 증원부대 요청과 포병사격을 요청했다. 제1소대는 즉각 공격에 가담했고 지원사격은 시작되었다. 그런데도 적의 저항은 계속되었고 물러날 기미를 보이지 않았다.

여단본부에서는 예비중대로 확보하고 있던 제10중대를 헬기로 긴급히 기동시켜 9중대 1소대 격전장에 증원했다. 해는 지고 어두워졌다. 적이 육박전으로 공격해 오자 해병은 일제히 육박전으로 대응하여 적을 무찔렀다. 이 격전 중에도 미 해병 헬기는 전상자 후송을 위해 부지런히 날아 다녔다. 불행히도 헬기 1대가 추락했다. 밤새 격전 끝에 적을 물리쳤다.

날이 새자 전장 수습에 들어갔다. 적 사살 18명에 적의 기습을 받은 제3대대 지휘반은 전사자 32명, 전상자 36명, 소화기 14정을 약탈당하는 등 전례 없는 피해를 당했다.

대대장은 이 급박한 상황 전개 과정에서 적절한 조치를 취하지 못하고 격전 중 부하 하사관의 권유로 격전장에서 빠져 나갔다. 경계를 맡았던 소대장이 전사한 상황에서 대대장이 격전장을 이탈했다면 누가 잔여 해병을 지휘할 수 있겠는가.

한편 해병여단의 초기 작전에서 군인정신을 유감없이 발휘하여 큰 공을 세우고 장렬하게 전사한 두 영웅이 있으니 바로 지덕칠 하사와 이인호 대위이다.

공중기동작전으로 목표지역에 착륙한 해병여단 제1대대는 책임지역 수색에 들어갔다. 제2중대 3소대가 전진 중 뜻밖의 적 포위망에 갇혔다. 포위망 속에서 결사적 항쟁을 계속하는 동안 제1분대장과 제2분대장이 연이어 적탄을 맞아 그 자리에서 전사했다.

자칫 소대가 전멸할 위기에 직면하고 있을 때 제3소대에 위생하사관으로 배속된 지덕칠 하사는 자신도 적탄에 맞았으나 자기 상처 치료를 뿌리치고 전사한 제1분대장 황보덕성 하사를 대신하여 분대지휘에 나섰다.

제1분대는 지덕칠 하사의 지휘하에 적과 어우러져 백병전을 전개, 적 10명을 사살하였다. 이때 분대원 절반 가량을 잃게 되자 지덕칠 하사는 최후를 결심하고 남은 두 발의 수류탄으로 적 5명을 폭사시키고 자신도 적탄을 맞아 장렬하게 산화하였다.

작전이 끝난 다음 지덕칠 하사는 중사로 특진과 함께 태극무공
훈장이 추서됐다.

이인호 대위는 해풍작전 기간 중 제3대대 정보장교로서 수명의
해병을 이끌고 베트콩이 은신해 있는 것으로 추정되는 ㄱ자형 동
굴을 수색하다가 적이 동굴 안속에서 던진 두 개의 수류탄 가운데
먼저 것은 잽싸게 되려 집어 던질 수 있었다. 그러나 다음 것은 그
럴 경황이 아니어서 뒤따르는 해병들의 안전을 의식한 나머지 자
신의 가슴으로 덮쳐 장렬한 전사를 함으로써 살신성인의 얼을 빛
냈다.

그 후 일계급 특진과 함께 태극무공훈장이 추서되고 베트남전의
영웅으로 추앙을 받았던 고인의 유해는 고국으로 운구되어 해병대
장으로 영결식이 엄수되었고 고인의 얼을 기리기 위해 진해 해군
사관학교에 동상을 건립했다.

현재 고 이인호 소령의 아들은 아버지의 뒤를 이어 해병중령으
로 근무하고 있다.

제 16 장
해병의 신화 짜빈동 전투

1. 결전의 그날을 위해

어느 나라의 군대라 할지라도 여러 경험 없이 첫 전투부터 잘 싸울 수는 없다. 많은 시행착오를 교훈으로 삼았을 때 그 실책을 되풀이하지 않을 수 있지만, 시행착오를 무시하고 다만 상대편에 원인을 미룬다면 그 군대는 강해질 수 없다.

우리 해병 또한 초기 전투에서 많은 대가를 치르면서 그 대가를 헛되게 하지 않고 교훈으로 삼아 새로운 모습으로 태어났다.

검정색 파자마같이 헐렁한 옷을 입고 자동차 타이어로 만든 샌들을 신고 있는 베트콩을 보면 한 주먹으로 때려잡아도 힘이 남아돌 거란 생각이 들 정도다. 그러니 귀신 잡는 해병이란 자긍심에 가득 찬 우리 해병이 그런 베트콩을 무서워할리 없었을 것이다.

그러나 그 베트콩은 확고한 이념이 있고 지리에 밝아 정글을 헤쳐 나가는 데는 우리보다 더 날쌨다. 그리고 지난 세월 자라나면서 많은 나라의 외세와 싸워 약을 대로 약아진 그들이다. 오로지 잔꾀로 자라고 잔꾀로 살아간 베트콩이고 보면, 그들을 무서워해서도 안 되지만 깔보아도 안 된다. 이제 우리 해병도 그 원리를 터득했다. 나는 해병대를 방문할 때마다 하루가 다르게 변하고 있는 것을 보며 매우 흡족하게 생각했다. 그래서 그들과 가까워지기 위해 해병대의 각모를 쓰고 해병 전투복으로 갈아입고 그들과 어울렸다.

맹호, 백마, 청룡 어디를 가나 나에게는 걱정거리가 하나 있었다. 어느 땐가는 꼭 우리 한국군에게 당한 것을 설욕하기 위해 두코 전투와 같은, 아니 그보다 더 강력한 군사력으로 한국군 기지를 유린할 것이라는 생각 때문이다.

최강의 방어진지라고 자랑하던 프랑스군의 디엔 비엔 푸 요새 공격과 같은 형태의 대규모 기습공격이 있을 것이라는 예감이 내 머리를 떠나지 않았던 것이다.

17도선 남방 280킬로미터 지점에 위치하고 있는 청룡부대 전술 책임지역 460평방킬로미터는 월남군 제1군단 지역과 미 해병 상륙군 지역 내에 있었다. 청룡의 제11중대 전술기지는 여단본부에서 약 6킬로미터 떨어진 짜빈동(Tra Binh Dong)에 위치하고 있었다. 월맹군 제2사단 예하의 정예부대인 제1연대의 병력 2,000여 명과 베트콩 지방군 부대 등 2개 연대 규모의 병력이 1967년 2월 14일 밤, 인해전술로 제11중대 전술기지를 유린하고, 여단본부까지 공략할 목적으로 공격을 감행해 왔다.

당시 한국군의 중대전술기지는 야간에 적의 공격을 받을 경우, 외부의 증원과 재보급이 불가능하므로 자체 방어가 가능하도록 견고한 사주방어를 편성하고, 각종 장애물과 지뢰 등으로 보강되며,

포병화력과 조명 등을 지원받아 연대급 이상의 적 공격을 48시간 이상 방어할 수 있는 탄약과 식량, 그리고 물을 비축하도록 규정하고 있다.

이 같은 짜빈동 전투 직전, 당시 제2해병여단장 김연상 장군은 여단지역 내에서 적 병력과 활동이 증가되고 활발해짐에 따라 적의 공격이 예상되는 제11중대 전술기지에 각별한 경계와 관심을 가지고, 병력과 화력을 보강하며, 수색과 경계강화를 지시하였다.

이에 따라 청룡부대는 1967년 2월 9일, 구정(舊正) 휴전이 되었음에도 지역 내의 적 활동이 계속 격화되고 있음을 감안하여 경계를 강화하고, 이어서 2월 17일부터는 한ㆍ미ㆍ월 연합작전을 전개하기 위해 작전준비에 전념하고 있었던 것이다.

2. 새 해병의 신화 창조

2월 14일은 밤 10시경부터 안개가 끼고 부슬비가 내리기 시작하여 시계(視界)가 불량하였다. 밤 11시가 조금 지나 적 1개 소대가 접근하는 것을 아군 초병이 발견하여 제3소대장에게 보고하고, 소대장의 보고를 받은 중대장 정경진 대위는 즉각 중대의 전투배치를 완료하였으며, 조명탄으로 적의 접근을 확인하면서 청음초 병력을 기지 내로 철수시키고, 포병 지원 등의 모든 조치를 취하였다. 그리고 침투를 위해 접근하는 적에게 최초 사격을 가하자, 적은 1구의 시체를 유기하고 고성으로 노래하며 조기에 퇴각했다. 그러나 중대장은 적의 대부대 공격을 예감하고, 전부대의 전투비

상배치와 함께 지원포 사격 준비 등 만반의 조치를 강구하고 있었다.

이어서 2월 15일 04시경, 제3소대장으로부터 "적의 은밀한 침투가 개시되었다"는 보고에 포병의 조명 지원으로 적이 개미 떼같이 접근해 오는 것을 확인하고, 모든 화력을 집중하기 시작했다. 이때 적은 막대한 사상자를 내면서도 3개 대대 이상의 규모가 포병의 지원을 받으며, 인해전술로 파상공격을 감행해 왔다. 특히 제3소대 정면에 적의 공격이 극심하여, 소대 방어지역 일부에 적이 침입하자, 소대원들은 육박전으로 싸우면서 희생자도 발생하기 시작했다. 그리고 04시 30분경, 적의 공격 병력은 더욱 증가되자 아군은 삽과 곡괭이까지 들고 육박전을 치르면서 침투한 적과 맞섰다. 적의 지원사격도 더욱 더 거세어졌다.

이때 여단장은 일부 병력을 헬리콥터로 긴급 투입하여 제11중대를 지원하려고 했으나, 중대장 정 대위는 이를 거절했다. 지원부대가 투입되는 동안 아군 포사격이 중지되면, 적 공격부대가 일제히 진내에 돌입해 올 것이 명확하기 때문이었다. 이 같은 판단에 따라 중대장은 계속 아군 포사격을 유도하며 파괴된 장애물을 돌파구로 하여 개미 떼처럼 밀려드는 적에게 정확한 포병화력을 집중하자, 적들이 무더기로 쓰러지고 있었다. 그리고 제1소대장 신원배 소위는 소대원 전원에게 돌파구를 향하여 집중사격을 퍼부으면서 달려드는 적을 교통호 전방 20미터까지 유인하여, 위력이 강한 크레모아 지뢰를 폭발시켜 수많은 적을 섬멸하였다.

적은 화염방사기 4문과 파괴통, 수류탄을 장비한 특공조로 하여금 중대본부를 습격하기 위해 돌진해 왔다. 제1소대장 신원배 소위는 적에게 접근, 수류탄과 소화기 사격으로 화염방사기 사수를 사살하고, 소련제 화염방사기 2문을 노획하였다. 그리고 중대를 지원하고 있던 4.2인치 중박격포 소대와 106mm 무반동총 사수들도 이미 진내에 침투한 적에 대하여 사격할 수 없게 되자, 모두 소총을 들고 진내에 침입한 적들과 육박전으로 격투하였다.

05시 50분경, 제2소대장 김성부 소위는 소대원의 사격을 지휘하던 중 제3소대에서 진내 육박전이 전개되고 있음을 알고, 일부 병력을 지휘하여 진입한 적을 사살하고 부상자를 구출하였다. 이어서 06시 20분경, 적이 아군 진지 철조망 50미터 전방에 있는 바위 뒤에 대전차 유단포를 설치하여 중대지휘소에 대한 사격을 계속하자, 신원배 소위는 특공대로 이를 제압할 것을 결심하고, 소대원 전원의 엄호사격하에 적에게 포복 접근하여 수류탄으로 적을 몰살하고, 3문의 유단포를 노획하여 모든 장병의 사기를 드높였다. 그리고 06시 30분경, 중대장 정경진 대위는 과감한 역습으로 진내에 침입한 적을 소탕하기 시작하여 잔존한 적을 모두 소탕하였다.

이 결과 새벽 03시부터 08시까지 5시간여 동안의 처절한 전투를 통하여 적 사살 246명, 추정사살 60명, 포로 2명, 대전차 유단포 6문, 기관총 2정, 기관단총 6정, 자동소총 17정, 소총 12정, 권총 1정 등 외 수많은 수류탄, 포탄, 소총탄을 노획하였다. 그러나 이때 아군도 전사 15명, 부상 33명의 고귀한 희생의 대가를 치러야 했다.

이와 같이 청룡부대 제11중대는 수십 배에 달하는 월맹군의 발악적이고 격렬한 야간 기습공격을 맞이하여 일부 진지가 돌파되고 적의 일부가 진지에 돌입하는 등 필사적인 침입이 있었으나, 정경진 중대장의 용맹 과감하고 적시 적절한 판단과 필승의 투지로 훌륭하게 지휘하였고, 신원배 소위를 위시한 장교와 하사관 및 분대원이 혼연일체가 되어 용전 분투한 것은 월남전사뿐 아니라 세계 어느 전쟁사의 전투 장면 중에서도 그 유례가 많지 않은 혈전이었다.

이 전투에서 제11중대 전원이 1967년 3월 1일부로 일계급 특진되고, 1968년 미국 대통령의 부대표창을 받았다. 현지를 시찰한 미 해병 고위 지휘관과 참모는 물론, 월남 제1군단장과 참모들 모두가 경탄하였으며, 한국 해병대의 용맹과 한국군 전체의 명성이 전세계에 전파되었다.

또한 주월 한국군의 중대전술기지 개념의 전략적 전술적 가치의 우월성이 두코 전투와 짜빈동 전투에서 입증되었으며, 미·월군의 각급 지휘관과 참모들의 관심이 고조되어 **견학과 방문이 줄을 이었으며, 우방군 군사교육기관에서도 연구차 방문해 오는 일이 빈번하게 되었다.**

특히 미 해병제3상륙군단장 웰트 중장은 작전 현장을 둘러보고 **월남전에서 처음 보는 전과이며 중대장 이하 장병에게 경의를 표하고 중대장의 지휘능력은 우방군 전체의 귀감이 된다**고 찬사를 아끼지 않았다.

나는 이들과 함께 현장을 둘러보면서 이제야 비로소 중대전술기지 개념이 게릴라전에서 효율성이 인정되는가 보다고 안도의 한숨을 내쉬었다.

두코 전투 이후 꼭 겪어야 했을 이 고비를 넘겼기 때문에 이제는 적이 감히 중대전술기지를 건드리지 못할 것이라고 생각했다.

짜빈동 전투에서 최고의 무공을 세운 **제1소대장 신원배 소위**는 국군 최고의 영예인 **태극무공훈장과 미국 은성훈장을 수훈**했으며, 중대장 정경진 대위도 태극무공훈장을 수훈**했다. 그 외의 많은 유공 장병이 무공훈장을 수훈했다.

짜빈동 전투는 해병의 영예일 뿐 아니라 **국군의 영예이며, 세계 군사(軍史)에 찬연히 기록으로 남을 것**이다. 청룡여단이 초기 전투에서 적을 깔보다가 입은 수모를 깨끗이 씻었을 뿐 아니라, 베트콩과 월맹군이 한국 해병에게 함부로 대들지 못하게 됨으로써 청룡은 귀신 잡는 해병으로 더욱 명성을 세계에 떨치게 됐다.

제 17 장
전장의 뒤안길

1. 전장병이 심리전 요원

맹호사단의 맹호5호작전과 맹호6호작전, 백마사단의 백마1호작전 그리고 두코 전투와 청룡여단의 짜빈동 전투 등 주월 한국군 전전투부대는 큼직한 군사작전의 고비를 넘겼다고 나는 평가하고 있었다. 미군이나 월남군에 비해 잘 싸웠다는 평가는 어느 쪽에서나 공인된 것처럼 한국군은 독보적으로 성공의 길을 걷고 있었다.

나는 군사작전의 성공적 수행이 월남전을 근본적으로 해결할 수 있다고 보지 않고 있었다.

왜냐하면, 월남이나 월맹 양쪽 국민들이 존경하는 민족의 지도자를 호치민이라고 생각하고 있기 때문에, 벌써 정신적으로 월남은 월맹에게 패배하고 있다고 보고 있었다. 더구나 월남 정부의 잦은 쿠데타, 그리고 부패, 월남 군부의 전의 상실과 군기문란, 부정부패 등은 호치민의 월맹을 넘어뜨릴 수 없다고 판단했다. 나쁜만 아니라 주월 한국군 거의 모든 지휘관들도 내 판단과 크게 틀리지 않았다.

따라서 우리 주월 한국군이 바른 군사전략과 전술로 연승가도를 달린다 해도 우리 외의 외부적 요인과 상황이 전혀 다른 방향으로 가고 있다면 월남을 100% 평정한다는 것은 불가능한 것이었다. 내가 부임한 지 벌써 1년 반이 지났지만, 처음이나 지금이나 그 생각에는 변함이 없었다.

"군사작전과 심리전의 비율은 7대 3으로 실시하고 있으나 실제 베트남전에서는 심리전이 더 중요하다. 현재 상태에서 군사작전에 더 비중을 둔 이유는 우리의 전술책임지역이 넓어 부여된 임무를 완성해야 하기 때문이다. 그러나 평정 과정을 통해서나 평정 후에 실시하는 심리전은 그 중요성이 인정되므로 7대 3의 비율은 거꾸로 심리전에 우선을 두어야 한다."

라고 예하 지휘관에게 말하면서, 군사작전의 불가피성 때문에 심리전이 침체되고 있음을 시인하고 점차적으로 심리전을 확대해 나가겠다는 의지를 밝혔다.

1966년도 말까지 실시한 심리전에 있어서 비효율적인 문제점이 있었으므로 심리전 실태를 여러 각도로 분석 검토하였다. 그리하여 그 보완책으로 미군 당국과 협의하여 심리전에 필요한 장비의 부족을 조속히 보충하고, 선전 매개물의 제작기술을 향상시키기 위한 조치를 강구하는 동시에, 심리전 효과에 역행되는 요인을 제거하는 데 힘썼다.

특히 북한 공산집단은 라디오 방송망을 통하여 연일 주월 한국군 장병들에게 염전사상(厭戰思想)을 고취시키면서, 공산측에 귀

374

순하여 인민의 낙원인 평양으로 유인하는 심리전을 폈다. 한편, 곳곳마다 각종 전단을 살포하여 미군의 용병으로 와서 청부전쟁을 하고 있다고 주장하면서 김일성 주체사상을 장황하게 선전하였다.

나는 이런 상황을 분석하고 관계 참모로 하여금 1967년 상반기의 심리전 계획을 더 활성화하기 위해 기본목표를 세우도록 지시하였다. 참모의 건의에 의한 기본목표에다 내가 추가하여 완성한 심리전 기본목표는 다음과 같다.

첫째, 강력한 군사력을 과시하여 월남 정부와 국민에게 필승의 신념을 고취시킨다.(군사력 기반 위에 설정한 심리전이라야만 그 효과가 기대된다)

둘째, 베트콩과 주민의 관계를 차단시켜 주민을 우리 편으로 만들기 위한 노력을 군사작전에 우선한다.

셋째, 월남 주민과 우호 증진을 위한 노력을 활성화하고 친선 유대를 강화한다.

넷째, 한국군과 자유세계의 공동노력을 인식시키기 위해 노력한다.

다섯째, 지금부터는 군사작전과 심리전 비율을 7대3에서 3대7로 인식 전환해야 한다.

이상과 같이 설정하고 **'백명의 베트콩을 놓치는 한이 있더라도 한 명의 양민을 보호한다'**라는 기본 정신에는 변함이 없음을 다짐했다.

그러나 문제는 첩첩 산중이었다. 가령 작전지역에서 본의 아니게 양민이 희생되는 경우가 계속 생기기 때문이었다. 항공폭격과 포병사격에 의한 민간인 희생도 있지만, 때로는 작전지역에서 수색 중 동굴 속이나 대피호 속에 숨어 있다가 봉변을 당하는 수도 있는 것이다.

'베트콩 속에 양민이 있고, 양민 속에 베트콩이 있다'는 비유처럼 구분이 어려운 데다가 베트콩은 그것을 이용하여 양민을 방패로 삼는 경우가 허다했다. 동굴 수색작전의 경우, 양민을 출입구 쪽에 몰아 놓고 한국군이 접근하면 저격을 가하고 동굴 속으로 깊이 숨는다. 이런 경우 한국군이 전사하거나 전상을 입었을 때 분노한 젊은이들이 그냥 참고 넘어 갈리가 없다. 수류탄을 동굴에 던져 넣는다든가 사격을 하는 경우가 생기는데, 그렇게 되면 양민도 함께 희생될 수밖에 없다.

대민지원이나 심리전을 통해 애써 우리가 주민들로부터 호감을 샀어도 이런 일이 벌어지면 원점으로 돌아간다.

다음으로 나는 장병들에게 심리전을 전개하는 부서나 장병이 따로 있는 것이 아니라, **전 장병이 곧 심리전 요원으로 활동하라**고 했다.

심리전을 위한 활동은 주로 연대급 이상의 부대에서 실시하도록 되어 있다. 그 이유는 연대급 부대 이상이라야 편제상에 민사근무가 있기 때문에 전문요원에 의해서 수행될 수 있는 것이다. 단순한 대민지원 또한 보급 기능이 있는 대대급이라야 가능하다. 그러나 이 편제 자체도 문제가 있다. 심리전을 위하여 대대나 연대에서 자매결연이나 구호품 분배 또는 의료지원 등으로 민심을 얻어 놓았는데, 말단 병사들이 민가에서 행패를 부리면 지금까지 도와 준 것이 모두 허사가 되고 한국군에 대한 반감만 사게 되는 것이다. 따라서 말단 병사들이 주민을 접촉할 때부터 그들에게 한국군의 인간성을 느끼게 해 줄 필요성이 생긴다. 결국 전 장병이 심리전 요원이라는 마음가짐으로 월남 사람을 대할 때만이 실질적 효과를 얻을 수 있는 것이다.

또 한 가지 중요한 것은 심리전과 대민지원으로 군사작전을 지원한다는 것이다. 한국군이 가끔 작전에 실패하는 경우가 생긴다. 그것을 분석해 보면 대개 첩보의 빈곤 때문이다. 적정을 알지 못하고 덤비다가 당하는 경우가 있는데, 주로 청룡여단에서 있었던 경우이다. 이는 주민을 장악하지 못한 탓이었다. 베트콩이란 월맹에서 건너 온 것이 아니고 그 부락, 그 주거지에서 자생(自生)했기 때문에 주민의 협조 없이는 생존이 불가능한 경우가 대부분이다. 그러기 때문에 주민과 가까워지면 베트콩에 대한 정보는 그대로 굴러 들어온다. 이러한 이유로 **월남에서의 군사작전은 반드시 심리전과 대민지원의 성과로 뒷받침될 때만이 성공 확률이 높아지는 것이다.**

2. 한국군과 공산군의 심리전

주월 한국군은 새해에 들어서자 내가 강조한 방침에 따라 적극적인 심리전 활동을 시작하였다. 그러나 전쟁의 장기화와 전시 경제 파탄으로 걷잡을 수 없는 인플레와 생활필수품의 궁핍, 염전사상이 만연됨으로써 심리전 활동에 적잖은 어려움이 닥쳐 왔다. 그리하여 지금까지의 모든 실적을 여러 각도에서 분석한 결과 다음과 같은 문제점이 지적되었다.

첫째, 심리전 장비와 선전 매개물이 부족하다.

둘째, 평정지역 내의 심리전 활동에 치중하다 보니 베트콩 지배지역에 대한 심리전 활동이 미흡했다.

셋째, 작전간 귀순자 진술을 이용한 대적방송에 있어서 귀순 의향을 가질 만한 사람들의 명단을 공개하면서 귀순을 권고한 결과 귀순자가 생기지 않는 결과가 생겼다. 이는 적의 역대책으로 말미암아 귀순행동에 제약을 받은 것으로 판단되었다.

넷째, 지역 정보부대로부터 입수한 정보를 이용함에 있어서 포로나 귀순자로부터 획득한 첩보를 충분히 활용하지 못한 경향이 있었다.

다섯째, 포로에게 한국어가 통하지 않는다고 제재를 가하거나 또는 귀순자의 진술에 따라 숨겨 둔 무기들을 색출하려다 성과가 나쁘면 고문으로 학대하여 도망가게 하는 과오를 범한 적이 있는데, 결과적으로 한국군은 잔인하고 비인간적이라는 악선전에 말려드는 꼴이 되었다.

위에서 지적한 것과 같은 사례를 예하 부대에 하달하여 심리전 활동의 개선책으로 유도했다.

주월사는 지난날의 실책과 실적을 분석하는 과정에서 지적된 바 있는 심리전 장비의 부족을 보충 받기 위해서 미군 당국과 장비지원을 교섭하고 선전매개물의 제작기술을 향상시키기 위해서 모든 노력을 다한 결과 일부 진전을 보았다.

대적방송을 강화하고 전단 제작 능력을 증가시키면서 더 활발히 민사심리전을 전개할 수 있었다.

한편, 공산측은 1967년 심리전 방침을 다음과 같이 설정하고 있었다.

첫째, 국민봉기를 야기시키기 위한 인민의 조직 강화에 역점을 둔다.

둘째, 반정부 선동을 강화하기 위하여 월남 정부 지도층의 부정과 부패를 구체적으로 열거한다.

셋째, 전쟁공포심을 유발하고 사회적 혼란을 야기시키기 위하여 전쟁의 참혹함, 특히 미군과 한국군의 양민 학살을 조작하여 선전한다.

이와 같은 기본방침에 의거하여 월맹 당국과 베트콩은 선전 매개 수단을 더욱 강화하여 전단 분량을 배로 늘리고 방송출력을 높였다.

한국군에 가해진 심리전 가운데 전단과 방송의 내용은 다음과 같은 것이었다. 특히 방송 아나운서는 분명히 북한에서 파견되었다고 분석했다.

첫째, 김일성의 위대한 혁명사상을 알리며, 북한은 세계에서 제일 살기 좋은 낙원이니 하루 빨리 귀순하여 행복의 길로 들어서라.

둘째, 남조선 괴뢰 도당이 미제로부터 막대한 자금을 받아 부귀영화를 누리는 대가로 한국군이 팔려 왔다.

셋째, 전쟁의 참혹함을 이상야릇한 음향효과와 함께 과장하면서 반전사상을 고취.

넷째, 한국과 미국 그리고 월남 3개국에 대한 모함과 이간 책동.

다섯째, 귀순자가 행복을 누리고 인민의 사랑을 받고 있다는 내용으로 한국군 귀순자의 증언방송.(당시 단 1명의 귀순자나 실종자도 없었다)

이상과 같이 적은 하루도 빠지지 않고 심리전을 전개했지만, 주월 한국군은 한결같이 허위선동에 현혹되지 않고 그 유치한 작태에 코웃음을 칠 뿐이었다.

그 무렵 입수된 정보에 의하면, 1966년 6월부터 북한의 심리전 요원이 베트남전에 투입된 것으로 확인되었고, 최초로 4명의 심리전 요원이 하노이에 도착했다는 것이었다. 그 후 1967년 2월에 2차로 10명의 심리전 요원이 추가됨으로써 그 규모가 증강되었다.

한국군은 맹호사단의 방송출력을 높여 우리말 방송과 함께 베트남어 방송을 강화하였다.

한편, 나는 효율적인 대민지원은 곧 심리전의 성공을 보장한다고 판단했다. 파월 초기에 이미 시달한 대민지원의 세부지침에 따라 더욱 철저한 봉사활동을 강조함과 아울러, 예하 각 부대가 그 동안의 대민활동을 통하여 각 부락 및 학교 등과 맺은 자매결연을 기반으로 보다 친숙한 유대를 유지하도록 했다. 그에 따른 세부지침은 다음과 같다.

첫째, 대민지원은 월남 국민의 생활수준 향상과 복지 증진에 이바지하도록 실시한다.

둘째, 대민지원은 월남 정부에 대한 국민들의 지지도를 높이는 데 도움이 되는 방향으로 실시한다.

셋째, 대민지원을 통하여 월남인의 자립, 자조정신과 국가 건설에의 참여의식을 고취시킨다.

이상의 실천사항에 따라 한국군은 월남 사람들이 실질적으로 요망하는 농사지원, 건설지원, 의료지원, 구호활동, 친선행사, 태권도 지도 등에 힘을 기울여 성실한 자세로 지원활동을 계속했다.

이 무렵 영자지(英字紙) 〈사이공 포스트〉는 사설에 다음과 같은 글을 실었다.

'한국군은 우리들 월남 사람에 비해 몸이 크고 더 건강해 보이는 것 외에는 모든 인상이 똑같다. 그리고 군기가 엄하고 태도가 분명하여 호감을 준다. 먼 나라가 아니라 바로 이웃에 사는 것 같은 정다움이 느껴진다.

한국군이 태권도를 잘하고 전투시 용맹스럽다는 것은 일찍이 우리들이 알고 있었지만, 그들이 이렇게 성실하게 월남 사람을 위하여 봉사하고 있다는 사실을 몰랐다.

한국군은 어디서나 월남 사람들을 위하여 일하고 있다. 무더운 태양 아래서 땀을 흘리면서 농사를 돕고, 농로를 개설하고, 볏단을 매는 등 농촌 일손을 돕는 모습은 참으로 아름답다.

월남에는 많은 나라 사람들이 다녀갔다. 중국인, 프랑스인, 일본인 등. 그러나 누가 농촌의 힘든 일을 직접 거들어 주었단 말인가. 농촌에서의 한국군 모습은 바로 우리들의 모습이며 우리들과 항상 같이 있다는 것을 보여 주는 증거이기도 하다.'

3. 군수지원 체제의 현대화

주월 한국군의 군수지원을 위하여 최초로 군수지원단이 창설되어 맹호사단과 함께 퀴논에 도착하여 군수지원 업무를 시작하였다. 그러다가 맹호사단이 초기 파월 때 고국에 두고 왔던 제26연대가 증파되고 다시 백마사단이 증파되는 등 주월 한국군의 규모가 커지자, 군수업무가 대폭 늘어나 기구의 확장이 불가피하게 되었다. 따라서 군수지원단을 제100군수사령부로 증편하고, 남쪽으로 수도 사이공에서부터 북쪽으로 다낭에 이르는 광활한 지역에 8개 군수기지를 설치, 파월 한국군 전 부대에 대한 군수 및 행정지원에 임하였다.

전장의 주역은 보병, 기갑, 포병 등 전투병과이다. 그러나 전투병과만이 전장에서 단독으로 싸운다고 생각하면 그것은 잘못이다. 왜냐하면, 전투병과를 지원하는 또다른 병과가 있기 때문이다.

전투에 참가하기 위해서 한 병사가 서 있다. 그가 걸치고 있는 전투복에서부터 소총 등 하나하나 살피면 다른 여러 병과가 관련되어 있음을 알게 된다. 피복은 병참이요, 소총과 대검은 병기이고, 방독면은 화학이다. 그 모든 장구들은 병사들이 갖기까지는 군수(軍需)라는 광범위한 구성요소에서 행해지는 수단이 제공될 때만이 가능하다. 이를 가리켜 군수지원이라 한다. 따라서 군수지원이야말로 전투를 할 수 있게 사전에 보장해 주는 기본적인 요소가 된다.

전투가 발발하면 더 긴요하다. 예나 현대전이나 군수지원이 부실해서 패배한 군대는 허다하다. 또한 군수품이 충분히 쌓여 있다고 해도 적시 적절히 필요한 장소에 갖다 주지 못해서 패배한 군대도 얼마든지 있다. 근대사를 훑어보면 제2차세계대전 당시의 일본군이 그래서 패했다. 또한 6·25전쟁 초기에 국군의 패인도 군수품 부족이 한 원인이었고, 낙동강 전선까지 밀고 내려왔던 인민군의 패인도 군수지원 부족이 한 요인이었다.

초기 제100군수사령부는 육로 수송에만 의존하고 있었기 때문에 많은 애로를 겪지 않을 수 없었다. 주월 한국군의 주보급로가 1번도로여서 곳곳이 적 지역으로 잘려 있기 때문이다. 그런 애로를 타개한 당사자는 바로 초대 군수지원단장이자 초대 제100군수사령관으로 영전되어 근무를 계속하고 있는 이범준 준장이다. 미군 측과 여러 차례에 걸쳐 절충한 끝에 마침내 그 실현을 보게 되었다. 1967년 4월 3일 나트랑에 제11항공중대를 창설함으로써 항공 수송 체제로 전환할 수 있게 되었다. 명실상부한 군수사령부로서의 기능을 발휘하게 되었음은 물론, 한국군으로서는 역사상 처음으로 현대적 군수체제를 갖추게 된 것이다. 그리하여 주월 한국군의 전 부대에 대한 각종 보급지원은 물론이고 정비, 시설, 수송, 의료 분야의 지원을 원활하게 수행하여 각 전투부대가 부여된 임무 수행을 성공적으로 완수할 수 있도록 뒷받침하였다.

특히 이범준 장군은 기간 중 맹호사단, 백마사단, 청룡여단 등 전투부대의 기지건설에 힘을 기울였다. 뿐만 아니라 1966년 이래 미군 당국과 절충 중이었던 M16 소총의 교체를 실현시킴으로써 비로소 제2차세계대전 수준의 구식 군대를 탈피, 현대식 군대로 새 출발하게 되었다.

특히 우리 보병들이 M16 소총을 갖게 된 것은 매우 뜻깊은 쾌거가 아닐 수 없다. 내가 한국에서 출발하기 전 주한미군사령관에게 M1 소총이 무거우니 카빈 M2로 교체케 해 달랬던 것이 불과 1년 반 전의 일인데, 전체 한국군이 M1 소총 대신 자동소총 기능을 가진 M16 소총으로 바뀌었다는 것은 전투력 향상은 물론, 비로소 현대적 군대가 되었다는 의미를 갖는다.

군수사에서 미군과의 연락과 협조 등의 분야를 담당해서 큰 업적과 공을 세운 **박세직 소령의 공훈은 돋보였다.** 그는 영어를 능통하게 구사하며 뛰어난 외교 역량을 갖추고 있었으며, 업무상 필요 시 위험지구 출입을 안방 출입하듯 한 대담성과 적극성을 지닌 유능한 장교다.

나는 늘 웨스트모얼랜드 장군을 만날 때면 M16 소총 이야기를 꺼냈고, 그도 내 뜻을 알아차리고 본국과 절충하는 등 무척 힘써 주었다.

그뿐이 아니었다. 각종 차량과 통신장비는 물론이고 공병의 신형 장비를 대량 도입하는 것도 실현시켜 주월 한국군의 장비 현대화가 이루어졌다. 이 모든 현대화사업 실무를 맡았던 **이범준 장군은 큰 성공과 공적을 남기고** 1967년 6월 18일부로 임기를 마치고 귀국하였다.

군수지원분야 현대화에 뒷받침한 주월사 여러 참모들의 연구와 추진 등에서 공로가 컸음을 여기서 밝혀 두고 싶다. 또 미군사령관 웨스트모얼랜드 장군의 협조와 노력에 대해서도 잊을 수 없다. 본국에 한국군의 현대화의 당위를 건의하면서 애썼던 그 분의 모습이 지금도 눈 앞에 아롱거린다.

군수분야 업무와 간접적으로 연관이 있는 주월사령부 경리참모 홍대식 대령과 원호참모 문한식 대령에 대해 첨기하고자 한다.

이 두 장교는 금전, 주로 달러와 물자를 취급하는 주요 직위에 근무하고 있었다. 물론 내가 임명한 참모가 아니고 육군본부 인사계획에 의해 보직된 나와는 첫 대면한 장교였다.

두 참모 모두 강직하고 정의롭게 근무를 계속하고 있었으므로 상호 협조직위에 있는 미군 참모는 물론 그의 상급자로부터 신임이 두터웠다. 기간 중 단 한 건의 불미스러운 사고나 행정 착오 없이 훌륭히 직책을 수행했다.

특히 두 장교의 노력에 의해 한국군 장병의 복지 혜택이 크게 향상된 점은 높이 평가하지 않을 수 없다.

4. 비둘기부대의 평화봉사

　주월 한국군 가운데 대민지원을 주로 하는 부대는 건설지원단인 비둘기부대이다. 비둘기로 비유되듯 평화봉사단인 셈이다. 제100 군수사령부의 예하 병원들이 한국군을 치료하는 것이 기본 임무라면, 비둘기부대 예하에 있는 제1이동외과병원은 월남 사람을 치료하는 것이 그들의 임무이다.

　비둘기부대는 주월한국군사령부가 생기기 전에 월남 사람을 돕는 평화의 사절로 파견된 것이다. 초대 부대장 조문환 준장에 이어 맹호사단 초대 참모장으로 있던 최영구 대령이 준장으로 진급되면서 새 부대장으로 부임했다.

　특히 건설지원을 주임무로 하는 비둘기부대는 전술 및 산업도로의 건설과 각종 공공시설의 복구에 눈부신 실적을 남겼다. 국민학교 교실에서부터 불당(佛堂) 신축에 이르기까지 다양한 활동으로 월남 사람 사이에는 이미 잘 알려져 있었다.

　제1이동외과병원을 주축으로 하는 봉사활동을 하면서 붕타우에 위치한 제1이동외과병원 외에 디안과 라이티우 두 지역에 진료소를 설치하여 대민진료 활동을 실시했다. 그 결과 우수한 의료진과 성실한 봉사로 널리 그 명성을 떨치고 있었다.

　여기서 빼 놓을 수 없는 것은 비둘기부대와 태권도 보급에 관한 것이다. 한국군 전통무술로 인기를 끌고 있음은 먼저 장에서 밝힌 바 있지만, 비둘기부대는 전문적 태권도 교관단을 보유해서 계획적으로 보급을 해 왔기 때문에 그 업적 또한 눈부시다. 1966년 말까지 기간 중 유단자를 무려 141명이나 배출했고, 유급자 또한

7,000명 가까이 양성을 했다. 월남에서의 태권도 보급의 제일 공로자가 바로 비둘기부대인 것이다.

월남 사람 가운데 태권도를 모르는 사람이 없게 되었고, 누구나 배우고 싶어하는 스포츠가 되었다. 한국군 병사가 지나가면 아이들이 우르르 몰려와 돌을 가지고 와서 태권도로 박살내 달라고 부탁하는 일까지 생겼다. 다급한 병사는 그렇게 작은 돌은 부수지 않게 돼 있으니 양손을 내밀며 큰 돌이라야 된다며 그런 돌을 가져오라고 하니 주변에 있을리 없어 위기를 넘기는 일이 있었다고도 한다.

어느 날 월남 정부 국방장관인 고 장군이 나에게 태권도를 배우겠다며 태권도 유단자인 장교 한 사람을 전속부관으로 소개시켜 달라고 사정하기에 대위급에서 물색하고 있었다. 그때 마침 VIP가 한국군 대대단위 부대를 보고 싶다고 하기에 퀴논에 있는 재구대대에 갔다. 브리핑이 끝난 다음 재구대대장 박경석 중령에게 월남 고 국방장관 전속부관 이야기를 하며 추천해 달라고 했더니, 적임자가 있다고 하면서 옆에 서 있던 대대 작전관 이중형 대위를 소개했다. 나는 그날로 내 헬기에 태워 고 국방장관에게 이중형 대위를 인계한 일이 있었다.

한 달 후 고 국방장관을 만났더니 이중형 대위로부터 태권도를 열심히 배우고 있다고 자랑하면서 태권도 기초동작까지 보여 주는 것이었다. 나는 매우 자랑스러웠다. 태권도가 외교 역할을 톡톡히 한다고 생각했다.

비둘기부대가 비전투부대라는 것이 알려지자, 베트콩들이 도로 공사장 곳곳에 부비트랩 설치를 하고 때로는 사격으로 공격을 해

오는 등 도발도 있었지만, 최영구 부대장은 경비대대로 하여금 맹호사단에서 익힌 잠복과 수색 등으로 적극 적의 도발을 분쇄하기 시작했다. 비둘기부대가 위치한 비안에서 사이공까지 불과 15킬로미터밖에 안 되는데, 베트콩 위협 때문에 차량 운행이 힘들고 헬기라야만 안전했다. 일차적으로 적극 공세로 도로안전을 이룩했고, 도로공사 시 부비트랩 등을 설치, 방해하는 것을 그 지역 일대를 사전 점령하여 구간별 공사를 실시하면서 사이공 외곽도로를 신설하는 데 안전을 유지할 수 있었다.

한편, 월남 사람 가운데 비전투부대인 비둘기부대가 잠복과 수색을 시작하자 이상하게 보았지만, 차츰 소문이 베트콩에게까지 알려지자 비둘기부대 주변은 물론 비안에서 사이공까지의 안전을 계속 유지할 수 있었다.

비둘기부대가 공사를 실시할 때에는 단독으로 결정하지 않고 반드시 한국, 미국, 월남 3개국 당국자 간에 사전협의하여 정책 차원에서 그 우선순위를 정한 다음 착수했다.

건설공사에 필요한 자재는 미국의 지원을 받아야 되므로 미군과의 긴밀한 협조는 곧 공사의 성과와 직결되는 것이었다.

비둘기부대는 1967년 3월까지는 사이공을 중심으로 한 부대의 주둔지 북쪽 25킬로미터 지점의 디안과 라이티우 사이의 도로 및 교량의 신설과 보수공사를 해 오다가, 4월부터는 사이공으로부터 캄보디아 국경에 이르는 도로와 사이공으로부터 메콩 삼각주 지역에 이르는 길이 15킬로미터, 폭 14미터의 도로 아스팔트 포장공사 등을 실시하여 월남 정부 당국으로부터 찬사를 받았다.

비둘기부대는 비전투부대이지만 베트콩에게 빈틈을 보이지 않기 위해서도 끊임없는 훈련과 경계를 철저히 함으로써 월남 사람들에게 사랑과 존경을 받아 왔다.

5. 사령관 공관 피습

주월한국군사령관의 중책을 맡은 나는 맨 먼저 다짐한 것이 있었다. '베트콩들이 나를 노릴 것이고 나는 거기에 대비해야 되는데 비겁하지 않게 당당히 지휘하겠다'고.

6·25전쟁시 죽을 고비를 수없이 넘기고도 오늘까지 내가 이 자리에 살아 있음은 곧 하나님의 뜻이라고 생각하고 있었다. 따라서 수만명에 달하는 부하들의 생명을 책임지고 있는 내가 삶에 연연하는 모습을 보인다면 부하들이 나를 믿고 따르지 않을 것이라고 확신하고 있었다. 그래서 나는 전투가 벌어지고 있는 곳이라면 어디라도 찾아가 장병을 격려하고 위로했다. 주변에서 걱정해 주는 사람들에게 나는 가끔 성경말씀을 인용하면서 내 의지를 분명히 했다. 강원도 홍천에서 파월 준비를 위한 훈련시에도 인용한 구절이지만 나는 항상 그 구절을 믿고 살아왔다.

'몸은 죽여도 영혼은 능히 죽이지 못하는 자들을 두려워하지 말고 오직 몸과 영혼을 능히 지옥에 멸하시는 자를 두려워하라. 참새 두 마리가 한 앗사리온에 팔리는 것이 아니냐. 그러나 너희 아버지께서 허락지 아니하시면 그 하나라도 땅에 떨어지지 아니하리라. 너희에게는 머리털까지 다 세신 바 되었나니. 두려워하지 말라. 너희는 많은 참새보다 귀하니라.'

마태복음 10장 28절에서 31절까지의 구절이다. 나뿐만 아니라 직업군인이라면 거의 모두가 사생관이 확립되었을 것이다. 위기는 언제나 찾아왔다. 그러나 나는 그 고비를 넘겼다.

한번은 나트랑에서 있었던 일인데 공관에는 행정요원 10여 명밖에 없었다. 내가 묵고 있는 것을 알고 완전히 중무장한 베트콩이 로켓포, 기관총, AK 소총 등으로 공격해 왔다. 병력 규모는 약 1개 소대였다. 치열한 전투가 벌어졌는데 용감한 우리 병사에 의해 그 적을 전멸시켰다.

사이공에서도 있었던 일이었다. 월남 정부의 고위층 사람하고 저녁식사를 하고 돌아오는데 공관에 도착해 보니 우리 헌병, 월남 경찰, 경비병들이 삼엄하게 경계를 하고 있었다. 나는 이상하게 생각하고 "무슨 일이 있느냐"고 물으니, 공관 경비병과 운전병이 중상을 입었다는 것이었다. 알고 보니 내 차하고 부사령관 차가 같은 형이었는데, 부사령관 차가 들어오는 것을 내가 탄 차로 알고 내가 공관에 도착하여 차에서 내리는 시간을 맞춰가지고 기관단총으로 사격을 가했는데 운전병과 정문 경비병이 부상했다는 것이었다. 사격하고 도망가는 것을 공관 안에 있던 당번이 뛰쳐나와 사격을 하려고 했으나 많은 민간인 틈으로 섞여 버려 사격할 수 없었다는 것이었다.

나는 삼엄하게 배치된 경비인원을 모두 철수시켰다. 이제부터 정문 보초를 없애고 사복으로 갈아입고 민간인처럼 하고 동초(動哨)로 하라고 했다. 적에게 표적을 숨기고 우리가 먼저 적을 발견하기 위해서는 그 길밖에 없다고 생각했다.

다음날 하노이 방송을 청취했는데, 다음과 같은 내용이었다.

'남조선의 미 제국주의자의 고용군 괴뢰사령관 채명신이란 놈을 인민의 이름으로 처단하기 위해서 습격을 했는데, 이 놈이 다급해서 맨발로 뒷문을 차고 도망갔다.'

사이공 신문은 습격 내용을 비교적 정확하게 호외 특집으로 보도하였다.

나는 그날부터 승용차에 별 판을 버젓이 달고 여봐란듯이 다녔다. 가끔 시민들은 나를 알아보았는지 손을 흔들며 환호했다.

월남 정부 국방장관 고 장군에게 전속부관으로 이중형 대위를 보낸 것처럼 월남군 토 소령을 전속부관으로 데리고 있었는데, 한번은 토 소령과 함께 사복을 입고 일부러 월남 사람이 이용하는 이발관에 갔다. 차에서 내려 시장 골목길을 한참 안으로 들어가는 곳에 있었는데, 토 소령이 펄쩍 뛰면서 위험하다고 들어가지 말라는 것을 뿌리치고 안으로 들어가 머리를 깎았다. 나를 알아본 월남 사람들이 내 얼굴을 보겠다며 몰려들기 시작했다. 머리를 다 손질한 다음 유유히 걸어서 시장 골목길을 빠져 나와 차를 타고 공관으로 돌아왔다. 토 소령은 새파랗게 질려서 어쩔 줄 몰라 했다. 하노이 방송을 듣고 그것을 믿는 사람들에게 내가 겁쟁이가 아니라는 것을 보여 주기 위해 연출한 것이었다. 이런 것들도 심리전의 하나가 아니겠는가.

우리나라 근로자들이 버스를 타고 있는데 크레모아를 터뜨려 6명이 즉사한 사건이 있었는가 하면, 곳곳에서 테러가 이어졌다. 하루가 조용한 날이 없는 것이 사이공 실정이었다.

하루는 폭탄이 내 침실 바로 옆에 떨어져 천장이 내려앉았고 유리창들이 산산조각이 났는데 다행히 커튼이 두터운 것이어서 내가 다치지 않았다. 파편도 사방에 흩어져 에어컨과 냉장고가 박살이 나 있었다. 그리고 또 한 발이 정문 근처에서 폭발했는데 다행히 다친 사람이 없었다. 그때가 밤 2시경이었다. 나는 내 방에 폭염이 가득 차 잠잘 수가 없어서 다른 방으로 옮겨 잠을 청했다. 아침 6시가 되자 월남의 티우 대통령 비서실장이 뛰어왔다. 긴급보고를 받은 대통령이 빨리 가 보라고 해서 왔다고 했다. 비서실장은 내가 안전한 것을 확인하고는 안도의 숨을 쉬고 돌아갔다.

전장 아닌 이런 곳에서도 항상 위험이 따랐다. 요즈음 이라크에서 일어나는 테러를 TV에서 보노라면 옛날 생각이 날 때가 있다.

내가 근무하는 동안 측근에서 여러 가지 공식업무로부터 시작하여 공관에서의 각종 행사까지 시종 사생활 없이 나를 보좌하는 장교가 있었으니 그 직책은 비서실장이다.

헌신적으로 근무했던 그 두 비서실장을 잊을 수 없다. 그가 바로 이근택 대령과 신현각 대령이었다.

이근택 대령은 전역 후 미국에 이민하여 LA에 살고 있고 신현각 대령은 전역 후 서울에서 살고 있다.

제 18 장
역사적인 오작교작전

1. 동맥 1번도로를 연결하라

남쪽 월남과 북쪽 월맹을 갈라 놓은 당시의 지도를 볼 때면 마치 한반도의 북과 남을 연상케 했다. 한편, 인도차이나반도의 지도가 변한 지금의 베트남을 보노라면 우리의 통일이 이루어지기 바라는 마음이 솟는다. 그러나 베트남 통일의 주체가 된 월맹과 우리 한반도의 북한과는 같은 공산권이면서 현저하게 다른 점이 있다.

당시 월남 사람과 월맹 사람 양쪽 사람들은 비록 이데올로기는 달랐지만, 면면이 흐르는 국민 감정은 같은 점이 많았다. 월맹 사람들은 물론이지만 월남 사람 대부분이 월맹의 지도자 호치민을 숭모하고 있었고 남쪽 대통령에게는 존경의 뜻이 없는 편이었다. 걸핏하면 쿠데타에 의해 정권이 바뀌기 때문이었다.

베트남의 지도를 살피면, 동쪽 해변가에 남에서 북으로, 북에서 남으로 뻗은 도로가 눈에 띈다. 다른 어느 도로보다 길고 곧게 뻗어 있으므로 우리나라의 경부고속도로가 연상된다. 베트남이나 한반도나 그 도로는 다같이 1번이라는 도로 명칭이 부여되어 있다.

내가 한국군 부대들을 배치할 때에도 그 도로를 눈여겨 보았다. 한국전쟁 시 미군이 주로 우리의 1번도로를 선택한 배경이나 내가 월남에서 1번도로를 선택한 배경이 비슷하다. 오지를 피하고 해안선 쪽을 선택한다면 작전의 불확실성을 감소할 수 있다고 판단한 것이다.

내 속내를 알고 그랬는지, 모르고 그랬는지는 몰라도, 미군 당국은 한국군 전투부대를 오지에 보내기 위해 애썼다. 그러나 나는 반대했다. 내가 내세운 핑계는 합리성이 있었다. 미군에 비해 기동력이 훨씬 뒤떨어진다, 화력도 월등히 약하다, 전투부대 통신소통 문제가 심각하다, 보급을 위한 군수지원 능력이 한계가 있다 등등 얼마든지 내세울 것이 있었다. 그 억지로 성사시킨 것이 맹호사단, 백마사단, 청룡여단 등을 바로 1번도로에 깔아 놓게 된 것이다. 솔직히 말해 **베트남전쟁의 주역은 월남과 미국이지** 우리나라가 아니다. 우리는 명분과 의리에 따라 참전했는데, 오지에 들어갈 이유가 없다고 판단한 것이다. 그러나 너무 일방적으로 우기기만 해도 안될 성싶어 기갑연대 제3대대를 두코에 보내 봤던 것이다.

또 한 가지 결정적인 이유가 있었다. 우리는 **군사작전과 대민지원 및 민사작전을 일원화하고 있었기 때문에 인구 밀집지역인 1번도로변 작전에 효율성이 높다는 것이었다.** 미군 당국도 거기에는 할 말이 없었다. 100% 맞는 말이기 때문이었다. 미군은 군사작전 일변도였기 때문에 인구밀집지역에서 작전해 봐야 민원만 야기될 것이 뻔하다는 것을 모를리 없었다.

미군 전투부대는 집을 지어 주고, 굶주린 사람에게 일일이 찾아가 식량을 나누어 주고, 아픈 사람에게 치료를 해 주는 일 따위를 할 수 없게끔 되어 있었다. 미군 전투부대는 군사작전만 하고 **대민지원은 미 대사관 관할 구호단체가 맡아 하고 있기 때문에** 한국군과 같은 역할을 할 수 없었던 것이다.

미군 당국이 수긍하게 된 이유 가운데 또 하나는 1번도로 주변 평야지대가 곡창지대라는 사실이다. 그 평야에는 많은 전략촌이 있고 베트콩이 지배하고 있다. 이런 평야지대에서 농산물 수확을 보장하고 식량자원을 적에게 빼앗기지 않게 하는 평정사업은 미군 전투부대가 하기 힘든 영역이라는 것을 그들은 스스로 깨달은 것이었다.

여하간 한국군을 1번도로에 연하여 배치하게 된 결과는 우리 한국군에게도 적합한 결정이었지만 미군 당국에도 합리적으로 평가됐다.

나는 맹호사단, 백마사단, 청룡여단 등 전투부대가 1번도로 주변 전술책임지역에서 지역 내 주민을 보호하면서 적을 소탕하여 평정지역을 넓힌 데 대해 흡족하게 생각하면서도 뭔가 한편 허전한 생각이 드는 사안이 있었다. 그것은 1번도로가 아직 완전 개통이 안 되고 곳곳이 막혀 있다는 사실 때문이었다. 한국군 맹호사단과 백마사단이 **월남에서 가장 중요한 1번도로의 북과 남으로 분리되어 있다**는 사실은 나에게 큰 부담으로 다가왔다.

미군사령관 웨스트모얼랜드 장군은 '1번도로의 개통 없이 베트남전의 승리는 바랄 수 없다' 고 생각하고 있었으며, 월남 정부의 키 수상 역시 1번도로가 아직까지 개통되지 않았다는 것은 연합군의 수치라고까지 말하고 있었다.

그렇게 중요성이 인정되면서도 개통을 못한 것은, 안한 것이 아니라 실패한 것이었다. 월남군은 물론 미군도 누차 시도했지만, 완강한 적 저항 때문에 번번이 뜻을 이루지 못했다. 심지어 미군 제101공수사단은 투이호아 지역에 10개월 간 있으면서 개통작전을 폈지만 피해만 내고 작전을 종료했다. 그 작전을 내가 하겠다고 나섰더니 웨스트모얼랜드 장군까지 **"그 작전 하지 마시오. 피해만 입을 것이오. 주변 주민들 전부가 베트콩들이요."** 라며 나를 말렸다.

월남군 당국은 '또 실패할 건데 왜 서두르는지 모르겠다' 는 식으로 빈정거리고 있었다.

내 의지는 강했다. '내가 원해서 두 사단을 1번도로변에 깔아 놓고 그것을 연결시키지 못한다면 무슨 면목으로 내가 두 사단을 지휘한단 말인가' 라고 결론을 내리지 않을 수 없었다.

두 사단의 연결 작전을 구상하기 시작한 것은 백마사단이 도착했을 때부터였다. 견우와 직녀가 만난다는 오작교라는 명칭이 그때 떠올랐다. 떨어져 있는 맹호와 백마가 만나는 작전 명칭으로 적합하다고 생각하며 나는 혼자 웃었다. 내 착상에 나 스스로 흡족하다고 생각했기 때문이다.

1번도로가 중요하다는 것은 여러 번 말했지만, 그것과 함께 중요한 것이 있으니 바로 철도였다. 철도 역시 1번도로와 병행해 있지만 구간구간 끊어져 부분운행만 하고 있었다. 1번도로를 연하여 헬기를 타고 비행하다 보면 곳곳에 기관차나 화차, 그리고 객차의 잔해들이 깔려 있다. 개통이 안 되었기에 그 잔해를 치울 엄두도 못낸 것이다.

오작교작전의 의의를 살피면 다음과 같다.

첫째, 맹호사단의 주둔지역인 퀴논으로부터 백마사단 북단 투이호아까지의 1번도로를 개통함으로써 한국군의 전술책임지역을 확장하여 퀴논에서 판랑에 이르기까지 약 400킬로미터에 걸쳐 자유롭게 육로수송을 가능케 한다.

둘째, 작전지역 내의 월맹군과 베트콩을 포착섬멸하여 적에게 한국군의 전투력 우위를 과시함으로써 한국군에게 함부로 덤비지 못하게 한다.

셋째, 지역 내의 주민을 보호하고 생활의 안전을 도모하게 하여 적에 대한 유혹에서 벗어날 수 있도록 하고, 자유가 좋다는 것을 피부로 느낄 수 있도록 대민심리전을 펴 아군의 지지세력을 확대한다.

넷째, **적에게 식량을 비롯하여 각종 전쟁물자의 공급원을 봉쇄**함으로써 전쟁역량을 근원적으로 약화시킨다.

다섯째, 1번도로는 월남의 사이공과 월맹의 하노이를 연결하는 월남 제일의 동맥으로서 17도선 이남 지역의 1번도로만이라도 개통되어야 산업도로로서의 구실을 하는데, 토막토막 차단되어 있어서 산업과 교역을 위축시켜 월남의 경제에 타격을 주고 있으므로 이를 개통시켜 월남의 경제를 안정시킨다.

여섯째, 지금까지 미군이 평정치 못한 지역을 평정함으로써 한국군의 우수성과 역할의 중요성을 국내외에 선양한다.

일곱째, 1번도로에 연한 지역 일대에는 월남 제일의 항만, 비행장 등을 비롯한 군사시설과 산업의 중추지역으로 월남 전체 경제의 80% 이상의 수입원이 집중되어 있으므로 **한국의 기술인력의 진**

출 여건을 보장해 줄 수 있기 때문에 국가이익에 이바지할 수 있다.

결과적으로 1번도로의 개통작전은 월남 정부 통치지역의 확장과 아울러 혁명개발사업을 지원하는 한편, 한국군과 한국의 국가이익이 보장되는 중요성을 갖는 것이다.

작전지역의 행정조직은 푸엔성의 6개 군으로 구분되어 있고 주민은 약 33만명 정도인데, 이 가운데 월남 정부측이 76%, 베트콩 동조자 8%, 중립 16%로 그 성분을 나눌 수 있다. 그러나 이 통계는 어디까지나 월남 정부 당국의 통계일 뿐 확실하다고 보기에는 무리가 있었다.

적은 주로 산악지대 및 해안을 연한 광범한 지역을 장악하고 있었으며, 이 지역의 주민을 이용하여 우군의 활동에 관한 정보를 수집하고 있었다. 더욱이 한국군과는 접촉이 전혀 없었던 관계로 주민들이 우리를 어떻게 생각하고 있는지 알 수 없었다.

푸엔성의 베트콩 조직은 푸엔성 위원회의 정치부, 군사부 및 후방부로 편성되어 있는 것으로 알려져 있었고, 군사부 밑에 작전부대, 지원부대 그리고 군 단위 지방군과 촌락 단위의 게릴라로 구성되어 있는 것으로 분석되었다.

특히 작전지역 내의 작전부대로는 월맹군 제95연대의 제4대대와 제6대대 그리고 증원 받을 수 있는 푸엔성 주력인 베트콩 제85대대 및 투이안군 부대인 DK7중대, 투이호아군 부대인 DK3중대, 손호아군 부대인 DK14중대, 송카우군 부대인 DK11중대와 면 및 촌락 단위의 게릴라 등 총 2,100명 정도로 추산되었다.

작전계획을 발전시키는 과정에서 나의 기본지침에 의하여 작전전담부서인 야전사령부와 맹호사단, 백마사단이 동시에 계획에 착수했는데, 이 작전에 대한 미군, 월남군과의 협조 과정에서 작전의 성과에 대하여 회의와 우려를 각각 표명하였다.

미군, 월남군 모두 중부 월남의 동맥인 1번도로를 연결시키고 유지한다는 것은 불가능하다고 판단하고 있기 때문이었다.

특히 미 제1야전군사령부는 작전지역 주민들이 거의 베트콩들과 인연을 맺고 있거나 동조세력이라고 보고 있기 때문에, 미군 당국에서는 월남 정부의 통계, 즉 76%의 주민이 월남 정부측이란 주장을 터무니없는 과장된 숫자로 보고 있었다.

이와 같이 미군, 월남군측 우려에도 불구하고 나는 한국군과 월남 정부 그리고 미군사령부의 숙원사업인 1번도로 완전 개통과 확보에 대하여 확고한 신념을 가지고 이 작전의 실시를 결심하였던 것이다. 따라서 나는 1967년 2월 17일 다음과 같은 작전지침을 야전사와 맹호사단, 백마사단에 하달하였다.

• 작전지침

1. 작전간 돌발사태에 대비하고 융통성 있는 작전수행을 위하여 적절한 예비부대를 확보하며 여기에 투입될 공중수송수단(헬리콥터)은 야전사에서 통제한다.

2. 작전의 성패는 기도비닉에 달려 있으므로 우군과의 협조에 신중을 기하고 작전기도를 적에게 알리지 않게 하기 위해 모든 작전활동은 평상시와 같이 계속되어야 한다.

3. 언제나 적의 퇴로를 차단하여 포위망을 형성해야 한다는 전술원칙은 부대의 크고 작음에 관계없이 적용되어야 한다. 그리고 작전의 주도권을 장악하기 위하여 작전의 기선(機先)은 필수적이다.

4. '주민은 물이고 베트콩은 고기'라는 적의 전략은 상대적으로 우리에게도 적용된다. 즉 우리에게도 주민이 물이므로 아군의 작전을 성공시키려면 적극적인 대민지원으로 민심을 얻어 그들로부터 정보를 획득해야 한다.

5. 한국군의 군사작전은 월남을 위하여 전개되는 것이다. 따라서 작전 실시간에 고려되어야 할 것은 미군은 물론 월남군의 안전에 유념하고 작전지역 주민의 생명과 재산을 보호하여야 한다.

위와 같은 작전지침을 하달하자 나트랑에 있는 야전사령부에서는 작전참모 손장래 대령, 맹호사단 작전참모 박광억 중령, 백마사단 작전참모 함세영 중령이 모인 실무자회의에서 작전의 성격과 목적 및 지역의 특수성에 대한 예비적인 토의에 이어 작전계획 초안이 설명되었다.

파월 초기 초대 작전참모로 명성을 떨친 박학선 대령은 임기를 마치고 귀국했고, 그 후임으로 부임한 손장래 대령이 이 실무자회의를 주관했었다.

1967년 3월 7일, 나는 주요 지휘관회의를 소집하고 이 회의에서 나의 최종 결심으로 확정된 오작교작전 작전개념을 다음과 같이 하달하였다.

● **주월한국군사령관 작전개념**

1. 이 작전은 송카우로부터 투이호아까지의 1번도로를 연결 확보하고, 지역 내의 주민을 보호하며 적의 식량 및 전쟁 물자의 조달을 거부하기 위하여 지역 내의 적을 포위 수색 소탕하는 작전으로서, 맹호사단

은 북에서 남으로, 백마사단은 남에서 북으로 작전한다.

2. 지역 내에서는 적을 포착하는 데 주력을 두며 일단 포착된 적에 대해서는 최대한의 기동력을 발휘하여 격멸한다.

3. 맹호사단은 1967년 3월 15일 08시에 송카우 및 투이안 지역으로 전개하여 적을 소탕하고 지역을 확보한다.

4. 백마사단은 1967년 3월 8일 07시에 투이호아 서방지역에서 적을 수색 소탕하고 지역을 확보한다.

5. 이 작전은 오작교작전으로 명명한다.

이상과 같은 나의 작전개념에 의거하여 맹호사단장 유병현 소장과 백마사단장 이소동 소장은 각각 사단 작전계획을 수립하고 작전준비에 착수했다.

2. 월맹군 5사단장의 지시문서

오작교작전은 먼저 백마사단에 의하여 시작되었다. 3월 8일 07시를 기하여 제28연대는 작전지역 동쪽에 2개 중대를 도보로 투입하여 차단선을 형성시킨 가운데, 목표지역 외곽에 있는 8개의 헬기 착륙지역에 10개 중대를 공중기동시킴으로써 기습적인 포위망을 구축한 다음, 이 선에서부터 목표를 향해 진출하면서 포위선을 압축하였다.

김기택 중령이 지휘하는 제28연대 제2대대는 대대 모든 중대를 헬기에 의한 공중기동작전으로 착륙지점에 도착함으로써 서쪽과 남쪽 포위선을 확보하였다.

길경수 중령 지휘하의 제3대대는 1개 중대를 공격개시시간 이전인 여명에 중대기지를 출발, 도보로 침투시켜 포위선에 도착시켰고, 나머지 중대는 공중기동작전으로 포위선을 점령케 했다.

보병의 전진로상에서는 크레모어를 위시하여 각종 지뢰와 부비트랩이 설치되어 있었으나 항공폭격과 포병의 공격준비 사격으로 대부분 파괴되어 있었으므로 큰 피해 없이 전진할 수 있었다. 수색하는 동안 적의 주력은 포착되지 않았으나 소수 베트콩과의 조우는 빈번했다. 그때마다 용감한 백마 용사의 투혼으로 선제공격하여 섬멸하는 데 성공할 수 있었다.

나는 작전 중인 장병을 격려하기 위하여 3월 11일 제28연대 전술지휘소를 방문했다. 연대장 최명재 대령은 보고과정에서 뚜렷한 전과가 없어 미안해 하기에 다음과 같이 훈시하며 격려했다.

"오작교작전에서 제28연대가 적은 희생으로 계속 전과를 올리고 있는 것은 계획과 작전이 다같이 잘 되었기 때문이다. 작전 초기에 베트콩이 잡히고 있는 것은 그만큼 정보를 획득할 수 있는 길이 열렸다고 볼 수 있으므로 좋은 일이다.

이들을 심리전에 활용하도록 하고 부득이 부역한 자라 할지라도 정상을 참작하여 보호해 주어야 한다. 작전지역 내에서 부비트랩에 의한 희생을 더 입지 않도록 수색 시 포로를 앞세우거나 이들을 이용하여 희생을 줄이도록 하라.

또 파월 초기에는 한국군을 업신여기지 않도록 하기 위하여 군사작전에 비중을 크게 두었으나, 이제는 정치적인 면에 관심을 가지고 민사심리전을 병행하는 작전을 하도록 힘써 주기 바란다."

이영우 중령이 지휘하는 제1대대는 산세가 험한 퀴하우산의 연봉을 차례로 수색, 곳곳에서 도주하는 적들을 포착하여 사살하고 있었다.

3월 12일에 제28연대는 제1단계 작전을 종료하고 제2단계 작전 준비를 위해 일단 기지에 복귀하였다.

한편, 백마사단이 제1단계 작전을 마치고 기지에 돌아간 다음 작전을 준비하는 동안 맹호사단은 3월 15일 오전 8시를 기하여 제26연대로 하여금 꾸몽고개 남쪽 송카우에서 오작교작전의 서막을 올렸다.

헬기를 사용하는 공중기동작전은 신속성이 보장되는 것은 사실이지만, 착륙지역의 안전확보를 위하여 그 지역 일대에 항공폭격이나 포병사격을 사전에 집중시켜 쑥대밭을 만든 다음 착륙하기 때문에, 적에게 기도가 노출되고 적으로 하여금 부대 착륙지역을 미리 알리는 결과가 되므로 문제가 있는 것도 사실이다. 그러나 적 후방 깊숙이 공중기동시킴으로써 적을 원거리에서 포위할 수 있으므로 공중기동작전이야말로 포위작전에 긴요한 것이다.

모든 착륙지역에 미 제7전술공군기의 항공폭격이 실시되었고, 뒤이어 포병에 의한 제압사격 후 투입부대는 무사히 착륙하였다.

입체작전이란 어느 한 개의 군이 자기만의 능력으로 작전의 효과가 기대될 수 없을 때, 다른 군의 지원을 받아 그 취약점을 메우는 것으로, 베트남전쟁이야말로 언제나 편리한 입체작전의 시범장처럼 육군, 해군, 공군이 밀접하게 협동하여 작전을 실시하고 있었다.

수백대의 미군 헬기에 부하 장병을 태우고 하늘을 까맣게 날아가는 광경을 보노라면 절로 흐뭇해져, 저게 바로 한국군이 현대화로 가는 시험이라고 생각하며 보람에 젖을 때가 한두 번이 아니었다.

베트남전에서 연합군이 이와 같이 **완전한 현대장비를 사용하면서도 곤혹을 당하는 것은 적이라는 표적을 찾기 힘들기 때문이다.** 어디에서나 정글이 있고 바위산에는 동굴이 있고 숨을 수 있는 곳이 너무나 많았다. 소수의 잔당을 색출하거나 도망갈 때 숨겨 놓은 무기를 찾아내는 등 단편적인 승리는 항상 계속되었다.

그러나 적의 주력은 좀처럼 포착할 수 없는 것이 베트남전에서의 연합군의 취약점이었다. 가령 벼룩을 잡기 위한 싸움판이 벌어졌을 때, 가장 현명한 방법은 벼룩의 동태를 살피고 있다가 벼룩이 펄쩍 뛴 다음 앉자마자 가죽채로 내리친 후 즉시 손톱으로 으깨면 해결되는 것을, 가죽채보다 몇 배 강한 망치나 도끼 따위로 쳐 봐야 벼룩은 언제나 사라지는 것이다.

베트남전에서 한국군이 미군보다 잘 싸운다고 알려진 것도 한국군은 가죽채로 전투를 하고 있고, 미군은 망치나 도끼 따위로 전투를 하기 때문이라고 생각하기도 했다. 여하튼 **한국군이 베트남전에 참가하면서, 헬기에 의한 공중기동작전 등 현대적 전쟁기법을 경험**하는 것은 그 나름대로 큰 소득이며 다행스러운 일이라고 생각하고 있었다.

맹호사단 제26연대는 공중기동작전으로 신속히 목표지역을 포위하여 포위망을 좁혀 가며 수색해 들어갔다. 그러나 적 주력부대는 조우할 수 없었고, 소수 베트콩만 곳곳에서 사살하거나 생포하는 데 그쳤다.

제26연대장 박완식 대령은 작전계획을 재검토하여 작전지역을 북쪽으로 확장하며 새로운 지역에 목표를 설정하여 다시 수색작전을 전개하였다. 그러나 그 작전마저 큰 성과를 거두지 못하고 제1단계 작전을 끝내고 제2단계 작전에 대한 준비에 들어갔다. 맹호사단장이 실망을 했지만, 사실은 실망할 것이 못되는 이유가 있다고 나는 생각했다. 왜냐하면, 맹호사단이 지금까지 작전을 통해 빛나는 전승을 올리고 있어, 월맹군이나 베트콩들이 맹호사단을 건드려 봐야 패배할 것으로 알고 도주했다면 그 자체가 싸우지 않고 승리하는 길이라고 분석했기 때문이다. 지금까지 미군이나 월남군에게는 철저히 덤볐던 적들이 꼬리를 뺐다면 패배할 것을 인정한 것이라고 생각되었다.

백마사단 제28연대가 다시 제2단계 작전에 투입되었다. 다랑강을 넘어 북방으로 진출하여 푸엔성 베트콩 본부와 그의 주력부대인 제85대대의 성역으로 알려진 옹라산 일대의 탐색 소탕전에 들어간 것이다. 이 지역엔 월맹군 제5사단 제95연대 일부 병력과 베트콩 정예부대가 할거하고 있는 곳이었다. 여기서는 적의 상당한 병력과 전투가 전개되었다. 소대 병력을 전멸시키고 포로 2명, 기관총 1정을 비롯하여 24정의 소총을 노획하였다.

다른 대대들도 깊숙이 숨었던 적을 찾아내어 사살 또는 생포하는 데 성공했다.

제28연대 제3대대에서 생포한 월맹군 제95연대 제6대대 제2중대 소속의 병사 2명을 사단에서 심문하는 도중에, 그 중 한 병사가 중대장 전령임을 확인하고 몸을 샅샅이 수색한 결과 월맹군 제5사단장의 지시문서를 찾아냈다.

그 문서 내용이 밝혀지자, 사단장 이하 주요 참모들은 매우 당황해 하면서 우리의 군사기밀이 적에 누설되었다 하여 전전긍긍하고 있었다. 그러나 보고를 받고 나는 "우리가 놀랄 일이 아니다"라고 하며 그들을 안심시켰다.

그 전문을 여기에 옮겨 싣는다.

• 제5사단장 지시

① 첩보에 의하면, 가까운 장래에 한국군의 맹호사단과 백마사단이 작전을 전개하여 1번도로를 장악할 것이라 함.

② 제5사단은 적의 기도를 분쇄하기 위한 여러 가지 방책을 수립해야 할 것임. 특히 지역 내의 협조세력을 동원하여 첩보를 입수, 적의 기도를 사전에 알아내기 위한 노력을 할 것.

③ 미군과 한국군은 헬기를 사용한 공중기동작전으로 아군을 포위하고자 하는 경우가 많은데, 우리들은 그 기도에 말려 들어가서는 안 된다. 즉 갑자기 어느 지역에 항공폭격을 한다든가 포탄이 집중되면 그곳은 일단 미군 또는 한국군의 헬기 착륙지점임을 알아야 한다. 그러므로 미리 대비해서 탈출계획을 세워야 한다.

④ 지금까지의 전투 경험으로 보아 한국군의 전투력은 강하고 병사들은 잔인하다. 따라서 정면 대결은 피하고 약점을 찾아 저격과 기습으로 그들의 전투력을 약화시켜야 한다.

⑤ 포위망에서 탈출시 중대단위가 바람직하지만, 때에 따라 소대단위로도 탈출할 수 있다. 그러나 곧 중대의 전투력을 회복하여 적 타격에 대비하라.

나는 사단장으로부터 이 지시문서에 대한 보고를 받고 다음과 같이 내 소견을 말했다. 그리고 내 뜻을 예하 지휘관에게 알리도록 조치했다.

"적이 아군의 헬기에 의한 공중기동작전의 취약점을 알고 있다는 것은 별로 놀라운 일이 아니다. 왜냐하면, 그것은 어쩔 수 없는 공개된 취약점이기 때문이다. 그렇다고 항공폭격이나 포병사격 없이 헬기를 마구 적지에 착륙시키는 것은 자살행위나 다름이 없다. 우리는 그 취약점을 극복하는 또 다른 전술, 즉 기만책을 강구하여 적의 판단을 흐리게 하면 얼마든지 그 취약점을 강점으로 바꿀 수 있다. 예를 들면, 전혀 엉뚱한 곳에 항공폭격과 포병사격을 실시하여 전혀 다른 곳에 관심을 쏠리게 할 수 있다.

두 번째로, 월맹군 제5사단장이 우리의 1번도로 연결작전을 알고 있었다는 것은 놀라운 일이 아니다. 나는 이미 몇 차례나 외신 기자들에게 1번도로에 대한 나의 의지를 표명한 바 있다. 그리고 〈사이공 포스트〉지나 다른 신문에서도 한국군이 빨리 북쪽과 남쪽에서 공격을 개시하여 1번도로를 연결 개통시켜 달라고 사설에서까지 밝힌 바 있다."

3. 베트콩 통신기지의 괴멸

맹호사단의 제2단계 작전은 3월 23일부터 시작되었다. 제26연대 제1대대 및 제3대대와 기갑연대의 제3대대가 헬기로 공중기동작전을 전개하여 목표 후방의 원거리 포위로부터 시작된 작전으로서 오작교작전의 핵심을 이룬 작전이었다. 역시 헬기 착륙 예정지역에는 약 20분간의 항공폭격과 15분간의 포병사격으로 이어졌다. 그러나 전과 달리 착륙지점을 오판하게끔 유도하기 위해 따로 설정한 몇 곳에도 기만을 위한 폭격과 포병사격을 병행 실시했다.

포위선에 전개한 맹호 장병 등은 수색을 전개하면서 포위망을 압축하였지만, 적 주력은 포착 못하고 소수 게릴라만 포착 섬멸하는 정도에 그치고 있었다. 그러나 수색 5일이 지난 28일부터 상황이 달라지기 시작했다. 곳곳에서 적의 소부대와의 교전이 시작된 것이다.

맹호사단 제1연대 제2대대 5중대 화기소대는 3월 30일 해안지대의 손논 부락을 수색하다가 수상한 동굴을 발견하였다. 소대장 성백관 중위가 가까이 다가가서 살핀 결과, 동굴 내에서 사람 말소리가 들렸다. 소대장은 동굴을 포위한 후 월남인 안내자로 하여금 귀순하도록 종용했다. 만약 귀순하지 않으면 동굴 속에 수류탄을 던져 몰살시키겠다고 위협했다. 잠시 후 베트콩 1명이 두 손을 번쩍 들고 동굴에서 나왔다. 그런데 뜻밖에 두 손에는 수류탄이 각각 쥐어져 있었다. 순간 베트콩은 수류탄을 던졌다. 불의에 당한 것이라 엎드렸지만 소대장과 선임하사관이 부상했다. 일시 지휘의 공백이 생긴 것이다. 혼란의 틈을 타고 베트콩 5명이 동굴에서 뛰쳐나와 도망쳤다. 소대장과 선임하사관 다음 선임자는 이진노 하사였다. 자동적으로 선임하사관 임무를 수행하기로 결심하고 나머지 병력을 이끌고 추격했다. 다행히 주변이 정글이 아니므로 마음놓고 쫓아가 3명을 사살하고 2명을 생포했다. 수류탄을 던졌던 베트콩은 제일 먼저 사살되었다. 여기에서 얻은 교훈은 지휘의 자동승계 원칙과 적에 대한 철저한 응징이다.

맹호사단 제26연대 제3대대 격전장에서는 적을 사살하고 노획한 장비 가운데 M60 기관총과 PRC10 무전기가 섞여 있었다. PRC10 무전기는 한국군도 가지고 있는 것이었지만 M60 기관총은 신형으로 미군만이 가지고 있었다. 미군으로부터 노획한 기관총을 다시 우리가 빼앗은 것이었다.

기갑연대 지역에서도 숨어 있는 적들을 찾아내어 계속 전과를 올리고 있었다. 포로로부터 획득한 문서가 있었는데, 맹호사단에서 번역한 결과 그 문서에는 다음과 같은 지시사항이 적혀 있었다.

① 새로이 구축되는 동굴은 반드시 등화시설과 변소시설을 갖추도록 하라.
② 현재의 동굴에는 하층동굴을 구축할 것이며, 폭격과 가스탄의 공격으로부터 보호되게 하는 것은 물론 적의 수색에서 벗어날 수 있도록 하라.
③ 동굴 보호와 경계를 위하여 지방 주민에게 최선을 다할 것이며 비밀 누설을 방지하라.

위와 같은 적 문서는 내용으로 보아 아직도 상당한 적들이 지역에 남아 있음을 뜻하는 것으로 판단되었다. 나는 맹호6호작전의 교훈을 상기시키면서 베트콩 색출을 위한 반복 정밀수색을 지시하였다.

이 무렵 백마사단은 4월 1일부터 전투지경선 남쪽에서 북쪽으로 훑어 올라가는 제3단계 작전에 돌입하고 있었다.

맹호사단이 반복수색을 하는 동안 각 대대는 곳곳에서 숨어 있던 적을 발견하고 사살 또는 생포하는 전과를 올렸다. 특히 한국군에게 아직 보급되지 않았던 PRC25 무전기 20여 대 등 미군의 신형 장비를 많이 노획했다. 이 노획품으로 미루어 이 지역에서 고전을 면치 못했다는 미군의 작전상황을 짐작할 수 있었다.

이와 같이 통신장비를 비롯한 주요 장비품이 있었던 것으로 보아 이 지역 일대가 적의 지휘부임을 추정하게 되어 본격적인 정밀수색에 들어갔다. 주변 동굴에는 상당한 무전시설이 구비되어 있었고, 그 외 간부가 기거했던 흔적을 발견할 수 있었다.

그 수색작전에서 생포한 베트콩 간부급 심문 결과, 바로 이 일대가 베트콩 푸엔성 통신기지임을 확인할 수 있었다. 따라서 맹호들은 그 주변 일대를 샅샅이 수색하여 모든 시설을 완전히 폭파시켰다.

4. 견우와 직녀 만나다

오작교작전이 시작된 지도 한 달이 가까워 오는 4월 6일이 되었다. 맹호사단은 3월 15일에 작전을 시작하여 한 달이 되기에는 아직 멀었으나 백마사단은 3월 8일에 진출을 시작했으므로 모레면 한 달이 된다. 기간 중 작전지역 내의 적들을 샅샅이 찾아 끈질긴 반복수색을 펴 적의 조직은 와해되고 전력을 상실하여 도망다니랴 동굴 속에 숨으랴 정신 없는 고통 속에서 맥을 잃고 있었다.

맹호사단 제26연대 제1대대와 제3대대는 깔아뭉개기 전법으로 446고지인 양(Yang)산 일대에서 베트콩 제85대대의 잔당을 포착하여 연일 통쾌한 전과를 올리고 있었다. 맹호사단 제1연대 제1대대 또한 도주하는 적을 포착하여 섬멸하는 등 작전 초기와는 달리 적의 숨통을 죄어 갔다.

이 무렵 백마사단은 제3단계 작전을 준비하고 있었다. 이 작전은 투이호아 북쪽의 목표지역을 점령, 탐색 소탕한 후 맹호사단과 연결하는 오작교작전의 마지막 절정을 이루는 단계이다. 이 작전을 위해 제28연대 제1대대와 제2대대는 헬기를 사용한 공중기동작전으로 맹호사단 접경지대에 착륙하였다. 즉각 산개하여 북쪽으로 수색하며 맹호사단 제26연대와 협공작전을 펴 나갔다. 적은 곳곳에서 포착되었으며 사살되었다.

나는 이 작전이 마지막 단계에 접어들었고 적의 전의가 완전히 상실된 것으로 판단하여 가능한 한 적 사살보다 생포하도록 지시했다. 일단 적을 발견하면 귀순을 권고하다가 응하지 않고 저항할 때에만 사살하도록 조치한 것이다. 그 결과 후단계에 들어와서 포로를 많이 획득할 수 있었다.

맹호사단은 오작교작전에 참가한 이래 송카우와 투이호아를 잇는 남북 62킬로미터에서 연 35일간 폭염이 내리쬐는 더위, 험준한 산악, 그리고 앞이 잘 보이지 않는 정글 숲에서 불굴의 투지로 전투에 임했다. 그 결과 미군과 월남군이 해내지 못한 베트콩 푸엔성 본부와 그 예하부대의 아성을 파괴 소탕함으로써 예상보다 앞당긴 4월 18일 10시 30분 맹호사단 제26연대가 백마사단 제28연대와 투이호아 북방 18킬로미터 지점 1번도로상에서 역사적인 연결식을 갖게 된 것이다.

이날의 연결식은 오전 10시 30분부터 11시 사이에 내가 지켜보

는 가운데 맹호사단측에서 제26연대 제3대대 11중대 1소대 1분대
장 박영순 하사를 선두로 제1소대장 변홍제 중위, 중대장 이운화
대위, 대대장 김종만 중령, 연대장 박완식 대령 등이 대표로 나오
고, 백마사단측은 제28연대 제2대대 7중대의 분대장과 소대장, 중
대장 민병식 대위, 대대장 김기택 중령, 연대장 최명재 대령 순으
로 환희의 악수를 교환케 했다.

　끝으로 맹호사단장 유병현 장군과 백마사단장 이소동 장군의 악
수로 절정을 이루었다.

　이 자리에는 미군 및 월남군 주요 장성과 푸엔 성장 그리고 내외
신 기자들이 함께 하여 두 사단의 역사적인 연결을 축하하였다.

　오작교작전이 완료됨으로써 1번도로는 글자 그대로 월남공화국
의 1번도로가 되었으며, 미군, 월남군은 물론 민간인 버스까지 퀴

▲ '오작교작전' 개시 42일 만에 남진하던 맹호와 북진하던 백마부대 지휘관이 송카우
　남방 47킬로미터 지점 1번도로상에서 극적으로 만나는 순간.

논에서 남으로는 투이호아 이남까지, 투이호아에서 북으로 퀴논 이북지역까지 왕래할 수 있게 된 것이다.

이 작전이 성공적으로 끝나자 자유세계의 유력지들은 일제히 '한국군을 배워라', '랑데뷰 작전의 성공', '맹호와 백마의 만남' 등으로 크게 보도하였다.

특히 〈사이공 포스트〉지는 다음과 같은 사설을 실었다.

한국군을 배워라

한국은 선진국도 아니요 통일 국가도 아니다. 우리 월남처럼 개발도상국이고 남북이 휴전에 막힌 분단 국가이다. 그리고 역사적으로 볼 때 지배국가가 아니고 피지배 국가였다.

우리가 북쪽에서 중국인으로부터 수모를 받고 있을 때, 그들 또한 북쪽의 중국인으로부터 모진 시련을 겪었다. 한국이 우리보다 더 불행한 것은 우리의 남쪽바다 건너에는 악독한 침략자가 없는 대신 한반도의 동쪽바다 건너에는 일본이라는 침략자가 있었다는 사실에서 찾을 수 있다.

그리고 한국에는 휴전선 너머에 그들보다 더 강하고 더 도전적인 북한 공산집단이 남침을 노리고 있다. 그런데도 한국은 월남을 위하여 2개 보병사단과 1개 해병여단 등 전투부대를 파견하였다. 이는 공산주의에 대항하는 한국 국민의 의지요 용기로 볼 수 있다. 월남전에서 그들은 어느 나라도 감히 엄두 내지 못한 기적을 이룩했다.

'오작교작전'은 견우와 직녀가 칠월 칠석날 일년에 한 번씩 만난다는 시적 감성이 담긴 이름이다. 얼마나 멋있는 말이냐.

견우와 직녀가 만난다는 것은 반가움이 있고 기쁨이 있고 행복을 뜻한다. 그런데 한국군의 맹호사단과 백마사단이 1번도로에서 만남으로써 그

들 자신도 기쁨과 긍지를 느끼는 것은 당연한 일이지만, 우리 월남인에게
는 반가움과 기쁨과 행복을 안겨 주어 보다 중요한 역사를 장식케 하였다.

　1번도로의 개통은 월남인에게 경제, 문화, 사회, 정치, 군사 등 여러 면
에서 발전과 희망을 주게 될 것이다. 우리 월남인이 개통시키지 못한 것은
부끄러운 일이었다. 왜 우리는 불가능하고 한국인은 가능하단 말인가. 이
것은 분명히 다음과 같은 결론을 제시해 준다. '한국군에게는 분명히 우
리가 배울 것이 있다' 고.

5. 교훈과 작전 결과

　1967년 3월 17일부터 3월 26일까지 주월 미군 제임스 러셀
(James Russell) 대위(미 제101사단 소속) 등 선발된 장교 14명이
백마사단 제28연대 예하 8개 중대와 함께 하면서 작전을 참관했
다. 참관 목적은 미군에 비해 빈약한 재래식 장비와 화력으로써 미
군보다 월등한 전과를 획득하고 있는 한국군의 전술을 습득함으로
써 미군의 작전상의 결함을 발견 시정하기 위해서였다. 미군들은
작전을 참관한 후 작전참관 보고서를 작성했는데, 그 내용은 다음
과 같다. 이 보고서는 정식으로 미군사령부에 제출되었고 다시 미
국방성에 보고되었다.

첫 째
• 한국군의 장점으로 : 작전 준비면에서는 소총중대장에 의하여 세밀
　하고 고도의 숙달된 방법으로 실시하고 있었다.

항공폭격이 있기 전 중대 전원은 중대장의 엄밀한 사전 검열을 받았으며, 이어 작전에 관한 설명, 주의사항 및 작전계획을 알려 주고 있었다.

- 장비 정비와 관련하여 : 개인 및 공용화기와 장비 취급에 감탄할 정도로 정비가 이루어지고 있었다. 화기는 최소 1일 1회 이상 손질되고 있었으며, 지휘관이나 하사관의 지시 없이 자율적으로 실시되고 있었다.

- 수색지역의 범위와 관련하여 : 한국군의 수색 및 소탕지역은 미군 부대에 부과하는 것보다 아주 협소하였다. 한국 지휘관들은 "광범위한 지역을 대략 스치고 지나가는 것보다 소규모 지역을 엄밀히 수색하는 것이 효과적이다"라고 생각하고 있었다. 평균적으로 1개 대대가 24시간 동안에 3~4평방킬로미터의 지역을 수색하고 있었으며, 대부분의 경우 하루에 걸쳐 수색한 지역에 1차 수색에서 빠져 나간 베트콩 소탕을 위하여 며칠 후에 재수색을 실시하고 있었다.

- 촌락 수색에 관련하여 ; 한국군의 촌락 수색은 철저하였으며, 수색 시 민간 재산의 파괴나 훼손이 전혀 없었다.

- 중대 CP 이동과 관련하여 ; 중대 CP 이동은 어두워진 다음 부중대장 지휘하에 소규모 수색대에 의하여 새로운 위치 정찰 후 야음에 수색대의 안내로 이동되고 있었다.

- 군기 및 사기와 관련하여 ; 각 병사의 군기는 극히 양호하였으며, 병사들의 행동으로 보아 부대 사기는 대단히 왕성하였다. 또한 지시된 사항의 즉각 조치는 엄정한 군기를 말해 주는 것이라고 볼 수 있다.

- 소부대 작전과 관련하여 ; 중대단위 작전 시 가장 많이 사용된 전술대형은 통상 횡대였으며, 소대간격은 통상 150미터~200미터였다. 또

한 한국군의 수색방법은 고지에서 저지로 수색하고 있었다.

- 통제수단과 관련하여 ; 통제선에 의한 방법과 지도상에 사전 준비된 확인점에 의한 방법을 사용하고 있었으며, 소대장들에 대한 상세하고 면밀한 브리핑이 실시되고 있었다.
- 통신과 관련하여 ; 중대, 소대, 분대의 통신장비는 PRC-10 및 PRC-6였다. 이것은 정글 지대에서 거의 사용 불가능한 장비로서 통신이 두절되는 경우가 허다하였으나, 한국군은 이러한 결함을 극복하고 있었으며, 그 수단으로서 연락병의 완수(腕手) 신호 및 총성 신호로 통신이 이루어지고 있었다.
- 한국군의 높은 살상률과 관련하여 ; 한국군은 비교적 협소한 지역에서 베트콩이 완전히 사살 또는 포획되어 지역이 완전 소탕될 때까지 수색을 되풀이하고 있었다. 지역수색에 충분한 시간을 할당하고 있었고, 또한 병사들은 사냥꾼이 그의 목표물을 찾아 추격하는 식의 기술을 사용하고 있었다.

그들은 인내심이 강하고, 베트콩의 습성에 대하여 잘 알고 있었으며, 미군보다 훨씬 왕성한 지휘력을 발휘하고 있었다. 이러한 진취적 태도는 지휘관을 주축으로 하여 형성된 것이 아니라 각기 병사로부터 찾아볼 수 있었다. 한국군은 우리가 가르쳐 준 전술을 사용할 뿐만 아니라, 우리가 잊어버린 지 오랜 된 전술마저 적용하고 있었으며, 각기 병사들의 훈련과 의욕은 우리에게 많은 자극과 충격을 주었다.

둘 째

- 한국군의 단점으로, 야전축성과 관련하여 ; 대부분의 중대는 작전지역 내에서 사주방어 시 완전한 야전축성을 실시치 않고, 대부분 깊이가 얕은 2인용 호를 준비하고 있었다. 월남에서 적은 언제 어디서 기

습해 올지 모른다. 단 하룻밤의 방어진지일망정 초소의 입사(立射)호
는 구축되어야 하며, 적을 과소평가해서는 안 될 것이다.

화력지원과 관련하여 ; 작전기간 중 한국군은 포병 지원사격이 없었
으며, 긴급 항공근접지원이나 AC-47의 지원요청 등은 전혀 목격하
지 못했다. 이러한 사실은 한국군의 큰 모순이다.

작전완료 후 기도비닉 조치와 관련하여 ; 기도비닉 조치는 대체로 양
호하였다. 다만 몇 가지 잘못된 점은 목표지역에서 통신을 위해
AN/PRC-6와 AN/PRC-10을 통한 계속적인 소탕전의 수행은 아
군 진지의 폭로 원인이 되고 있었다. 이동간 경계와 관련하여 부대이
동시의 경계는 비교적 불충분하였다. 대부분의 경우 제한된 전방 및
후방경계만 실시되고 있어 측방경계의 미약함을 노출시켰다.

결 론

한국군의 작전을 참관해 본 결과 진심으로 "한국군이 우리를 도울 수
있는 최대한의 호의를 베풀어 주었다"고 느낀다. 또한 그들은 대단히 훌
륭한 사람들이었다. 우리는 "주월 한국군이 최단시일 내에 M16 및 M60
기관총으로 장비되어야 한다"고 느꼈으며, M1, AR 및 구경30 기관총은
월남과 같은 지형과 기후하에서는 전적으로 부적당한 것이다.

뿐만 아니라 한국군에게도 정글 작업복을 착용시켜야 될 것이다. 그들
이 입고 있는 재래식 피복은 중량이 무겁고 쉽게 마르지 않는 등 애로사항
이 많았다. 이러한 애로사항은 사이공에 있는 높은 사람들이 그렇게 하도
록 지시만 한다면 간단히 해결되리라고 믿는다.

나는 미군들이 제출한 작전참관 보고서를 읽고 우리 부하 장병
들이 미군보다 훨씬 악조건하에서 싸우면서도 월등히 높은 성과를

올리고 있는 데 대해 무척 고맙고 자랑스럽게 생각했다. 특히 나는 부하 장병의 전투 장비나 피복 등 보급품 수준 향상을 위해 더 적극적으로 미군 당국과 계속 협조해야겠다고 다짐했다.

미군 장교 참관단이 작성한 보고서 가운데 한국군에게 필요한 M16 소총과 M60 기관총은 이미 한국군에게 지급되도록 원칙적으로 합의한 바 있었고 일부 교체가 진행 중이었다.

나의 임무 가운데 중요한 하나가 바로 부하 장병이 좋은 장비로 잘 싸우도록 뒷받침하는 것이라고 항상 생각했다.

오작교작전 현장에 자주 방문하여 작전을 참관했던 미군사령관 웨스트모얼랜드 장군은,

"나의 군대생활을 통하여 가장 인상 깊었던 것은 한국군의 오작교작전이며, 전략적인 방침과 장병들의 완전무결한 전술적인 행동으로 상상할 수 없는 베트남전의 새로운 경지를 개척하였다."

라고 공식 석상에서 여러 차례 연설하였다.

오작교작전에서의 전과와 손실을 요약하고 수훈 내역을 밝힌다.
[맹호사단]
적 사살 608. 포로 272. 귀순 165. 소화기 노획 456. 공용화기 노획 26. 주요 통신장비 47.
아군 손실 전사 16명. 전상 108명.

[백마사단]
적 사살 266. 포로 145. 귀순 69. 소화기 노획 192.

공용화기 노획 4.
아군 손실 전사 19명. 전상 59명.

[수훈 내역]
을지무공훈장 1. 충무무공훈장 16. 화랑무공훈장 87. 인헌무공
훈장 194.

이와 같은 빛나는 성과에 대하여 박정희 대통령은 전공을 치하
하는 전문을 1967년 4월 20일 주월 한국군 전 장병에게 보내 왔는
데, 그 내용은 다음과 같다.

• 치하 전문
오작교작전의 위대한 성공에 대하여 본인은 주월한국군사령관
채명신 장군과 휘하 장병에게 만강의 치하를 보내며 아울러 무운
장구를 기원합니다.

1967년 4월 20일
대통령 박 정 희

오작교작전은 성공적으로 끝났지만 이것으로 만사가 해결된 것
은 아니었다. 왜냐하면, 도주했던 적이 다시 수복할 수 있기 때문
이다. 따라서 나는 1번도로를 계속 확보 유지하기 위한 대책을 강
구하지 않을 수 없었다. **간단없는 수색과 경계 그리고 지역 주민에
대한 적극적인 대민지원과 민사심리전을 전개할 때만이 진정한 평정
사업의 성공**이라고 생각했다.

이에 따라 나는 맹호사단 제26연대의 2개 대대와 백마사단 제 28연대 1개 대대를 새로이 확장된 지역에 각각 배치했다.

한편, 본 작전의 성공적인 종료로 1번도로 400킬로미터의 병참 선을 확보하였을 뿐만 아니라 8,400평방킬로미터의 광활한 지역 을 월남 정부 행정관할지역으로 넓힐 수 있게 되었다.

제 19 장
주요 작전의 배경과 성과

1. 맹호사단의 홍길동작전

맹호사단이 오작교작전에 참가, 남쪽으로 평정지역을 확장하여 제26연대의 2개 대대를 새 전술책임지역에 배치한 이후 평화로운 분위기가 유지되고 있었다.

나는 적이 두코 전투에서의 참패를 만회할 목적으로 꼭 보복을 하기 위해서도 다른 중대전술기지에 기습공격을 가해 올 것이라고 예측하여 예하 지휘관에게 경계 강화지시를 내린 바 있었다.

그 후 예측한 대로 적은 청룡여단 예하 중대전술기지에 막강한 전투력으로 기습공격을 가했지만, 우리 해병은 짜빈동의 신화를 창조한 바 있었다.

오작교작전에서 월맹군과 베트콩은 성역으로 여겨 왔던 넓은 지역을 잃었고 많은 병력 손실을 입어 복수의 기회를 노리고 있을 것이라는 판단은 군사상식에 속한 문제였다. 고금을 막론하고 군사작전의 요체는 보복과 응징의 연속이라고 할 수 있기 때문이다. 그러나 승리 후의 쾌감은 때로 그 원리를 망각하는 경우가 있다. 적을 얕잡아 보게 되면서 긴장이 느슨해지는 것이다.

맹호사단 제26연대 제1대대 2중대는 약 90미터의 낮은 언덕바지에 중대전술기지를 설치하고 있었다. 중대기지는 남동으로 뻗어내린 150미터의 독립고지에서 감제되고 있었으며, 서쪽과 동쪽에는 약 700미터 거리를 둔 딘쫑 마을이 두 곳에 깔려 있었다.

제1대대장 김성찬 중령은 부임하여 15일째가 되기 때문에 오작교작전과는 연관이 없었을 뿐 아니라 대대 상황파악이 완전히 끝난 상태도 아니었다. 대대장은 2중대장 김상옥 대위를 찾아 야간매복계획이 없는 것이 의아해 추궁하려 했으나 연락이 되지 않았다.

중대장 김상옥 대위는 그날 따라 중대원들에게 맥주 한 병씩을 나누어 준 다음 일찍 재웠다. 평소에는 중대원에게 야간비상훈련을 한 번씩 실시하는 것이 통례였는데 이날 따라 그만두었다. 특히 다음날 작전에 대비한다는 구실로 야간경계를 신병으로 편성해서 복초가 아닌 단초(單哨)로 근무케 했다. 또한 이날 따라 기지 밖 청음초를 3소대와 2소대에서 각각 1개 초소만 내보냈다.

5월 16일 새벽 2시 20분경 대대본부에 박격포탄이 낙하하기 시작했다. 대대본부는 뜻밖에 당한 박격포탄 공격에 혼란이 야기되었으나 곧 진지에 투입되어 전투태세에 들어갔다. 이때는 이미 2중대 전술기지를 베트콩 제85대대 예하 2개 중대가 삼면을 포위한 뒤였다.

베트콩은 전원이 팬티만을 입고 온 몸에 검정색칠을 해 위장하고 바구니에 수류탄을 넣고 그림자처럼 다가왔다. 그러나 아직 2 중대 경계병들은 적을 발견하지 못하고 졸고 있었다.

적이 던진 수류탄의 폭음소리를 듣고서야 비로소 적의 기습임을 알아차리고 전투태세에 들어갔다. 대대본부의 박격포탄 낙하와 수류탄 투척이 거의 동시에 시작된 것이었다. 전투태세가 갖추어지기 전에 적 수류탄에 의해 3소대 1분대장 안건장 하사 외 6명이 순식간에 폭사했다. 적은 기지 내 잠입에 성공하였으나 잠에서 깬 맹호와 백병전이 벌어지자 당해낼 수 없었다. 40분간 백병전이 벌어지는 동안 중대의 탄약고가 폭파되는가 하면, 중대 본부와 1소대, 3소대 지역은 적에게 유린당한 뒤였고, 2소대 진지만 정상적으로 버티고 있었다.

얼마 있다가 105㎜ 곡사포의 조명탄이 터지면서 적은 수세에 몰리기 시작했다. 비로소 중대 장병이 평소의 전투력을 회복하자 적은 더욱 수세에 몰렸다. 중대원의 역습을 받고 적은 도주하기 시작하였다. 글자 그대로 아수라장이 되었다.

이 날 2중대의 희생은 전사 20명, 전상 38명이었고 적은 53구의 시체를 남겼다.

중대장 김상옥 대위는 경계책임을 물어 해임되고 중대기지에는 1중대가 새로 투입되었다.

나는 상술한 바와 같은 보고를 받은 다음, 이 실책이 되풀이되지 않기 위한 교훈으로 철저히 연구 분석할 것을 사단장과 연대장에게 지시했다. 또한 적은 여세를 몰아 계속 공세를 취할 것이라는 판단 아래 공세작전으로 전환할 것을 구상했다.

적은 오작교작전에서 60% 이상의 막대한 피해를 입었다고 판단되었고, 월맹군 제5사단 예하 제95연대 병력이 작전지역 내에 재투입되었다는 첩보를 입수하였다. 그뿐만 아니라 월맹군의 적극 지원 아래 베트콩 대대들을 계속 증편하고 있다는 확실한 정보까지 입수하였다.

앞으로 실시될 작전의 명칭을 홍길동작전으로 하고 작전지역 분석에 들어갔다. 이 작전이 전개될 지역 일대는 지난 세월에 프랑스의 식민통치와 일본군의 점령 치하로부터 해방된 후 월맹 세력의 지배를 받아 오다 1955년부터 약 9년간 월남 정부 통치하에 있었으나 계속되는 테러로 낮에는 월남 정부, 밤에는 베트콩 치하라는 이중지배로 오늘까지 이르러 점차 베트콩 영향력이 커지고 있는 곳이었다. 또한 이 작전은 오작교작전과 같이 지역 확장에 목적을 둔 것이 아니고, 증강 일로에 있는 월맹군과 베트콩 주력들을 포착하여 격멸하는 데 그 목적을 두었다.

홍길동작전은 맹호사단과 백마사단이 함께 D-day를 정해 적을 협공함으로써 적의 퇴로 차단과 포위섬멸 효과를 극대화하기로 계획하였다.

맹호사단은 계획대로 1967년 7월 9일 새벽 4시부터 B52 중폭격기 편대로 동수안 남쪽 22킬로미터 지점에 있는 488고지와 504고지 일대에 대한 도양폭격(渡洋爆擊, ARCLIGHT STRIKE)을 실시하였다. 이어서 기갑연대와 제26연대는 헬기에 의한 공중기동작전과 지상 침투작전을 배합하여 각각 공격을 개시하였다. 이 작전은 제2진 연대장인 이인재 대령과 김명수 대령이 기갑연대와 제26연대를 각각 지휘하였다.

백마사단 제28연대 2개 대대, 제29연대 2개 대대, 제30연대 2 개 대대를 홍길동작전에 투입함으로써 오작교작전에 이은 두 번째 군단급 작전을 실시하게 된 것이다.

맹호사단은 이 작전기간 중에 적 주력부대와의 큰 격전은 없었 으나 여러 곳에서 벌어진 소규모 전투를 통하여 월맹 정규군 제5 사단 예하 제95연대의 제4대대, 제6대대 그리고 베트콩에 대해 대 략 30%의 병력 손실과 장비 손실을 주게 된 것으로 추정할 수 있 었다. 또한 적이 사용하던 각종 시설물을 파괴하고 그들의 조직을 와해함으로써 적은 이를 만회하여 전투를 전개하려면 최소한 3개 월이란 시일이 필요할 만큼의 피해를 입었다.

특히 이 작전에서 기갑연대 제3대대 김서환 대위가 지휘하는 11 중대는 야간매복 중에 베트콩 7명을 사살하고 2명을 생포하였는 데, 그 중에는 적측 월남해방위원회의 서기 겸 경제부장과 서기 겸 농림부장 및 농림부 차장이 끼어 있었고 또한 푸엔성 간부도 1명 포함되어 있었다. 그리고 이때 잡은 포로들의 진술에 의하면, 푸엔 성의 해방위원회 위원장도 아군에 의해 사살된 것으로 판명되었 다. 또한 그 포로 가운데 한 명이 해방위원회 부위원장이라는 것도 확인되었다.

이 성과에 이은 제3단계 작전에서는 월맹 정규군 제1사단의 훈 련참모와 정치참모를 사로잡는 등 적측의 주요 간부가 많이 사살 또는 포로가 되어 그들의 지휘체제에 큰 타격을 입힌 것은 빛나는 성과로 분석할 수 있었다.

홍길동작전 말미에 맹호사단은 적이 20여 년간이나 근거지로 삼 아 오던 이른바 베트콩의 성지(聖地)들을 수복함으로써 1번도로의 안전을 계속 유지할 수 있게 되었다.

그리고 이 작전에서 작전 참가 장병에게 정글 지대를 헤쳐 나갈 수 있는 능력과 험준한 산악을 극복할 수 있는 능력을 함께 갖게 되었음은 전투력 향상에 큰 의미라 할 수 있겠다.

이 작전은 1967년 7월 9일부터 이 해 8월 26일까지 장기간 실시되어 적 사살 394명, 포로 57명, 소총 노획 185정, 공용화기 노획 45정 등의 전과를 올린 반면, 아군 또한 21명의 전사자와 26명의 전상자를 냈다.

2. 백마사단의 홍길동작전

백마사단은 맹호사단과 함께 오작교작전에서 큰 성과를 올린 바 있었는데, 이번에도 이 작전을 함께 실시하게 되었다. 오작교작전에서 확장된 지역이 너무 넓어 계속적인 작전을 실시하지 않으면 이 지대의 안전을 보장할 수 없다고 판단되었다.

사단장 이소동 장군의 보고에 의하면, 투이호아 서쪽 25킬로미터 지점의 둑산과 옹남 계곡 일대에 월맹 정규군 제95연대 제5대대와 훈련소가 들어섰고 옹라산과 혼라산 일대에도 베트콩들이 세를 확장하고 있다고 했다.

따라서 이번 작전도 맹호사단과 백마사단이 함께 해서 적 주력을 협공으로 섬멸할 것을 결심하였던 것이다.

적은 작전지역 일대의 오작교작전에서 큰 손실을 입었기 때문에, 월맹군이 직접 나서서 병력 증원과 보급품 보충을 위해 혈안이 되고 있다는 정보판단에 의하여, 모든 조직이 완비되기 전이 공격의 적기라고 판단하였다.

주월사에서 판단한 적의 행동 목표는 대체로 다음과 같은 것이었다.

첫째, 아군과의 대부대 접촉을 회피하면서 부대를 정비하고 월남 정부 통치지역을 교란시킨다.

둘째, 그들의 하부 조직을 강화하여 6월부터 8월까지 군량을 확보할 수 있는 쌀 수확지역을 장악한다.

셋째, 9월에 있을 예정인 월남 대통령 선거와 월남 혁명개발사업을 적극적으로 방해하기 위하여 나트랑과 닌호아에 살고 있는 월남 사람의 심리적 전향을 꾀한다.

넷째, 테러, 납치, 살해 및 박격포 기습공격 등으로 고립된 기지와 경계진지에 대대급 공격을 기도하고 매복활동을 증가시키면서 군사시설을 위협한다.

이와 같은 적의 동태에 대비하기 위해서는 선제공격이 필요하다고 결론이 내려졌던 것이다.

나는 백마사단을 방문하여 사단장 이하 모든 지휘관 및 참모들이 모인 자리에서 다음과 같이 강조했다.

"이번 작전은 압도적인 화력과 병력을 집중하고 우세한 기동력을 총동원하여 포위망을 형성한 후 장기작전에 들어가야 한다. 조직적인 저항을 시도하는 적에 대해서 근접전투로 백병전을 전개한다는 것은 고려되어야 한다. 적의 발악적인 저항에 부닥치게 되었을 경우 즉각 아군 병력을 우회시켜 적진에 최대한 화력을 집중해야 한다. 무모하게 병력을 희생시키는 일은 용기가 아니다. 베트남전에서는 목숨을 바치면서까지 탈취할 목표는 없다."

당시 청룡여단에서는 무모한 작전으로 병력을 희생시키는 경우가 있었으므로 백마사단에게도 무모한 희생 방지를 당부한 것이다. 무모한 희생은 두 가지 경우에 발생한다. 적이 양동작전을 펴는 것을 모르고 서둘러 추격했다가 희생되는 경우가 있고, 적을 얕잡아 보고 무모하게 뛰쳐 나가다가 함정에 빠지는 경우가 그것이다.

백마사단 작전지역에는 월맹 정규군 제325사단 예하 제95연대와 제18연대의 잔적들이 날뛰고 있었다. 푸엔성 일대에는 제95연대가, 닌호아 남쪽에 있는 혼바산 북부 산악지대에는 제18연대의 잔적들이 야금야금 월남 행정지역에의 침식을 꾀하기 시작하고 있었다.

이 작전은 백마사단 3개 연대에서 각각 2개 대대씩 참가하기로 하고 제3단계 작전으로 하되 제1, 2단계는 제28연대장이, 2, 3단계에는 제29연대장에게 지휘권을 부여하여 실시케 하였다.

초대 백마사단장 이소동 소장은 이 작전이 진행되는 동안 임기를 마치고 7월 28일 신임 사단장 박현식 소장에게 지휘권을 넘겼다.

제1단계 작전이 시작되는 1967년 7월 9일, 헬기에 의한 공중기동작전과 침투작전을 병행하면서 포위망을 형성하여 정밀수색에 들어갔으나 여느 때처럼 초기에는 적이 숨어 버려 소수의 적과 접촉할 뿐 이렇다 할 교전이 없었다.

D+5일인 7월 14일에 제28연대 제1대대 3중대는 중대장 민찬기

대위 지휘하에 정밀수색 중 적과 조우, 사격전이 벌어졌다. 적도 중대병력이었으므로 1대1 전투가 전개된 것이다. 적 또한 만만치 않게 기관총 사격까지 가해 가며 저항했다. 중대는 절대 우세한 화력과 과감한 공격으로 마침내 적 제압에 성공하였다.

이 전투에서 적 30명을 사살하고 1명을 생포하는 한편, 57㎜ 무반동총, 81㎜ 박격포 각 1문, 기관총 5정, 소총 3정 등을 노획하는 전과를 올렸다.

이 전과에 이어 다른 중대들도 곳곳에서 숨어 있던 적을 발견하여 사살 또는 포로로 했다.

제28연대 제1대대 4중대는 박수일 대위 지휘하에 적 은닉처를 급습하여 적 1개 분대를 격멸하는 전과를 올렸다.

백마사단의 작전은 계속 이런 식으로 수색을 통한 은닉처 발견 후 섬멸이라는 전투를 계속하고 있었다.

1967년 8월 26일까지 48일간의 소탕작전은 끝났다. 작전 완료와 함께 확인한 바에 의하면, 제1단계 작전지역에는 월맹군 제5사단 예하의 제95연대 본부를 비롯하여 제4대대, 제5대대 후방요원과 베트콩 중대 등 적 600명 가까이가 산재해 있었던 것으로 알려졌다.

제2단계 작전지역에는 월맹군 제95연대 예하 제5대대 3중대와 베트콩 등 적 250여 명이 암약하고 있었던 것으로 분석되었다.

제3단계 작전지역에는 월맹군 제18B연대 예하 제8대대의 일부와 베트콩 등 도합 490여 명의 병력이 준동하고 있었던 것으로 판단되었다. 따라서 홍길동작전을 통해 이들 조직을 완전히 와해시키는 한편, 그들이 노리는 공산화 야욕을 분쇄시키는 데 성공한 것으로 분석되었다.

백마사단의 홍길동작전을 통해 적 사살 271명, 포로 61명, 소총 노획 247정, 공용화기 노획 98문 등 전과를 올린 반면, 9명의 장병이 전사하고 75명이 전상을 입었다.

3. 해병의 '보물선' 나포작전

너무 서둘러 실시하는 무모한 작전과 만용으로 적의 함정에 빠지는 등 전과에 비해 해병의 희생이 많아 침체에 빠져 있었던 청룡여단에 통쾌한 낭보가 들어왔다. 나는 보고를 받는 즉시 현장에 헬기로 날아 갔다. 노획한 적 무기를 보고 정말 대단한 수확이라고 생각했다. 그 내막은 다음과 같다.

1967년 7월 14일. 이 날은 맹호사단과 백마사단이 한창 홍길동작전을 실시하고 있었던 날이었다.

청룡여단은 미 해병 제3상륙군사령부(Ⅲ MAF)로부터 정보를 입수하였다. 시간은 오후 6시.

'바탄간(Batangan) 반도 동남방 160킬로미터 거리의 남지나해상에서 바탄간 반도를 향해 군수물자를 만재한 것으로 추정되는 적선이 해안선에 접근 중임'이라는 내용이었다. 적 선박은 중공의 해남도(海南島)에서 출항한 것으로 알려졌다.

바탄간 반도는 청룡여단 전술책임지역 내 서남부 산악지역에서 활동하고 있는 월맹군 제2사단과 베트콩 제1연대 그리고 지방 게릴라 등의 근거지이며, 이들이 필요로 하는 식량의 조달기지이기도 했다. 최근 정보판단에 의하면, 바탄간 반도 일대에서는 소대, 분대 규모의 적 활동이 빈번하게 관측되었고 반도 상공을 비행하는 미군기에 대공사격을 가하는 등 적대행위가 잦은 위험지구로 분석되고 있었다.

이봉출 준장 후임으로 청룡여단장에 부임한 김연상 준장은 미해병 제3상륙군사령부가 제공한 정보에 의하여 즉각 적 보급선을 나포하기 위하여 정보 입수로부터 4시간 만에 용머리2호 작전명령을 하달하여 즉각 나포작전에 들어갔다.

청룡여단은 진작부터 바탄간 반도의 적 요새를 분쇄하는 것이 곧 지역 내의 적을 섬멸할 수 있는 길이라는 것을 알고 있었지만, 해병의 병력 사정이 미치지 못해 반도 해안지역까지 작전을 실시할 여력이 없었다. 그러나 이번만은 적 보급선이 해안에 접안하여 하역작업을 완료한다면 적은 재무장하는 결과가 되므로 청룡여단에 대한 위협이 배가할 것이기 때문에 어떤 일이 있어도 작전을 결행하기로 하였다.

김연상 여단장은 정보참모 최칠호 중령으로 하여금 적 보급선 접안에 대한 정보판단을 하도록 하고, 접안 예정지역과 접안 예정시간을 보고하도록 조치했다. 그리하여 정보참모는 접안 예정지역 네 곳과 접안 예정시간 15일 02시가 될 것이라는 보고를 했다.

작전참모 이건우 중령은 정보판단에 의한 작전계획을 수립, 여단장 결재를 득한 후 제1대대, 제2대대에 각각 하달, 4개 중대 및 특공소대를 투입할 준비를 완료하였다.

이때 미 해병 제3상륙군사령부측에서는 많은 전과가 예상되는 이 작전을 한국 해병대에 빼앗기게 된 것이 아쉬웠든지 자기네들이 작전을 실시할 테니 한국 해병대는 작전을 취소하면 좋겠다는 의견을 제시해 왔다.

　여단장은 난감하였다. 이미 정보판단에 근거, 작전계획까지 수립한 후 예하 대대에 지시까지 내려가 있는 마당에 취소한다는 것은 매우 어렵다고 생각한 나머지 궁여지책으로 그러면 합동작전으로 하자고 제의하였다. 이런 고비를 넘겨 우리 해병대가 양보하지 않자 미 해병은 할 수 없이 한국 해병에게 양보했다.

　22시 45분에 미 해병 제3상륙군사령부로부터 적 보급선이 원양(遠洋)에서 계속 그 선수(船首)를 서쪽으로 돌려 바탄간 반도 쪽을 향하여 항해하고 있다는 추가 정보를 보내왔다. 이로부터 다시 15분 뒤에는 적 보급선이 확실하게 반도에 접안할 것이라는 세 번째 정보를 보내왔다. 이에 따라 해병대는 즉각 출동하여 접안지역에 대한 작전을 개시하였다.

　24시가 가까워지자 미 해병측으로부터 네 번째 정보가 왔다. 청룡여단이 접안 예정지역으로 선정한 해안 가운데 한 곳인 사키(Sa Ky)강 하구에 다다랐다는 내용이었다.

　이 날 동지나해 연안을 봉쇄하고 작전 중인 미 해군은 지금까지 적 선박을 계속 추적하여 오다가 이 선박이 바탄간 반도에 접근 가능성이 확실해지자 일제히 포격을 가하며 추격했다. 적선은 당황하면서 방향을 바꾸어 도주하려 하였으나 도주 방향 또한 치열한 포화가 계속되므로 진퇴양난의 고비에서 사키강 하구에 있는 자그마한 돌섬 앞에 좌초됐다.

　새벽 03시 미 해군과 해병의 포격에 적선은 불타기 시작했고 그 일대에 적이 접근하여 하역작업을 못하도록 미 해군의 함포사격과 우리 해병의 포병사격이 계속됐다. 이어서 미 공군 전폭기의 공중 폭격까지 가세하였다.

날이 새자 폭격과 포격을 멈춘 다음, 해병의 공중기동작전에 의해 적선 일대를 포위, 수면 위에 좌초된 적 선박을 향하여 특공대원이 헤엄쳐 적선에 기어 올라 점거한 다음 적선에 가득 실은 군수물자 노획에 성공하였다.

이 작전을 통해 아군 희생은 적 부비트랩에 의해 2명이 전사하고 3명이 부상했다. 적 사살은 23명이었다.

적 선박에서 하역한 노획 무기는 다음과 같다.

중공제 K44 자동소총 975정, 중공제 K56 자동소총 189정, 중공제 B40 유탄포 25문, 중공제 K53 자동소총 9정, 중공제 50mm 대공기관포 2문 등 산더미 같은 주요 군수품들이었다.

해병여단에서는 이 무기를 연병장에 쌓아 두고 많은 귀빈들에게 보여 주도록 준비했다. 나는 해병 장병의 노고를 치하하고 노획한 무기들을 보기 위해 신상철 주월남대사와 함께 헬기로 현장에 도착했다. 뒤이어 이 소식을 접한 미 해병 제3상륙군사령관, 월남군 제1군단장 등 많은 귀빈이 와서 보고 모두 놀라운 전과라고 칭찬했다.

관람 중이던 귀빈 가운데 누군가가 "한국 해병이 보물선을 나포했다."고 말해 모두 한바탕 웃었다. 족히 베트콩 1개 연대를 무장할 수 있기에 이 무기는 우리에게 큰 도움을 준 것이라고 입을 모았다.

며칠 후 월남 티우 대통령이 직접 방문하여 유공 장병에게 훈장을 달아 주며 격려했다.

이 작전의 성공은 미군과 우리와의 적절한 정보교환으로부터 시작하여 협조된 작전에 기인하며, 청룡여단의 주도면밀한 작전계획에 의한 과감한 작전의 소산이라고 평가하고 싶다. 청룡여단은 이 작전 이후 더욱 성숙된 작전에 임할 수 있게 되었다.

4. 아름다운 매화작전

맹호사단은 파월 이래 맹호5호작전과 맹호6호작전에서 괄목할 만한 전과를 올려 사단전술책임지역 평정에 크게 기여했다. 그러나 적은 월맹의 적극적인 지원에 힘입어 예상 외로 빠른 속도로 병력과 장비를 증강하여 전투력 회복에 안간힘을 쏟고 있었다.

입수된 정보에 의하면, 월맹은 1967년 9월 3일에 실시하는 월남 대통령 선거를 방해할 목적으로, 아군의 공격을 교묘히 회피하면서 소규모 단위로 베트콩을 각 마을에 침투시켜 주민을 협박하여 공포 분위기를 조성하는 한편, 주민들에게 월남 정부와 한국군에게 협조했던 자들을 처단하는 것을 보여 주어 다시는 자기들을 배반하지 못하도록 하는 공작을 시작하고 있었다.

이미 7월부터 푸캇군 지방 게릴라 100여 명을 3개 소대로 나누어 훈련을 시킨 다음, 그들을 주축으로 하여 고보이 평야 일대에 있는 마을마다 지방 게릴라 재편성을 착수하였다. 따라서 맹호사단 전술책임지역 내의 평화는 깨져 가기 시작하였으며, 그 여세를 몰아 지역 내 행정 관서를 습격하며 월남 정부 산하 기관에 근무하는 관리를 암살하는 등 본격적인 활동의 징후가 포착되었다.

월남공화국의 대통령 선거는 자유우방은 물론 공산국가 사이에서도 커다란 관심거리였다. 이와 같이 중요한 선거를 앞두고 적의 선거 방해 공작이 더욱 노골화되어 가는 것을 나는 그대로 방치할 수 없었다. 따라서 나는 내 지휘하에 있는 모든 부대들에게 자유선거를 위한 보장을 통해 진정한 **자유민주주의의 꽃을 피우고 평화를 성취시키겠다는 취지로 '아름다운 매화작전'으로 명명**한 선거 방해 세력의 무력화 작전을 지시하였다.

주월사가 있는 사이공에서도 대통령 선거를 위한 안전보장책에 대한 경계가 삼엄하게 이루어져 있었을 뿐만 아니라 누가 대통령이 되느냐에 대한 관심도 매우 컸다.

먼저 장에서 기술한 것처럼 초기에 미국이 대통령으로 공군장성 출신인 키를 밀려고 했다가 나의 간곡한 설득으로 완전 중립을 택하게 된 미 대사관과 미군사령부는 이제 누가 대통령이 되느냐 보다 선거 기간 동안 평화로운 분위기에서 투표가 공정하게 이루어지는 쪽으로 관심을 돌리고 있었다.

맹호사단은 사단장 유병현 장군 지휘하에 8월 20일부터 선거 보호를 위한 작전을 시작하여 각 경계초소를 증강하는 동시에 매복 및 수색작전을 강화하면서 주요 교량과 중요 시설 보호에 나섰다.

사단전술책임지역 내에는 곳곳에 뿌려진 선거 방해 전단이 눈에 띄었으며 이를 수거하여 주민들에게 안심시키는 선무공작도 병행했다.

작전이 9월 3일 선거가 끝난 후까지 연장되어 9월 6일까지 계속되는 동안 적 주력과의 교전은 없었지만, 작전지역 내에서 움직이고 있는 소수의 베트콩들은 꾸준히 격멸당하고 있었다.

작전기간 중 적은 선거 방해를 위한 갖은 책동을 계획하고 있었으나, 맹호사단이 실시한 '아름다운 매화작전'으로 말미암아 그 뜻을 이루지 못하고 방해 책동이 시동 걸기 전에 일망타진됨으로써 사단전술책임지역 안에서는 단 한 건의 테러 없이 안전하게 선거를 치르게 되었다.

따라서 맹호사단 지역 내의 선거 유권자 약 27만명 중 24만명이 투표에 참가하여 **90%에 가까운 투표율**을 보여 줌으로써 월남 전체 총투표율 83%보다 월등히 좋은 성과를 나타내게 된 것이었다.

이 작전을 통하여 적 48명을 사살하고 7명을 생포하는 한편, 소총 37정과 공용화기 4정을 노획하였다. 반면, 아군 또한 12명이 전사하고 11명의 전상자를 냈다. 이 전우들의 희생으로 자유민주주의를 위한 철두철미한 한국군의 사명을 내외에 알리는 계기가 되었다.

백마사단도 맹호사단과 같이 아름다운 매화1호작전을 전개하였다. 적은 백마사단 지역 내에서도 맹호사단의 경우와 같이 월남의 대통령 선거를 방해할 목적으로 월남 민병대를 기습하는 한편, 일부 특공대를 조직하여 공공시설 파괴 공작에 나섰다.

이소동 장군 후임으로 부임한 박현식 장군은 사단의 전술책임지역 내에서 주민들이 안심하고 선거에 임할 수 있도록 사전에 작전계획을 완성하고 적시적절하게 적에게 타격을 가함으로써 적극적인 방책을 강구했다.

8월 26일부터 백마사단은 주야간 매복을 강화하고 장거리 정찰대를 운용하는 등 적의 예상 출몰지역에 대한 정밀수색을 계속했다.

그러나 적은 한국군과 정면충돌을 회피하면서 극히 소수의 게릴라만이 작전지역에서 활동하고 있었다. 백마 장병들은 비록 소수의 병력이라 할지라도 끝까지 추격하여 섬멸하고 생포하면서 전과를 하나하나 쌓아 갔다.

특히 적은 한국군의 활동을 방해하기 위하여 부비트랩을 설치하는 수법으로 대응하였다.

백마수색대가 야간작전을 마치고 중대전술기지로 돌아오는 길에 첨병이 호아티엔 마을 어귀 소로에서 이상한 설치물을 발견하였다. 약 1미터 간격으로 M16 대인지뢰 6발을 매설하고 그 위에 인계철선으로 연결, 만약 그 줄을 건드리면 6발이 동시에 폭발하도록 장치해 놓았다.

제29연대 제3대대 10중대장 이상호 대위는 보고를 받고 즉시 부비트랩 제거를 위해 미리 마련했던 갈퀴에다 긴 로프를 연결시켜 잡아 당겨 폭발시켰다. M16 대인지뢰는 미제 대인지뢰로 그 위력이 대단한데, 만일 수색대가 이를 건드렸다면 6발 모두가 폭발, 많은 희생자를 낼 뻔했던 아슬아슬한 고비를 넘겼던 것이다.

그 날이 8월 29일인데 밤 9시경 제28연대 제3대대 9중대는 호아산 기슭에서 매복 중 50미터 전방에서 갑자기 나타난 이상한 형태의 물체를 발견하고 가까운 거리까지 유도한 후 즉각 집중사격을 가해 6명을 사살하고 도망가는 베트콩 1명을 생포했다.

그러나 불행한 일도 생겼다. 제29연대 제3대대 11중대가 매복 중 적이 나타나는 것을 지근거리에 유도하기 위하여 기다리다가 먼저 적이 수류탄을 던짐으로써 제1소대장 이병수 중위와 제1분대장 김강호 병장이 애석하게도 현장에서 전사했다. 순간 일제히 적을 공격, 1개 분대의 적을 모두 사살함으로써 보복에 성공했다.

내가 위에서 열거한 전투 장면의 사례를 기술한 것은 우리 한국군이 민주주의 절차에 의해 실시되는 선거의 안전보장을 위해 이와 같이 이국 땅 한밤 중에서 고생을 했었다는 것을 기록에 남기기 위해서이다.

어디 이들 뿐이랴. 곳곳에서 한국군은 조국의 명에 의해 심신을 바친 곳이, 그 전장이 베트남이었던 것이다. 우리 한국군은 미국의 용병도 아니었고 미국의 청부전쟁에 참가한 것도 아니다. 오로지 조국의 명에 의해 국군의 사명을 다한 것뿐이다. 또한 이 야간매복은 우리가 선택한 것이지 다른 외국인의 사주에 의한 것이 아님은 분명하다. 국군이 현대화 과정을 거쳐 강군으로 다시 태어나려면 이와 같은 고난을 겪지 않고서는 뜻을 이룰 수 없다는 것이 평소 나의 생각이었다.

이 고귀한 전우들의 경험과 희생으로 말미암아 1966년까지 한국의 철책선을 넘어 안방 드나들듯 하던 공비들이 1967년부터 시작하여 1968년부터는 모조리 사살되었음은 전우의 흘린 피 덕택이라고 단정할 수 있다. 1966년 말부터 귀국하기 시작한 분대장, 소대장, 중대장, 대대장들에 의해 한국 방어는 새 전환기를 맞았고, 북한 당국은 철책선 침투를 포기하고 해상침투 방식으로 바꾸지 않을 수 없게 되었던 것이다.

백마사단은 8월 20일부터 실시한 아름다운 매화1호작전을 9월 6일까지 실시함으로써 사단이 담당한 전술책임지역 내에서 단 한 건의 선거 방해 사건도 발생하지 않았다.

이 작전 중 백마사단은 100명의 적을 사살하고 3명을 포로로 했고, 기관총 1정을 비롯하여 소총 30정을 노획하였다. 아군은 15명이 전사하고 33명이 전상을 입었다.

청룡여단의 추라이 지구 전술책임지역 내의 월남 주민은 약 15만명에 달했으나 지금까지 월남 정부의 행정력이 미치는 곳은 1번 도로를 중심으로 한 좌우지역과 용머리작전에서 평정한 526번도로에 연하는 지역의 약 8만명에 불과할 뿐이었다.

이와 같은 여건은 9월 3일 실시할 대통령 선거에 큰 위협이 아닐 수 없었다. 이에 따라 청룡여단은 주월사 통합작전의 일환으로 아름다운 매화1호작전을 실시하게 되었다.

9월 1일까지 제1단계 작전을 마치는 동안 커다란 작전은 없었으나 적은 부비트랩을 교묘하게 설치하고 청룡들을 꾸준히 괴롭혔다. 적은 정면대결에서는 절대 승산이 없음을 자인하고 숨어서 호기가 생기면 저격하는 방법으로 대응했다.

9월 2일부터는 전술책임지역 내의 적 색출로부터 시작하여 공공시설과 투표지역 경비 보호를 하는 데 여단의 노력을 집중시켰다.

마을 투표소는 물론 투표소에 이르는 도로와 교량, 그리고 공공건물을 보호함으로써 적성이 강한 지역으로 알려졌던 이 지역의 대통령 선거도 한 건의 사고 없이 무난히 끝났다.

따라서 주월한국군사령부에 의해 계획되고 통제된 월남의 대통령 선거에 대한 보호작전은 주월 한국군 전술책임지역 내의 질서를 100% 유지시켜 줌으로써 임무를 완수했다.

특히 티우 대통령은 나를 대통령궁에 초대하여 이번 선거에서 이룩한 한국군의 공로에 대해 감사를 표시했다. 선거 결과는 티우 대통령, 키 부통령이 무난히 동반 당선되었다. 지금까지는 군부 추대로 대통령 행세를 했지만, 이제부터는 새 헌법에 의해 정식 선거 절차에 의한 대통령으로 새출발하게 된 것이다.

특히 선거 후 가장 나에게 우정을 준 사람은 미군사령관 웨스트모얼랜드 장군이었다. 그가 나에게 미국측 희망사항으로 공군 출신 키 장군을 대통령으로 밀도록 협조해 달라는 당부에 나는 강력히 그 요구가 합당하지 않다고 충고하여 미국이 완전 중립을 지키게 되면서 오늘의 결과가 되었으므로 미국은 자유민주주의 정도(正道)를 지킨 것이 되었다. 만일 미국이 키 장군을 대통령으로 밀었다가 당선되지 않았다면 그 결과는 예측 불허였다. 그래서 웨스트모얼랜드 장군은 내 제안에 대해 무척 고마워 했다.

아름다운 매화1호작전은 이렇게 해서 아름다운 매화를 꽃피우게 했지만, 그 꽃이 길이 피어 가지 못하고 불행의 길로 갈 것이라는 사실은 바로 그 당시 아무도 예측하지 못했다.

월맹군과 베트콩은 한국군의 전술책임지역 내에서 월남 대통령 선거 방해공작이 실패로 돌아가게 되자 분산된 병력을 다시 수습하기 시작하였다. 재편성을 완성한 적은 소규모 단위로 한국군에게 기습을 가하려 하였으나 번번이 분쇄되면서 다시 병력을 보충받는 등 재기의 움직임을 보이기 시작하였다.

1967년 10월 22일에 실시되는 월남 국회의원 선거를 앞두고 또다시 방해공작을 도모할 것이라는 정보를 입수한 나는 맹호사단, 백마사단, 청룡여단을 사용하는 선거 방해공작 저지를 위한 작전을 구상, '아름다운 매화2호작전'으로 명명하여 10월 5일부터 10월 26일까지 작전을 실시하기로 하였다.

맹호사단의 아름다운 매화1호작전을 지휘하였던 유병현 장군은 임기를 마치고 귀국하고 그 후임으로 부임한 정순민 장군에 의해 이번 작전을 지휘하게 되었다.

백마사단은 박현식 장군에 의해 이 작전이 지휘되었으며, 청룡여단은 김연상 장군에 의해 지휘되었다.

3개 주요 전술책임지역 내에서의 국회의원 선거를 방해할 목적으로 작전지역 밖으로 패주했던 적이 다시 지역 내에 잠입하여 선거 방해작전을 꾀하였으나 주월 한국군 전체 부대가 아름다운 매화2호작전을 전개하기 시작하자 적은 본래의 목적을 포기하기에 이르렀다.

이 작전기간 중 맹호, 백마, 청룡 3개 전술책임지역 내의 국회의원 선거는 단 한 건의 사고 없이 무사히 치르게 되어 또다시 월남에 아름다운 매화를 꽃피우는 데 기여하였다.

5. 구정공세와 암행어사작전

주월 한국군은 1968년 1월 29일 18시를 기해 월남 전역에 구정 휴전이 성립됨에 따라 휴전 기간 동안에는 모든 전투행위를 중지하고 휴전협정에 따르도록 조치했다.

그러나 이 무렵 입수된 정보에 의하면, 적은 휴전을 역이용하여 기습적인 공세를 가할 것이라는 가능성이 예측되었다.

1967년 10월 말에서 1968년 1월 중순까지 적은 서부 고원지대에 대한 공세를 취함으로써 모든 관심을 그 쪽으로 집중시키기 위한 기만작전을 시도하는 것으로 판단하고 있었으므로 비록 휴전기간이라고 하나 급변하는 정세에 대한 대비책이 필요하다고 나는 판단하고 있었다.

나는 주월 한국군 모든 부대에게 구정 휴전 기간 중 특별경계를 지시하는 한편, 적이 휴전협정을 위반하여 공세를 취할 경우를 대비하기 위하여 암행어사작전 계획을 작전참모 한민석 대령에게 수립하도록 지시하였다.

적이 휴전을 역이용하여 공세를 단행할 것이라는 판단의 근간이 된 입수된 적정은 다음과 같은 것이었다.

- 적은 월남의 정 · 부통령 선거를 전후하여 국민의 동정을 살핀 결과 베트콩과 국민과의 사이가 완전히 멀어지지 않았다는 것을 확신하고 인구 조밀지역인 도시지역에 대한 공세계획을 세웠다는 정보 입수.
- 적이 영향권에 속해 있는 요지에 진지와 동굴 등 근거지를 강화하고 있었으며, 캄보디아를 통한 보급로를 확보함으로써 공세기도에 따른 병력과 장비를 갖추고 있는 것으로 판단.
- 적은 구정 휴전 기간을 이용하여 아군 및 우군이 방심하는 틈을 이용하여 일반 행정관서와 경찰서, 방송국, 형무소 그리고 장병숙소 등을 기습하여 월남 국민에게 위력을 과시하여 정부의 위신을 추락시켜 민중봉기를 유도.
- 상기와 같은 계획 진전에 따라 비행장을 비롯하여 군수품 저장시설, 포병진지, 훈련소 그리고 방어가 취약한 월남군 진지

등을 공격하여 자기들 하부조직을 고무시켜 혁명을 달성한다.

- 특히 주력부대는 해당 지역 실정에 밝은 베트콩과 지방 게릴라, 민병대를 지정하여 공격개시와 함께 매스컴을 이용하여 "월남 정부는 민중봉기에 의하여 타도되었으며, 주요 도시는 민족해방전선의 군대가 장악하였다"라는 허위선전을 유포하는 사전계획을 마련하였다는 정보 입수.

나는 이상과 같은 정보판단에 의하여 구정 휴전 기간에 적이 공격할 것이라는 예측하에 대비책에 만전을 기했다. 그 구체적 계획이 바로 암행어사작전 계획이다.

한편, 한국군을 비롯하여 미군 및 월남군은 모두 휴전협정을 준수하는 가운데 월남 국민들은 구정을 맞아 축제 분위기를 조성하고 있었다.

휴전협정이 발효된 1월 29일 18시로부터 수시간이 지날 무렵, 적은 야음을 이용하여 예측한 대로 월남 전지역에 걸쳐 일제히 구정공세를 촉발시켰다.

이에 따라 나는 1월 30일 0시를 기하여 휴전을 철회하고 각 예하 사단으로 하여금 공격태세로 전환, **암행어사작전을 개시하도록 명령하였다.**

맹호사단은 사단장 정순민 장군에 의해 암행어사작전이 단행되었다.

지역 내 적을 격멸하기 위하여 신속한 기동으로 적을 포위 섬멸하되 인구 밀집지역에서 적을 유인, 시가지에서 발생하는 양민의 생명과 재산을 보호하기 위해 최대한 노력할 것을 작전 주안점으

로 정했다. 한편, 작전을 통해 적을 포로로 한 다음 그로부터 얻어
지는 정보를 최대로 활용하도록 강조되었다.

한편, 적은 사이공을 비롯한 도시 곳곳에서 기습공격을 가해 왔
다.

사이공시에서의 적 출현을 한국군이 발견한 것은 우리 대사관의
경비병들이었다. 1월 30일 02시 30분경에 우리 대사관 앞에 구급
차 1대와 삼륜차 1대가 질주해 와 급정거했다. 이때 구급차의 뒷문
이 활짝 열리며 적병 20여 명이 쏟아져 나왔다. 이를 발견한 경비
병은 즉각 비상 벨을 눌러 소대원을 모두 깨웠다. 신속히 대응한
경비병들은 적들을 향해 일제사격을 가했다. 놀란 베트콩들은 사
방으로 흩어져 도망했다. 이 적 무리들은 대사관을 목표로 공격해
온 것이 아니라, 대사관과 인접해 있는 월남 대통령 관저인 독립궁
을 기습하러 온 것이었다.

우리 대사관 경비를 담당한 박세환(ROTC 1기) 중위가 지휘하는
증강된 소대규모 경비병의 철저한 경계태세와 적절한 즉각 조치로
대통령 관저는 위기에서 모면할 수 있었다. 나는 그에게 훈장을 달
아 주고 사령부 경비대장으로 승격시키기로 결정했다.

사이공시에 침입한 베트콩은 6개 대대로 추산되었다. 제1진 2개
대대는 탄산눗 공항, 월남해군본부, 월남군총사령부, 미군사령부
를 목표로 했고, 제2진 3개 대대는 촐론 미군 PX, 한국군과 미군
장교숙소, 한국군사령부를, 제3진 1개 대대는 독립궁, 미 대사관,
대법원을 목표로 하여 기습해 왔다.

제2진에 3개 대대를 편성한 것은 한국군과 격전을 예상해서였을
것이다. 그러나 한국군사령부와 우리 대사관은 아무 피해도 입지

않았다.

　이상과 같은 사이공 정세에 대한 급박한 상황 진전을 확인한 맹호사단은 전술책임지역 내의 가장 큰 도시인 퀴논시에 대한 대책이 시급하다고 판단했다.

　우리가 예측한 대로 빈딩성의 성도(省都)인 퀴논시에 빈딩성 주력 특공대인 월맹군 3사단 예하 300Sapper 대대는 이날 날이 밝기 전인 02시경에 퀴논 방송국을 비롯하여 주요 기관을 기습 점령하였고, 02시 40분경에는 퀴논시에 주둔해 있는 월남군 헌병대를 기습하여 교전 끝에 월남군은 전사 7명, 전상자 27명, 실종자 1명 등 피해를 입었다. 적 또한 교전에서 계속 피해를 입고 있었으나 시가지 주요 건물들을 파괴하면서 저항을 계속하였다.

　이에 맹호사단 제1연대 제1대대에 장갑차중대를 배속하였으며, 대대장 김홍한 중령 지휘하에 퀴논시에 침입한 적 소탕작전에 투입되었다. 퀴논시는 한국군 전술책임지역이 아닌 월남군 관할이었다. 그러나 월남군과 시 당국의 요청으로 구원군이 되어 출동하게 된 것이다.

　제1대대 3중대 및 4중대는 10시에 헬기를 사용한 공중기동작전으로 퀴논 방송국을 중심으로 하는 바탄 거리를 포위한 다음에 배속받은 장갑차가 도착되는 즉시 퀴논 시가지를 향해 공격을 감행하였다. 이때 시가지 곳곳은 불타고 있었고 시가지는 무인지대로 변해 있었다.

　포위망을 압축하였으나 적과의 접촉은 없이 날이 어두워졌다. 다음날 날이 새자 일제히 장갑차를 앞세우고 전진을 시작하였다. 방송국 가까이 접근하면서 적과의 교전이 벌어졌다. 적의 기관총

사격으로 전진이 일시 중단되기도 했지만 한발 한발 좁혀 갔다.

김명수 대령의 제26연대와 백명학 대령의 기갑연대도 각각 전술책임지역 내에서 소탕작전을 계속하였다.

한편, 다음날 16시 현재로 월남 전지역에 걸쳐 구정공세를 벌였던 적의 예기가 꺾여 갔으며, 탄산눗 공항과 대통령 관저인 독립궁을 비롯하여 모든 지역에서 정상을 회복하는 단계로 들어서고 있었다. 특히 사이공에서는 이번 적의 공세로 사이공 방송국이 불타버린 것을 비롯하여 미국 대사관이 기습을 받았고 소방서와 6개 미군 독신장교숙소 등이 기습을 받았으나 큰 피해는 없었다.

이 날 티우 대통령은 군 방송을 통하여 월남 전역에 계엄령을 선포하고 집회 및 공공회합의 금지령을 하달하였다. 또한 정부에서는 군 방송을 통하여 이 날 18시를 기하여 사이공시에 잠복하고 있는 베트콩 잔적들에게 포격을 가할 테니 전투지구의 시민들은 지체하지 말고 그 지역에서 떠나라고 명령하였다.

2월 1일. 이 날 늦게 그동안 퀴논 지역에서 작전을 전개한 제1연대 제1대대가 퀴논 방송국을 비롯한 시가지에 침입한 적을 격멸하고 퀴논시를 완전히 장악하였다.

2월 5일 작전이 종료될 때까지 맹호사단은 전지역에서 작전을 성공리에 마쳤다.

맹호사단 전역에 걸쳐 적은 비록 부분적이기는 하지만 심리적인 면에서 어느 정도의 효과를 거두었다고 볼 수 있겠으나 그들이 목표한 성과는 이루지 못했다는 분석이었다.

이 작전을 지휘하고 있는 맹호사단장 정순민 장군은 정치색이 전혀 없는 글자 그대로 순박한 군인형 성품을 지니고 있었다.

작전기간 중 종군기자들이 줄줄이 따라 다니는 것이 작전에 방해가 된다며 상대하지 않을 뿐만 아니라 욕까지 쏘아대면서 구박한다며 종군기자들이 나에게 항의까지 하는 작은 소동이 벌어졌다. "쟤들이 뭐야! 가까이 오지 못하게 해", "저놈들이 왜 여기까지 온 거야!", "나는 너희들 상대하지 않겠어" 등 도저히 참지 못하겠다는 것이었다. 나는 기자들에게 "악의로 해석하지 말고 정치색이 없는 순박성으로 보아 달라"고 타일렀다.

그 후 나는 정순민 장군을 만나 조용히 설득을 했다. 기자들은 좋은 소식, 궁금한 내용을 고국 동포들에게, 특히 장병 가족들에게 알리는 일을 하고 있으니 앞으로는 기자들을 너무 멀리 하지 말아 달라고. 역시 순박한 정순민 장군은 그 후 기자들 대하는 것이 달라졌다고 한다.

박현식 장군이 지휘하는 백마사단은 주월사 작전계획에 의거 맹호사단과 함께 1968년 1월 30일부터 2월 5일까지 3개 연대를 사용한 암행어사작전에 참가하였다.

사단지역 내에서 적의 최초 공격은 30일 02시에 제30연대 제2대대 5중대 전술기지 주변에 대한 포격을 시점으로 하여 동바틴 비행장 일부를 폭파하고 1번도로를 연결하는 교량들을 파괴하면서 우리 병력을 그곳에 고착시키는 양동작전을 펴는 한편, 월맹군 제18B연대와 베트콩 병력을 규합하여 군사시설과 주요 사령부가 모여 있는 나트랑시에 공격하여 왔다.

사단 인접지역인 투이호아 지역에 침투한 적은 비행장을 기습하고 시내를 방호하고 있던 월남군 제47연대를 물리친 다음 이곳을 점령하려 하였으나 야간 비행장 기습작전에서 미 제319포병대대와의 1차 교전에서 적 19명을 사살하고 1명을 생포하는 가운데 격퇴되고 날이 밝았다.

이 날 밤 제319포병대대는 야간방어전에서 대대장을 포함한 4명의 전사자와 10명의 전상자를 냈으나 미 제173공수여단에서 1개 중대의 증원부대가 도착하여 포위하고 있는 적과 하루 종일 격전을 벌여 적 136명을 사살하고 포로 14명을 비롯하여 82mm 박격포 2문, 공용화기 10정, 소화기 60정을 노획함으로써 투이호아 비행장에 침입한 월맹군 제5대대를 사실상 괴멸시킨 큰 전공을 세웠다. 이 전투는 비록 한국군은 아니지만 인접지역에서 미군이 이룩한 승전보로서 특기할 만한 쾌거였기에 여기 싣는다.

백마사단의 나트랑 지역에서의 전투는 계속되고 있었다. 특히 격전이 전개되고 있는 나트랑 시내에는 한국군 야전사령부가 있으므로 이를 경계하기 위하여 1개 중대를 긴급히 투입하여 경계토록 조치했다. 나트랑 시내에는 우리 야전사령부 뿐만 아니라 미군과 월남군의 야전사령부가 있을 뿐더러 이곳은 칸호아(Khan Hoa) 성청 소재지이며 월남 해군사관학교, 비행장, 군항 등 중동부 지역의 군사 요충지이다.

적은 나트랑 비행장에 82mm 박격포 사격에 이어 시내 주요 군사기지를 포위하고 치열한 사격전을 전개하면서 성청과 형무소 등 공공건물을 일단 점령하는 데 성공하였다.

이 날 기동타격부대로 출동하여 우리 야전사본부를 경계하고 있던 임상택 대위가 지휘하는 제30연대 제3대대 11중대는 나트랑 시가전에서 사령부 쪽으로 접근하여 오는 적과 교전 끝에 6명을 사살하고 1명을 생포하고 소총 3정을 노획하였다.

야전사 본부중대에서는 시내에 있는 내 공관에 적 중대병력이 접근하여 오자 시가전을 하고 있는 월남군과 협공하여 사격전으로 적 37명을 사살하고 7명을 생포하는 한편, 소총 20정을 노획하여 적을 격퇴시켰다.

나는 야전사가 있는 나트랑에서 심상치 않은 상황이 전개되고 있으므로 그곳에 직접 가야 되겠다고 마음먹고 공항으로 향했다. 사이공의 탄산녓 공항은 살벌한 분위기였으며 곳곳에 시체가 널려 있었다.

나는 내 전용기 미군 조종사에게 나트랑으로 가자고 명했다. 그러나 비행장 곳곳에 박격포탄이 낙하하고 있고 기관총탄이 쉴새없이 날아 오는지라 조종사 뿐만 아니라 미군 기지사령관이 이륙이 불가하다고 만류하는 것이었다.

나는 고집을 세워 다시 출발을 명했다. 이때 착륙을 시도하던 미군기 2대가 명중되어 추락했다. 그러나 나는 전용기에 올라탔다. 미군 조종사는 할 수 없이 이륙했다. 이때 몇 발의 기관총탄은 내 전용기에 명중했지만 다행히 추락은 면했다. 나트랑 비행장에는 작전 부사령관 최대명 장군이 전용차를 몰고 마중 나와 있었다.

내가 도착했을 때는 사태가 상당히 수습되어 가고 있었다. 최대명 장군은 6·25전쟁 당시 용명을 떨친 전쟁영웅이었다. 특히 나와는 육사5기 동기생이다. 그는 야전사령부를 향하는 차 안에서 그간의 작전상황을 상세히 보고해 주었다.

나트랑 야전사에 있는 동안 급보가 날아 왔다. 웨스트모얼랜드 미군사령관이 급히 만났으면 좋겠다는 전갈이었다.

나는 웨스트모얼랜드 장군과 만나기 위해 다시 나트랑 비행장에 나가 전용기를 탑승, 사이공의 탄산눗 공항을 향했다. 전용기에서 아래를 내려다보니 미군의 전차가 줄줄이 사이공을 향해 진격하고 있었다. 나는 순간 사이공의 잔적 소탕을 위해 저 막강한 기갑부대가 투입된다면 군사적인 면에서 뿐만 아니라 정치적인 면에서 미군과 미국이 큰 부담이 될 것이라고 걱정이 일기 시작했다. 왜냐하면, 인구 밀집지역에 숨어 있는 적을 저 전차들이 어떻게 찾아낼 수 있을 것이며, 만약 전투가 벌어진다면 저 무서운 화력으로 적을 향해 응사한다면 도시 건물들이 쑥대밭이 될 뿐만 아니라 애매한 민간인의 대량 희생은 불을 보듯 뻔한 것이라고 생각됐기 때문이다.

웨스트모얼랜드 장군을 만났다. 그는 나와 상의할 일이 있다고 말하면서 기갑부대의 사이공 진격을 기정사실화하고 있는 것 같았다.

나는 걱정스러운 얼굴빛을 하며,

"지금 기갑부대 행렬이 사이공을 향해 진격하고 있는데 어떻게 투입할 생각입니까?"

하고 물었다. 그는 당연하다는 표정으로,

"월남 대통령과 월남군총사령관 그리고 나와 3자회담에서 미군 기갑부대 시가지 투입을 결정했지요."

하는 것이었다. 나는 약간 긴장된 표정으로 말했다.

"사령관께서 결정한 것에 대해 제가 뭐라 말하겠습니까. 기갑부대 투입 문제에 대해 제 의견을 말해도 좋습니까?"

하고 양해를 구했다. 그는 고개를 끄덕이며 좋은 의견을 듣고 싶다고 했다.

"사이공 인구 밀집지역에의 미군 기갑부대 투입은 위험 천만한 모험입니다. 저 전차가 어떻게 숨어 있는 적병을 찾아낼 수 있을 것이며, 만일 전투가 벌어져 사격전이 전개된다면 건물 및 시설 파괴는 말할 것도 없고 주변 민간인의 피해를 어떻게 감당하겠습니까. 그렇게 일이 벌어진다면 미군의 문제가 아니라 미국의 문제로 확대될 것은 뻔한 일이 아닙니까. 제가 말씀하고 싶은 것은 기갑부대는 사이공 외곽을 포위해 철벽 같은 포위망을 구성하여 적 퇴로 차단과 빠져 나오는 적을 포착 섬멸하는 역할만 맡고 시가지 수색작전은 월남군을 투입해야 성과를 볼 것입니다."

내 말이 끝나기가 무섭게 그의 눈빛은 걱정스러워지는 표정으로 변했다.

"이미 대통령과 월남군총사령관과 합의를 본 사항인데 어떻게 하면 좋겠소?"

"다시 독립궁에 3자가 모여 기갑부대 투입은 미군 뿐만 아니라 월남군과 월남 정부 당국에 큰 부담이 될 것이라고 말해 계획을 변경하면 될 거 아닙니까."

이윽고 월남군총사령관을 만난 자리에서 그 문제를 끄집어냈다.

"내 소관 사항은 아니지만, 시가지 내부 수색은 월남군이 맡고 사이공 외곽 퇴로 차단을 미군 기갑부대가 맡는 것이 효과적인 것 같소."

라고 웨스트모얼랜드 장군에게 설명한 내용을 되풀이했다. 처음에 난색을 표시하던 월남군총사령관도 차츰 내 의견에 동의하는 것 같았다. 그러면서 나도 함께 독립궁으로 가자고 하는 것이었다.

나는 나와 한국군과 관련이 없는 일에 너무 깊이 관여하는 것이 예의가 아니라고 생각하고 정중히 사양했다.

"어디까지나 두 분이 상의해서 결정해야 할 일이니 저는 사양하겠습니다."

내 말을 듣고 그 두 사령관은 독립궁으로 향했다. 그 후 사이공 공략은 내가 제의한 대로 미 기갑부대가 외곽 포위를 맡고 월남군이 시가지 수색전을 담당하기로 결정이 되었다.

백마사단은 1월 30일 암행어사작전에 돌입한 이래 지역 내에 침입한 적을 모두 격퇴시킴으로써 2월 4일 24시를 기해 작전을 종료했다.

구정 휴전을 기해 공격을 가해 온 적은 연합군의 반격작전으로 48시간이 지난 뒤부터 많은 병력 손실로 지휘계통이 마비된 채 퇴각하고 말았다.

암행어사작전을 통해 백마사단은 93명의 적을 사살하고 11명을 생포하였고 개인화기 30정과 공용화기 3문을 노획하였다. 아군 손실은 전사 12명, 전상 27명이다.

맹호사단은 75명의 적을 사살하고 11명을 생포하였고 개인화기 51정과 공용화기 5정을 노획하였다. 전사 1명과 전상자는 5명이다.

한편, 월맹군과 베트콩의 구정공세 기간 미군은 546명이 전사하고 월남군은 1,169명이 전사했다. 엄청난 손실을 입은 것이다. 미국의 조야(朝野)는 발칵 뒤집어졌다. 월남의 수도 사이공 도심에 있는 월남 대통령 관저인 독립궁을 비롯하여 미군사령부와 미 대사관까지 공격을 받았다는 데 충격을 느낀 데다가 불과 며칠 동안에 많은 미군이 희생된 데 대해 놀라움을 금할 수 없었기 때문이다.

적은 이번 구정공세를 통해서 월남 국민들이 적극적으로 동조하리라 믿었지만, 이와는 판이하게도 너무나 냉담한 반응을 보였으며, 지금까지 은폐되었던 조직이 밖으로 노출되는 결과만을 초래하였다.

또한 적들이 기대하였던 민중봉기에 실패하였을 뿐만 아니라, 죄 없는 많은 양민이 생명을 잃고 가옥과 재산의 파괴를 가져오게 함으로써 지금까지 전쟁의 승패에 무관한 태도를 취해 오던 국민은 물론 그들의 동조자까지도 등을 돌리는 일들이 곳곳에서 벌어지고 있었다.

이 작전기간 맹호사단은 퀴논시가 맹호사단의 작전지역이 아니었으나 월남 당국의 요청에 의하여 제1연대 제1대대가 출동함으로써 한국군에 대한 신뢰를 높이는 계기가 되었다.

6. 구정공세가 미국에 미친 영향

미국이 베트남전에 개입한 이래 이번 공산군의 구정공세를 겪고 난 다음 월남에 대한 정책이 크게 변화하는 계기가 되었다. 전쟁이 계속되면 계속될수록 많은 문제점이 생기는가 하면, 이번 구정공세에서 월남 정부의 심장부에 해당하는 사이공 도심까지 공격해 들어오는 공산군의 공격 행태에 대해 워싱턴 당국은 매우 큰 충격을 받았던 것이다. 특히 미군사령부가 공격을 당하고 미국 대사관이 한때 점령 당하기도 한 이번 적의 구정공세는 엄청난 파장(波長)을 가져왔다. 그 충격의 영향은 점점 더 확장되면서 마침내 존슨 미 대통령은 3월 3일 대통령 선거 출마 포기 선언과 함께 월맹에 대한 북폭을 사실상 중지함으로써 협상교섭의 문호를 열어 놓았다.

존슨 대통령이 이러한 결정을 내리지 않을 수 없었던 근본 동기로서는, 첫째로 베트남전은 공산측의 무력침략을 저지하는 데만 국한된 제한전쟁이며, 동시에 상대방이 소련과 중공의 지원을 받고 있다는 점에서 무력에 의한 완전한 승리가 어렵다는 군사적 평가를 내렸고, 둘째로 대통령 선거를 앞두고 반전 시비가 날로 격화함으로써 국론이 분열되고 있다는 점과, 셋째로 북폭 확대에 따른 세계 여론의 악화를 들 수 있다. 넷째로 막대한 베트남전쟁 경비지출로 말미암아 달러 위기가 초래될 가능성이 점차적으로 커지고 있다는 점 등 복합적인 요인이 작용했다고 보아야 할 것이다.

더 중요한 내면적 요인은, 그 동안 미국은 세계 제일의 군사력을 자랑하고 있었는데 물량면이나 질적인 면에서 훨씬 열세하다고 생각해 온 공산군을 상대하여 3년간을 싸웠으나 갈수록 수렁에 빠지는 것과 같은 불길한 조짐을 이번 공산군의 구정공세에서 발견하게 된 것이다.

이때까지 베트남전쟁에서 입은 미군의 인명 손실은 지난날 한국전쟁 당시의 인명 손실을 능가하였으며, 50만명이 넘는 미군 병력의 파견과 전쟁수행을 위한 막대한 전비는 미국의 경제 위기를 불러일으키는 사태로까지 도달하였다.

그럼에도 불구하고 미군의 베트남전 현지 사령관들은 언제나 낙관적인 견해를 표명하고 있었다. 매번 싸움에서의 승리가 연속된다고 하면서도 계속 같은 장소에서 이어지는 지겨운 전쟁, 마침내 이번 구정공세를 바라본 워싱턴 정가는 물론 많은 미국인에게까지 반전 기운에 불을 붙이는 격이 되어 여론 악화의 정도가 최고조에 달했다. 이제 군사평론가들까지 미군의 전략 전술에 문제가 있음을 지적하면서 일제히 들고 일어나기 시작하였다.

내가 월남에 도착하기 전이나 도착 후 줄기차게 지적한 미군의 기본전략인 탐색 및 격멸(Search and Destroy)이 베트남전에 적합하지 않다고 지적한 것처럼, 미국의 군사평론가는 물론 국방성 당국에서까지 문제가 있음이 밝혀짐으로써 그 전략을 계속 견지해 왔던 웨스트모얼랜드 미군사령관은 본국의 육군참모총장으로 전임되고 그 후임으로 에이브람스(Abrams) 대장이 임명됨에 따라 베트남전 전반에 걸친 기본 전략을 재평가하기에 이르렀다. 웨스트모얼랜드 장군의 전임은 외면상 육군참모총장직으로 옮기는 것이기에 영전인 것처럼 보여지지만, 실제로는 영예롭지 못한 전임으로 평가되었다.

새로 부임한 미군사령관 에이브람스 장군은 기본전략 '탐색 및 격멸'에서 우리 **한국군의 전략과 유사한 형태의 '소탕 및 확보'(Clear and Hold) 전략으로 전환하기에 이르렀다.** 에이브람스 장군은 웨스트모얼랜드 장군 아래 부사령관직을 수행하고 있었고 이번 구정공세에서는 북부지역의 작전을 지휘한 바 있었다.

그는 기갑장교 출신으로 패튼 장군과 유사한 성품을 가지고 있는 용장이었다. 그는 베트남전에서 미군의 탐색 및 격멸 전략이 결코 성공할 수 없다는 것을 누구보다 잘 아는 사람이었다. 그는 늘 나와 함께 하는 자리에서 한국군의 전투에 관심을 가지고 보았으며 한국군의 승전보를 부러워했다.

현대적 중무장이 오히려 짐이 되어 정글을 헤쳐 나갈 때 경무장한 적의 목표와 표적이 될 뿐만 아니라, 정글과 동굴 깊이 숨어 있는 적을 현대적 중무장한 미군 병사들이 어떻게 탐색하는가에 대한 회의가 이번 전략 변경으로 이어진 것이었다.

우리 한국군은 비록 미국 군제(軍制)에 의해 창군되었고 미군 전술교리에 의해 성장 발전해 왔지만, 베트남전쟁에서는 우리 것을 오히려 미군이 배워 가는 격식이 되어 버린 것이다.

가령 중대전술기지 개념에서 미군은 우리의 'Tactical Base'를 'Fire Base'로 채택했고, 우리의 섬멸과 평정에서 'Stay'를 'Hold'로 바꾸어 미군의 기본전략으로 정한 것이다.

에이브람스 미군사령관 지휘하의 미군의 역할은 도시 또는 중요 지역 등 명확한 목표에 대해 소탕작전을 펴 가면서 그 지역 일대를 확보하여 월남 행정지역을 계속 보호하겠다는 의도가 포함되어 있고, 정글이나 오지 등 탐색은 주로 월남군을 사용하겠다는 구상인 것이다.

그러나 나는 그 전략 구상이 때를 놓쳤다고 보고 있었다. 왜냐하면, 존슨 대통령의 출마 포기 선언과 북폭 중지 등 베트남전쟁에서 꼬리를 빼는 듯한 미국과 미군의 움직임에 적측은 고무될 것이고 미군의 사기는 저하된다고 보았기 때문이다.

적측 월맹과 베트콩 역시 이 전쟁이 피곤하고 한없는 죽음의 연속에 지쳐 있었다. 많은 젊은이들이 계속 죽어 가고 인력 충원에도 한계를 느끼고 있었고 전비 부담은 더욱 곤경에 빠지고 있었다.

이리하여 4월 3일 하노이 방송을 통하여 월맹은 존슨 대통령의 제의에 호응하는 제스처를 보냈다. 베트남전은 싸움터가 아닌 대화를 통한 해결의 관문에 들어서게 된 것이다. 그러나 양측이 회담 장소를 정하는 데도 한 달이 걸렸다. 결국 프랑스의 파리로 합의되었다.

5월 13일 제1차 예비회담이 파리 국제회의장에서 열렸는데, 양측은 자기에게 유리한 주장만을 내세우는 형국이 되어 이 회담이 난항을 거듭하며 장기화가 불가피하다는 예측을 낳게 했다. 여하간 1968년의 적 구정공세는 미국에 미치는 영향이 중요하고 험난한 국면으로 들어서게 했다.

7. 백마9호작전 전야의 소동

백마사단장 박현식 장군이 임기를 마치고 후임 사단장에 육사5기 동기생인 유창훈 장군이 부임했다. 6·25전쟁시 명성을 떨친 야전형 전쟁영웅이다. 전임 사단장과는 여러 면에서 대비되는 인물이다. 외모, 처세, 성격, 인생관, 군인관까지 철두철미 정반대이다.

박현식 장군은 준수한 생김새에 논리적 성격이라면, 유창훈 장군은 과묵하다. 그러나 두 사람 다 강직하고 부정과 절대 타협하지 않는 정의감의 소유자다.

일반적으로 작전명칭 다음에 붙이는 숫자는 순서를 뜻하는 것이 통상적이다. 가령 맹호5호작전 다음에는 맹호6호작전이 그 한 예이다.

그런데 백마사단은 그 숫자를 순서대로 하지 않고 뛰어넘기는 경우가 허다했다. 그 한 이유는 맹호사단과 경쟁관계에 있기 때문에 맹호를 따라잡기 위해 고의적으로 뛰어넘는 경우이고, 다음 이유는 사단장 자신의 취미에 따르는 경우일 것이다.

전임 박현식 사단장은 6사단장을 역임했고 육사6기생이라는 인연으로 백마6호작전이라고 명명했는가 하면, 유창훈 사단장은 9호로 뛰어넘어 작전명칭을 백마9호작전으로 명명했다. 아마 백마사단이 제9사단이라는 것과 동양철학 사상에서 좋아하는 '갑오' 9이기 때문이 아닌가 생각된다.

여하간 군대조직이란 경쟁관계에 매우 민감하다. 군대에서의 경쟁관계는 긍정적인 측면이 더 강하다.

사단장 유창훈 장군에 대한 일화는 많다. 두주(斗酒)를 불사하는 호주가이기에 술에 얽힌 이야기가 많다. 아쉽게도 몇 년 전에 세상을 떠났다. 고인을 기리며 이 글을 쓰는 내 마음이 착잡하다.

주월사 사령관실에서 집무하고 있을 때, 아마 1968년 10월일 것이다. 외교관 채널을 통해 심상치 않은 소문을 들었다. 그 내용인즉 사이공 주재 대사관 무관들이 한국군 백마사단을 방문했다가 한꺼번에 15명의 외국 무관들이 인사불성이 되어 병원에 입원했다는 내용이었다.

나는 급히 참모에게 지시하여 내용을 확인토록 했다. 그 내용은 너무나 엉뚱했기 때문에 실소를 금할 수 없었다.

사이공에 주재하고 있는 외국 대사관 무관 일행이 백마사단을 방문했다. 인원은 16명이라고 했다.

사단장 유창훈 장군은 '무엇인가 한국군의 기질을 보여 주겠다'고 생각하였다. 작전을 보여 줄까 생각했지만, 맹호사단을 다녀오는 길이라서 아직은 백마가 맹호를 압도할 만한 작전이 없다고 보는 그로서는 작전으로 감동을 줄 수 없다고 판단했다. 그래서 할 수 없이 술로써 기개를 보여 주리라 작정하고 저녁 만찬에 외국 무관 16명을 초대하였다.

당시 참모장 홍경린 대령 역시 사단장에 못지않은 호주가였다.

사단장은 참모장에게 '오늘 밤 외국 무관을 만찬에 초대하여 술로써 한국군의 기개를 보여 줄 테니 단단히 각오하고 참석하라' 고 지시하여 조니워커를 박스로 갖다 놓고 만찬을 준비했다.

저녁 7시 사단장 공관에서 만찬이 시작되었다. 장방형 테이블을 중심으로 사단장이 중앙에 앉고 모두 대령급이 참석하였으므로 서열을 의식하지 않고 자연스럽게 자리가 배정되었다.

식사를 막 시작하려 할 때 사단장이 일어섰다.

눌변이라 이런 저런 두서 없는 이야기를 늘어 놓다가,

"여러분이 한국군 백마사단장의 초청으로 이곳에 손님으로 온 이상 한국의 풍습과 예절에 따라야 할 것을 제의합니다."

외국 무관들은 사단장 말에 어리둥절해 하는데 미국 무관 해리스 대령만은 그 말 뜻을 알아차리고 웃음을 터뜨렸다. 그는 한국에서 두 번씩이나 근무한 바 있으므로 '한국식 예법'이라는 것을 알아차린 것이었다.

사단장은 다짐하듯

"자 여러분, 내 제의에 이의가 있습니까?"

하니 모두

"없습니다."

라고 대답했다.

사단장은 의자에 앉자마자 자기 앞에 있는 맥주 컵에 조니워커를 가득 채웠다.

외국 무관들은 무슨 마술이나 하는 줄 알고 신기로운 호기심으로 맥주 컵과 사단장 얼굴을 번갈아 쳐다보았다. 사단장은 촌스럽게 피식 웃더니 맥주 컵에 따른 위스키를 단숨에 꿀꺽 마셨다. 미국 무관 해리스 대령을 제외한 모든 무관들은 눈이 휘둥그레졌다.

"자 여러분, 이제부터 한국 예절이 시작됩니다. 윗사람이 술을 건네면 어떤 일이 있어도 마셔야 합니다."

사단장은 말을 마치자 컵에 다시 위스키를 가득 채웠다. 그리고 바로 옆에 앉은 영국 무관에게 잔을 돌렸다. 사단장은 다시,

"오른쪽으로 돌아가는 잔이오. 그리고 시간을 끌면 벌주라고 해서 두 잔을 연거푸 마셔야 합니다."

영국 무관은 얼굴이 창백해지더니 제발 살려 달라고 애원했다. 술을 전혀 마시지 못한다는 것이었다. 사단장은 얼굴빛이 달라졌다.

"대령, 무슨 말을 그렇게 하오. 우리가 알기에는 영국은 신사의 나라요 약속을 생명처럼 중히 여기는 의리의 남자만이 사는 곳으로 알고 있는데, 금방 장군에게 약속을 해놓고 이 무슨 무례한 짓이요."

정색하며 사단장이 말하니 영국 무관은 할 수 없이 사약 마시듯 꿀꺽꿀꺽 목구멍에 흘려 넣었다. 다음은 참모장 홍경린 대령 차례

였다. 그는 받자마자 냉수 마시듯 들이켰다. 한 술 더 떠서 그는 사단장에게 한 잔 더 청했다.

사단장은 다시 새 위스키 병마개를 따더니 그 빈 잔에 위스키를 가득 채웠다. 홍 대령은 다시 단숨에 마셨다.

이렇게 두 바퀴를 돌고 나니 사단장과 참모장 두 사람만이 멀쩡하고 모든 무관들은 인사불성이 되었다. 그러는 동안 스웨덴 무관이 방바닥에 나뒹굴었다. 외국 무관 가운데 미국 무관만이 한국에서 단련된 탓인지 비교적 인사불성 상태가 약했다.

사단장은 아랑곳하지 않고 계속 잔을 돌렸다. 한국군과 미군만이 남고 다른 무관은 모두 사단 의무중대에 실려 갔다. 사단 의무중대는 난리가 났다. 한꺼번에 15명의 외국군 대령들이 들이닥쳐 링거 주사기를 꽂으랴 토하는 오물 치우랴 법석댔다. 그 가운데 영국 무관은 심상치 않아 야전병원에 후송했다.

내가 다음날 아침 보고받은 내용이었다. 나는 그 보고를 받자 전화를 걸어 사단장을 대라고 호통쳤다.

"야, 이 무식한 주정뱅이야. 나라 망신시키고 이게 무슨 꼴이야."

나와는 육사 동기생이라 마음껏 욕했다. 원래 그는 변명을 안하는 성품이라

"잘못했습니다. 용서해 주십시오."

만 되풀이했다.

그 후 안 일이지만 영국 무관은 야전병원에 사흘 간이나 입원했다는 것이다. 사단장은 그가 퇴원할 때 직접 병원에 가서 그를 자기 차에 태우고 비행장까지 배웅하였다고 한다.

만찬 다음날 새벽 백마9호작전이 시작되었다. 나는 지금도 고인이 된 그에게 욕을 퍼부었던 것이 마음에 걸려 가끔 그를 생각하고 있다.

유창훈 장군은 의리의 사나이요 군인 중 군인이었다. 나는 지금도 그의 구김살 없는 인품과 사려 깊은 판단력과 직언을 서슴지 않는 성격을 상기하며 두고두고 그가 먼저 간 것을 아쉬워하고 있다.

8. 백마9호작전과 동굴 소탕

백마사단 전술지역 안팎에 있는 중요한 관심지역은 세 곳이다.

첫째, 월맹군 제95연대 예하부대와 지방 베트콩이 설치는 투이호아 지역이고, 다른 한 곳은 월맹군 제18B연대가 잠복해 왔던 나트랑시 서북쪽 카이강 지류가 있는 혼기우 지역이다. 또 한 곳은 단대호를 알 수 없는 월맹군의 거점 동보 지역이다.

세 곳 가운데 동보 지역은 남북과 동서로 각각 15킬로미터에 이르는 정글 산악지대로 월남군 전술책임지역이지만, 이곳에 있는 적과 본격적인 작전을 한 번도 실시하지 못한 처녀지였다.

동보 지역은 지난날 프랑스군이 전멸된 곳으로 유명하며, 월남군이나 미군이 동보 장악을 위하여 작전을 몇 번 시도한 적이 있지만 초전에 타격을 받아 그곳 작전은 아예 엄두도 못내고 있었다. 따라서 동보 지역은 월맹군의 이른바 성역으로 이름이 나 있었다. 그런 까닭으로 그곳에 월맹군이 얼마만큼 있는지를 알 수 없었다.

동보 산악의 연봉(連峰)은 깊은 정글로 덮여 있고 암석과 절벽의

험한 정도는 베트남에서 그 유례를 찾아보기 힘들 정도였다.

적은 이 천혜의 자연 요새를 온통 자신들만의 천하로 만들고 안주하고 있었다. 최근에도 그곳을 본거지로 하고 있는 적이 나트랑 비행장에 박격포 공격을 가함으로써 30여 명의 사상자를 냈고 헬기와 자동차 등 수십대가 파괴된 일도 있었다.

미군과 월남군의 요청을 받은 사단장 유창훈 장군은 동보 지역에 대한 작전을 건의해 와 나는 즉각 승인하였다.

나는 사단장에게 암석과 동굴, 그리고 정글로 덮여 있는 천혜의 자연요새에 배치되어 있는 적에게 대응하기 위한 기만전술의 적용으로 적을 포위하여 압도적인 병력으로 공중기동작전을 펴 신속히 작전을 수행하도록 지시했다.

한편, 공중기동작전에 필요한 헬기 지원은 최대한 보장하겠다고 약속했다. 또한 미군사령부와 협조하여 미 공군과 제7함대의 강력한 화력지원을 요청했다.

1968년 10월 11일 백마사단은 헬기 460대를 지원받아 06시부터 24개 중대를 일제히 공격에 투입, 공중기동작전과 함께 지상 침투의 양면 작전으로 공격이 개시되었다.

보병 제29연대 1개 대대는 양동작전의 임무를 부여, 차량으로 이동시켜 일부러 적을 기만케 하고 나머지 2개 대대는 연대장 이창진 대령 지휘하에 목표 외곽선 포위망을 구축케 하는 한편, 사단의 주공부대인 보병 제30연대는 양창식 대령 지휘하에 헬기에 의한 공중기동작전으로 동보 지역 중앙부의 통칭 그랜드 솜메트(Grand Sommet) 고지군(高地群)을 향했다.

하늘에는 전폭기를 비롯한 여러 항공기와 460대의 헬기가 하늘을 까맣게 뒤덮으며 날아가고 있었는데, 나는 이 작전을 참관하기 위해 새벽 일찍 520고지에 도착, 이 장관을 직접 목격하고 있었다.

사단의 주공부대인 보병 제30연대는 연대장 장근환 대령과 교대한 신임 연대장 양창식 대령이 지휘하였다. 육사10기생이며 6·25전쟁 발발 당시 생도1기생으로 육사생도2기생과 함께 포천전투에 투입, 전투에 참가한 이래 임관 후에 줄곧 소대장과 중대장으로 전투에 참가하였으며 특히 제11사단 수색중대장으로 용맹을 떨친 바 있다.

공격개시 다음날까지 이창진 대령이 지휘하는 제29연대는 목표지역 외곽을 완전히 포위하는 데 성공하였고, 제30연대의 모든 대대들은 포위망을 압축하면서 수색에 들어갔다.

이 날 오후부터 비가 쏟아지기 시작하였다. 빗줄기에 살을 대면 아플 정도로 거세게 내렸다. 그러나 공격부대는 지체하지 않고 정밀수색을 계속하였다.

적의 요새로 알려진 동보의 봉우리와 많은 계곡들은 쥐죽은듯 고요가 감돌았다. 적의 움직임도 저항도 전혀 없는 가운데 어두컴컴한 대낮 정글 속 장병들은 긴장하면서 한발 한발 정상을 향해 다가가고 있었다. 그러나 적의 그림자도 발견할 수 없었다.

작전이 시작된 지 7일째. 비로소 진출선상의 암석지대에서 적의 사격이 집중되었다. 그러나 암석과 암석 사이에서 숨어 사격하므로 적병을 찾아내기가 매우 힘들었다.

이곳에서 2명이 전사하고 6명의 전상자를 냈다. 연대장은 상황보고를 받고 진격선을 뒤로 물린 뒤 미군과 협조, 항공폭격을 요청하였다.

이윽고 B52 폭격기 20대가 하늘을 뒤덮으며 날아와 동보산 일대를 맹타했다. 천지가 개벽하는 것과 같은 폭음이 계속되었고 산 주변은 온통 검은 폭염으로 앞이 보이지 않을 정도로 시야를 가렸다. 그러나 폭격기가 돌아간 뒤 적이 몰살한 것으로 판단했던 장병들에게 실망을 안겨 주었다. 적은 여전히 바위 틈에서 사격을 계속하였다.

연대장 양창식 대령은 사단장에게 뒤떨어진 전법이지만 화공법(火攻法)을 건의하였다.

"암석 사이 동굴의 성격상 고폭탄은 암석 표층에서 폭발하므로 별 효과가 없지만, 디젤이나 휘발유를 공중에서 뿌린 다음 항공기에 의한 네이팜탄 공격을 가하면 동굴 깊숙이 불꽃이 스며들 것입니다."

사단장은 즉각 연대장의 건의를 승인, 헬기를 사용한 화공작전을 시작하였다. 1차적으로 디젤 100드럼과 휘발유 100드럼을 뿌리고 항공기에 의한 네이팜탄 공격을 하였다. 예상한 대로 불이 훨훨 타 오를 줄 알았는데, 계속 쏟아지는 빗줄기 때문에 불이 붙었다가 꺼지는 일이 반복될 뿐이었다.

10월 21일. 작전이 시작된 지 11일째 오랜만에 비가 멎었다. 푸른 하늘이 보이자 장병은 일제히 함성을 지르며 물에 젖은 옷가지 등을 말리느라 부산을 떨었다.

이윽고 다시 공격명령이 내려졌다. 이제 적들이 동굴에 숨어 있는 것을 안 이상 포복과 은밀행동으로 동굴까지 진출, 동굴작전을 펴는 수밖에 없다는 결론을 내렸다.

동굴 공격을 위하여 특공대를 편성하여 철판으로 만든 방패, 화염방사기, 소이탄, TNT 등 구식 무기를 사용하여 동굴을 제압하기 시작했다. 이런 동굴작전을 계속하다 보니 기술도 차차 늘어 갔다. 각 중대의 특공소대는 곳곳에서 승전보를 올리고 있었다.

화염방사기로 동굴 깊숙이 화염을 방사하면 적이 지르는 비명소리가 들리면서 화상을 입은 적병들이 줄줄이 쏟아져 나오기 시작했다.

난공불락을 장담하던 동보 지역의 동굴 요새도 하나 하나 낙엽 떨어지듯 떨어져 나갔다.

B52 중폭격기의 폭격에도 까딱 않던 적이, 전폭기의 네이팜탄 공격에도 효과가 없던 것이 재래식 무기인 화염방사기가 더 효과가 나타나는 순간 순간이 계속되었다.

다음날에도 암석층 동굴에 대한 특공작전이 계속되었다. 암석 입구가 좁은 곳은 TNT로 폭파하여 넓힌 다음 연막탄을 던져 연기 나오는 구멍을 찾아내 적의 도피구를 봉쇄하여 격멸시킴으로써 적은 완전히 혼을 잃고 생포 당하거나 떼죽음을 당했다.

동굴 내부는 시체 더미가 쌓여 있었고 곳곳에 공용화기, 개인화기 등이 널려 있었다.

이와 같이 연일 계속되는 승전보에 사이공에 있는 미군사령부와 월남군사령부는 물론 월남 행정부 당국까지도 기쁨과 놀라움을 표시하며 난공불락의 동보 요새가 최초로 한국 백마사단에 의해 함락된 데 대해 백마사단에 찬사를 아끼지 않았다.

한편, 작전지역 북쪽에서 차단작전을 수행 중이던 제29연대는 요새에서 탈출한 적들이 포위선에 접근하기 시작하자 일제사격으로 일망타진함으로써 퇴로차단 작전 또한 성공하고 있음을 보여

466

주었다.

이러한 승세가 계속 이어지자 백마9호작전은 11월 4일까지 계속되었다.

특히 이 작전을 통해 창안한 동굴 탐색을 위한 화공법은 제30연대장 양창식 대령이 「삼국지」의 제갈량이 남만을 정벌할 때 화공으로 승세를 굳힌 데에서 착안했다고 후에 술회하고 있다.

이 작전에서 적 사살 323명, 포로 9명, 공용화기 32문, 개인화기 92정을 노획하였다. 아군은 전사자 15명, 전상자 34명을 냈다.

백마사단이 베트남전쟁에 참전한 이래 가장 통쾌한 승전보로 기록될 만하다.

이 작전에서 사단장 유창훈 장군과 보병 제30연대장 양창식 대령의 지휘력과 전술이 높이 평가되었다.

유창훈 장군에 의해 지휘된 백마9호작전을 끝으로 내 재임기간 중의 주요작전의 배경과 효과를 비롯 전략 작전 분야를 마감하려 한다. **내 휘하에서 전투에 임한 모든 장병에게 사랑과 함께 경의를 보낸다.** 이 책에 포함된 장병이나 지면 관계상 밝히지 못한 장병의 전공은 별 차이가 없다. 다만, 내가 가지고 있는 자료가 한정되어 있어 부득이 일부만을 수록하였다.

베트남전쟁에서 우리가 흘린 피는 결코 헛되지 않았다고 보는 것이 내 확고한 신념이다. 대한민국의 위상 제고를 비롯하여 경제 발전에 초석이 되었고, 우리 국군이 세계 일류화를 달성한 결정적 계기가 되었다고 확신하기 때문이다. 숨진 전우들에게 머리 숙여 명복을 기원한다. 이 회고록을 영현들에게 정중히 바친다.

제 20 장
그날을 되돌아 보며

1. 자유월남 패망의 교훈

　공산군의 구정공세에 큰 충격을 받은 미국은 대 월남정책을 전면적으로 재평가하면서 뜻밖의 조치들을 취했다. 첫째는 3월 31일 존슨 대통령의 다음 대통령 선거 불출마 선언이고, 두 번째는 월맹에 대한 북폭을 사실상 중지함으로써 협상교섭의 가능성을 내비쳤다. 세 번째는 주월미군사령관 웨스트모얼랜드 장군의 경질이다. 이 결정들은 외면상 단순한 정책방향의 재조정과 같은 모양새를 보이고 있었으나, 당시 나는 심각한 사태로 치닫는 불길한 조짐으로 받아들였다.

　심하게 표현한다면 베트남전쟁의 패배를 자인한 결과이고, 한 발 더 나아가 항복 선언과 같은 패자가 취한 조치로 나는 확대 해석할 수밖에 없었다.

　미국의 정책 오류는 베트남전쟁에 개입 자체라고 평가했던 나로서는, 애초부터 주월 한국군의 참전 목적을 국가이익과 한국군의 현대화 그리고 전투 경험 축적에 두고 언제나 지휘관들에게 내린 내 경구는 '베트남전쟁에서는 우리의 생명까지 내던지며 탈취할 목표는 없다'는 것이었다.

그러나 군인의 길은 어디까지나 **승리가 최고선(最高善)**이고 보면, 베트남전에서 희생을 최대로 줄이면서 승리를 쟁취한다는 목표에 매진할 수밖에 없었다. 따라서 내가 채택한 것이 '중대전술기지 개념'이고 '백명의 베트콩을 놓치는 한이 있어도 한 명의 양민을 보호한다'라는 캐치프레이즈였다.

파월 전에 박정희 대통령의 '미군 지휘하의 한국군'을 '한국군 독자적 작전지휘권'으로 결심을 변경케 한 것도, 미군 장성들과 언쟁까지 하면서 내 지휘권을 확보한 것도 모두 **한국군의 희생을 최대한으로 줄이고 참전 명분을 쌓기 위한 것이었다.**

존슨 미국 대통령의 선언 가운데 협상교섭의 가능성을 시사한 것에 대해서도 나는 크게 우려했었다. 왜냐하면, 공산당과 협상해서 성공한 예는 거의 없다고 평소 생각하고 있었기 때문이었다.

원래 **공산주의자는 목적을 위하여 수단과 방법을 가리지 않는 것이 특징**이므로, 거짓말을 밥 먹듯이 하고 약속을 헌신짝 버리듯 해 왔다는 것이 근대사에 명징하게 각인되어 있다. 6·25전쟁 직전까지 평화공세를 펴면서 우리를 기만했던 것과 한반도 비핵화 선언을 우리와 함께 약속했던 것을 파기한 사안 등이 바로 우리가 겪고 있는 공산주의자의 허구성이다.

미국 대통령 존슨은 극적인 북폭 중지를 선언해 놓고 월맹이 협상에 적극 호응해 오는 조짐을 보이자, 그는 가벼운 흥분까지 느끼면서 미국 역사상 무엇인가 위대한 족적을 남길 수 있으리라는 희망에 들떠 있었다.

1969년 1월 15일에 파리 협상은 미국, 월남, 월맹, 베트콩의 4자 회담으로 진전되어 제1차 회담이 파리에서 열리게 되었다.

세계의 매스컴, 특히 미국의 언론은 월남 평화가 금방 다가오는 것처럼 유별나게 호들갑을 떨었다.

이 회담에는 롯지(Lodge) 대사가 미국 수석대표로 참석하고 월남은 람(Lam) 대사, 월맹은 투이(Thuy)가, 베트콩은 키엠(Khiem)이 각각 수석대표로 참석하였다.

파리 회담은 처음부터 17도선의 비무장지대로의 복원과 외국군의 상호철수 등 군사문제의 우선토의를 요구하자는 미국의 제의와, 미군의 무조건 전면철수를 비롯한 베트콩의 승인 및 군사문제와 정치문제를 동시에 의제로 취급하자는 공산측의 주장이 팽팽하게 맞선 채 교착상태에 빠지고 말았다.

언제나 자유주의 국가들이 그러하듯, 평화를 위해서는 커다란 희생도 각오하고 지금까지 손실이 있었다 해도 남북 월남이 17도선을 사이에 두고 오순도순 공존할 것을 바라고 있었다. 반면에, 공산측은 한국에서와 같이 무조건 미군을 몰아내고 베트남 민족 자체가 해결할 문제라는 거짓 명분을 내세워 **미군만 철수하면 월남을 한꺼번에 삼켜 버릴 음흉한 생각**으로 가득 차 있었다.

그 무렵 미국 대통령으로 새로 등장한 닉슨(Nixon)은 미군의 철수에 따르는 세 가지 전제 조건, 즉 파리 협상의 진전, 전투행위의 축소, 월남군의 강화를 제시하면서 군사문제와 아울러 정치문제도 해결할 의사를 밝혔다. 그런가 하면 백악관 당국은 미군과 월맹군의 상호철수는 월맹이 양해한다면 비밀협정으로 현안문제를 해결할 수 있다는 애매한 구상을 발표함으로써 한때 세계의 주목을 끌었다.

그러나 월남 정부는 외국군의 상호철수 감시방법으로 월남과 연합군의 감시기구, 남북 합동 감시위원회, 국제 감시기관 등 세 가지 방안을 구상 중이라고 발표하였다. 이에 대응하여 베트콩의 키엠 대표는 제16차 파리 회담에서 월남 문제 전반적인 해결에 관한 10개 항목을 제안하였다.

1. 독립, 주권 통일, 영토 보전 등 베트남인의 기본적이고 민족적인 권리 존중
2. 미군과 연합군은 전원 월남에서 철수
3. 월남 내에서의 월남인 군대의 문제는 월남인 자신이 결정
4. 제헌의회의 구성을 위하여 자유로운 총선거를 실시하고, 결과에 따라 항구적인 연립정부 수립
5. 평화가 회복되었을 때부터 총선거가 실시될 기간에는 어느 측도 정치적 의사나 정책의 강요를 금지하며, 이 기간 동안 잠정적인 연립정부를 수립
6. 평화와 중립적인 외교정책의 실행
7. 남북 월남의 토의와 합의에 따라 외국의 간섭 없이 평화적 수단에 의한 월남의 점진적 통일
8. 외국과의 군사동맹에 참가하지 않고 양지역의 영토에 외국군과 그 군사기지를 설치하지 않는다.
9. 포로의 석방 문제를 토의하고 양 지역의 월남인에게 끼친 손해에 대

한 미국의 책임 인정 등 전쟁의 사후 수습

10. 미군과 연합군의 인원 및 물자의 월남 철수를 국제적으로 감시하는
　　문제에 대하여 관계자끼리 협의한다.

위 10개 항목의 문맥은 일단 논리적으로는 정연하다. 왜냐하면,
월남 문제는 월남인끼리 해결할 테니 외국인은 나가고 우리에게
맡기라는 내용이기 때문이다.

그러나 그 제안의 실상 속에는 흉계가 포함되어 있다. 북쪽 월맹
은 따로 떼어 자기 것으로 제쳐 놓고, 남쪽을 반반씩 차지해서 여
차하면 몽땅 자기 것으로 만들겠다는 속셈이니, 그런 논리와 기교
는 공산주의자가 흔히 사용하는 기본전략이다.

이 제의가 전파를 타고 세계에 알려지자, 공산주의자의 적화 야
욕을 가볍게 생각하는 서방측에서는 상당히 긍정적으로 받아들였
다는 것이 문제였다.

이 제안에 대해서 미국은 월남과 협의하여 다음 8개항을 제안하
였다.

1. 정식 또는 비공식적으로라도 신뢰할 수 있는 조건에 도달하면 월남
　정부군과 해방전선(베트콩) 부대를 제외한 모든 군대는 즉시 철수를
　시작하여 합의된 몇 단계를 거쳐 12개월 이내에 실질적으로 철수를
　완료한다.

2. 12개월 이후 외국군은 지정된 지점에 집결하고 전투행위를 하지 않
　는다.

3. 잔류 미군과 연합군은 잔류 월맹군이 월맹으로 귀환함과 동시에 철
　수를 완료한다.

4. 철군의 검증을 위하여 쌍방이 수락할 수 있는 국제 감시기관을 창설한다.

5. 감시기관은 그들의 감시하에서 휴전 조항의 이행을 돕는다.

6. 감시기관이 그 기능을 개시한 후 기관의 감시 아래 신속한 선거를 실시한다.

7. 쌍방 포로의 신속한 석방을 위한 협정을 체결한다.

8. 모든 당사자는 월남과 캄보디아에 관한 1954년의 제네바 협정과 1962년의 라오스 중립협정을 준수할 것에 동의한다.

이상 미국이 제안한 8개안과 공산측이 제안한 10개안을 중심으로 협상이 진행되었다. 그러나 공산측은 미국의 8개안 가운데 상호철수를 거부하고 월남의 현정부와 현행 헌법하에서는 총선거를 실시할 수 없다고 고집하고 나섰다. 그들 요구대로라면 미군과 연합군이 철수하면 월맹군이 남쪽에 남겠다는 것이고, 월남 정부도 믿을 수 없고 그 헌법하에서 총선거를 실시할 수 없다면 그들의 의도는 뻔한 것이다.

회담이 다시 제자리 걸음을 하게 되자, 그 타개책으로 미국의 닉슨 대통령과 월남의 티우 대통령은 6월 8일 미드웨이섬에서 회담했다. 그 결과 발표한 성명에 의하면, 월남 정부에 대한 미국 정부의 확실한 지지 표명이 있었고, 미군 25,000명을 이 해 8월 말까지 철수한다는 것과 8월 이후에도 월남 정세를 참작하여 추가 철수를 계속한다는 내용이었다.

한편, 6월 10일 베트콩측에서는 월남에 임시혁명정부를 수립했다고 발표하였다. 베트콩의 임시정부 수립은 월남 정치문제 협상을 추진함에 있어서 베트콩의 정치적 지위를 월남 정부와 1대1로

격상하겠다는 저의로서 월남 정부는 큰 부담을 안게 되었다.

결국 인도차이나반도에는 월남 정부, 월맹 정부, 월남임시혁명 정부 세 개의 베트남 정부가 있는 격이 되어 버렸다. 따라서 그 가운데 두 개가 공산정권이니 등식(等式)상 우위를 점하게 된 것이었다.

1969년의 베트남전쟁은 소강상태에 들어갔다. 미국은 그 상황을 유리하게 해석하여 로저스(Rogers) 미 국무장관은 기자회견에서, 월맹의 병력 남하는 격감되고 전투 또한 월남전 이래 최저의 수준을 나타내고 있다고 득의에 차서 말할 정도였다. 공산군이 노린 것은 바로 미 정부 당국자에게 베트남전의 실마리가 풀리고 있다는 것을 보여 주기 위한 것이었는데, 로저스 국무장관은 공산군이 노리는 함정 가까이 다가가고 있었다.

파리 회담에서 미국의 8개안과 공산측의 10개안이 대립되어 교착상태에 머물러 있을 때 월남의 티우 대통령이 타개책으로 다음 6개안을 제안하였다.

1. 베트콩을 포함한 모든 집단이 폭력을 포기하고 선거의 결과를 받아들이겠다고 약속하면 선거에 참가할 수 있다.
2. 공정한 선거를 실시하기 위하여 베트콩을 포함한 모든 정당과 집단이 망라된 선거관리위원회를 설치한다.
3. 선거의 공정을 기하기 위하여 국제기구를 설치, 선거를 감시케 한다.
4. 선거 실시의 시간표와 실시 방법에 대하여 상대방과 협상할 용의가 있다.
5. 선거 후에는 어떠한 보복이나 차별도 하지 않는다.
6. 선거의 결과가 어떤 것이든 받아들인다.

이 제안은 분명한 월남 정부의 후퇴를 의미한다. 집안 도둑으로 몰았던 상대를 갑자기 가족으로 대우하겠으니 도둑질을 포기하라는 것이나 다를 바 없다. 과연 도둑이 제 버릇을 고칠 수 있을까. 그런데도 베트콩은 그 제안을 거부했다.

협상의 진전 기미가 없는데도 미국은 8월 말일까지 약속대로 미군 25,000명을 철수시켰다.

9월 3일에는 월맹 공산당의 최고지도자이며 월남 사람까지 존경한다는 호치민이 심장마비로 사망하였다.

미국은 호치민이 사망하자 베트남전쟁이 이제 미국에게 주도권이 올 것이라는 착각 아래 제2차 철군계획을 밝히고 그 규모가 35,000명선임을 공표하였다.

미군이 철군한 지역에 들어간 월남군이 크게 고전하기 시작하자 점차 월남의 월남인화(越南人化)의 문제점이 드러나기 시작했다.

이미 사이공시의 방위와 메콩 삼각주 일대의 작전을 월남군이 전담하면서 매우 심각한 우려가 대두되었다. 그런데도 닉슨 대통령은 12월 9일 제3차 철군 규모를 50,000명으로 정했다고 발표하였다. 이 발표로 미국 내 반전세력은 환호하며 기뻐했고, 공산주의를 잘 아는 자유세계의 지성인들은 월남 붕괴의 검은 그림자가 서서히 드리워지고 있음을 안타까워 했다.

이상과 같은 연합군과 공산군의 복잡미묘한 관계와 정치적인 혼란, 특히 호치민 사망 후의 여러 가지 정세 변화 속에서도 주월한국군사령부와 예하 전투부대는 오로지 부여된 임무를 수행하는 군인 기본자세를 견지하고 있었다.

이 무렵 나는 고국으로 귀환해 있었다. 1969년 5월 1일 나는 후임자 이세호 장군에게 주월한국군사령관직을 인계하고 제2군사령관의 새 보직처에서 근무하고 있었던 것이다.

고국에 돌아와서 보는 월남 정세의 급격한 변화에 나는 별로 놀라지 않았다. 내가 처음부터 예측한 대로 그 수순을 밟고 있다고 생각했기 때문이다.

다만 그날을 되돌아보며 내가 후배들에게 또한 후대 우리 국민들에게 남기고 싶은 말은 바로 **'월남의 패망을 교훈으로 삼아야 된다'**는 내 절규이다. 지금 우리는 남북이 미묘한 관계하에서 여러 가지 교류를 하고 있지만, 북한 공산집단은 100만 대군으로 남쪽을 노리고 있고 적화 야욕은 변하지 않았다. 핵무기와 각종 미사일, 화학무기와 세균무기로 더 철저한 군비를 갖추고 있다. 바로 북한 당국자가 주장하는 내용이 이 항목에서 월맹과 베트콩의 계책과 뭐가 다른가. 그것을 비교케 하기 위해 이 항목을 기술하였다. 그들이 되뇌이는 것은 **'민족공조'**, '민족끼리'인데 그것이 바로 함정이라는 경각심을 우리 국민은 가져야 한다.

1973년 1월, 월남에서 휴전협정이 체결되었다. 인도차이나반도의 17도선을 중심으로 북쪽은 월맹이고 남쪽은 월남으로, 남북으로 갈라 놓은 휴전선이라면 별 문제가 없다. 그러나 북쪽은 월맹이고 남쪽은 월남과 베트콩 간의 휴전이니 2대1의 불리한 조건하의 휴전협정인 셈이다.

휴전협정인 월남 평화협정은 자유월남의 패망이 예견된 불공정한 협정인 것이다. 평화협정 제2조에는 다음과 같은 구절이 있다.

제2조. 월남 전역에 걸친 휴전이 1973년 1월 27일 24시를 기하여 실시된다. 동시에 미국은 월맹 영토에 대한 여하한 기지로부터의 육, 해, 공 군사

행동도 전면 중지하며 월맹의 영해, 항구, 항만, 수로에 대한 기뢰부설도 중지한다. 또한 미국은 월맹의 영해, 항구, 항만, 수로에 부설되어 있는 모든 기뢰를 이 협정이 발효되는 즉시 영구히 제거 파괴한다. 본 조에서 언급된 적대행위의 전면 종결은 무제한 지속된다.

여기서 월맹이라 하면 17도선 이북을 말하는데, 월맹은 미국으로부터 신성불가침과 같은 안전을 보장받고도 미군이 설치한 기뢰까지 제거해야 한다는 조항이고 보면 미국의 월맹에 대한 항복 조항과 뭐가 다른가.

따라서 휴전협정의 적용은 17도선 이남인 월남공화국 내에서의 문제로 자유월남의 영토에 베트콩이 그대로 인정되는 상태에서의 미군과 연합군이 철수하도록 되어 있으니 자유월남의 붕괴는 불을 보듯 뻔한 것이었다.

미국은 베트남전의 월남화를 위한 3단계 계획을 세워 월남 정부 당국자를 달랬다.

제1단계 : 미국의 지상군은 지상전의 작전임무를 월남군에게 인계한 다음 제2단계 계획을 시행하기 위한 잔류 병력의 방위임무에만 주력한다.

제2단계 : 제1단계 이후 주월 미군의 철수와 병행하여 실시해 온 월남의 안전보장 유지에 필요한 월남군의 공군, 해군, 포병, 병참 등 지원능력을 계속 육성 발전시킨다.

제3단계 : 주월 미군을 대폭 감축하여 군사고문단과 이들의 방위에 필요한 극소수 병력만 잔류시킨다.

그러나 미국의 계속되는 월남에 대한 군사원조가 매년 대폭 삭감됨으로써 미군이 남기고 간 군 주요 장비는 하나 둘씩 고철이 되어 가고 있었다. 그리하여 월남 공군의 200대 이상의 항공기를 비행장에 세워 두어야 했다. 그뿐만이 아니었다. 해군의 활동도 절반이상 줄여야 했고, 육군 또한 헬기를 움직일 수 없어 그대로 비행장에 세워 둘 수밖에 없었다. 모든 주요 장비는 녹슬어 가고 있었다.

이러한 때에 월맹군은 병력과 무기를 마음껏 증강했고 베트콩은 신천지에서 점점 정예롭게 변신해 갔다. 월남에 대한 미국의 원조가 대폭 삭감됐던 것과는 반대로 공산국가, 즉 소련과 중공은 지원을 계속하고 있었다. 특히 중공보다 소련이 적극적이었다.

평화협정이 이루어져 미국이 성취감에 도취하고 있을 때 월맹군과 베트콩은 그 협정을 휴지 버리듯 찢어 버리고 곳곳에서 세력을 확장하고 있었다.

월맹은 정면으로 평화협정을 위반하고 나섰다. 그들은 호치민 통로를 4차선 도로로 확장하여 전천후 보급로가 되게 했으며 중부 고원지대 깊숙이까지 마음대로 연결시켰다. 또한 병력과 장비를 공공연하게 그 통로를 통해 17도선 이남에 이동시키고 있었다. 월남의 지방 행정관리들은 공공연한 위반 사실을 알면서도 상부에 보고조차 못했다. 왜냐하면, 보복이 두려웠기 때문이었다. 월맹은 이렇게 하여 군사장비와 보급품을 아무런 방해도 받지 않고 축적할 수 있었기 때문에 1972년의 공세보다 더 강력한 대공세를 치를 수 있는 군사력을 확보할 수 있었다.

1975년 1월부터 월맹군 사단들이 남쪽으로 이동을 시작했다. 월남 정부는 뒤늦게 그 사실을 알고서도 달리 손 쓸 방법이 없었다. 몇 번 월맹 당국에 경고를 했지만 월맹은 들은 척도 않고 그들 계획대로 모든 일을 진행시켰다.

월맹군이 곳곳에서 공격을 개시하자 상황은 급변했다. 가령 한국군이 평정한 월남 중부지역, 즉 맹호사단과 백마사단이 1만 5천여 명의 사상자를 내면서 이루어 놓았던 전술책임지역 평정은 불과 사흘 만에 공산주의자의 손 안에 들어가 버렸다.

이 무렵 수도 사이공 시내에서는 매일 격렬한 반정부 데모가 일어났다. **데모 군중은 티우 대통령의 사임을 요구했으며 반미 구호를 외쳐댔다.**

사이공 시내의 공공질서는 완전히 무너져 가고 있었고 교통 규칙을 지키는 운전사는 단 한 명도 볼 수 없었다.

그러나 독립궁에서는 끝까지 권력을 내놓지 않으려는 음모와 이것을 **빼앗**으려는 암투가 더욱 격렬해지고 있었다.

이 혼란한 와중에 1975년 4월 28일 두옹 반 민(Duong Van Minh) 장군이 대통령으로 취임했다. 민 대통령은 더 커다란 착각에 **빠지**고 있었다. 그는 자기가 영도하는 정부는 공산주의자들의 지지를 받을 것이며 그들은 이 사태를 정치적으로 해결하기 위해 기꺼이 협상에 응해 올 것이라고 확신하고 있었다. 민 대통령이 공산측에게 회담을 제의하였다. 그러나 공산주의자는 민 대통령의 뜻과는 전혀 달랐다.

'왜 우리가 군사적인 승리를 눈 앞에 두고 꼭두각시와 협상하느냐'고 코웃음을 쳤다. 월맹군과 베트콩은 평화협정 체결 당사자인 미국을 조롱하며 사이공 시내 곳곳에서 군사행동을 개시했다. 그 때서야 민 대통령은 꿈에서 깨어나 자기의 희망이 헛된 것임을 깨달았다.

1975년 4월 30일 10시, 대통령에 취임한 지 이틀 만에 민 장군은 월남군에게 전투중지 명령을 내렸다. **바로 이 시간에 지구상에서 자유월남공화국이 없어졌다.**

이러한 역사적 사실을 회고하며 우리나라가 지구상 유일한 공산주의 국가와 분단 대립 상태하에 있음을 직시할 때 노병인 내가 조국 대한민국의 안위를 위해 무심할 수 있겠는가. 나는 독자들이 이 회고록을 읽고 우와 좌로 갈라져 매일과 같이 기 싸움만 하는 사람들에게 진정한 조국을 위하는 길이 어디에 있는가를 깨닫게 되어 주기를 바랄 뿐이다.

우리 겨레가 통일을 완수할 때까지는 우리에게 미국은 필요하다. 미국은 우리의 목적이 아니라 수단이다. 또한 미국은 우리에게 필수가 아니라 선택이다.

우리의 군사력보다 월등 강력한, 더욱이 핵무장에다 미사일까지 갖춘 북한의 100만 대군이 도사리고 있는 이 중요한 시기에 양 파로 갈라져 싸워 무슨 이득을 챙길 수 있겠는가.

나는 북한과의 정해진 틀 안에서의 물자 지원에 반대하지 않는다. 굶주려 죽어 가는 겨레를 살려야 된다는 동포애의 발로이기 때문이다.

그러나 한편, 해방 이후 오늘까지 북한 당국과 우리와의 약속 하나 하나를 살필 때, 과연 월남과 월맹의 관계와 무엇이 다른 것인지 되새겨 보아야 할 것이다. 이 항목에서의 나의 결론은, **북한 당국을 먼 지난날의 월맹보다 더 믿을 수 없다는 사실이다.**

다음은 분단국가의 역사에서 얻은 교훈을 살펴보기로 한다.

미·소의 대립, 냉전 체제의 상징적인 전시장이었던 독일과 베트남, 한반도의 분단에서 독일과 베트남은 이미 통일이 되었고 온 세계의 관심은 한반도 통일에 초점이 맞추어졌다.

1975년 4월 말 자유월남의 처참하고 비극적인 멸망에서 우리가 얻은 교훈은 무엇이었나?

패망 전 자유월남은 병력, 무기와 장비 등 군사력에 있어 공산월맹에 비해 전혀 상대가 되지 않는 압도적인 우세에 있었고, 인구와 경제력, 농업, 공업 등 생산력과 무역, 통신, 교통, 국민의 생활수준 등에 있어서 공산월맹에 비해 절대적인 우위에 있었다. 그럼에도 그토록 참담한 패배의 원인이 무엇이었나?

첫째는, **공산월맹의 실체와 음모에 대해 제대로 알지 못하였고 알려고도 하지 않았다.** 월맹 공산지도자 호치민이 애국자요 반불(反佛) 독립투사라는 환상적인 이미지 속에서 "통일이 되면 지금보다 10배 이상 잘 살게 된다!"고 떠드는 그의 말에 귀를 기울이고 있었다. 그래서 월맹의 선전과 심리전에 쉽게 말려 들어갔다.

두 번째는, **베트콩들의 교묘한 모략과 이간책으로 월남 국민들의 반미 감정을 격화시키면서 미군의 철수를 부르짖게 했다.** 베트콩들이 학살한 민간인들을 미군이 한 것처럼 조작하여 컬러 사진을 찍어 미국 내 정치, 언론, 학계, 종교, 인권단체 등에 광범위하게 배포하여 "미군을 즉시 철수시켜라. 내 남편과 자식들을 살인범죄자로 만들지 말라"고 거센 압력을 가하게 했다. 미국의 저명한 흑인 지도자 킹 목사는 "미국 젊은이들은 자기 양심에 따라 월남 참전을 거부하라"고 역설하였다.

미국은 1965년 이후 2~3년 사이에 35만명의 현역 군인이 탈주하였고 수십만의 젊은이들이 군입대를 피하기 위해 캐나다, 유럽 등 지역에 도피하였다. 닉슨 대통령은 월남전 회고록에서 **"미국은 월남의 전장에서 패퇴한 것이 아니라, 미국 내 월남 정치전술에서 패배했다"**고 언명했다.

세 번째는, **월맹의 스파이들이 월남 대통령의 측근은 물론 모든 기관과 종교, 학계, 언론, 문화, 예술 등 조직에 침투하여 거미줄같이 망을 구축**하고 각종 정보를 수집할 뿐 아니라, **교묘한 선전 모략, 이간책, 경제 파탄과 혼란 책동**, 온갖 유언비어를 유포시켜 극도의 혼란과 상호불신 조장으로 반목과 불만 등을 격화시켰다.

이는 오늘날 우리의 현정치와 사회, 종교, 문화, 예술계 등에 북한의 대남 위장평화 전술과 친북, 좌경 세력들의 음모와 활동, 책동이 거의 같다고 본다.

네 번째는, **극심한 부패였다. 정치 지도층, 권력층 등 각계 각층의 부패 만연으로 베트콩들의 활동과 세력 확장에 더없는 조건과 절호의 기회를 갖게 되었다.** 정부, 군, 국민이 상호 불신하고 반목하므로 국민적 단결이나 전쟁수행 의지와 노력이 제대로 이루어질 수 없었다. 권력 있고 돈 있는 사람들의 자녀는 외국으로 유학 가거나 안전한 곳, 권력과 금전 등 수익성이 있는 자리에 빽을 써서 배치되는 것이다.

월남전을 체험하거나 월남전을 지켜본 많은 사람들이 하는 말은 **오늘날 우리나라가 패망 전의 월남과 너무나 흡사한 양상**이라고 우려의 목소리를 높이고 있다. 6 · 25 전의 남한 상황도 월남의 상황과 비슷한 점이 많았다고 지적하고 있다. 공산 북한의 실상과 음모를 제대로 파악 못하고 환상에 젖어 방심하고 있었고 북한의 교묘하고 치열한 선전 공세에 휘말려 남한 내의 공산분자들의 악랄한 파괴활동을 격화시켰으며, 북의 기습남침을 당하여 민족 역사상 가장 처참하고 쓰라린 고통과 상처를 한반도에 남긴 3년 1개월 동안의 자유수호 6 · 25전쟁을 영원히 잊을 수 없다.

한편, **분단되었던 독일의 경우 서독은 시장경제 체제와 자유민주주의 체제를 국가기조로 확고하게 그 기초를 확립하였다.** 이를 위해 먼저 **미국과 동맹관계와 협력체제를 공고히 하는 토대 위에서 튼튼한 안보태세를 다져 놓았다.** 70년대에 접어들어 퍼싱 미사일을 서독에 배치하는 것을 저지하기 위해 동독과 소련이 온갖 협박과 방해를 가했지만 단호히 물리치고 강행 설치했으며, 안보에 관한 어떤 외부세력의 간섭이나 개입도 용납하지 않고 꾸준하게 국방력 강화에 전력을 다하였다.

또한 72년 **나치나 공산분자들의 공직 취임을 금지시키는 조치를 취하였고 기업들도 이에 따랐다.** 직업 선택의 자유권 등을 이유로 거센 반발이 있었으나 서독연방재판소는 서독의 자유민주주의 체제에 적대하는 행동을 일삼는 사람의 공직취임 금지는 정당하다고 판결하였다.

이렇듯 **내부에서 서독의 자유민주주의 체제 전복이나 파괴 행위를 금지시키는 제도적, 법적 장치를 마련하였다.** 그리고 동독 사람들에게 용기와 희망을 갖게 하기 위해 **동독의 인권 문제**에 대하여 서독이 깊은 관심과 다각적인 노력을 서슴지 않았다. 동독의 격렬한 항의와 반대를 처음부터 각오한 것이었다. 헝가리의 국경 개방 조치가 동독의 격렬한 항의와 반대로 좌절하게 되자 서독 정부는 헝가리 정부와 비밀교섭을 하여 10억 마르크의 서독 자금을 제공하여 동독 난민들을 받아들이게 하여 그들이 서독으로 들어오도록 조치하였다. 또한 68년부터 88년까지 **3만명의 동독 정치범을 미화 20억 달러를 동독에 지불하고 서독으로 데려왔으며** 그때 서독 교회가 앞장서서 이룩한 것이다. 서독이 동독의 인권 개선과 연계하여 조용하게 동독의 경제 지원과 협력을 하였다.

베트남 공산통일과 독일의 자유민주주의 평화통일에서 우리가 앞으로 남북통일을 달성하는 데 필요한 교훈과 지혜는 극명하게 드러났다. 현재 우리의 대북정책과 비교해서 시정되고 보완되어야 할 문제점들도 명백하게 나타났다. 이제 우리 국민 모두는 **북에 대한 어떠한 환상도 갖지 말고 냉철하게 북의 실체와 대남 음모를 인식해야 한다.**

2. '용병', '양민학살' 주장에 대하여

베트남전쟁을 회고할 때 우리가 간과할 수 없는 것은 전쟁 참가로 말미암아 역사상 가장 큰 변화를 가져왔다는 사실이다.

5천여 명의 고귀한 희생을 헛되이 하지 않기 위해서도 한국군의 베트남전 참전을 재조명하여 바른 역사로 각인시켜야 되겠다는 것이 내가 회고록을 펴내는 가장 큰 이유이다. '비뚤어진 눈으로 보면 모든 것이 비뚤어져 보인다'는 외국의 속담을 들먹일 필요 없이 우리에게도 그와 비슷한 교훈은 얼마든지 있다.

2000년 12월 15일 군사평론가협회가 주최한 「**한국군의 베트남전 참전 재조명**」에 관한 학술 세미나에서 동국대 **강정구**와 성공회

대학 **한홍구**는 주제 '한국군의 베트남전 참전과 민간인 참상'을, '한국군의 베트남 파병, 그 빛과 그림자'를 각각 발표하였다.

강정구는 "한국군의 베트남전 참전은 침략전이며 **파월 한국군은 미군의 용병**이며 파월 한국군이 **고의적이며 조직적으로 베트남 민간인을 대량 학살했다**"고 주장했다. 또 그 당시 월남 정부를 괴뢰정부라고 정의했다.

한홍구는 "베트남전쟁 파병으로 얻은 국가이익이 다른 파병국에 비해 헐하며 불평등한 것이었고, 파병목적도 박정희 독재권력 강화를 위한 것이었다"고 주장했다.

베트남전쟁에 관한 논쟁의 시발은 **「한겨레21」 통신원이라는 구수정 여인**이 공산 베트남 이곳저곳을 돌아다니며 확인했다는 내용인데, 그 글을 강정구는 사실이라는 전제하에 발표하였다. 그 내용은 다음과 같다.

"1965년 12월 22일 한국군 작전병력 2개 대대가 빈딘성 퀴논시에 있는 몇 개 마을에서 깨끗이 죽이고 깨끗이 불태우고 깨끗이 파괴한다는 작전 아래 12세 어린이 22명, 여성 22명, 임산부 3명, 70세 이상 노인 6명, 즉 대부분 노약자인 양민을 학살했다.

랑은 아이를 출산한 지 이틀 만에 총에 맞아 숨졌다. 그의 아이는 군화발에 짓이겨진 채 피가 낭자한 어머니의 가슴 위에 던져져 있었다. 임신 8개월의 축은 총알이 관통해 숨졌으며 자궁이 밖으로 들어내져 있었다. 남한 병사는 한 살배기 어린이를 업고 있던 찬도 총을 쏘아 죽였고 아이의 머리를 잘라 땅에 내동댕이쳤으며 남은 몸통은 여러 조각으로 잘라내 먼지구덩이에 버렸다.

그들은 또한 두 살배기 아이의 목을 꺾어 죽였고 한 아이의 몸을 들어 올려 나무에 던져 숨지게 한 뒤 불에 태웠다. 그리고는 열두 살 난 융의 다리를 쏘아 넘어뜨린 뒤 산 채로 불구덩이에 던져 넣었다.

한국군들이 마을에 들어가 주민을 체포하면 남자와 여자를 나눴다. 남자는 총알받이로 데리고 나갔다. 여자는 군인들 노리개감으로 썼다. 희롱하고 강간하는 것은 물론 여성들의 가장 신성한 부분에 불을 지르기도 했다.

한국군인들의 민간인 학살 행위는 무차별 기관총 난사, 대량살육, 임산부 난자살해, 여자들에 대한 강간살해, 가옥 불지르기 등이었고, 아이들의 머리를 깨뜨리거나 목을 자르고 다리를 자르거나 사지를 불에 던져 넣고 여성들을 돌아가며 강간한 뒤 살해하고 임산부의 배를 태아가 나올 때까지 군화발로 짓밟고 주민들을 마을의 땅굴로 몰아넣고 독가스를 분사해 질식사시키는 것 등이었다."

강정구가 한국군이 월남 양민을 학살했다고 인용한 구수정 여인의 글은 그 내용이 사실이라면 천인공노할 만행이다. 내가 맹호사단장을 겸직하고 있을 때인 1965년 12월 22일에 발생한 것으로 되어 있는데 터무니없는 내용이다.

이 글 첫 줄부터 사실과 다르다. '빈딘성 퀴논시에 있는 몇 개 마을'이라고 했는데, 퀴논시는 우리 전술책임지역 밖에 있는 월남군 제22사단 관할이다. 그 내용은 당시 한국군과 월남인 간의 이간책을 쓰고 있던 월맹군측과 베트콩들의 악선전 내용과 같다. 그 이간책은 당시 북한에서 파견된 북한군 심리전 요원에 의해 기획되었다는 것도 확인했던 사실이다.

어찌 대한민국 국민이면서 **구수정**과 **강정구**는 자기 나라 군대의 만행이라며 확인도 안 된 내용을 사실이라고 학술회의에까지 들고 나와 공식적으로 발표할 수 있는 것일까. 자기들이 태어나서 먹여 주고 입혀 주고 교육까지 시킨 뒤 자유와 인권을 보장해 준 조국 대한민국에 그토록 거침없이 칼질을 해도 좋은 것인가.

마침 그 학술회의를 주관한 군사평론가협회 회장인 **박경석 장군**은 그 구수정의 글과 그것을 주장한 강정구에 대하여 다음과 같이 기조연설로 답했다. 박 장군은 1965년 12월 22일 당시 맹호사단 제1진 재구대대장으로 그 지역 인접 일대를 전술책임지역으로 하여 작전을 지휘했던 바로 당사자이다. 기조연설 내용을 요약하면 다음과 같다.

전쟁과 국제법은 불가분의 관계이다. 그러므로 전쟁규칙과 전쟁에 관한 각종 제한을 규정하고 있는 국제법을 모르는 사람이 함부로 '침략전쟁이다', '용병이다', '양민학살이다'를 정의 내리는 행위는 마치 돌팔이 의사가 암 환자 수술을 하겠다고 덤비는 것과 무엇이 다른가.

주월 한국군의 각종 통계에 따르면 세계 여러 전쟁, 특히 베트남전쟁에 참전한 미군이나 월남군에 비해 민간인 희생이 가장 적었다는 것이 연합군이 공유한 공식통계라는 것을 참작하기 바란다.

세계대전을 비롯 6·25전쟁을 포함한 모든 전쟁에서 민간인의 희생이 전투 당사자인 군인의 희생보다 월등히 많다. 그러나 주월 한국군만은 그 통계에서 예외적인 것으로 공인되었다. 그 요인은 바로 이 자리에 참석하신 당시 주월한국군사령관 채명신 장군의 훈령 '백명의 베트콩을 놓치는 한이 있더라도 한 명의 양민을 보호하라'에 충실했던 휘하 장병의 인도주의 실천 때문이었다.

물론 내가 지휘했던 제1진 재구대대도 수많은 전투를 겪는 동안 민간인 희생이 있었음을 부인하지 않는다. 포탄이나 실탄을 군인만 죽이도록 고안된 기발한 발명품이 나오지 않는 한 민간인 희생은 막을 방법이 없다. 그 과정에서의 민간인 희생은 학살이 아니다.

내가 분명히 말해 두고 싶은 것은 전쟁이란 응징과 보복의 연속이라는 사실이다. 그 과정에서 민간인 희생은 어쩔 수 없다. 그것은 비극이다. 미국이 제2차세계대전 당시 일본의 히로시마와 나가사키에 원자탄을 투하해 무고한 시민 수십만명을 죽였다. 그래서 전쟁은 일어나지 말아야 한다는 것이 인류의 오래 전부터의 숙원이 아닌가. 히로시마, 나가사키에서 수십만명의 희생자를 낸 일본이 양민학살이라고 미국에게 항의하지 않았던 그 이유와 배경을 살펴야 한다. 그 수십만명으로 하여 수백만이 더 희생될지도 모를 전쟁을 종식시킬 수 있었다는 데 의미와 명분을 둔 것이다.

베트남전쟁에서의 적은 월맹군과 베트콩이었는데 베트콩은 그들이 주장하는 양민이다. 노인도 있고 여자도 있고 어린이도 있었다. 전장에서 상대가 적대행위를 할 경우 그 상대를 사살하는 행위는 정당방위이며 합법이다. **베트남전쟁과 같은 게릴라전에서 더욱이 피눈물을 흘려가며 양민보호에 임했던 나와 내 전우들을 학살의 주범으로 모는 행위는 분명 이적행위이다.** 분노하지 않을 수 없다.

통쾌한 일격이었다. 이어서 남북전략연구소장이며 인터넷 신문 〈뉴스앤피플〉 대표 겸 주필인 **여영무 박사의 해박한 법이론으로 이어졌다.** 특히 '이른바 초진보주의 학자들과 그 세력들에게 진짜 노림수는 무엇인가' 에서 **강정구와 한홍구에 대해 날카로운 추궁**을 했다. 특히 여영무 박사는 그의 견해를 밝히면서 다음 자료를 제시하였다.

• 제네바 협정 추가의정서 자료

용병의 조건을 규정한 제네바 제협정(4개 협정) 추가의정서 제47조 1항-2항 요건들을 살펴보면 다음과 같다.

1. 용병은 전투원 또는 전쟁포로가 될 권리가 없다.

2. 용병은 아래에서 규정하고 있는 자를 말한다.

　　가. 무력충돌에서 싸우기 위해 국내 또는 국외에서 (특별히) 징집된 자

　　나. 실제로 적대행위에 직접 참가하는 자

　　다. (근본적으로) 사적이익(private profit)을 얻을 목적으로 적대행위에 참가한 자, 또 충돌당사국에 의해 또는 충돌당사국을 위해 그 당사국 군대의 유사한 지위 및 기능의 전투원에게 약속되거나 지급된 것(실질적으로 초과하는 물질적 보상)을 약속받은 자

　　라. 충돌당사국 국민이 아니거나, 충돌당사국에 의해 통치되는 영토의 주민이 아닌 자

　　마. 충돌당사국 군대의 구성원이 아닌 자

　　바. 충돌당사국이 아닌 국가에 의해 같은 나라 군대 구성원으로서 공적 임무를 띠고 파견되지 아니한 자

파월 한국군은 이상 열거한 6개의 용병 조건들 중 어느 하나에도 포함되지 않는다. 따라서 파월 한국군이 용병이 아니라는 것이 입증되었다.

월남에 파견된 한국군은 주권국가의 당당한 정규군이며, 파견조건도 연합군인 미국과 베트남 합법정부기관의 요청 또는 협의하에 이루어진 것으로서, 용병이란 표현은 적절하지 않다.

베트남전쟁에 해병소령으로 참전했던 군사평론가 **이선호 박사**와 육군 포병대위로 참전했던 군사평론가 **지만원 박사**가 그 뒤를 이어 강정구, 한홍구의 억지 이론에 맞섰다.

맨 마지막으로 나의 '맺는 말' 차례가 왔다. 글자 그대로 나는 분노하고 있었다. 숨져 간 전우 5,000여 명의 슬퍼하는 영상을 떠올리며 부들부들 손이 떨렸다.

어쩌다가 오늘의 대한민국이 이 지경이 되었는가. 명동 한복판 은행회관 강당에서 백주에 32만 참전용사들에 대해 이토록 비수를 꽂아도 된단 말인가. 차라리 내가 죽어 이 자리에 참석 안했어야 되었을 것을…. 만감이 교차했다.

나는 조용히 입을 열었다. 억지로 분노를 가라앉히면서 작은 목소리로 시작했다.

내가 연설한 골자는 이 회고록 전반에 걸쳐 곳곳에 쓰여져 있어 이 항목에서 되풀이하지 않겠지만, 내 분노의 감정을 그대로 표현하였으며 내가 지휘할 때 항상 전제로 한 '국가이익 제일주의'와 '양민보호 우선주의'를 설명해 주었다. 강정구나 한홍구 같은 사람은 북한으로 국적을 옮겨 마땅하다고 그때 참석한 전우들은 입을 모았다.

3. 국가경제 발전의 초석

　1인당 GDP 1만 6천 달러 시대에 살고 있는 사람들에게 1960년대 초 이야기를 한다면 과연 그때의 실상을 이해할 수 있을 것인가. 아마 사고(思考)와 의식이 상상할 수 없는 회의에 빠질 것이다. 그때 우리의 1인당 GDP는 87달러였다.

　당시 장관이 받는 월급을 달러로 환산하면 평균 350달러밖에 되지 않는다. 그런 시대에 살고 있었던 국군의 장교 가족들이 하루 두 끼 정도 먹기도 벅찬 박봉으로 근무했다.

　가족이 있는 장교들이 월급 때와 같이 기다려지는 것이 있는데, 한 달에 한 번씩 내주는 불식미(不食米) 지급할 때이다. 불식미란 장교가 아침 저녁은 집에서 먹고 나오기 때문에 점심만 근무처에서 먹는다. 그래서 안 먹은 만큼의 쌀과 부식비를 한 달에 한 번씩 지급한다. 퇴근시 자루에 담은 불식미를 집에 가지고 가면 아내와 아이들이 반긴다. 그날은 가족들이 쌀밥을 마음껏 먹을 수 있기 때문에 축일과 같은 분위기가 된다.

　박정희 대통령 시대에 '잘 살아보자'고 온 국민이 법석을 떨 때가 있었다. 그때 그 광경을 지금 사람들은 별로 대수롭게 생각하지 않는다. 왜냐하면, 그 시절 우리의 가난을 실감할 수 없기 때문이다.

　나라 사정은 더 어려웠다. 1957년을 정점으로 하여 미국의 경제 원조는 해마다 큰 폭으로 감소하기 시작했으며, 이 원조 액수는 국민경제를 좌우할 만큼 큰 비중을 지니고 있었다.

　1955년부터 1961년까지의 기간에 미국이 제공한 21억 달러의 경제원조는 당시 우리나라 GDP의 20% 정도를 차지했었던 것이다. 미국의 경제원조가 가장 많았던 1957년과 1958년에 각각 8.7%와 7%의 경제성장을 이룩한 것은 3억 8천만 달러와 3억 2천만 달러에 달하는 경제원조액이 그 절정을 이루고 있었음을 간과할 수 없다. 그러나 1950년대 말부터 미국은 국내 경제가 침체 국면으로 접어들게 됨으로써 대외원조를 삭감하기 시작했으며, 대외원조도 무상에서 유상 차관으로 전환하는 정책이 나왔다. 이때부터 상품 수출과 용역의 수출기반 구축을 위한 필요성이 급박해졌다.

이러한 때 우리나라 첫 번째 외환 위기가 닥쳐 왔다. 1962년부터 시작한 제1차 경제개발 5개년계획을 위한 투자로 경상수지 적자가 누적되어 갔다. 1963년에 수출이 8,600만 달러였는데, 경상수지 적자는 배에 가까운 1억 4,000만 달러에 달했다. 어디 그뿐이랴. 1965년까지의 누적 적자는 무려 2억 4,000만 달러였다. 이때 땜질한 것은 일본으로부터 받은 청구권 자금 8억 달러(무상 3억, 유상 2억, 상업차관 3억)에 의해 겨우 숨을 돌렸다. 그러나 그 효과가 지속될리 없었다.

이때 한국경제에 돌파구로 대두된 것이 베트남 파병이었다는 것은 가난한 나라로서 대안이 달리 없었다. 물론 경제적 돌파구 외 파병의 당위성은 더 긴박했다. 미군 철수에 따른 안보 공백, 한국군의 현대화 지연, 군원 이관에 따른 전투장비 노쇠 등 한두 가지 문제가 아니었다. 이러한 난제들을 한꺼번에 해결할 수 있는 것으로, 베트남전쟁에 한국군 파병이라는 정답이 나온 것이다.

일부 학자들은 위와 같은 조건에 포커스를 맞추지 않고 박정희의 독재기반 구축에 이용되었다고 주장하고 있지만, 그것은 결과

론적인 한 부분이라고 나는 생각하고 있다. 그 근거로 박 대통령은 미국과 협상하는 과정에서 한국경제에 뒷받침될 것만 줄곧 주장하고 또 관철시켰기 때문이다.

한미간의 줄기찬 협상 끝에 얻어낸 **브라운 각서**는 바로 이 사실을 증거하고 있다.

브라운 각서는 1966년 3월 4일부 주한미국대사 브라운이 대한민국 외무부장관 이동원에게 보내는 서한 형식에 포함된 약정서이다. 그 주요 골자는 한국군의 1개 전투사단 증파에 따른 대체 사단의 추가비용을 미국이 부담하며 거기에 더해 군사 및 경제적 이익을 제공하는 것으로 되어 있다. 그 주요 내용은 다음과 같다.

• 브라운 각서 주요 항목(요약)

1. 베트남에 증파되는 사단과 한국에서 이에 대체되는 사단과 관련된 순추가비용을 한국 정부에 보상한다.
2. 향후 2년 간 한국에 있는 한국군의 장비 현대화를 촉진한다.
3. 한국 정부의 대 간첩작전 조직과 장비를 개선한다.
4. 한국의 경제적인 이익을 도모하도록 AID 차관을 증액한다.
5. 한국군이 베트남에 주둔하는 동안 군원이관계획을 중단한다.
6. 미국의 해외판매에 있어서 한국에 보다 많은 특별한 참여 기회를 부여한다.
7. 베트남에 있는 한국군의 대우를 개선하는 데 동의한다.
8. 한국제 탄환 증산을 위한 병기창 확대에 필요한 장비를 제공한다.
9. 서울과 사이공에 위치한 한국군 간의 원활한 통신을 위한 장비를 지원한다.

10. 주월 한국군의 수송을 위해 한국 공군에 C-45 수송기 4대를 제공한다.
11. 베트남 전상자의 위로금을 두 배로 증액한다.
12. MAP의 수익금으로 한국군의 막사, 독신장교숙소, 주방시설, 위생
    시설, 오락시설 등을 개수한다.
13. 베트남 파병에 따른 일체의 소요경비를 미국이 부담한다.

위 협상 결과만 보더라도 **국가 안전보장과 경제발전에 전력을 다
하고 있음을 확실하게 보여 준 증거**라 할 수 있을 것이다. 베트남 파
병이 독재권력 강화에 있지 않다는 것이 명징하게 들어나고 있는 것이
다.

브라운 각서의 이행이 때로는 지지부진하기도 하였지만, 우리가
요구한 증파 대가는 거의 다 받아내었다.

▲ 파월 한국 기술자들을 격려하기 위해 각 지역을 방문하는 것도 저자의 업무 중 하
  나였다.

특히 제6항 '미국의 해외판매에 있어서 **한국에 보다 많은 특별한 참여 기회를 부여한다**'는 부분은 주목할 만하다. 이로 말미암아 한국 기업, 한국 기술자, 근로자들의 해외 진출 길이 열렸으며 휴대식량, 군복, 군화 등의 수출 길이 뚫렸던 것이다.

1965년 우리 기술자 93명이 베트남으로 진출을 시작한 이후 1966년 10,020명 진출부터 골드러시가 본격화되었다. 많을 때는 무려 2만명에 달했다. 이로 인한 전체 외화 가득액이 한 해 평균 1억 2천만 달러에 달했으니 당시의 경제 여건하에서는 가뭄에 단비라 할 수 있겠다.

우리 기술자들은 세탁, 군복, 시계, 카메라 수리 등 주월 미군과의 각종 서비스 계약을 맺고 외화 획득에 나섰다.

파월 기술자들은 매월 1인당 300달러 내지 800달러씩 받아 그 가운데 약 70% 이상을 송금했다. 당시 파월 기술자들의 월 송금액 1인당 평균액은 약 350달러로서 당시 우리나라 장관급 월급과 맞먹었다.

파월 장병의 전투수당은 기술자에 비해 훨씬 못미치지만, 장병이 낭비하지 않고 고국에 송금함으로써 국가경제에 크게 기여하였다.

장병의 전투수당을 대통령령 제1895호에 의해 '해외 파견군인의 특수근무수당 지급규정'에 정하여 지급했는데, 30일 기준 월 대령 195달러, 대위 150달러, 상사 75달러, 상병 30달러 등으로 책정하였다.

장병의 전투수당이 현재 기준으로 볼 때 크지 않지만, 당시에는 결혼한 직업군인의 경우 사글세 집에서 전셋집으로, 전셋집에서 내집 마련으로 발전하여 가계에 큰 보탬이 되었다.

나는 파월 초부터 장병들에게 80% 이상 고국에 송금하도록 적극 권장하였다. 미군들 주둔지 근처에는 술집과 매춘부들이 우글거렸으나 한국군 주둔지 부근에는 단 한 곳의 술집이나 매춘부가 얼씬 못했다. 근검 절약을 실천하여 고국에 송금한 액수가 권장 목표치를 상회, 83%선을 계속 유지하였다. 그러다가 차츰 증가하여 1969년에는 92%까지 증가하였다.

이른바 전쟁특수(戰爭特需)라고 일컬어지는 베트남전쟁 기간 중의 외화 획득으로 제2차 경제개발 5개년계획(1967년~1971년) 기간 중 외환 위기를 극복하였다. 이 두 번째 외환 위기는 기간 중 연간 4억 달러 내지 5억 달러의 경상수지 적자가 급속하게 증가하면서 발생하였는데 다행히 전쟁특수로 인해 고비를 넘길 수 있었다.

한국경제 발전이 전쟁특수에만 의존한 것은 아니었다. 서방측의 외국인 투자도 한몫 단단히 했다. 한국군의 베트남전 참전으로 **미국의 대한방위공약을 서방측이 확인 신뢰하는 계기**가 되어, 아시아의 집단안보에 대한 미국의 공약이 가시화됨에 따라, **서방측의 대한국 직접 투자와 차관 공여를 촉진**시켰다. 1965년 말부터 1966년에 이르는 동안 한국군이 베트남 전선에서 용맹을 떨치고 있다는 보도가 전세계에 전파되자, **대한민국의 국가신용도가 급격히 상승하여 1968년과 1969년에 서방 각국의 공공차관과 상업차관 그리고 대한국 투자가 각 5억 달러와 9억 달러를 상회**하였음은 매우 고무적인 성과였다. 이 2개년의 외자도입액 14억 8천만 달러는 1959년부터 1970년까지의 누계 총액에 대하여 약 60%에 접근하는 큰 비중을 차지하였으니, **그때의 경제성장률이 각각 12.6%와 15%로 나**

타났음은 경이적인 경제 도약이라 아니할 수 없다.

　베트남전쟁으로 인한 특수는 1966년부터 1972년까지 약 7년 간 **10억 2,200만 달러에 달해** 외화 부족이 심각했던 당시 한국경제에 '가뭄의 단비'로 비유할 수 있었다.

　1966년 이동원 외무부장관과 브라운 주한미국대사가 맺은 브라운 각서에 따라 미국은 한국의 전투부대 파병의 조건으로 군사원조 이외에 베트남 주둔 병력 유지에 필요한 비용을 원화로 한국측 예산에 방출하고 주한 미군의 군용물자를 상당부분 한국에서 조달하는 한편, 베트남 주둔 한국군 소요물자와 베트남 주둔 외국군 및 베트남군 소요물자 가운데 일부 품목도 한국에서 구매하였다. 그리고 더욱 중요한 것은 베트남 건설사업에 한국 건설업체에도 응찰 자격을 부여, **베트남 건설용역에 참여하게 하였다.**

　1972년 한국군 철수 이후 베트남 특수가 급격히 줄어들 것이라는 우려가 있었으나, **베트남 특수에서 경험한 요건을 발판으로 하여 다시 중동으로 진출을 옮겨 중동 특수로 이어진 것은 한국경제 발전을 위해 큰 다행이라 할 수 있겠다.**

　베트남전쟁은 다음 다섯 가지 측면에서 1966년 이후 한국경제의 도약 요인을 제공했다고 평가할 수 있다.

　첫째, 미국의 베트남전 개입에 따라 군수 소요의 확대는 베트남 특수를 유발시켜 이것을 주요 계기로 급속한 공업화가 이루어질 수 있게 되었다.

　파병 장병의 송금, 미군의 물자 조달 등을 중심으로 연간 약 2억 달러, 누계 10억 2,200만 달러 외화 수입과 한국의 베트남 수출은 물품 군납의 증가에 힘입어 1965년 1,770만 달러에서 1970년에는 4배에 육박하는 7,000만 달러로 증가했다.

　1960년대 들어 미국 원조의 감소에 따라 경제성장이 둔화되었던 상황에서 베트남 특수의 유입은 외환보유고 확충에 기여하고 1960년대 후반 고도성장의 도약에 결정적으로 중요한 역할이 되었다.

　둘째, 베트남전쟁의 확대와 함께 한국경제의 기적의 핵을 이루었던 수출이 본격적으로 증대되기 시작했다.

　대 미국 수출 급증에 힘입어 1964년 **1억 2,000만 달러에서 1972년 16억 2,400만 달러로 증대되었다.** 그 가운데 미국이 차지하는 비중은 1960년대 초반 20%대에서 1965년 이후 매년 증가하여 1969년에는 50.1%에 달했다.

　한편, 연간 250억 달러를 넘었던 미국의 베트남전 관계 군사비 지출은 군사수요를 급속히 확대시켰고 이것이 한국에 수출시장을 제공하였다. 미국의 수입은 베트남전의 확대와 함께 급증하기 시작하여 1957년~1964년 8년 간 5.6%였던 연평균 수입증가율이 1965년~1972년 8년 간은 14.8%로 크게 상승하면서 수입액은 1964년 187억 달러에서 1972년 556억 달러로 약 3배 증가했다.

　그 가운데 **한국으로부터의 수입은 1965년~1972년 연평균 47.5%라는 경이적인 증가율을 보여,** 1964년의 경우 3,560만 달러에 불과했던 것이 1972년에는 7억 6,000만 달러로 21배나 증가하였다.

　셋째, 한국군의 베트남 파병에 대한 대가로 주어진 미국의 차관은 1960년대 중반 한국 경제가 직면했던 외자 도입의 곤란을 극복할 수 있게 했다.

1960년대 후반부터 차관 도입이 급증하여 1959년~1965년 누계액이 1억 4,200만 달러에 불과했는데, 1966년부터 급증하여 1967년 2억 1,000만 달러, 1970년 4억 3,000만 달러, 1972년 7억 3,700만 달러에 달했다.

넷째, 한국군의 베트남 파병과 함께 급증한 미국의 대 한국 군사원조는 한국의 국방비 부담을 경감케 함으로써 고도성장의 재원 조달을 용이하게 했다.

미국은 1964년 군사원조 삭감을 통보한 바 있으나 1965년 한국군 전투부대 베트남 파병을 계기로 통보를 백지화하고 다시 군사원조가 급속하게 증가했다. 미국의 대 한국 군사원조는 1961년~1965년 약 8억 2,000만 달러에 불과했으나 전투부대 파병 이후인 1966년~1970년에는 약 16억 8,000만 달러로 비약적으로 증가했다.

미국의 한국에 대한 군사원조의 증대는 한국의 국방비 지출을 억제시키는 효과가 있었다. 이를 통해 한국 정부는 1968년 김신조 일당의 무장공비 서울 침투 및 미 해군 함정 푸에블로호 피랍 사건 등으로 남북 긴장이 극도로 고조되었음에도 불구하고 국방비 지출을 증대시키지 않았다.

다섯째, 한국군의 베트남전 참전을 계기로 하여 일본에서 수입한 원자재와 자본재를 한국의 싼 노동력을 이용하여 조립가공한 것을 미국 시장에 수출함으로써 한·미·일 삼각체제가 성립되었다.

여하간 우리나라가 '한강의 기적'을 이룩한 1970년대의 고속압축 경제성장과 더불어 1980년대의 산업사회 조기기반 완성은 그 연원을 베트남 특수와 그 뒤에 이어진 중동 특수에서 찾는다면 결코 무리는 아닐 것이다.

학자마다 견해가 조금씩 다르기는 하지만, 모든 학설에서 베트남전쟁 특수를 무시하는 학자는 내외 공히 없다.

이 과정에서 내가 강조하고 싶은 것은 경제발전 이면에 뿌려진 씨앗이 너무나 아픈 상처를 안겼다는 사실에 있다. **5천여 명의 전사자와 1만여 명이 넘는 전상자** 그리고 **오늘날까지 후유증에 시달리고 있는 고엽제로 인한 고통을 받는 수만명의 전우들을 생각하면 가슴 아픈 일**이 아닐 수 없다. 베트남전 당시 사령관인 본인을 위시하여 말단의 사병에 이르기까지 모두 **국익을 생각하는 역군**이었다는 것을 강조하고 싶다.

내가 베트남에 도착 직후 장병들에게 수당을 절약하여 부모님이나 자기가 꾸려 가는 가정의 삶에 보탬이 되도록 80%는 꼭 송금하

▲ 월남 참전 하사관들이 제대 후 현지 취업하였다. 이들과 기념 촬영.

라고 장려했는데 그것이 제대로 이루어지고 있었으며, 차츰 증가하여 90%선을 넘는 송금실적을 보였다. 나는 다시 나머지 10% 내지 20%의 달러도 낭비하지 못하도록 할 방법을 생각해 냈다. 미군 PX에서 TV를 구입해 가도록 유도했다. 당시 한국에는 TV 방송을 하고 있었으나 국산 TV는 없을 때였고 미제나 일제를 수입하여 사용하고 있을 때였다. 미군 당국에 협조를 요청하여 내 뜻에 미군 당국이 양해했다. 정글을 누비면서 꼬깃꼬깃 소중히 접어 간직했던 달러로 TV를 사가지고 귀국한다면 농촌 부모들이 얼마나 좋아할까. 그것을 **몇 배 비싼 값으로 되팔면 농가에서는 돼지 여러 마리를 사서 기를 수 있어 부농의 길이 트인다고 생각했다.**

우리나라에서 비싼 값으로 수입해다 쓰는 TV를 미군 PX에서 면세 공장도 가격으로 살 수 있었으니 시중가의 몇 배를 더 받을 수 있을 때였다.

공연히 외출시 매춘부나 찾아다니고 술이나 퍼마시면 푼돈이지만, TV를 사면 농가에 크게 득이 될 수 있으니 일거양득이라고 생각했다.

제1진 귀국 장병부터 TV가 국내에 반입되기 시작하자 고국에서는 난리가 났다. 매스컴에서는 파월 장병이 TV 밀수를 했다고 대서특필하는가 하면, 육군본부와 국방부에서도 빗발치는 비난이 쏟아졌다. 나에게 강력한 압력이 가해졌지만 나는 끝까지 굴하지 않고 설득해 나갔다. 이 파문이 확대되어 청와대에까지 비화되어 TV 구매 중지 훈령까지 내려왔다. 나는 절대 굴하지 않겠다고 마음먹고 귀국 보고차 청와대에 들렀을 때 박정희 대통령에게 내 깊은 뜻을 보고하자 비로소 양해가 되어 TV 반입 금지 훈령이 철회되었다. 이 과정에서 육군본부의 내 상급자와의 관계가 껄끄러워졌다고 말하는 사람이 더러 있었으나 나는 그렇게까지 생각하지 않았다. 나의 상관들도 내 깊은 뜻을 이해하고 있었다고 보기 때문이다.

두 번째 곤혹스러웠던 문제는 '탄피'에 관한 일이다. 전장에서 무진장으로 버려지는 탄피에 대해 나는 아깝다고 생각했다. 탄피는 구리가 주원료인 매우 양질의 철물이라는 것은 누구나 알고 있는 상식이었다. 이것을 전장에 그대로 버려 두면 **월맹군이나 베트콩이 수집하여 전쟁물자로 활용하기 때문에 더욱 버려서는 안 되겠다**고 생각했다.

특히 105mm 또는 155mm 포탄 탄피는 부피도 크고 분량도 매우 많았다. 나는 이것을 수집하여 녹여서 덩어리로 만들어 고국에 보냈다. 고국에서는 좋아라 하고 보내는 대로 척척 요긴하게 사용하기 시작했다.

그러나 이번에는 한국에 있는 미군이 문제 삼았다. 미국의 법규에 위반되는 중대 사안이라는 것이다. 나는 일시 귀국시 본스틸 미군사령관에게, 탄피를 방치하여 적으로 하여금 이용하게 하는 이적행위를 할 수 없다고 하며, 월남에서 우리 한국군이 미군보다 탄피를 40~50%나 더 반납했다는 자료들을 제시하였다. 그러나 국가이익과 적의 사용거부를 위해 애쓰고 있는 내 심정을 이해하지만, 미국의 법규상 더 확대할 수 없다는 해석이었다.

이런저런 일들로 **나와 모든 장병은 고국의 가난을 물리치기 위해 하나가 되었다.** 이러한 노력이 계속 이어지는 동안 이역 베트남 전선 정글에서 목숨을 바친 5천여 전우들의 고귀한 희생을 잊을 수 없다. 그들이 있었기에 오늘의 풍요가 성취될 수 있었다고 보기 때문이다.

"내가 진실로 진실로 너희에게 이르노니 **한 알의 밀이 땅에 떨어져 죽지 아니하면 한 알 그대로 있고 죽으면 많은 열매를 맺느니라**" 요한복음 제12장 24절의 성경 구절이다.

그때 숨져 간 전우 한 사람 한 사람이 한 알의 밀알이 되어 **경제대국으로 입국한 오늘의 대한민국을 위해 초석이 되었다는 역사적 평가를 받고 싶다.** 먼 훗날까지 이러한 진실이 길이 보전되기를 바라는 심정으로 나는 이 글을 맺는다.

베트남전쟁은 우리 국군과 대한민국을 위해 **잊혀질 전쟁이 아니고 길이 기억될 역사로 남기고 싶다.** 다시 고개 숙여 숨진 전우의 명복을 빈다.

제 21 장
베트남전쟁 참전에서 얻은 것

1. 군사적인 성과와 국위 선양

지금까지 20장에 걸쳐 「베트남전쟁과 나」와 연관된 내용을 총괄적으로 기술하였다. 이 장에서는 전반적인 내용 가운데 한국군이 베트남전쟁 참전에서 얻은 것들을 중점적으로 조명해 보기로 하겠다.

첫째, 군사적인 측면에서 얻은 것은 매우 중요한 의의를 갖는다. 왜냐하면, 우리나라 안전보장에 직결된 국가와 민족의 생존과 관계가 있는 문제이기 때문이다.

만약에 한국군 파병을 미루고 미국과 자유월남의 파병 요청을 묵살했더라면 자유우방과의 동맹관계는 물론 공동방위 체제에 심대한 타격을 주었을 것이다.

그 구체적 폐해로서 주한 미군의 2개 사단이 베트남전쟁에 투입될 것이므로 한국 방어에 결정적 위기를 가져올 것이다. 거기에 더

하여 군원이관이 가속화되어 장비 현대화가 불가능해질 뿐만 아니라, 천문학적으로 증대될 국방비로 말미암아 국력이 쇠퇴될 수밖에 없는 극한 상황으로 치달을 것이다.

한국군의 베트남전쟁 파병으로 얻어낸 대가는 참으로 엄청난 결과를 가져왔다.

가장 가시적인 성과는 북한 공산군의 남침 야욕을 분쇄할 수 있게 된 것이고, 군원이관을 중지케 하고 추가적인 군사원조를 받게 됨으로써 국군 현대화의 길에 들어서게 된 것이다.

특히 3개 예비사단을 전투사단으로 개편케 한 것은 전투사단 파병의 공백을 메꾸어 준 결과가 되었다.

그 외에도 탄약공장을 비롯한 군수관련 공업화에 획기적 발전을 가져온 것 또한 파병으로 얻어낸 대가라 할 수 있다.

경제적인 문제를 떠나서 한국군 전투력에 끼친 성과는 더 눈부시다. 현대전 수행을 위한 대학습장(大學習場)과 같은 베트남 전장에서 헬리콥터에 의한 공중기동작전과 신형 장비에 의한 **전투적응 능력의 숙달은 일류 군대로 성장할 수 있는 계기가 되었다.**

파병 전까지만 해도 미군 군사교리에 100% 의존하던 한국군이 마음껏 전략 전술을 개발, 적용함으로써 새로운 군대로의 면모를 갖추게 되었다.

어디 그뿐이랴. 각종 주요 작전에서 독자적 한국군의 작전지휘권을 구사하여 새 전술을 접목하여 세계를 놀라게 하는 전과를 올려 비로소 한국군이 전세계의 주목을 받게 되었다.

베트남전쟁 초기부터 주월미군사령관으로 재직하면서 베트남전쟁을 지휘하였던 **웨스트모얼랜드 장군은 1967년 4월 28일 미 상하 양원 합동회의에서 베트남전쟁에 대한 연설을 하였다.** 미군 사령관이 그의 전장을 떠나 상하 양원 합동회의에서 연설하기는 그때가 처음이었다. 웨스트모얼랜드 장군은 그의 연설에서 "베트남전쟁에 대한 미국민의 거국적인 지지를 호소하고 끊임없는 인내와 지지가 있어야만 주월 미군은 베트남전쟁에서 최후의 승리를 이룰 수 있을 것이다"라고 호소하였다. 이어서 "공산측이 베트남전쟁에서 물러나기는커녕 그들은 우리의 유일한 약점이 바로 우리의 결의라고 믿고 있다"고 경고했다.

특히 웨스트모얼랜드 장군은 연설의 중요 부분에서 베트남전에서 싸우는 한국군의 혁혁한 전과를 높이 평가한다면서 다음과 같이 언급하였다.

"1952년 한국전쟁 당시 한국군이 세계 제1급의 전투병력이 되리라고 믿는 사람들은 얼마 없었으나 오늘날 베트남전에서 용감히 싸우고 있는 한국군을 볼 때 이들이 베트남전에서 제1급의 전사(戰士 · a Warrior)인 동시에 가장 유능한 대민봉사단이라는 것을 의심할 사람은 하나도 없을 것"이라고 유독 한국군을 격찬하여 열렬한 박수를 받았다.

이때 미 상하원 합동회의에서 웨스트모얼랜드 장군은 약 25분 동안 연설하는 가운데 열아홉 번의 박수와 네 차례의 전원 기립 박수환호를 받았다.

유사 이래 처음으로 대규모 파병으로 외국에 나간 우리의 군대라는 의의를 제쳐 놓더라도 이제 우리 국군이 전세계가 공인할 수 있는 '제1급의 전사'로서 또한 '가장 유능한 대민봉사단'으로서 활약하고 있다는 것을 세계에 떨친 순간이었다.

한편, 한국군 맹호사단 제1연대가 고보이 평야에서 전개하고 있던 맹호5호작전을 참관하기 위해 재구대대와 제2대대에서 열흘간이나 종군한 바 있는 〈런던 타임스〉의 니콜라스 토말린 기자는 작전 참관을 마치고 영국에 돌아가 1966년 5월 29일 〈런던 타임스〉 일요판인 〈선데이 타임스〉에 다음과 같은 특집기사를 싣고 '런던 29일 UPI' 발로 전세계에 타전했다.

'만일 한국군이 전 베트남을 장악했거나 미국인들이 **'고보이 교훈'**을 배울 수 있었더라면 베트남전은 벌써 승리했을 것이다. 요컨대 **한국군은 이 전쟁을 이해하고 있으며** 베트콩과 맞먹는 냉정과 백병전의 결의를 가지고 싸우고 있다.

한국군에는 공군도 없고 중포(重砲)도 거의 없다. 그들은 고보이와 같은 지역을 정복할 때 소규모 부대로 싸운다. 그들은 우선 무시무시한 일격을 가하는데 베트콩으로 판명된 자를 용서하지 않는다. 그리고 나서 부락민들의 마음을 사로잡는다.

월남 지방인들은 한국군에 격분하고 있지는 않으나 한국군을 두려워 한다. 그들은 한국군의 이와 같은 점령하에서 보호를 받고 있기 때문에 월남 내의 그 누구보다도 다행하다고 생각한다.

한국군이 장악하고 있는 중요한 19번도로의 이 **지역은 극히 안전하다.** 나는 두 명의 한국군과 더불어 칠흑 같은 어둠 속을 96킬로미터나 지프차로 달렸으나 총격도 복병(伏兵) 기습의 기미도 전연 보지 못했다. 그 어느 곳에도 그와 같이 할 자는 없다.'

이 기사를 발표한 〈런던 타임즈〉는 한국과 한국인에게 매우 냉담한 신문이었다. 해방 이후 혼란기를 겪고 있던 한국과 한국인에게 다음과 같은 혹평을 하기도 했다.

'한국에서 민주주의를 찾기란 쓰레기통에서 장미꽃을 찾는 것과 같다'고.

베트남전에서 맹호5호작전, 맹호6호작전, 두코 전투, 짜빈동 전투 등 계속 이어지는 승전보의 결과는 **한국군 장병에게 자신감을 갖게 하는 계기로 승화**했고, 마침내 이들 귀국 장병에 의해 북한 공산군은 휴전선 철책 침투에서 참담한 패배로 결말이 났다. 1968년 말 이후 공비 침투는 철책선 전방에서 봉쇄되었고, **한국군이 창안한 전술교리는 비로소 첫 군사학으로 탄생**하기에 이르렀다.

주월 한국군이 계속적인 승전으로 일관하자 세계의 언론은 일제히 한국군의 선전상(善戰相)을 경쟁하듯 보도하기 시작했다.

특히 이 무렵 미국 저명 인사들이 한국 국민과 한국군에게 보내는 격려문과 감사의 글은 그치지 않았다. 여러 서한문 가운데 몇 편만 여기에 옮겨 싣는다.

친애하는 한국 국민과 한국 군인에게
해리 S. 트루먼
미국 33대 대통령 1967. 12. 12

자유라는 위대한 선물을 누리고 있는 모든 사람들은 이번 크리스마스를 흥겹고 감사한 마음으로 경축하게 되었습니다.

그러나 이 세상에서는 이 위대한 자유라는 특권이 어떤 것인지 알지 못하는 사람들이 많습니다.

우리들은 그네들이 하루 빨리 자유가 어떤 것인가를 깨닫게 되어 모든 인류가 평화를 누릴 날이 빨리 다가오기를 바랍니다.

친애하는 한국 군인들에게
휴버트 H. 험프리
미국 부통령 1967. 12. 15

해마다 이맘때가 되면 우리 미국인들은 모두 가정과 가족들을 생각하게 됩니다.

물론 베트남 전장에 자제를 보내고 있는 사람들은 크리스마스와 신년을 맞아 더 한층 그네들의 안부를 염려하게 됩니다.

나는 미국 국민을 대신하여 우리가 공동으로 싸우고 있는 자유를 위한 투쟁에서 우리의 동맹군인 여러분들에게 마음 속으로부터 감사의 말씀을 드리고자 합니다.

여러분들이 모두 무사히 고국에 돌아가실 것과 한국에 계신 여러분들의 형제자매들이 행복하시기를 기원하오며 특히 새해에는 만복이 깃들기를 거듭 기원합니다.

친애하는 한국 군인들에게
리차드 닉슨
전 미국 부통령 1967. 11. 17

친애하는 한국 군인들에게 이 메시지를 보냅니다만 수백만 우리 미국인들은 모두 나와 한 마음 한 뜻일 줄 믿습니다.

왜냐하면, 지난 한 세대 사이에 미국인과 한국인들은 인간의 자유와 존엄성을 지키려는 공동목표 밑에 아시아에서 두 번이나 어깨를 나란히 하고 함께 싸웠습니다.

남부 베트남의 자유로운 앞날을 위해, 당신들의 자유로운 앞날을 위해, 당신들의 조국인 한국이 쌓아 올린 위대한 공적은 17년 전 자유로운 한국을 위해 미국이 보여 준 신임과 원조가 가장 현명한 투자였음을 증명하는 것입니다.

아무쪼록 베트남전쟁이 성공적으로 또 하루 빨리 끝나기를 희망하며 여러분의 무운을 기원합니다.

이 외에도 미국의 각 주지사 그리고 저명 실업인들로부터 많은 격려와 축복 인사 서한을 받았다.

특히 해롤드 K. 존슨 미 육군참모총장의 서한이 인상적이기에 이 항목 끝 글로 옮긴다.

존경하는 한국군들에게
해롤드 K. 존슨
미합중국 육군참모총장 1966. 12. 20

베트남에서 용감하게 근무하고 있는 한국군 장병 여러분에게 인사의 말을 전하게 된 것을 자랑스럽게 생각합니다. 여러분들의 전과가 모든 것을 대변해 주고 있습니다.

거의 20년 전 바로 공산주의자들의 침략의 목표가 되었던 한국
은 이제 용감하고 헌신적인 군대를 보내어 자유세계의 군대편에
서서 자유를 지키기 위해 싸우고 있습니다.

성탄절에 즈음하여 우리 미국 국민이 여러분들의 희생과 의무에
대한 봉사정신을 재인식할 필요가 있겠습니다.

자유의 최전선에서 완강히 군림하고 있기 때문에 자유세계로부
터 감사받고 있는 여러분들에게 본인의 기원을 보내게 된 것을 영
광으로 생각합니다.

2. 해외 진출로 국가경쟁력 확보

제20장 '그날을 되돌아 보며' 제3항 「국가경제 발전의 초석」에
서 베트남전쟁에서 희생된 장병 덕택으로 우리나라 경제 발전의
기초가 다져졌다고 기술한 바 있지만, 이 항목에서는 또 다른 시각
에서 경제 발전의 원동력이 된 해외 진출의 역군에 대해 설명하겠
다.

이미 알려진 것처럼 한말(韓末) 쇄국정책으로 굳게 닫혔던 우리
겨레의 사고(思考)에 이어 일본 식민통치시대를 겪어 오며 모든 것
을 잃은 우리들에게 해방 이후의 혼란과 6·25전쟁으로 말미암아
세계에 기상을 떨칠 기회가 전무했다. 바로 '우물 안 개구리'로 오
랜 역사가 이어져 왔다고 해도 지나친 표현이 아닐 것이다.

닫혔던 우리 겨레의 모든 것을 활짝 열고 세계 무대에 눈을 돌려
'우리도 할 수 있다'는 새 사고(思考)로 전환한 시점을 베트남전쟁

파병이었다고 나는 감히 정의한다.

　1960년대 초기의 개인이나 나라 살림이 얼마나 어려웠던가를 이미 기술한 바 있지만, 다시 여기에서 강조해도 지나치지 않다고 나는 생각하고 있다. 그만큼 어려웠던 시기에 '한강의 기적'이라고 평가한 중흥(中興)의 계기를 마련한 역군들이 파월 장병 외에도 **우리의 기술자와 근로자였다는 것을 밝히지 않을 수 없다.**

　베트남전쟁을 시발로 한민족의 해외 진출을 눈부시다고 과장해도 지나친 표현이 아니다.

　한 예를 들어 보자. 호주 같은 나라에서는 백호주의(白濠主義)를 표방하면서 백인 이외의 인종의 이민과 정착을 적극 배척해 왔다.

　그러던 것이 베트남전쟁에서 세계를 놀라게 한 우리 장병들의 분전상을 목격하고는 한국군 참전 군인에 대한 이민을 허용하면서 백호주의가 사실상 폐지되고 황색 인종에 대한 차별을 없앴다.

　1960년대 초기에 호주에는 단지 한국인 6명만이 살고 있을 뿐이었다. 그러나 지금은 무려 5만명에 이른다.

　얼마나 베트남전쟁에서의 한국군에 대해 감명을 받았던지 파월 한국군 장병에 대한 대우를 자국 호주군 참전 장병과 차별을 두지 않고 수당까지 지급하고 있다. 우리나라에서 한 푼 못받는 파월 장병이 호주에 이민하면 수당을 받는다.

　이 점 얼마나 우리나라가 참전용사에 대해 무관심한가를 알 수 있는 대목이라 할 수 있다. 이 글을 쓰는 동안 호주 베트남전쟁 참전 전우들이 호주 정부 당국자들과 함께 하는 주요 행사에 나를 초청해 왔다. 여러 행사가 계획되어 있었고 주요 인사와의 리셉션 등 매우 의의 있는 이벤트가 준비되어 있었다. 나는 즉각 참여할 뜻을 밝혔다. 그래서 동반자를 물색하던 중 **백마사단에서 대대장으로 참전하여 전공을 세운 바 있는 박희모 장군으로 정했다.** 출국 준비를 서두르고 있을 때 나는 불행하게도 맹장이 파열, 복막염 수술을 받게 되어 호주행을 취소할 수밖에 없었다. 호주의 참전 전우들에게 미안한 마음을 가지고 있다. 다음 기회에 꼭 가기로 다짐하고 있다.

베트남전쟁에 참전 이래 우리나라 용역업체들이 줄줄이 진출하기 시작하였다.

전투부대 파병 다음해인 1966년 5월부터 월남에 진출하여 첫 작업을 시작한 이래 1971년까지 용역업체가 벌어들인 외화는 2억 3천만 달러에 이르렀다.

1966년 10개 업체가 진출한 뒤를 이어 1967년에는 25개 업체에 이르렀고, 월남 붐이 피크에 올랐던 1969년에는 진출 업체가 무려 56개에 달했다.

한진을 비롯 대한통운, 경남기업, 공영건업, 국제실업, 한국광학 등이 포함되어 있다.

용역업체에 종사하고 있던 기술자들이 얼마나 열심히 일을 했던지 주월미군사령부가 국방성에 제출한 한 보고서에서 '한국인 기술자들은 1달러를 지불하면 1달러 37센트의 일을 해낸다' 고 하였다.

우리나라 건설업자가 월남에 처음 진출한 것은 1966년 1월 28일 대림산업이 월남의 서해안에 위치한 락지아의 미 군수품 하역작업을 위한 항만 시설 공사를 계약하면서부터 시작되었다.

그러나 월남에 첫발을 들여 놓게 된 것은 그보다 훨씬 앞섰다. 현대건설, 삼환기업, 공영건설 등은 1965년 9월에 이미 현지에 나가 자기 나름대로의 시장을 찾고 있었다. 이들 건설업체가 본격적으로 공사에 착수한 시기는 1966년 후반기부터였다.

사이공, 캄란, 나트랑, 퀴논, 다낭 등 5개 병참기지 건설과 항만 준설 등 한국 건설업체들은 활발히 공사에 참여해 많은 외화를 벌어들이기 시작하였다. **특히 한국 건설 현장의 안전을 위해 우리 장병이 적극 경계에 임함으로써 베트콩의 위협을 막아 주어 한국 건설업체의 신용도가 높았다.**

특히 미군 당국은 **"한국의 건설업체가 없었으면 미국의 월남평정 계획에 차질이 있었을 것이다"**라고 평가할 정도였다.

이들 건설업체는 1966년 첫 해에 5백 48만 2천 달러로부터 시작하여 1967년 1천 4백 20만 1천 달러, 1968년 1천 39만 3천 달러, 1969년 1천 1백 54만 3천 달러, 1970년 1천 69만 6천 달러, 1971년 8백 53만 달러로 6년간 6천 1백 70만 달러에 달했다.

지금 건설업체 수주 실적에 비하면 보잘것없는 수입이라 할 수 있지만 그때 우리나라 사정에서는 가뭄에 단비가 될 수밖에 없었다.

당시 한국에서는 달러 공사가 10만 달러라면 큰 공사였는데, 월남에서의 공사는 굉장히 커서 놀랄 만했다고 공사 관계자는 말할 정도였다.

주월한국군사령부는 군사작전과 대민심리전 및 지원사업 외에 추가적으로 일이 하나 더 있었으니 그것이 바로 공사청부전쟁이었다.

한국군과 관계되는 공사는 100% 우리 업체들에 의해 이루어졌고 미군 관계 공사 또한 한국 업체가 잠식해 갔다.

미국 업체 가운데 RMK는 미국이 베트남전 참전 초기부터 나와 있었던 텍사스주의 정치적 배경까지 가지고 있는 큰 업체였다. 그러나 나와 나의 참모들은 '안전'을 구실로 하나하나 우리 업체로 공사청부를 옮겨 왔다.

용역 및 건설 등이 1971년부터 퇴조하기 시작했지만 **월남에서 익힌 노하우와 신용도가 담보가 되어 베트남 현지에서 곧바로 중동지역으로 옮겨 감으로써 베트남 특수가 중동 특수로 이어진 점**은 우리나라 경제 발전에 크게 다행이라 할 수 있었다.

월남 주재대사로 근무하다가 사우디아라비아 주재대사로 전임한 유양수 대사는 훗날 그의 회고록에서 월남에서 옮겨 온 한국의 건설업체들에 의해 중동지역에서의 활동에 크게 긍지를 느끼고 있었음을 술회하였다. 월남에서의 경험에 힘입어 한국군과 함께 일류 건설업체가 탄생했음을 보여 준 사례로 평가했다.

건설회사의 업체별 해외공사 현황을 살펴보면, 현대건설을 비롯하여 대형 건설업체의 거의 대부분이 베트남 특수에 이은 중동 특수로 일군 성공사례로 분석할 수 있다.

한국경제에 미친 외부요인을 열거하자면 한이 없다. 군원이관 중지, 차관 공여, 한국군에 대한 군원액 증가, 베트남전을 위한 상업수출, 물품 군납, 용역 및 건설업 수입, 장병 송금, 근로자 송금, 서비스업 등 계속 이어지는 베트남전 특수는 한국경제 도약의 계기가 되었다.

삶의 질이 향상되는 재미있는 통계 숫자를 인용하면 더 실감이 난다. 한국군 부대 파월 전 1인당 GDP가 87달러였던 것이 베트남전에서 손을 뗀 1972년에는 불과 7년 만에 1인당 GDP가 무려 4배에 가까운 319달러로 증액되어 있다. 다음해인 1973년에는 약 400달러에 이른다. 이렇게 빠른 GDP 증가율은 그 유례가 없다. 글자 그대로 '한강의 기적'을 향한 연속 행진이다.

베트남전쟁에 국군을 파병함으로써 얻을 수 있었던 경제적 효과를 종합하면 미국의 직간접 지원과 전쟁 특수 그리고 국내 기업과 근로자의 베트남 진출에 따른 효과 등을 계산할 경우 총외화수입은 대략 50억 달러로 추정할 수 있다.

그러나 **보다 큰 효과는 외환 위기를 극복할 수 있었고 외국의 차관 및 투자 증가, 국내 기업의 베트남 진출에 따른 국내 경기 활성화와 아울러 국내 기업의 해외 진출 경험 획득** 등 간접적인 효과는 상상을 초월한다.

5천년 역사상 처음 세계 무대에 지향하는 새 국민적 역량을 축적함으로써 **국가경쟁력이 확보되었다는 것이 베트남전쟁 참전으로 얻은 자산이라고 결론**을 내릴 수 있다.

3. 현지 전역과 현지 취업의 성과

한국군 전투부대가 베트남전쟁에 참전한 지 1년이 지난 1966년 10월부터 제1진 장병들이 1년의 임기를 마치고 귀국하기 시작하였다. 나는 귀국 장병을 보내면서 뭔가 아쉬운 점이 떠올랐다. 귀국 후 계속 복무기간이 남아 있는 장병은 어쩔 수 없지만, 만기가 되어 전역을 앞둔 장병 중에서 희망자에 한해 현지 전역을 시켜 월남에 있는 한국 또는 외국 업체에 취업케 하면 개인은 물론 국가에도 이로울 것이라는 생각이 들었다.

그러나 현지 군사령관이 결정할 수 있는 문제가 아니고 고국의 고위층 승인 없이는 불가능한 것이므로 우선 국방장관에게 건의서를 보내고 대통령께 서한 형식의 취지문을 올렸다. 그리고 난 다음 우리 업체나 외국 업체, 특히 미국 업체에 전역 국군 장병의 취업이 가능한지 알아 보았다. 그 결과는 성공적이었다. **대통령은 서한을 보내어 나의 착상에 찬사를 보내면서 적극 추진하라는 격려**의 글이 쓰여져 있었다. 한편, 국방부에서도 정식 승인지시가 내려왔다.

특히 미국 업체를 비롯한 우리나라 업체들도 한결같이 대환영이었다. 베트남전에서 베트콩과 싸워 용맹을 떨친 용사들이 회사에 들어오면 베트콩의 위협에 덜 시달릴 것이라는 계산도 하고 있었다.

나는 우선 희망 업체를 파악하고 요구하는 인원과 직종 그리고 급여 액수 등을 확인케 하였다. 그 결과 모든 조건이 내가 생각했던 것보다 훨씬 좋았다.

급여는 **월 350달러에서 500달러 수준이고 특수기술직, 특히 병기장교나 공병장교 등은 그보다 훨씬 좋은 조건에서 취업시킬 수 있다**고 했다.

1966년 현재 내가 받는 육군중장의 봉급이 4만 5천원으로 달러로 환산하면 177달러에 지나지 않았으므로 350달러 이상의 급여는 육군중장 봉급의 두 배 이상의 고액이 되는 것이었다.

나는 행정계통을 통해 희망자를 파악하게 하는 한편 선발 기준을 엄격하게 정했다.

첫째, 장교 전역자는 전원 취업 대상에 넣고 하사관과 병은 심사를 거치도록 했다. 특히 사병은 우수 근무자나 유공자를 선발하되 그 권한은 소속 중대장에게 주어 중대장의 지휘권 강화에도 기여토록 했다.

1967년 초부터 현지 전역과 함께 각 개인의 능력에 따라 희망 업체에 취업케 하였다. 그 결과는 매우 성공적이었다.

특히 미국의 빈넬 회사의 경우는 1968년 초 운전, 요리, 기계, 전기, 창고, 노무 등 각 직종에 따라 다섯 차례에 걸쳐 무려 1,040명을 받아들였고, 우리나라 한진상사는 1968년 초 세 차례에 걸쳐 주로 운전사로 107명을 취업시켰다.

계속 이어지는 업체들의 요청으로 즐거운 비명을 지를 형편이 되었다.

▲ 캄란에 있는 빈넬 회사를 방문하여 지배인 넬슨씨와 한국군의 현지 취업에 관한 이야기를 나누는 저자(중앙).

취업한 전역 장병은 해당 업체에서 베트콩 기습에 대처하는 방위병 역할까지 맡아 회사에서는 특별수당까지 얹어 주는 경우까지 생겼다.

나는 우리 전역 장병을 받아들인 업체가 우리나라 업체가 되었거나 미국 업체이거나 가리지 않고 **특별 지원책을 세워 도와 주도록** 지시했다. 가령 해당 업체의 중장비 정비에서부터 필요하다면 외곽 경계까지 해주었다. 한편으로는 해당 기술장교를 파견하여 기술교육 등까지 담당해 주었다. 그러자 미국의 유명한 RMK 같은 업체에서도 전역 장병 유치에 발벗고 나섰다. 그렇게 붐이 일자 한때 인원이 모자라 전역일자가 3개월, 심지어 4개월이 남은 장병까지 업체에 취업시켰다.

확실한 통계 숫자를 내가 기억할 수는 없지만, 1967년 초부터 보내기 시작한 현지 전역 장병의 현지 취업자수 총계가 만여 명 가까이 될 것으로 생각이 된다.

이들이 1972년 이후 중동 특수의 주역으로 거의가 다 외화획득에 계속 이바지했다는 말을 그 후 들은 바 있다.

지금에 와서 그때를 생각하면서 약간은 엉뚱한 발상에서 시작했던 전역 장병 현지 취업이 내가 한 일 가운데 잘 한 것으로 생각이 되어 흐뭇한 마음으로 이 글을 맺는다.

에 · 필 · 로 · 그

I

베트남 전선에서 임무를 마치고 1969년 5월 경북 대구에 있는 제2군사령부 사령관으로 부임하였다.

당시 제2군사령부는 우리나라 후방지역 전체의 방어 책임이 있어 어느 때보다 그 중요성이 강조되었다.

왜냐하면, 그 무렵 북한 공산군의 대남 전략이 지상침투에서 해상침투로 바뀌었기 때문이었다.

1966년 말부터 귀국하기 시작한 맹호사단, 청룡여단 장병, 특히 분대장, 소대장, 중대장급 장교가 우리나라 휴전선 부대에 배치되자, 철책을 뚫고 침투를 일삼던 공비들이 모조리 색출되어 사살되기 시작하였다. 베트남의 정글에서 숙달된 수색, 매복 등 소부대전술이 효과를 발휘하기에 이른 것이다.

특히 1968년 1월 12일 북한군 124군부대 소속 무장공비들의 청와대 습격 미수사건을 비롯하여, 같은 해 11월 2일의 울진·삼척 무장공비 침투사건 등은 후방지역이라 할지라도 지역방어의 중요성이 전방 못지않게 부각되었다.

따라서 나는 제2군사령관 직책의 막중함을 느끼고 있었다.

다음해 연례적으로 실시하는 대통령 지방순시에 즈음하여 청와대 조상호 의전 수석비서관으로부터 전화를 받았다. 대통령 지방

순시에 내가 동행하기를 바라는 대통령의 의중을 전하면서 동행할 수 있느냐는 물음이었다. 나는 대통령의 뜻을 따라 동행하겠다고 답해 주었다.

박정희 대통령의 지방순시는 충청북도에서부터 시작되었다. 도청 회의실에서 나는 박경원 내무장관 옆에 앉아 도정(道政) 브리핑을 들었다. 도 기획관리실장이 브리핑을 시작하는데 그 내용에 나는 회의를 갖지 않을 수 없었다. 왜냐하면, 내가 알기에는 대통령께 드리는 도정보고는 앞으로의 비전을 제시하면서 그간에 실시했던 사업에 대한 분석과 문제점을 도출하면서 중앙 행정 부서로부터의 지원책 등을 건의하는 것으로 알고 있었는데, 시작부터 끝까지 사업 하나하나를 열거하면서 중앙의 적절한 지시와 지원으로 한결같이 100% 완성 등 자랑만 늘어 놓는 것이었다.

충북에서의 도정보고를 끝내고 다음 차례인 충청남도 시찰을 위해 유성 온천의 한 호텔에 여장을 풀었다.

박 대통령을 비롯하여 박경원 내무부장관, 이후락 비서실장, 충남도지사, 박종규 경호실장 등이 합석한 자리에서 나는 박 대통령에게 넌지시 말을 건넸다.

"각하, 오늘 기분이 좋으시겠습니다. 충북 도정 브리핑을 들으니 모든 사업이 일사천리로 100% 달성이라 하니 그보다 좋은 일이 어디 있겠습니까."

하면서 대통령의 눈치를 살폈다. 대통령은 내가 말한 깊은 뜻을 이해하지 못한듯

"응, 모두 열심히 하고 있구만."

하고 밝은 웃음을 지었다. 나는 이어서 진지한 표정을 하며,

"각하, 제가 생각하기에는 일사천리로 100% 달성했다는 것도 좋지만, 비전을 제시하면서 중앙 정부의 지원을 요청하고 또 잘못된 문제점의 시정책 등이 제시되어야 하지 않겠습니까. 그것이 바로 각하께서 시찰하시는 목적이 아니겠습니까."

내가 바른 소리를 하자 박 대통령도 공감한듯

"채 장군 얘기 잘 했어. 채 장군 말이 맞아. 문제점 파악을 하기 위해 다니는 것인데…"

하며 말끝을 흐렸다.

이후락 비서실장도 대통령의 눈치를 살피면서,

"채 장군 말 잘 했어."

하고 거들고 나섰다.

다음날 충남 도청 차례가 왔다. 충남 도정보고에서는 전날 밤 우리들의 이야기가 전파된 탓인지 충북과 전혀 다른 방향에서 도정 브리핑을 하는 것이었다.

장차 계획과 지금까지 사업에서의 문제점 등을 보고하면서 충북에서와 달리 사업 진척도를 70%선으로 보고하는 것이었다.

박 대통령은 수첩을 꺼내어 문제점 하나하나를 꼼꼼하게 기록하고 있었다. 이어서 전라북도, 전라남도로 이어지는 도정 브리핑에서도 충북과는 달리 충남도와 같은 브리핑으로 획일화되고 있었다.

나는 약삭빠른 관료들의 행태에 대해 딱하다고 생각했다. 내가 속해 있는 군대에서는 소신껏 보고를 하는 것이 관행이라고 생각했기 때문이다.

군대와 달리 행정관료들은 권력의 눈치를 살피는 데 매우 민감하다고 생각했다.

Ⅱ

김신조 일당의 청와대 습격 미수사건을 비롯하여 울진·삼척 무장공비 침투사건 등의 영향으로 대통령을 위시하여 정치계, 군부 등은 매우 민감한 반응을 보이고 있었다.

특히 1961년 박정희 의장이 이끄는 혁명정부 초기에 '향토예비군 설치법'을 제정한 바 있으나 야당의 반대로 법 시행을 미루고 있던 차에 1968년 잇따른 북한의 도발 탓에 공감대가 형성되어 야당도 향토예비군 설치를 반대할 명분을 잃게 되었다.

따라서 전국에 걸쳐 향토예비군 설치작업이 분주히 이루어지고 있었다.

그 무렵 대통령은 한 가지 묘안을 착상했다. 언제 어디서 나타날지 모를 공비에 대한 대응책으로 전국의 주요 산 봉우리 곳곳에 미리 헬리콥터 착륙장을 만들면 공비 출몰시 즉각 헬기 기동작전을 펼 수 있다고 생각하였다. 그래서 내무장관에게 지시하여 도지사들로 하여금 주요 산 봉우리에 헬리콥터 착륙장을 만들도록 조치했다.

각 도는 '대통령 각하의 특별지시'라고 하면서 경쟁적으로 산 봉우리 나무를 베어내고 터를 닦아 헬리콥터 착륙장을 만드느라 법석을 떨기 시작했다.

나는 이 소식에 깜짝 놀랐다. 헬기 착륙장을 미리 만들면 적의 표적이 되어 착륙시 피해를 입을 수 있다는 것을 베트남전쟁에서 수없이 보아 왔는데, 우리나라 산 봉우리에 미리 헬기 착륙장을 만들면 아군의 기도가 누설되고 적이 대비책을 세울 수 있어 취약점을 미리 준비하는 것이나 다름 없다고 생각했기 때문이다.

일차적으로 대통령에게 건의하는 것보다 육군참모총장에게 대책을 건의하는 편이 좋을 듯하여 육군본부 총장실로 서종철 총장을 찾았다. 참모차장 노재현 장군도 합석한 자리에서 사태의 심각성을 지적하면서 즉시 공사를 중지시키도록 건의했다.

그러나 서종철 총장은 그 사안을 별로 중요시하지 않았다. 그는 이유를 알 수 없다는 표정을 지었다. 또한 내무부에서 주관하고 있으니 내무부에서 조치해야 할 일이라며 발뺌을 했다. 노재현 차장도 같은 입장을 취했다. 나는 두 사람에게,

"비록 내무부에서 주관하고 있지만 이것은 전략 전술에 관한 문제이니 만큼 육군에서 손을 써야 합니다."

고 말했지만 적극 나서지 않고 계속 딴전을 피웠다.

"대통령 특명사항인데 내가 어떻게 조치하란 말이요?"

나는 그 말에 화가 치밀었다.

"작전이 개시되면 육군의 헬기가 공중기동작전을 전개할 것이고, 그렇게 되면 피해는 우리 장병이 입는 것이니 육군참모총장이 이 문제를 해결 안하면 누가 해야 합니까?"

하고 강하게 이의를 제기했다. 그러나 끝까지 서 총장과 노 차장은 할 수 없다고 결론을 맺었다.

나는 언성을 높였다.

"내가 직접 해결할 테니 나중에 딴소리 하지 마시오."

라고 말을 남기고 총장실을 나왔다.

대구 2군사령부에 돌아와 청와대 조상호 의전수석비서관에게 자초지종을 이야기했다. 그리고는 대통령을 직접 만나 이야기할 기회를 만들어 달라고 부탁했다.

조상호 수석비서관은 치밀하고 사려 깊은 판단력을 가진 군 시절 후배였고 나와는 격의가 없는 사이였다. 그의 말로는 지금 청와대에 와서 대통령에게 헬기 착륙장 철회를 말한다면 큰 충돌이 예상되므로 자기가 적절한 기회를 만들어 보겠다고 했다.

얼마 후 조 비서관으로부터 연락이 왔다. 지리산 일대의 공비를 토벌하기 위한 남원 사령부에 박 대통령이 근간 시찰차 갈 예정이니 그때 건의 형식으로 문제를 제기하면 좋겠다고 했다.

나는 그의 제의가 옳다고 생각하고 그렇게 하기로 약속하였다.

남원 사령부에 온다는 연락을 받고 그곳으로 갔다. 박정희 대통령은 유재흥 국방장관, 박경원 내무부장관, 이후락 비서실장, 육군참모총장 서종철 장군, 이환의 전북지사 등을 대동하고 도착했다.

남원 사령부의 정형택 준장의 상황보고가 끝나자 박정희 대통령이 정 장군에게 질문했다.

"지역 내 헬리콥터 착륙장 공사가 잘 진행되고 있는가. 그 공사 진도를 알고 싶소."

대통령의 질문에 정 장군은 당황하는 기색을 보이며 선뜻 대답을 못하고 머뭇거렸다. 내가 이미 잠정적으로 모든 공사를 중지시켰기 때문이었다. 정 장군은 시선을 나에게 돌렸다. 나보고 대답하라는 눈치였다.

나는 내가 나설 차례가 왔다고 생각하면서 자리에서 일어나 정중한 자세를 취했다.

"제가 답변하겠습니다."

내 말이 떨어지자 장내 참석자들의 시선이 나에게 쏠렸다.

"헬기 착륙장 문제에 대해 각하께 건의드리고자 합니다. 베트남전쟁에서 경험한 바에 의하면, 헬기 착륙장을 미리 만들면 우리의 작전 기도가 적에게 밝혀질 뿐 아니라 커다란 피해를 입을 수 있습니다. 적은 헬기 착륙장에 지뢰 또는 부비트랩을 장치하여 헬기가 착륙 시도할 때 큰 희생을 입혀 베트남전에서 수백대의 미군 헬기가 파손되었을 뿐만 아니라 수천명의 인명 손실을 냈습니다."

거기까지 말하면서 박 대통령을 바라보니 차마 보기에 민망할 정도로 표정이 창백해져 있었고 담배를 꺼내는 손이 떨리는 것을 목격할 수 있었다. 계속 줄담배를 피우며 흥분을 가라 앉히느라 애쓰는 모습이 역력하였다.

그렇다고 내가 말을 중단할 수 없었다. 참석자들은 누구나 할 것 없이 긴장하고 있었고 장내는 찬물을 끼얹은듯 차가운 분위기로 변했다.

"각하의 지시사항이지만 군사적인 측면에서 건의하는 제 심정을 헤아려 주시기 바랍니다. 아군의 작전 기도가 노출되고 적의 정해진 표적이 될 수 있어 역이용 당할 가능성이 있는 헬기 착륙장 공사는 중지되어야 합니다. 헬기는 어느 곳에든지 웬만한 장소에 착륙할 수 있는 장점이 있지만, 헬기가 지면에서 1미터 정도 상공에서 병력이 뛰어내리고 그대로 날아가고 다음 헬기도 똑같이 행동합니다. 헬기가 일단 땅에 닿으면 다시 뜨는 데 시간이 걸리기 때문에 지상 1미터 지점에서 뛰어내리는 것이 원칙입니다."

박 대통령은 흥분을 가라앉히느라 무척 애쓰는 모습이었다. 한편 내가 너무 심했다고 생각했다.

"각하. 북한의 침략 기도가 계속되는 상황에서 헬기 착륙장 공사지시는 국민에게 경각심을 주는 정치적인 효과는 충분히 달성했다고 봅니다. 제 건의는 오직 군사적인 견지에서 말씀드린 것입니다."

이때 예리한 판단력을 갖고 있는 이후락 비서실장이 대통령의 동정을 살피면서 거들고 나섰다.

"각하. 군사적인 견지에서 건의하는 채 사령관의 건의가 타당하다고 생각합니다."

그는 대통령의 마음 속을 꿰뚫어 보고 있다고 생각했다.

나는 계속 서있는 자세로 대통령의 하회를 기다렸다. 마침내 대통령이 입을 열었다.

"채 사령관의 건의가 옳아. 나는 다만 후방지역의 경계태세에 경각심을 주고 정부가 대응책을 강구하고 있다고 알려 주기 위해 지시했는데… 내가 돌아가서 다시 결정하지."

그 말을 남기고 대통령은 돌아갔다.

그 후 헬기 착륙장 공사는 흐지부지 되었고 청와대에서의 후속 지시 또한 없었다. 이렇게 하여 헬기 착륙장 공사는 없었던 것으로 일단락되었다.

Ⅲ

박정희 대통령은 지방순시가 잦은 편이었다. 1972년 박 대통령이 2군사령부를 전용 열차편으로 방문하겠다는 연락을 받고 대구역에 마중 나갔다.

대구역에는 구자춘 도지사를 비롯하여 국회의원, 대구시장과 지방 유지들이 플랫폼에 나와 있었다.

이때 대구역에는 대통령을 보기 위하여 지방 유지 외에도 많은 시민이 몰려와 플랫폼이 매우 혼잡하였다. 군중을 정리하기 위하여 경찰국장 서재근 경무관이 애쓰는 모습이 보였다. 그런데 경호실에서 나온 경호원 한 사람이 경찰국장에게 반말로 호령호령하는 것이었다. 나는 그 광경을 보고 경호원에게,

"어이 이리 와. 경상북도 경찰국장 직위가 위냐, 네 직위가 위냐? 네가 뭔데 경찰국장에게 반말로 이래라 저래라 해!"

내 질책에 경호원은 고개를 숙이며 그 자리를 슬그머니 피했다.

이윽고 전용 열차가 도착했다.

박 대통령이 대구에 오면 꼭 들러 식사하는 식당이 있는데, 그날도 그 식당에 일행이 모여 식사를 하게 되었다. 그 자리에는 이효상 국회의장 등 많은 고위 인사가 참석하였다.

나는 낮에 있었던 경호원의 횡포를 상기하며 박종규 경호실장에게,

"여보, 경호실장. 경호실 되게 세더군."

하고 힐책하는 듯한 어조로 말하니 경호실장은 얼굴을 붉히며,

"사령관님 뭐가 잘못 됐습니까?"

하고 나에게 다가왔다. 나는 대구역 플랫폼에서 있었던 일을 말했다. 대통령은 내 말을 듣더니,

"그래 맞았어. 청와대에 있다고 월권이 많아."

하며 경호실장에게 주의를 주는 것이었다. 경호실장은 부리나케 밖으로 나갔다. 얼마 후 경호실장이 돌아와 나에게,

"그 새끼 반 죽여 놓고 왔습니다."

고 말하기에 나는 어처구니가 없어 웃고 말았다.

식사가 끝난 다음 참석 인사는 다 돌아가고 대통령과 나만 남았다. 독대하자고 하여 모두 물러간 후 방 옆 별실로 갔다.

그곳에서 다시 술을 들겠다며 나에게 권했다. 나는 원래 술을 못하지만 한 잔을 받아 놓고 마시는 시늉만 했다.

대통령은 술기가 웬만큼 오르자 내 눈을 똑바로 보며 입을 열었다.

"채 장군. 김대중에게 정권 맡겨서 앞으로 잘 될까?"

하고 뜻밖의 질문을 했다. 나는 대통령의 의중을 대략 짐작하고 있었다.

"각하. 바뀌면 혼란이 오겠죠. 경제 또한 지금처럼 잘 되겠습니까? 각하의 뜻은 100% 동감합니다. 그러나 각하 스스로 정권 연장하겠다는 말은 하지 마십시오. 3선 개헌 때 대통령에 마지막 출마한다며 눈물까지 흘리신 각하가 아닙니까? 모든 국민이 다 알고 있는 사실입니다."

대통령은 긴장하는 기색으로 변했다.

"채 장군. 그래서 나도 고민이야."

나는 그 말이 끝나자,

"각하. 정치도 대의명분이 있어야 되는 것이 아닙니까."

내가 말을 이어 가려는데,

"그래, 그래. 그래서 고민이야."

연약한 모습까지 보이며 고뇌에 찬 목소리로 고민을 되풀이 말했다.

나는 더 진지하게 더 강한 어조로 말했다.

"각하. 미국 같은 민주주의 선진국에서도 루즈벨트 대통령은 4선까지 했습니다. 국민의 뜻이라면 예외가 있는 법이지요. 각하. 약속을 지키십시오. 시간이 걸리더라도 기다리셨다가 다시 추대되는 그날까지 참으셔야 됩니다. 각하. 만약 국민과의 약속을 저버리고 정권 연장을 한다면 각하 생명은 끊는 것입니다."

지나쳤다고 생각되었지만 어차피 할 말은 다 해야겠다고 생각한 끝에 한 말이었다.

그 말을 한 후 훗날 박정희 대통령이 시해되었을 때 내가 한 말을 무척 후회했다. 밤을 꼬박 새우며 속죄하는 심정으로 괴로운 나날을 보냈다. 생명을 끊는다는 것은 지도자가 국민과의 약속을 끊는 것이 정치적 생명을 끊는다는 의미였는데….

대구의 한 식당에서 헤어진 지 두어 달 후 또 대구의 그 식당에서 박 대통령을 다시 만났다. 몹시 고뇌에 찬듯 연거푸 술잔을 기울였다.

"여보 채 장군. 아무리 생각해도 집권을 연장해야 되겠어. 욕을 먹더라도 내가 십자가를 메야겠어."

"각하. 십자가란 말을 함부로 쓰지 마십시오."

"응 그래, 채 장군 기독교 신자지. 그건 맞아."

그 말이 끝나자 대통령은 일어섰다. 작별 인사도 없이 헤어졌다. 몹시 우울한 하루였다.

1970년 여름의 어느 날이었다. 경주 관광호텔에서 전화가 걸려왔다. 박 대통령이 직접 건 전화였다.

"웬일이십니까?"

"나 경주에 왔어. 지금 올 수 있나?"

무슨 일인가 싶어 나는 급히 승용차로 경주로 달려갔다. 호텔에 도착하자 경호원의 안내를 받아 방에 들어섰다. 반갑게 맞아 주었다.

의자에 앉기가 무섭게 대통령은,

"채 장군 오해하지 마."

하며 어색한 표정을 지었다. 그는 계속해서 말을 이어 갔다. 그 내용은 대략 다음과 같았다.

두어 달 전 중앙정보부장 김계원이 채명신 장군의 비행이라면서 서류를 가져왔는데, 거기에는 서울 강남에 땅이 많고 스위스 은행에 비밀 구좌가 있고 별별 비행이 다 적혀 있었다고 한다. 대통령은 큰 충격을 받았다고 했다. 대통령은 다만 "그래, 알았다"고 했는데 그 후 김계원 중앙정보부장이 나를 위시해서 직계 가족, 친인척, 측근 인사 등 모두를 샅샅이 조사했는데, 근거 없는 모략으로 결론을 내고 이 사실을 다시 보고해 왔다는 것이다. 대통령은 "누가 조사하라고 했느냐"고 김계원에게 다그치자 "그래 알았어" 하는 것이 조사를 암시한 것으로 생각하고 조사했다는 것이었다. 그래서 쇼크를 받아 경주에 내려왔다고 했다. 나는 그 말을 다 듣고 나서,

"정식 조사지시를 했어야 합니다. 월남에서 피 흘리고 싸우고 있는 장병들의 명예를 위해서도 그렇고, 군인생활을 통해서 부족한 점과 과오도 많았지만, 양심과 소신껏 살려고 애써 온 나의 자존심과 명예를 위해서도 철저한 조사와 규명이 절대 필요합니다."

고 말하니 대통령이 매우 미안한 표정을 하기에 더 이상 말을 삼갔다. 그 무렵 대통령은 정서적으로 불안정한 상태여서 보기에 몹시 안쓰러웠다.

나의 육군중장 정년인 1972년 5월 30일이 가까워 왔다. 정년 일자 전에 진급 통보가 없으면 자동적으로 예비역에 편입되게 되어 있었다. 당시 정황으로 보아 내 군대생활은 끝을 향하고 있다고 감지했다.

여러 정보기관에서는 나를 감시했고 2군사령관 관할하에 있는 ROTC를 통해 학생을 선동한다는 이야기까지 들리고, 내가 어떤 야망이라도 있어 뭔가를 노리는 것이 아니냐는 소문까지 들려 왔다.

또한 내가 귀국하여 대통령에게, 월남전에서 정규 육사 출신 장교들이 용감성과 군인정신이 부족하다고 보고했다는 등의 근거 없는 음해 모략이 자자하게 퍼져 있었다.

나는 임기가 다가오면서 중장 정년으로 군복을 벗어도 명예롭다고 생각하며 마음의 준비를 단단히 하고 있었다.

IV

마침내 1972년 5월 30일이 되었다. 예측한 대로 상부에서는 아무 소식이 없었다. 그날 오후 5시가 지날 무렵 유재흥 국방장관으로부터 전화가 걸려 왔다. '지금 국방부장관실에 와 줄 수 있느냐'는 내용이었다. 나는 가겠다고 대답하고 헬기를 타고 서울로 향했다. 용산 미군 헬기장에는 장관이 보낸 승용차가 대기하고 있었다.

국방부에 도착하니 모두 퇴근하고 국방부 청사가 빈집같이 썰렁했다. 장관실에는 부속실 직원과 장관만이 있을 뿐이었다.

내가 방에 들어서자 장관은 벌떡 일어나 내 쪽으로 걸어와 나를 맞았다.

그는 안절부절못하면서 선 채로 "이렇게 됐소" 하고 말하고는 더 이상 말을 잇지 못했다.

　나는 장관을 향해,

　　"장관님. 책상 서랍 속 서류 끄집어내십시오."

　하고 말하자 그때서야 서류를 꺼내어 내 앞에 보였다. 장관은 몹시 긴장하고 있었다. 다시 장관은 "이거 이렇게 됐소"를 되풀이할 뿐이었다.

　그 서류에는 박정희 대통령이 직접 쓴 글씨가 선명했다.

　채명신 중장 예비역 편입
　노재현 중장 대장 승진
　　　　　　　　　임 육군참모총장
　본인에게 통보는 5시 이후에 할 것
　1972년 5월 30일 대통령 박정희

　장관은 나에게 다시 "채 장군 나는 전혀 내용을 몰랐소"라고 말했다. 나는 그에게 거수 경례를 하고 장관실에서 나와 곧바로 후암동 집으로 향했다. 아내는 반갑게 맞아 주었으나 나의 차가운 표정에서 무엇을 감지한 탓인지 나에게 대하는 태도가 유난히 극진하였다.

　"나 저녁 안 먹었는데 먹을 수 있겠소?" 하니

　"네" 하고 대답하고는 식사 준비를 서둘렀다.

　나는 방에 들어가 대구 2군사령부 참모장 이남주 장군에게 전화를 하여

　　"내일 오전 10시에 전역식을 거행하도록 준비하시오."

라고 지시하자 참모장은 깜짝 놀라는 기색을 하며, "네" "네"만 되풀이하는 것이었다.

　다음날 아침 일찍 헬기를 타고 대구 2군사령부에 도착했다. 나를 맞이하는 모든 장병이 눈물을 흘리고 있었다.

　"이 꼬락서니가 뭐야. 왜 울어. 여기는 군대가 아닌가?"

　라고 말하고 집무실에 들어갔다. 참모장 이남주 장군 이하 참모들 표정이 말이 아니었다. 나는 그들을 격려하면서

　"지휘관은 바뀌게 되어 있다. 군은 영원히 남아 계속 발전해야 한다. 냉정을 잃지 말라"고 타일렀다.

　전역식 준비를 하는 동안에 내외 귀빈을 비롯하여 많은 사람이 도착했다. 연락조차 하지 않았는데 이례적으로 용산에서 미 제8군사령관과 참모들 그리고 미 1군단에서까지 참석했다.

　나는 평소와 다름없는 몸가짐으로 식순에 따라 움직였다.

　전역사(轉役辭)에서, 그간의 장병의 노고를 치하하고 자랑스러운 대한민국 국군을 위해 헌신하며 국토방위에 최선을 다하자고 격려의 말을 했다. 식장 분위기는 몹시 긴장되고 무거웠으나 나는 담담하고 태연한 군인의 몸가짐을 지켰다.

　전역사를 끝내고 사열차를 탈 때에는 나 또한 인간인지라 슬픔이 복받쳤지만 꾹 참고 사열을 했다. 사열 부대 한쪽 각 부대의 기수단들까지 곧은 자세로 서 있으면서 눈물을 흘리고 있었다.

　식을 마치고 정문까지 가는 동안 도열한 장병이 한결같이 눈물을 흘리는 것을 보고 '지난 군대생활을 통해 내 임무를 완수했었구나' 하고 생각하니 만감이 교차하여 나 또한 눈에 눈물이 고였지만 끝까지 참고 고속도로 톨게이트에 들어서면서 그만 눈물을 쏟고

말았다.

후암동 집에서 지내는 동안에 스웨덴 주재 한국대사로 명 받았다. 나 또한 일정 기간 외국에 나가 있는 것이 모든 사람들을 위해 유익하다고 보고 다행스러운 직책이라고 생각하며 임지로 떠났다.
내가 떠난 지 얼마 안 되어 계엄령이 선포되면서 유신헌법이 제정, 공포되고 고국은 유신시대로 들어서고 있었다.

V

이 글이 다 되어 가던 2006년 4월 어느 날 갑자기 심한 복통이 왔다. 나는 잘 참는 버릇이 있었으므로 그 아픔을 꾹 참고 있었다. 계속 견뎌 보려고 했는데 아내가 나를 보고는 깜짝 놀라며 병원으로 가자고 했다. 나는 별 것 아니니 얼마간 참으면 괜찮을 것이라고 하며 아내를 안심시켰으나 끝내 아내의 고집을 꺾지 못하고 결국 병원으로 가게 되었다.
의사의 진찰 결과 맹장이 터져 복막염으로 진전돼 수술을 해야 한다는 것이었다.
이런 연유로 수술을 받고 입원하고 있었는데, 수술담당 의사 김남규 박사가 복막염이 다행히 혈관까지 퍼지지 않아 위험 직전에서 수술이 잘 되었다고 일러 주었다. 몇 시간만 늦었어도 큰일 날 뻔했다는 것이었다.
10일 동안의 긴 입원생활은 처음이었다. 나의 손위 처남 문태준 박사의 빽(?) 덕을 단단히 보았다. 베트남 파병 초기에 같이 참전했던 이범준 장군, 최영구 장군이 병원에 달려왔고, 역시 베트남에서 공을 세운 바 있는 박희모 장군, 문동명 장군 등을 위시해서 6 · 25와 베트남전 전우들 그리고 이형곤, 이종완 장로 등 교우들과 아내의 친구들의 연이은 따뜻하고 사랑에 넘친 문병과 격려를 받았다. 새삼 친한 분들의 우정과 격려가 얼마나 소중한가를 뼈저리게 느끼게 한다.

딸 은화의 정성어린 간병, 시카고에서 사업을 하는 아들 경덕이 달려와 입원, 퇴원과 집에서 정양하는 것까지 확인하고 돌아갔다. 조국에 충성하는 것도 국민 개개인 가정의 행복을 보장해 주고 그 울타리가 되어 주기 때문이 아니겠는가. 몸이 불편할 때 가족들의 따뜻한 사랑과 감싸줌이 이 세상에서 그보다 더 고귀하고 가치 있는 것이 있을까?

나는 나의 가족, 친척, 사랑하는 전우들과 친구들의 사랑과 격려 속에서 최고로 행복한 사람이라고 자부하면서 늘 하나님께 감사하고 있다.

6 · 25전쟁, 베트남전쟁, 두 전쟁터에서 하나님이 나를 살려 주셨는데 늘그막에까지 또 살려 주어 복도 많다고 생각했다. 아마 이 회고록이 완성이 안 되어 이것까지 완성하라고 살려 주신 것으로 알고 하나님께 감사하는 마음으로 이 회고록을 마무리했다. 이 책 끝 이 글을 쓰면서, 나는 지금까지 내 인생관대로 살려고 노력하면서 살아왔다고 자부하며, 이제 언제 떠나도 여한이 없다고 생각했다.

다만, 항상 마음 속에 뿌리 깊이 도사리고 있는 것은 6 · 25와 베트남전쟁에서 자유민주주의의 우리 조국을 위해 땀과 눈물과 피 흘려 오늘의 조국을 건설한 먼저 가신 전우들의 영령들에 감사하며 명복을 빌 뿐이다.

부상 당하여 고통받고 있는 상이 전우들, 월남에서 입은 고엽제 후유증으로 쓰라림과 큰 고통을 겪고 있는 전우들에게 어떻게 그 아픔을 달래 주어야 할지 가슴이 답답할 뿐이다. 전사자, 전상자, 고엽제 피해자들의 가족들이 겪고 있는 아픔과 고통을 생각하면 가슴이 미어진다. 이들에게 현재의 우리 국력에 걸맞은 보상과 따뜻한 원호가 있어야 한다. 그리고 명예가 크게 선양되도록 해야 한다. 무엇보다 우리 후세들에게 선조들의 희생과 헌신, 공훈이 제대로 전달되어야 하며, 그리하여 우리 후세들의 애국 충성이 대를 이어 가야 한다. 우리의 조국 자유민주주의 대한민국의 영원 무궁한 번영을 위해서.

저자 채명신(蔡命新) 경력

1926년 11월 27일생
출생지 : 황해도 곡산(谷山)
본 적 : 평안남도 중화(中和)

1948. 4.	육군사관학교 졸업(5기)
1952. 1.	미국 보병학교 고등군사과정(OAC) 졸업
1957. 8.	육군대학 졸업
1964. 1.	미국 육군지휘참모대학 졸업

▨ 주요 경력 ▨

1948. 4	육군소위 임관. 제9연대 소대장
1948. 7	제11연대 중대장. 학도호국단 교관
1949. 5	38선 송악산 전투(불시 남침 북한 인민군과 교전) 중대장
1949. 11	제2사단 25연대 2중대장. 태백산지구에 남파된 북한 게릴라 토벌 전투 참가
1950. 6	6·25 북한의 기습 남침(태백산 토벌전투 중)
1950. 7	8사단 21연대에 편입. 지연전, 영천지구 방어전투. 반격 북진(대대장)
1950. 10	UN군의 전면 후퇴. 대대 주력 후퇴시키고 대대 수색대 지휘, 게릴라 전투
1951. 1	적 후방 침투 게릴라 부대 결사 11연대 편성. 연대장 자원(육군중령) 12, 13연대 편성, 적 후방지역 침투. 백골병단(白骨兵團)으로 개편. 특수전, 게릴라 전투 전개
1951. 9	제7사단 5연대장(대령)
1953. 2	제3사단 참모장
1953. 5	제20사단 60연대장
1954. 1	제3군단 작전참모

1954. 12	육군본부 작전기획과장
1955. 10	논산 제2훈련소 참모장
1958. 8	제1군사령부 작전참모(준장)
1959. 4	제38사단장
1960. 4	제5사단장
1961. 7	감찰위원회 위원장(소장)
1963. 4	육군본부 작전참모부 차장
1964. 5	제3관구사령관
1965. 4	육군본부 작전참모부장
1965. 8	수도사단장(맹호부대) 겸 주월한국군사령관
1965. 8~69. 5	주월한국군사령관(중장)
1969. 5	제2군사령관
1972. 5	중장 예편
1972. 10	주 스웨덴 특명전권대사
1973~1977	주 그리스 특명전권대사
1978~1982	주 브라질 특명전권대사
1983~1985	미국 하버드 대학, UC버클리 대학 연구원
1986~1988	일본 주오(中央) 대학, 게이오(慶應) 대학 연구원
1989~1999	대한해외참전전우회(회장 박세직) 조언, 후원 활동
2000~2003	베트남참전유공전우회 회장
2004~현 재	베트남참전유공전우회 총재
2004~현 재	사단법인 6 · 25참전유공자회 회장

▨ 상 훈 ▨

• 훈장 : 태극무공훈장, 을지훈장 4개, 충무훈장 6개, 화랑훈장 5개, 근무공로훈장,
　　　　대통령표창 2회
　　　　미국-레존훈장, 동성훈장, 태국-최고왕관훈장, 필리핀-명예훈장
　　　　자유중국-은휘훈장, 베트남-최고훈장 외 12개
• 기타 : 2001. 9. 자랑스러운 세종인상(세종대학),
　　　　2005. 1. 고려대학교 제3회 정책인대상(大賞)
　　　　2006. 5. 자랑스러운 육사인상(육군사관학교)

채명신 회고록 **베트남전쟁과 나**

초판 1쇄 | 2006년 6월 20일
　　 8쇄 | 2013년 12월 24일

저 　　자 | 蔡命新
발 행 인 | 金基齊
주 　　소 | 서울시 마포구 서교동 247-30 대조빌딩 3층
전 　　화 | 02-338-6478, 02-338-6516
F　A　X | 02-335-3229
홈페이지 | www.palbook.net
등 　　록 | 제3-363호(1991. 7. 22)

※ 잘못된 책은 바꾸어 드립니다.